Elmar Theveßen
Terror in Deutschland

Elmar Theveßen

TERROR
IN DEUTSCHLAND
Die tödliche Strategie der Islamisten

PIPER
München Berlin Zürich

Mehr über unsere Autoren und Bücher:
www.piper.de

MIX
Papier aus verantwortungsvollen Quellen
FSC® C014496

ISBN 978-3-492-05803-2
2. Auflage 2016
© Piper Verlag GmbH, München/Berlin 2016
Gesetzt aus der Minion Pro
Satz: psb, Berlin
Litho: Lorenz & Zeller, Inning am Ammersee
Druck und Bindung: GGP Media GmbH, Pößneck
Printed in Germany

Inhalt

Prolog Die Falle schnappt zu

9/11 war eine große Falle, und wir sind mitten hineingetappt. Die Islamisten konnten nicht wissen, dass es funktionieren würde. Aber ihr Anführer war damals schon davon überzeugt. Ein Jahr nach den Anschlägen von New York und Washington forderte Osama bin Laden in einer Audiobotschaft junge Muslime rund um den Globus dazu auf, »Ritter des Kampfes« zu sein und »Helden der Schlacht«, um die »Würde und Macht des Islam« wiederherzustellen. Der Anführer der al-Qaida wollte, dass sie in seine Fußstapfen treten: »Wir Männer reiferen Alters haben für die Jungen der *Ummah** Wegweiser für den Dschihad aufgestellt und den Pfad für sie vorgezeichnet. Ihr Jungen, ihr müsst diesem Weg nur folgen.« Sein Plan ging auf, sichtbar nicht nur an den Tausenden junger Menschen aus Westeuropa, die in den vermeintlichen »heiligen« Krieg nach Syrien gezogen sind, oder an den menschenverachtenden Mördern, die im Herzen unseres Kontinents mittlerweile Hunderte von Menschen getötet haben. Sondern auch an einem Europa, dessen Gesellschaften sich, von Angst getrieben, immer weiter polarisieren und dessen viel beschworene Wertegemeinschaft sich gerade in Luft auflöst. Sein Plan ging auf, weil wir genau das getan haben, was er von uns erwartet, ja sogar einkalkuliert hat in seinem perfiden Plan. Wir haben so gehandelt, wie wir immer handeln – kurzsichtig, reflexhaft, berechenbar.

Bin Laden ist seit mehr als fünf Jahren tot, aber seine Worte wirken mehr denn je unter jungen Männern und Frauen, die Sehnsucht verspüren, »Ritter« zu sein und »Helden« in einem Kampf,

---

* Gemeinschaft

den die Islamisten zu einem gerechten Krieg gegen die Ungerechtigkeiten unserer Welt hochstilisieren. Das dumme Argument funktioniert nur, weil wir in der beispiellosen Herausforderung des 11. September 2001 nicht die Notwendigkeit für neue Regeln und Strukturen erkannten. Wir hätten dem globalen Terrorismus den fruchtbaren Boden, auf dem kommende Generationen sprießen, abgraben müssen, indem wir seine Ursachen bekämpfen. Welche »Wegweiser für die Jungen« stellten wir stattdessen auf? Wir organisierten einen Krieg gegen den Terrorismus, der allein durch Streitkräfte, Nachrichtendienste und Polizei geführt wurde, und haben fast völlig dabei versagt, um die Köpfe und Herzen derer zu kämpfen, die jetzt die neue Generation eines Terrors ungekannten Ausmaßes sind.

Über die vergangenen 15 Jahre gab es zahlreiche Weggabelungen, an denen die Politik sich richtig hätte entscheiden können. Doch wo Mut erforderlich war, setzte sich Feigheit durch, wo Selbstbewusstsein gereicht hätte, brach Arroganz sich die Bahn, und wo Klugheit Erfolge gebracht hätte im Kampf gegen den Terrorismus, hat Naivität die Gefahr nur befeuert. All das Gerede von einer engeren Zusammenarbeit der Geheimdienste und Polizeibehörden Europas ist durch die Anschläge von Paris und Brüssel entlarvt als Ablenkungsmanöver von einer Politik, die eine nie gekannte Bedrohung für Europa geradezu mit erschaffen hat. Das wirft eine Menge Fragen auf. Haben die Islamisten recht, wenn sie sich für überlegen halten? Haben sie einen Plan, den wir nicht verstehen oder nicht ernst genug nehmen? Ist unser Gesellschaftssystem zu schwach, um mit der Herausforderung wirklich fertig zu werden? Nehmen wir – aus welchen Gründen auch immer – die Verbreitung der islamistischen Ideologie und die Entstehung dschihadistischer Terrorgruppen in Kauf? Stecken wir mitten in einem Kampf der Kulturen, der nur der Vorbote ist für eine neue Weltordnung? Und welche Gegenstrategie gibt es, um den Vormarsch des Islamismus zu stoppen und die tödliche Gefahr dauerhaft zu besiegen?

Viel steht auf dem Spiel auch für Deutschland. Die ersten »Soldaten des Kalifats«, so nennen sie sich selbst, haben nun auch in unserem Land zugeschlagen. Zuerst die Messerattacke eines 14-jährigen Mädchens auf Bundespolizisten in Hannover und das

Bombenattentat jugendlicher Islamisten bei einer Hochzeitsgesellschaft im Sikh-Tempel von Essen. Dann folgt der blutige Juli: Kurz nachdem ein islamistischer Einzeltäter einen tonnenschweren Lastwagen auf der Promenade von Nizza als Waffe verwendet und 84 Menschen zermalmt hat, greift ein junger Asylbewerber mit einer Axt Passagiere in einem Zug nahe Würzburg an, verletzt fünf Menschen und wird schließlich von der Polizei erschossen. Tage später sprengt sich ein 27-jähriger, abgelehnter Asylbewerber aus Syrien am Rand eines Musikfestivals in Ansbach in die Luft. Beim ersten islamistisch motivierten Selbstmordattentat in Deutschland werden 15 Menschen verletzt. Alle Täter bekennen sich zur mörderischen Ideologie des IS, zwei bezeichnen sich in selbstgemachten Videos als »Soldaten«. Zwischen den Anschlägen versetzt der Amoklauf eines 18-jährigen Deutschen iranischer Abstammung die Einwohner Münchens in Angst und Schrecken. Wie die islamistischen Gewalttäter von Nizza und Ansbach gilt der Münchner Mörder als psychisch gestört und doch auch beeinflusst von extremistischem Gedankengut – in diesem Fall aus dem rechten, ausländerfeindlichen Spektrum. Alles Anzeichen dieses vermeintlichen »Kampfes der Kulturen«? Den islamistischen Terror nimmt der IS für sich in Anspruch. Auch wenn er die Taten nicht gesteuert hat, passen sie doch in seinen perfiden Plan, unsere Gesellschaften durch eine Kombination aus den Attacken einsamer Wölfe und straßenkriegsähnlichen Terrorangriffen zu spalten.

Mitten in Düsseldorf, in und an der U-Bahn-Station Heinrich-Heine-Allee, sprengen sich zwei Selbstmordattentäter in die Luft, reißen Dutzende Menschen mit sich in den Tod. Auf der belebten Straße, einer der Hauptverkehrsadern der nordrhein-westfälischen Landeshauptstadt, rennen die Passanten in Panik davon, in die Fußgängerzone der Altstadt. Dort eröffnen acht Terroristen mit Kalaschnikows das Feuer, wahllos schießen sie auf Männer, Frauen und Kinder. Streifenpolizisten stellen sich ihnen entgegen, aber ihre Schutzwesten werden von den Kugeln der Attentäter durchschlagen. Die Beamten müssten aus dem Hinterhalt feuern, um eine Chance zu haben, doch dafür hat sie niemand ausgebildet. Als dann – endlich – Spezialkräfte der Polizei anrücken, zünden die Terroristen ihre Sprengstoffgürtel und töten so zahlreiche weitere Menschen. Genau so sah das Szenario aus, das sich der sogenannte

Islamische Staat ausgedacht hatte. Wenn sich der Rädelsführer der Terrorzelle, ein Syrer namens Saleh Al-Ghadban, im Februar 2016 nicht der Polizei in Paris gestellt hätte, wenn er nicht seine Kameraden verraten hätte, wenn diese nicht von deutschen Spezialkräften verhaftet worden wären, dann wäre es im vergangenen Sommer vielleicht genau so geschehen – die erste vom IS beauftragte und gesteuerte Attacke in Deutschland. Ob die Terrorgefahr für Düsseldorf wirklich so ernst war, mag man bezweifeln. Aber es ist nur eine Frage der Zeit, bis die Anhänger des IS ihren Krieg über Einzeltaten hinaus in die Straßen deutscher Städte tragen. Höchste Zeit, der Bedrohung neu und anders entgegenzutreten. Dazu bedarf es eines nationalen Konzepts, eingebettet in einen internationalen Masterplan. Unverzichtbare Grundlage dafür sind eine klare Definition nationaler Interessen der Bundesrepublik Deutschland und eine verlässliche Beteiligung an ihrer Durchsetzung. Dieses Buch ist ein Leitfaden für einen wirksameren Kampf gegen den Islamismus. Es beginnt mit einer ungeschminkten Lagebeschreibung der Bedrohung für Europa und Deutschland. Dabei werden auch die Details offengelegt, die nach den Worten des Bundesinnenministers die Bevölkerung verunsichern würden. Sie hat aber ein Recht darauf, die wirklichen Risiken und Gefahren zu kennen, damit sie lernen kann, mit ihnen umzugehen. Denn die Islamisten kalkulieren unsere Reaktionen mit ein in ihre langfristige und tödliche Strategie.

Deshalb ist es dringend notwendig, das Drehbuch des Terrors zu studieren (siehe Kapitel 2), in dem allen Beteiligten feste Rollen zugewiesen sind. Es liegt nicht an einem geheimen Ort, sondern ist frei verfügbar in den Pamphleten und Botschaften des Islamismus, die über das Internet und Soziale Medien verbreitet werden. Der sogenannte Islamische Staat (IS) geht strikt nach diesem Plan vor, und nur wer ihn durchschaut und die Rollenerwartungen durchbricht, kann die Strategie des IS zerstören. Die Islamisten folgen einer apokalyptischen Vision von der letzten, großen Schlacht zwischen den Muslimen und ihren Feinden, gefolgt von der Eroberung Roms. Damit war in der ursprünglichen Weissagung des Propheten zwar das alte Rom seiner Zeit, also Konstantinopel, gemeint. Heute aber ist das Ziel des Islamismus die Unterwerfung Europas. Die Anschläge sogenannter einsamer Wölfe in den vergangenen Jahren, die zweifachen Angriffe auf die französische Hauptstadt Paris, die Attacken gegen die EU-Stadt Brüssel, gegen den Flughafen Istanbul und die mörderische Todesfahrt mit dem Lastwagen auf der Promenade von Nizza waren nur die Vorboten für die nächste Eskalationsstufe, die nun auch Deutschland trifft. Seit Monaten registrieren die Sicherheitsbehörden einen massiven Anstieg von Hinweisen auf bevorstehende Attacken. Gleichzeitig legen es die Islamisten auf eine weitere Destabilisierung Europas an. Muslimische Gangs sollen No-go-Areas schaffen und den Konflikt mit der Polizei suchen, um die Stimmung in der Gesellschaft massiv aufzuheizen. Staatliche Repression und der Aufstieg rechtsradikaler Kräfte tragen zu einer weiteren Polarisierung bei, sodass im muslimischen Teil der Bevölkerung fruchtbarer Boden für eine weitere Radikalisierung entsteht. Schon jetzt sind fast 900 junge Männer und Frauen aus Deutschland, insgesamt mehr als 5000 aus der EU, dem Ruf des Islamischen Staates gefolgt. Das zweite Kapitel zeigt auch, warum sie magisch angezogen werden von der menschenverachtenden Ideologie des IS und wie gefährlich sie für unseren Staat jetzt schon sind.

Das dritte Kapitel erklärt, wie der IS entstehen konnte und inwieweit die USA und ihre Verbündeten die Gefahr selbst mit erschaffen haben, die sie nun kaum noch in den Griff bekommen können. Geschehen konnte dies auch durch die Suche der Supermacht nach neuen Strategien für den Umgang mit existenziellen Bedrohungen. Fünfzehn Jahre lang hatten wir Zeit, dies alles zu verhindern. Aber eine mögliche Gegenstrategie, das zeigt das vierte Kapitel, scheiterte an überforderten Sicherheitsbehörden, hilflosen Politikern und einer gespaltenen Gesellschaft aus naiven Gutmenschen und fremdenfeindlichen Büchsenspannern. Obwohl der Plan der Islamisten längst offenbar war, verschwendeten wir wertvolle Zeit. Die Ermittler waren ohnmächtig, weil die Bedrohung aus falsch verstandener Rücksicht heruntergeredet und verharmlost wurde. Gleichzeitig hatte der Islamismus zahlreiche Unterstützer, von reichen Gönnern in der arabischen Welt über staatliche Waffenlieferanten und Dschihadistenförderer bis zu einer international agierenden, islamfeindlichen Bewegung.

Droht nun – auch angesichts der massiven Flüchtlingsströme – ein Kampf der Kulturen? Dies ist ein Argument, das von all jenen verwendet wird, die ihre eigene, teils radikale Position mit einer scheinbaren Ausweglosigkeit rechtfertigen. Sie erklären angeblich hohe Geburtenraten zu demografischen Bomben, beschwören die Unlösbarkeit von Religionskriegen und die Unvereinbarkeit der Interessen planloser Großmächte. Mit diesen Überzeugungen, so zeigt es das fünfte Kapitel, müssen wir uns auseinandersetzen, um den Islamismus zu besiegen. Weil wir von ihrer Richtigkeit überzeugt waren, haben wir den Kampf gegen den Terrorismus darauf gegründet und damit das Gegenteil von unseren eigenen Zielen bewirkt. Es sind diese Annahmen, aus denen sich unsere Ängste und Sorgen speisen, die aber in Wirklichkeit in wesentlichen Teilen falsch sind. Nur wenn wir sie hinterfragen und ihrer schleichenden Wirkung in der Bevölkerung entgegenarbeiten, können wir verhindern, dass aus ihnen das wird, was die Islamisten am meisten herbeisehnen: eine sich selbst erfüllende Prophezeiung.

Eine Gefahr abzuwenden reicht jedoch nicht aus. Es bedarf eines klaren Sieges über den Islamismus und einer dauerhaften Strategie, die neuen Bedrohungen vorbeugt. Darum geht es im sechsten und siebten Kapitel. Wie in der Flüchtlingskrise auch, ist ein noch so klares »Wir schaffen das« nicht mehr als ein Lippenbekenntnis, wenn es nicht durch einen eigenen Masterplan flankiert und dieser dann mit aller Entschlossenheit umgesetzt wird. General von Clausewitz sprach einst vom absoluten Krieg, der mit allen Mitteln und bis zum Ende gekämpft werden müsse, schränkte aber selbst ein, dass es solch einen Krieg nicht geben kann, weil zu viele andere Faktoren in die Kriegführung mit einfließen. Er erfand dafür den Begriff des »wirklichen Krieges«, der seine Begrenzung darin finden muss, dass wir nicht das zerstören, was wir zu verteidigen vorgeben. Wir brauchen den gesamten Werkzeugkasten einer Smart Power, die Diplomatie und Entgegenkommen genauso hart und geschickt einsetzt wie die Anwendung tödlicher Gewalt. An dem einen Ende erfordert das einen militärischen Sieg über den IS und andere Terrorgruppen und schließt den Einsatz von Bodentruppen mit ein. Am anderen Ende steht eine Integrationspolitik, die alle Register zieht. Sie muss jungen Menschen – egal welchen ethnischen oder religiösen Hintergrunds – Chancen eröffnen, ihr Engagement in und für diese Gesellschaft einfordern und die Missachtung geltenden Rechts hart sanktionieren. Dies kann nur gelingen, wenn Konflikte um die richtige Politik und die Regeln des Zusammenlebens offen ausgetragen werden – ohne Tabus, aber in gegenseitiger Achtung der Menschenwürde.

Dieses Buch basiert auf umfangreichen Recherchen und intensiven Gesprächen mit führenden Politikern, hochrangigen Militärs, einflussreichen Wirtschaftsmanagern und Entscheidungsträgern von Sicherheitsbehörden und Geheimdiensten. In Deutschland konnte ich mit Spitzenpolitikern von Regierung und Opposition sowie den Leitern und Mitarbeitern von Sicherheitsbehörden auf nationaler, regionaler und lokaler Ebene reden. International nenne ich stellvertretend für mehrere Dutzend Gesprächspartner US-Senator John McCain, den IS-Beauftragten der amerikanischen Regierung General John Allen, den ehemaligen NSA- und CIA-Direktor Michael Hayden, den ehemaligen NSA-Chef Keith Alexander, den US-Heimatschutzminister Jeh Johnson, den britischen Geheimdienstkoordinator Charles Farr, die Außenminister Großbritanniens (Philip Hammond), Saudi-Arabiens (Adel al-Dschubeir), Irans (Mohammed Sarif), die Präsidentin Kroatiens (Kolinda Grabar-Kitarović), ehemalige Geheimdienstchefs von Saudi-Arabien und Pakistan sowie weitere Kontakte in Frankreich, Belgien, Marokko, Jordanien und Israel.

Unter den Informanten sind auch solche, die sich in der islamistischen Szene besonders gut auskennen, weil sie selbst dazugehörten. Einige waren gleichzeitig für westliche Geheimdienste tätig. Bei zahlreichen Sachverhalten müssen die Namen der Informanten jedoch ungenannt bleiben, weil sie um den Schutz ihrer Identität gebeten haben. Natürlich stammt auch vieles in diesem Buch aus offenen Quellen, die jedermann zugänglich sind, zum Beispiel aus deutschen und internationalen Zeitungen, Zeitschriften, Büchern und wissenschaftlichen Publikationen. Einen Großteil der Informationen habe ich mithilfe der oben genannten Quellen verifizieren können. An manchen Stellen bleibt ein Restrisiko: Informationen, die zwar zu den übrigen Rechercheergebnissen passen, aber nicht unabhängig bestätigt werden konnten. Das betrifft insbesondere Informationen aus nachrichtendienstlichen Kreisen, die wiederum auf Quellen zurückgreifen, die entweder nicht namentlich genannt wurden oder deren Zuverlässigkeit sich nicht unabhängig bestätigen ließ. Natürlich sind manche Angaben, auf die ich mich stütze, auch interessengesteuert. Gerade bei behördlichen Quellen kann es vorkommen, dass das eigene Wirken in einem möglichst günstigen Licht erscheinen soll, während das der anderen kritisiert wird. Angesichts zahlreicher Terroranschläge und der anhaltenden Bedrohung ist es nur zu verständlich, dass niemand sich gern dem Vorwurf der Mitverantwortung oder Mitschuld am Versagen im internationalen Kampf gegen den Terrorismus aussetzt.

Im Jahr 2012 sprachen wir (mit »wir« sind hier und im Folgenden ich und meine Kollegen vom ZDF gemeint) für eine ZDF-Dokumentation im Libanon mit dem islamistischen Hassprediger Omar Bakri, der von dort aus dschihadistische Gruppen in Syrien mit Geld, Waffen und neuen Kämpfern versorgt. Bakri hatte jahrzehntelang in London gelebt, die islamistische Bewegung Al-Muhadschirun gegründet und ungehindert Propaganda für die gewaltsame Errichtung eines Weltkalifats betrieben, bevor er 2005 nach einer Auslandsreise nicht mehr nach Großbritannien zurückkehren durfte. In diesem Interview machte Bakri eine düstere Prophezeiung: »Amerika und Europa werden nie wieder Sicherheit und Stabilität erleben. Mein Rat an euch lautet: Wendet keinen Zwang und keine Gewalt im Namen des Gesetzes gegen die muslimische Gemeinde in Europa an. Bei euch im Westen leben achtzig Millionen Muslime, und wenn unser Islamischer Staat hier erst mal errichtet ist, dann geben wir ihnen Rückendeckung.« Nun ist ein sogenanntes Kalifat errichtet, das ständig neue Anhänger gewinnt. Nun schließen sich junge Menschen quer durch Europa diesem »Heiligen Krieg« an. Und mit den Anschlägen von Paris und Brüssel haben sie den Kampf auf breiter Front auch hier begonnen. Es ist höchste Zeit, dies zu beenden – mit aller Entschlossenheit und Macht, gleichzeitig aber auch mit Klugheit, um die Pläne der Islamisten zu durchkreuzen, statt ihnen ständig neue Nahrung zu geben. Es gibt keinen Zweifel, dass auch die Zukunft Jahre der Ungewissheit, der Konflikte und der anhaltenden Bedrohung bringen wird. Wir werden lernen müssen, damit zu leben.

1 Die neue Front in Europa

»Zuerst werden in diesen Ländern bestimmte Leute entführt, dann enthauptet. Das wird gefilmt und veröffentlicht. Dann kommt die zweite Phase, in der sie die Anschläge mit VX-Gas verüben.« Er redet leise, sein Englisch ist nicht sonderlich gut, doch die Klarheit seiner Worte würde die anderen Gäste im Café Landtmann in Panik versetzen. Zum Glück ist es frisch draußen an diesem Oktobertag in Wien, sodass wir beinahe allein sind im Außenbereich des alt-ehrwürdigen Kaffeehauses. Omar nennt sich der Mann, der uns dringend treffen wollte, weil er wichtige Informationen über den Islamischen Staat besäße. Viele behaupten das, aber er erwähnte am Telefon den Namen eines IS-Funktionärs, mit dem eine ZDF-Journalistin ja in Kontakt gewesen sei. Woher wusste er davon?

Also bin ich gemeinsam mit der Kollegin in die Stadt geflogen, die in Zeiten des Kalten Krieges ein beliebter Tummelplatz für Spione war. In jüngster Zeit gilt Wien als Drehkreuz für Islamisten, die zwischen Europa und den Kriegsgebieten in Syrien und Irak pendeln. Der Logistikchef der November-Anschläge von Paris, Salah Abdeslam, war offenbar mehrfach hier gewesen. Kein Wunder, dass die österreichische Hauptstadt auch Geheimdienste wieder magne-tisch anzieht. »Wenn die Enthauptungen im Internet veröffentlicht werden, ist dies das Signal für die anderen loszuschlagen«, erzählt uns Omar. Das Szenario klingt plausibel und unglaublich zugleich. Enthauptungsvideos sind 2014 zum Markenzeichen für den Blut-rausch des IS geworden. Aber chemische Waffen hatten die Terroris-ten bis zum Zeitpunkt unseres Treffens noch nicht eingesetzt. Erst Mitte 2015 wird es erstmals Hinweise auf einen Angriff mit Senfgas gegen kurdische Peschmerga-Kämpfer geben. Deshalb scheint es im Nachhinein doch möglich, dass den Islamisten bei ihrem Eroberungsfeldzug Überreste des syrischen Chemiewaffenprogramms in die Hände gefallen sind, darunter auch Stoffe wie Sarin oder VX. Letzteres ist das schlimmste künstliche Nervengift, das es gibt. Zehn Milligramm auf der Haut oder das Einatmen von dreißig Milligramm verursachen eine totale Muskellähmung, Menschen ersticken innerhalb weniger Minuten. Das Gift ist geschmack- und geruchlos, ein ideales Werkzeug für Terrorangriffe in Bahnhofshallen und auf belebten Plätzen.

Genau da, und in Kirchen, so sagt Omar, sollen die Bomben explodieren. Er selbst sei als Koordinator der zeitgleichen Angriffe in Deutschland, Spanien und Norwegen vorgesehen. »Warum ausgerechnet diese Länder?«, will ich wissen. Seine Antwort: »Norwegen, Deutschland und Spanien sind aus unterschiedlichen Gründen im Visier. In Norwegen war die Premierministerin bei Demonstrationen gegen den IS dabei. Auch die deutsche Regierung hat sich gegen den IS gewendet. Und Spanien ist ein ehemaliges muslimisches Land, deshalb wurde es als Ziel ausgewählt. Es werden vor allem Kirchen sein, weil da sehr viele Menschen sind. Sie wollen dafür VX nehmen, weil es sich schnell ausbreitet.« Tatsächlich hatte Norwegens Ministerpräsidentin Erna Solberg im August 2014 gemeinsam mit 50 000 Menschen in Oslo an einer Kundgebung gegen den Islamischen Staat teilgenommen. Bei der Demonstration nannte eine junge Muslima den IS eine »widerliche Ideologie«. Sie sei, so erzählt Omar uns, eines der geplanten Entführungsopfer, die dann vor laufender Kamera geköpft werden sollen. Damit und mit den VX-Anschlägen will unser Gesprächspartner nichts zu tun haben, das gehe einfach zu weit. Deshalb habe er uns kontaktiert.

Wir sind nicht sicher, was wir von ihm halten sollen. Er nennt uns nicht nur konkrete Anschlagsorte, will sogar die Namen der beteiligten Terroristen verraten und uns Beweisfotos geben, sondern schildert auch seine Erlebnisse in einer Halbwelt zwischen einem berüchtigten Geheimdienst und dschihadistischen Terrorgruppen in Syrien und Irak. Daher kennt er offenbar auch den IS-Kontakt meiner Kollegin persönlich, obwohl dessen Name nie veröffentlicht wurde. Viel Geld will er nicht, nur ein Flugticket weg aus Europa, um unterzutauchen. Und wir dürften alle Informationen gern an die Sicherheitsbehörden weitergeben, mit denen er selbst nicht sprechen will, weil er eine Gefängnisstrafe befürchtet. Am Ende des drei-

stündigen Gesprächs versprechen wir, über sein Angebot nachzudenken, und verlassen Wien, die Stadt der Spione und Islamisten. Die nachfolgenden Recherchen werden uns schnell wieder mit ihm zusammenführen, aber davon später …

Was wir damals, im Oktober 2014, erlebt haben, erfahren die deutschen Sicherheitsbehörden fast täglich. Die Anschlagswarnungen kommen aus allen Richtungen, sowohl von obskuren als auch von sonst verlässlichen Informanten in der arabischen Welt und in Deutschland, von ausländischen Geheimdiensten, aus abgehörten Telefongesprächen und überwachten E-Mail-Konten, vom eigenen Bundesnachrichtendienst und von den Verfassungsschutzämtern der Bundesländer, die die Islamistenszene im Inland beobachten. Der Druck auf die Nachrichtendienste, die Polizei und die für sie verantwortlichen Politiker ist immens: Aus der Flut der Hinweise müssen die Fahnder jene herausfiltern, hinter denen eine tatsächliche Gefährdung steckt. Diese Arbeit nennen sie »Informationsverdichtung«, eine mühsame, zeitaufwendige Suche nach Anhaltspunkten, die kombiniert mit anderen Puzzleteilchen wenigstens einen Teil des Bildes liefern und damit vielleicht die entscheidende Erkenntnis, ob die Warnung nur eine Luftnummer ist oder vielleicht doch das Gegenteil.

Es ist ein Wettlauf mit der Zeit, und wenn die knapp wird, zum Beispiel vor bedrohten Großereignissen wie Fußballspielen, Silvesterpartys und Karnevalsumzügen, stehen die Verantwortlichen in Behörden und Politik vor einer schwierigen Entscheidung. Sollen sie die Veranstaltung absagen, nur um jedes Risiko zu vermeiden? Dann würden die Terroristen ja ihr wichtigstes Ziel erreichen: das Leben in einer freien Gesellschaft so zu stören, dass dadurch Angst und Verunsicherung entstehen. Sie müssten dafür eigentlich nur Gerüchte streuen, die ein ausreichendes Maß an Details enthalten, damit sie plausibel genug erscheinen. Andererseits könnten Terrorpläne auch echt sein. Wenn die Veranstaltung nicht abgesagt und nach einem Anschlag bekannt wird, dass es vorher Warnhinweise gab, wäre das Vertrauen in die Sicherheitsbehörden schnell zerstört. Die Absage eines Radrennens in Frankfurt Anfang Mai 2015 war offenbar gerechtfertigt, da die Ermittler einen Terrorverdächtigen festgenommen und in seiner Wohnung Mate rial zum Bombenbau sichergestellt hatten. Auch wenn eindeutige Beweise fehlen, das Radrennen hätte zum Anschlagsziel werden können. In anderen Fällen ließ sich die tatsächliche Bedrohung im Nachhinein nicht klären. Im Januar 2015 fand eine Pegida-Demonstration wegen Terrorgefahr nicht statt, im Februar 2015 wurde der Karnevalszug in Braunschweig aus Sicherheitsgründen abgesagt, wenige Tage später sicherten Spezialkräfte der Polizei die Bremer Innenstadt nach einer Terrorwarnung. Die Terrorangst schleicht sich so sehr in unseren Alltag, dass die Begründung für die Absage einiger Rosenmontagszüge im Jahr 2016 – Sturmwarnungen – von vielen angezweifelt wird. Tatsächlich gab es in diesen Fällen keinerlei Hinweise auf Terroranschläge, doch das Vertrauen der Bevölkerung ist angeschlagen, besonders seit den Anschlägen von Paris im November 2015 und der Absage des Fußball-Länderspiels Deutschland vs. Niederlande in Hannover.

An jenem 17. November 2015 meldet der israelische Inlandsgeheimdienst Schin Bet seinen deutschen Partnern, die Sportveranstaltung solle Ziel von Bombenanschlägen werden. Es ist keine diffuse Warnung, sie bezieht sich auf ein konkretes Ereignis, das in wenigen Stunden beginnen wird, und sie enthält ein Detail zur Vorgehensweise der Terroristen: Der Sprengstoff werde mit »offiziellen Fahrzeugen« in den Stadionbereich gebracht. Die deutschen Stellen sind alarmiert. In einer Krisensitzung beraten Bundesinnenministerium, BKA und Verfassungsschutz über das Vorgehen. »Official vehicles« – das könnten Fahrzeuge des Veranstalters, des Stadionbetreibers oder von Polizei und Rettungsdienst sein. Aber wie sollten Terroristen diese in ihren Besitz gebracht haben? Die Ermittler haben eine Bewertungsskala von 1 bis 8, von »absolut glaubwürdig« bis »absolut unglaubwürdig«, und zweifeln an dem Szenario. Sie empfehlen den zuständigen Landesbehörden in Niedersachsen, die Sicherheitsmaßnahmen insbesondere an den Zufahrten und Zugängen des Stadions einmal mehr zu überprüfen, aber das Spiel nicht abzusagen. Der niedersächsische Innenminister und der Oberbürgermeister von Hannover sind besorgt. Sie folgen zwar der Empfehlung, aber es wird vereinbart, dass der israelische Geheimdienst, von dem die Warnung kam, seine Quelle noch einmal kontaktieren solle. Da die deutschen Ermittler die Glaubwürdigkeit des Hinweisgebers nicht selbst überprüfen können, bitten sie um die Beantwortung einer Liste mit konkreten Fragen. Sollte der Informant ein paar zusätzliche Details liefern, müsste man das Spiel vielleicht doch absagen, aber die Fahnder rechnen eher mit lapidaren Antworten. Sie irren sich. Um 18.31 Uhr kommt die Rückmeldung mit weiteren Angaben: Der Anführer der Terrorzelle sei ein deutscher Staatsbürger namens Abdallah Faiz. Er selbst werde den Anschlag im Stadion filmen und mit einem eigenen Statement dann über die sozialen Medien verbreiten. Außerdem solle es eine zweite Attacke geben, auf den Hauptbahnhof von Hannover.

Weil die Informationen so konkret sind, rutscht die Warnung auf der Glaubwürdigkeitsskala deutlich nach vorn. Jetzt ist die Absage des Länderspiels unvermeidlich, zu kurz ist die Zeit bis zum Anpfiff, um zu prüfen, ob der angebliche Deutsche in irgendeiner Datenbank registriert ist und ob irgendwelche verdächtigen Aktivitäten am Spielort und am Bahnhof entdeckt werden können. Alle Stadionbereiche werden geräumt, alle Einsatzfahrzeuge der Polizei und der Rettungsdienste durchsucht – ohne Ergebnis. Bis heute gibt es keine Belege dafür, dass in Hannover wirklich ein Anschlag geplant war.

Verwirrung durch obskure Quellen

Gleiches gilt für den Terroralarm von München in der Silvesternacht 2015. Gegen 22 Uhr räumt die Polizei den Hauptbahnhof der bayerischen Landeshauptstadt und den Bahnhof im Stadtteil Pasing, ebenfalls ein Knotenpunkt für Nah- und Fernverkehrszüge. Die Nachricht verbreitet sich schnell über die sozialen Netzwerke. Ein Tweet der Münchner Polizei klingt dramatisch: »Aktuelle Hinweise, dass in #München ein Terroranschlag geplant ist. Bitte meidet Menschenansammlungen und die Bahnhöfe Hauptbahnhof + Pasing.« Einige Fernsehsender gehen in den Krisenmodus und verstärken in Sondersendungen das Gefühl der Unsicherheit mit bruchstückhaften Informationen aus Behördenkreisen, die den Vorgang als brandgefährlich erscheinen lassen. Von einem »unmittelbar bevorstehenden Anschlag« ist die Rede, von Selbstmordattentätern, die sich »offenbar in München aufhalten«. Spätestens nach folgendem Tweet der Polizei: »Wir haben

Kräfte aus dem südbayer. Raum zur Unterstützung nach #München geholt. Zusammen mit Spezialeinheiten sorgen wir für Eure Sicherheit«, scheint es so, als seien Elitepolizisten regelrecht auf der Jagd nach den mutmaßlichen Attentätern. Dem ist gar nicht so.

Die Sicherheitsmaßnahmen wurden in jener Nacht zwar deutlich verstärkt, die zwei Bahnhöfe geräumt, der Zugverkehr teilweise gestoppt. Aber das Vorgehen war gelassen, es gab keine Erstürmungen, Festnahmen oder vermeintliche Bombenentschärfungen. Es handelte sich um verständliche Vorsichtsmaßnahmen nach einer Terrorwarnung, die am Silvesterabend kurz nach halb acht vom Bundeskriminalamt an die bayerischen Landesbehörden weitergereicht worden war. Weil die Informationen in der Kürze der Zeit nicht gegengeprüft werden konnten, entschied man sich – genau wie zuvor in Hannover – auf Nummer sicher zu gehen, in diesem Fall recht geordnet, flankiert von einer Warnung an die Öffentlichkeit, die unverzichtbar war, um die Schließung der Bahnhöfe zu erklären.

Der Terroralarm an Silvester hatte eigentlich einen einwöchigen Vorlauf. An Weihnachten erzählte ein Informant dem Bundesnachrichtendienst bei einer Befragung im Irak von einem siebenköpfigen Terrorkommando, das am 6. Januar 2016 mit Kalaschnikows und Sprengstoff Anschläge in München verüben wolle. Er nannte sogar die Namen der mutmaßlichen Täter. Eigentlich galt der Hinweisgeber als glaubwürdig, weil er jahrelang wertvolle Tipps an das amerikanische FBI geliefert hatte. Als ehemaliger Offizier des irakischen Geheimdienstes war er offenbar gut verdrahtet. Doch die US-Bundespolizei hatte die Zusammenarbeit kurz zuvor beendet, weil der Mann immer mehr Geld für seine Informationen verlangt hatte. Auch jetzt forderte er eine hohe Summe vom BND, genau das aber ließ die Deutschen an seiner Glaubwürdigkeit zweifeln. Auf der Bewertungsskala landeten seine Hinweise auf 6, »eher unglaubwürdig« – dennoch gingen die Ermittler ihnen nach, ergebnislos. Weil in den Folgetagen einige Namen der angeblichen Täter in anderen, ähnlichen Warnungen von zwei befreundeten Geheimdiensten auftauchten, vermuteten die Fahnder, dass es sich um einen »Wiedergänger« oder »Kreisläufer« handelte – also um die gleiche Warnung, die nur über einen anderen Weg, eine andere Behörde hereinkam, aber aus ein und derselben Quelle stammte, die sich damit mehr Glaubwürdigkeit und ein noch besseres Geschäft verschaffen wollte. Die Ermittler wollten die Sache schon abhaken, doch am Silvesterabend kam eine erneute Warnung, diesmal vom französischen Geheimdienst. Fünf bis sieben IS-Terroristen, so hieß es, wollten um Mitternacht am Münchner Hauptbahnhof und am Bahnhof Pasing mit Waffen und Sprengstoffgürteln Anschläge verüben. Wieder gab es die Namen der Täter, aber es waren andere als in den früheren Szenarien, und dieses Mal waren die konkreten Ziele benannt. War es dennoch nur eine Variation des schon bekannten »Kreisläufers«?

Doch am Silvesterabend gab es eben nicht genügend Zeit zur Prüfung aller Einzelheiten. In Absprache mit den Bundesbehörden beschloss die bayerische Landespolizei, die Bahnhöfe zu räumen und öffentlich zu warnen. Eine Jagd auf Verdächtige gab es nicht. Während die Bundesbehörden »keine akute Gefahr« eines Anschlags sahen, entstand in der Kombination aus den öffentlich sichtbaren Maßnahmen und dem Durchsickern von Einzelinformationen in die Medien ein anderer Eindruck. Die Entscheidung der bayerischen Behörden ist verständlich, weil man jedes Risiko vermeiden wollte. Die Aufregung im Umfeld fiel jedoch größer aus, als sie gerechtfertigt war. Das wurde spätestens gegen halb zwei Uhr morgens beim Interview mit dem Sprecher der Münchner Polizei in einer Sondersendung des Bayerischen Rundfunks klar. Auf die Frage, ob denn nun die Menschen in der Stadt aufgefordert würden, nach Hause zu gehen, antwortete der Beamte, die verschärfte Lage beziehe sich auf die beiden Bahnhöfe, ansonsten seien »Münchens Straßen sicher«. Ein weiterer Tweet der Münchner Polizei vom frühen Neujahrsmorgen brachte die Ereignisse der Nacht auf den Punkt: »Unser Grundsatz bleibt: Wenn wir eine Gefahr für die Bevölkerung nicht ganz ausschließen können, werden wir Euch warnen. #München«

Pariser Anschläge als Signal

Wie groß aber ist nun die Gefahr von Terroranschlägen in Deutschland wirklich? Lassen die zahlreichen Warnungen, Razzien, abgesagten Veranstaltungen die Bedrohung größer und beunruhigender erscheinen, als es tatsächlich gerechtfertigt ist? Meine klare

Antwort ist: nein. Denn die jüngsten Anschläge von Paris und Brüssel haben die Bedrohungslage deutlich verändert. Sie sind das Signal für zwei bewusste Entscheidungen des Islamischen Staates: Der IS hat an jenem Freitag, dem 13. November, eine neue Kriegsfront in Westeuropa eröffnet und richtet seinen Terror mit voller Absicht gegen jedermann in der Bevölkerung. Hier liegt ein wichtiger Unterschied zu den Anschlägen im Januar 2015. Damals wurden die Autoren des Satiremagazins *Charlie Hebdo* aufgrund ihrer islamkritischen Karikaturen sowie Kunden in einem Supermarkt aufgrund ihrer jüdischen Religion ermordet. Im November töteten junge Terroristen vor allem andere junge Menschen, die sich in den Straßencafés, im Konzertsaal des Bataclan oder im Fußballstadion Stade de France einen schönen Abend machen wollten. Willkürliche Opfer, dennoch gezielt ausgewählt, um Angst in der gesamten Bevölkerung zu verbreiten und damit die psychische Wirkung des Terrors zu erhöhen. Die Täter folgten damit exakt der Vorgabe, die einer der Anführer des IS in einem Interview für das islamistische Onlinemagazin *Dar al-Islam* gemacht hatte. Im März 2015 forderte dort einer der Vordenker der französischen Dschihadisten, Bubaker al-Hakim, seine Landsleute auf, nicht mehr Ziele von hohem Symbolwert anzugreifen: »Ich rate Euch, nicht mehr nach spezifischen Zielen zu suchen. Zielt auf jeden und alles.«

Auch ein genauer Blick auf die jeweilige Vorgehensweise bei den beiden Anschlagswellen von Paris offenbart wichtige Unterschiede. Im Januar 2015 morden zwei der Terroristen, die Kouachi-Brüder, im Namen der al-Qaida; der Dritte, Amedy Coulibaly, fühlt sich dem Islamischen Staat verbunden. Tatsächlich sind alle drei zwar von Personen aus den genannten Terrororganisationen inspiriert worden, haben ihre Taten aber weitgehend allein geplant, die notwendigen Waffen beschafft und ihr blutiges Werk dann ohne enge Anbindung an mutmaßliche Drahtzieher ausgeführt. Die Anschläge vom 13. November dagegen waren offenbar vom IS befohlen, sehr detailliert geplant und monatelang vorbereitet. Die Täter haben lange vor der Ausführung ihr Training in Syrien absolviert und zwischen Februar und September 2015 die Aufnahmen für das professionell gemachte Bekennervideo geliefert, das im Januar 2016 im Internet verbreitet wurde. Am Tattag selbst stehen sie in unmittelbarem Kontakt mit Drahtziehern des IS, die obendrein dafür gesorgt haben, dass die Selbstmordattentäter vom Fußballstadion gemeinsam mit Flüchtlingen über die Balkanroute nach Westeuropa gereist sind. Auf Einzelheiten und Hintergründe sowie das eklatante Versagen der Sicherheitsbehörden komme ich noch zurück. Spätestens seit den Folgeanschlägen von Brüssel wissen die Ermittler nun, dass die Waffen und Sprengstoffgürtel für die November-Angriffe für die teils kurzfristig angereisten Täter bereitgestellt wurden. Es gab also mitten in Europa eine Art Dienstleisternetzwerk, das die Werkzeuge für den Terror des IS beschafft und liefert, die dann von einem ebenfalls eigens angereisten Bombenbauer zusammengestellt werden. Auch das zeigt eine neue Qualität und belegt die offenbar strategische Entscheidung der Islamisten, ihren Krieg nach Westeuropa auszudehnen.

Vor diesem Hintergrund wird auch verständlich, dass jeder einzelne Hinweis auf Reisebewegungen von Terroristen, auf die Lieferung von Kriegswaffen, auf die wachsende Gewaltbereitschaft innerhalb der europäischen Islamistenszene und auf konspirative Kommunikation zwischen einzelnen Personen noch beunruhigender und noch ernster zu nehmen ist als in den vergangenen fünfzehn Jahren. Das ist der Hauptgrund, weshalb zu den vielfältigen Warnungen so wenig Details wie möglich an die Öffentlichkeit dringen sollen. Noch so eine Zwickmühle. Denn dies öffentlich zu sagen, ohne jede Erläuterung, erzeugt genau das, was die Ermittler um jeden Preis vermeiden wollen. Entsetzt verfolgten sie, wie Bundesinnenminister Thomas de Maizière am 17. November 2015 kurz nach der Absage des Fußball-Länderspiels in Hannover auf die Frage nach Einzelheiten sagte: »Ein Teil dieser Antworten würde die Bevölkerung verunsichern.«

Millionen von Fernsehzuschauern blieben mit dem Eindruck zurück, dass die Bedrohungslage wohl noch viel schlimmer sein musste, als es die Bilder aus Hannover suggerierten. Der Innenminister hätte an diesem Abend voller Emotionen und Unsicherheiten besser geschwiegen, jedenfalls bis er die Gelegenheit gehabt hätte, das Ausmaß der Gefahr in Ruhe und mit den notwendigen Hintergründen zu erläutern. Die ZDF-Sendung *Was nun?* am folgenden Abend hätte diese Möglichkeit geboten. Stattdessen säte de Maizière noch mehr Verunsicherung, indem er den Umgang mit Warnhinweisen schilderte, ohne die Kriterien zu nennen, nach denen am Ende über die mögliche Absage einer Veranstaltung entschieden wird: »Wir haben auch Fälle, wo wir gar nicht informieren, das Risiko eingehen, einen Hinweis nicht für wichtig zu nehmen, und hoffen, dass die Veranstaltung gut zu Ende läuft. Und niemand weiß Bescheid. Das muss auch möglich sein.« Natürlich muss das möglich sein, aber der Bundesinnenminister hätte den intensiven Prüfvorgang inklusive der bereits dargestellten »Glaubwürdigkeitsskala« an einem – gern auch fiktiven Beispiel – beschreiben müssen, damit deutlich wird, wie sorgfältig und nach welchen Maßstäben die Beteiligten aus Sicherheitsbehörden und politisch verantwortlichen Stellen entscheiden. Nach den Worten »nicht für wichtig zu nehmen, und hoffen« fragt sich der Betrachter, ob er dem Urteil nach einem »Prinzip Hoffnung« wirklich trauen kann.

Gern wird von verantwortlichen Politikern als Entschuldigung angeführt, dass man die Kriterien für die Beurteilung einer Terrorwarnung nicht zu genau beschreiben dürfe. Sonst hätte ja jeder beliebige Unruhestifter eine Art Checkliste, nach der er Drohungen so gestalten könnte, dass sie von den Sicherheitsbehörden ernst genommen werden müssen und entsprechende Konsequenzen wie die Sperrung von Bahnhöfen, die Absage von Veranstaltungen, ja sogar die Lähmung des öffentlichen Lebens verursachen. Diese Annahme ist zwar nachvollziehbar, doch die sorgfältige Gefahrenbeurteilung der Ermittler beruht auf so vielen und immer für den Einzelfall sehr spezifischen Faktoren, dass die Darstellung einzelner Kriterien weniger schadet, als sie nützt. Das Verständnis für die Arbeit der Sicherheitsbehörden ist die Grundlage für das Vertrauen seitens einer Bevölkerung, in der die Zweifel gegenüber dem staatlichen Handeln wachsen. Während sich nämlich die einen nach den Terroralarmen der vergangenen Monate, auch aufgrund fehlender Transparenz, verunsichert fühlen, halten die anderen das alles für eine staatlich gesteuerte Desinformationskampagne.

Als am Altweiberdonnerstag, dem 4. Februar 2016, rund 200 Polizeibeamte in drei Bundesländern die Wohnungen von Terrorverdächtigen durchsuchten und mehrere Personen festnahmen, verbreiteten beispielsweise die zwei Blogger Thilo Jung und

Stefan Schulz wenige Tage danach in einem Internet-Podcast die Theorie, die Polizei führe solche Aktionen nur für die Medien durch, die darauf hereinfielen und die Terrorangst schürten. In Wirklichkeit gebe es »gar keine Terrorszene« in Deutschland, das sei »erstunken und erlogen«, es gehe nur um das »Terrortheater« eines »paranoiden Staates«, dem die Medien das »Händchen halten« und der durch »vorsorgliche Festnahmen« die Menschenrechte und die Menschenwürde verletze. Die fünfzehnminütige Tirade, in der eine *heute journal*-Sendung des ZDF »analysiert« wurde, war gespickt mit sachlichen Fehlern, wilden Anschuldigungen ohne Belege und auch mit offenbar bewusstem Verbiegen von Darstellungen. In einem knapp einstündigen Streitgespräch mit den beiden Autoren am 11. Februar 2016, das ebenfalls im Internet zu finden ist, habe ich mit sachlichen Informationen dagegengehalten, was die Blogger und viele ihrer Zuhörer aber nicht daran hindert, ihre Verschwörungstheorien weiter zu pflegen. Ich schildere den Vorfall nicht nur, weil ich mich natürlich über den Verbalangriff auf die Glaubwürdigkeit der ZDF-Nachrichten geärgert habe, sondern vor allem, weil der Resonanzboden für solches Misstrauen gegenüber Strukturen unserer Gesellschaft, darunter staatlichen Stellen und unabhängigen Medien, weiter anwächst. Das hat viel mit fehlender Transparenz bei allen Beteiligten zu tun und birgt die große Gefahr, dass die tatsächlich vorhandene Bedrohung durch den Islamismus und durch islamistisch motivierte Terroristen unterschätzt wird.

Diese Bedrohung ist so groß wie nie zuvor. So beschreiben es der Verfassungsschutz, der Bundesnachrichtendienst, Europol und andere Sicherheitsbehörden übereinstimmend. Ihre Einschätzung basiert sowohl auf den teils öffentlich gemachten Erkenntnissen über die strategischen Absichten, die taktischen Fähigkeiten und die verfügbaren motivierten und ausgebildeten Kämpfer islamistischer Gruppen als auch auf der weitgehend geheim gehaltenen Einsicht zu den eklatanten Defiziten beim Informationsaustausch zwischen den Ermittlern der europäischen Staaten. Solange diese Defizite nicht behoben sind, wiegt die Vielzahl von Hinweisen auf mögliche Terroranschläge in Westeuropa noch größer, weil für ihre Überprüfung oft nicht alle notwendigen Informationen gebündelt verfügbar sind, obwohl sie an den unterschiedlichsten Stellen vorliegen.

Was uns verunsichern würde

Schauen wir uns einmal an, wie vor einigen Monaten die Liste dieser Hinweise aussah, die uns nach Meinung des Bundesinnenministers verunsichern würden. Sie bestand aus frischen Hinweisen und Warnungen, kombiniert mit älteren Informationen, die erst mit Zeitverzögerung, nämlich als ihnen wegen der Ereignisse in Paris eine neue Bedeutung zugemessen wurde, die deutschen Sicherheitsbehörden erreichten. Sie ergeben eine Art Schnappschuss der Bedrohungslage irgendwann im Dezember 2015 und gleichzeitig eine dringende To-do-Liste für die Fahnder.

- Auf eine amerikanische Militärbasis in Deutschland soll ein Anschlag verübt werden. So melden es der Bundesnachrichtendienst und eine Partnerbehörde im Ausland. Die Attacke habe sich verzögert, weil einer der mutmaßlichen Attentäter auf deutschem Boden festgenommen worden sei.
- Terrorzellen des IS, so warnt ein ausländischer Geheimdienst, seien nach Westeuropa eingesickert und wollten dort Anschläge verüben.
- Dazu passend meldet ein anderer Dienst, der IS habe 500 bis 800 Kämpfer nach Westeuropa zurückgeschleust, damit sie dort eine neue Front eröffnen.
- Der Bundesnachrichtendienst informiert die inländischen Behörden über die mögliche Einreise eines bekannten Terroristen mit dem Namen Abd al-Rahman al-Ali.
- Am Düsseldorfer Flughafen fällt ein Mann auf, der im Schengener Informationssystem (SIS) vermerkt ist. Die belgischen Behörden hatten gebeten, mögliche Reisebewegungen des Verdächtigen zu melden, ohne dass er dies merkt. Doch die deutschen Beamten durchsuchen den Mann und entdecken einen USB-Stick mit Hinweisen auf geplante Anschläge. Attentäter mit Sprengstoffwesten sollen in Kirchen und auf belebten Plätzen in ganz Europa möglichst viele Menschen töten.
- Ebenfalls aus dem Ausland kommt die Information, al-Qaida habe aus dem afghanisch-pakistanischen Grenzgebiet fünf Terroristen über den Iran und die Türkei nach Deutschland ge-

schickt. Die Zelle verstecke sich in einem Unterschlupf – einem
»safehouse« – in Hamburg.

- Zwei der Paris-Attentäter waren am 3. Oktober 2015 als Flüchtlinge über die griechische Insel Leros in die EU gekommen.
Offenbar wurden sie dabei von vier weiteren Personen begleitet.
Die ganze Gruppe, so meldet ein Geheimdienst, habe sich erst
am Vortag im syrischen Rakka auf den Weg gemacht. Wenn
das stimmt, müssten die mutmaßlichen Terroristen massive
logistische Unterstützung gehabt haben. Wer könnte sie per
Flugzeug bis an die türkische Küste nahe Leros gebracht haben?
- Im Juli 2015 hat ein Mann namens Ait al-Kaid nach seiner Festnahme in Warschau den polnischen Ermittlern erzählt, dass es
im November 2015 große Anschläge in Paris, unter anderem auf
eine Konzerthalle, geben soll. Der Islamist wurde kurz danach
in seine spanische Heimat überstellt.
- Die schwedische Polizei hat bei einem Terrorverdächtigen
Handynummern gefunden, die Mobiltelefonen in Rostock und
Zwickau zugeordnet werden können.
- Die belgischen Sicherheitsbehörden haben Datensätze zu rund
650 Verdächtigen aus ihren Ermittlungsverfahren übermittelt.
Zu neunzehn Personen finden sich in den Datenbanken deut-
scher Behörden zahlreiche Hinweise.
- Ein ausländischer Geheimdienst hat elf Lichtbilder von mut-
maßlichen IS-Terroristen übermittelt. Im Gesichtserkennungs-
system einer deutschen Behörde finden sich zwei Treffer – zwei
Personen, die sich gerade erst in einer Erstaufnahmestelle in
Schleswig-Holstein als Flüchtlinge registriert haben.

All das ist deutlich mehr als nur das übliche Grundrauschen und
auch mehr als die erwarteten Ausschläge nach erfolgreichen
Terrorangriffen wie 2004 in Madrid, 2005 in London und 2015 in
Paris. Was in diesen Monaten reinkommt, so sagen die Fahnder,
hat es seit der Zeit unmittelbar vor den katastrophalen Anschlägen
am 11. September 2001 in New York und Washington nicht mehr
gegeben. Und wie damals befeuert eine Reihe weiterer Rahmenbedingungen die übereinstimmende Einschätzung, dass große
Anschläge unvermeidbar sind – auch in Deutschland. Ein Teil der
aufgelisteten Hinweise hat sich mittlerweile als »nicht belastbar«

herausgestellt, obwohl nie ganz klar ist, ob sie nicht irgendwann durch neue Informationen doch Bedeutung erlangen könnten. Deshalb werden alle recherchierten Details in einer Datenbank gespeichert und kontinuierlich mit frischen Informationen inländischer und ausländischer Quellen abgeglichen. Einigen genannten Spuren gehen die Fahnder weiter nach. Es gibt laufende Operationen, deren Ergebnis völlig offen ist und die durch das Bekanntwerden von Details gefährdet sein könnten, weshalb ich in der oben stehenden Liste einige Informationen weggelassen habe. Einen konkreten Fahndungserfolg haben die Ermittler auch vorzuweisen. Die Erkenntnis, dass gemeinsam mit zwei Attentätern von Paris vier weitere Terroristen als Flüchtlinge über Leros in die EU eingereist sind, führte bereits im Dezember in Salzburg zur Festnahme von zwei Verdächtigen durch die österreichische Spezialeinheit Cobra. Die beiden Männer, ein 28-jähriger Algerier und ein 34-jähriger Pakistani, waren mit falschen Pässen über die Balkanroute bis in ein Flüchtlingslager in Österreich gelangt. Nach eigenen Angaben sollten sie als weitere Attentäter bei den Anschlägen in Paris eingesetzt werden. In Salzburg und Graz sind noch mehr Terrorverdächtige in Haft, die als Flüchtlinge nach Europa gekommen waren. Ob sie tatsächlich für den IS Anschläge verüben sollten, ist allerdings bisher nicht belegbar.

Anders dagegen eine Erkenntnis, die ich aus der Liste vom Dezember 2015 herausgelöst habe, weil sie die deutschen Sicherheitsbehörden besonders intensiv beschäftigte. Der Logistikchef für die Pariser Anschläge, Salah Abdeslam, war offenbar mehrfach in Deutschland gewesen. So fuhr er am 2. Oktober 2015 mit einem Mietwagen von Brüssel ins baden-württembergische Ulm. Die Fahrt, die einen kurzen Halt an einer Autobahnraststätte beinhaltete, endete am Ulmer Hauptbahnhof. Im Verlauf des 3. Oktober kehrte Abdeslam dann nach Brüssel zurück. Die deutschen Behörden erfuhren von der Fahrt nur, weil ihnen die belgischen Terrorfahnder nach den Anschlägen von Paris im November die Navigationsdaten der Mietwagen übermittelten, mit denen Abdeslam wiederholt durch Europa gefahren war. Was hatte der Terrorist in Deutschland gemacht? Jemanden abgeholt, der mit dem Zug nach Ulm gekommen war? Warum nahm er dafür eine so lange Autofahrt in Kauf – jeweils sechs Stunden für den Hin- und Rückweg?

Der mögliche Bahnfahrer hätte sich doch auch in Koblenz, Trier oder Aachen abholen lassen können. Oder diente der Bahnhof nur einem Treffen mit einer Person aus der Ulmer Islamistenszene? Immerhin gilt die Stadt seit vielen Jahren als Hochburg der Islamisten, von denen einige für den IS in Syrien kämpfen – unter ihnen Reda Seyam, der als »Bildungsminister« des Islamischen Staates der höchstrangige Deutsche in der Terrororganisation ist. In Ulm hatten auch Mitglieder der sogenannten Sauerland-Zelle gelebt, deren geplante Anschläge gegen US-Militärbasen im September 2007 vereitelt werden konnten. In der Stadt an der Donau wohnt weiterhin ein Mann, der intensive Kontakte mit Islamisten auf dem Balkan pflegt. Immerhin sollen sowohl die Waffen für die Anschläge von Paris als auch einige der Attentäter über die Balkanstaaten nach Frankreich gelangt sein. Gibt es dabei irgendwelche Querverbindungen nach Ulm?

Seit Dezember 2015 rätselten die deutschen Fahnder. Tatsächlich hatte die Reise von Abdeslam, das wissen wir heute, vor allem einen Zweck: Er holte vor einem Hotel am Hauptbahnhof drei Personen ab, die als syrische Flüchtlinge nach Deutschland gekommen und am 3. Oktober bei einer Anwesenheitskontrolle in der Ulmer Flüchtlingsunterkunft verschwunden waren. Einer der drei hatte sich unter dem Namen Monir Ahmed Alaaj als syrischer Flüchtling registrieren lassen. Noch ist nicht geklärt, ob die Verdächtigen einen Monat später an den Anschlägen von Paris mindestens mittelbar beteiligt waren, Alaaj, der sich außerdem auch Amine Choukri nannte, wurde am 18. März 2016 gemeinsam mit Salah Abdeslam in Brüssel verhaftet. Der Vorfall zeigt deutlich, welche Schwierigkeiten es bei der Terrorismusbekämpfung in Europa gibt, insbesondere im Zeichen der offenen Grenzen in der Flüchtlingskrise. Die Balkanroute diente wiederholt als Einfallstor für IS-Terroristen, die offenbar auch durch Deutschland reisten.

Am 9. September 2015 übernachtete Salah Abdeslam in einem Hotel am Autohof Geiselwind ganz in der Nähe des bayerischen Kitzingen. Spätabends hatten er und zwei weitere Personen eingecheckt, am frühen Morgen des 10. September setzten sie ihre Fahrt nach Belgien fort. Erst Monate später, nach den Anschlägen von Brüssel im März 2016, wurde klar, wer in dieser Nacht mit Abdeslam in Deutschland übernachtet hatte: der Sprengstoffexperte des IS, Najim Laachraoui, der für beide Angriffswellen die Bomben bauen und sich dann am Flughafen von Brüssel in die Luft sprengen würde, sowie der Algerier Mohamed Belkaid, der Befehlshaber der Logistikzelle, zu der Abdeslam und Laachraoui gehörten. Belkaid würde erst am 15. März 2016 bei einer Razzia in der belgischen Hauptstadt in einem Feuergefecht mit der Polizei sterben, eingehüllt in die schwarze Flagge des IS.

Lücken im System

Abdeslam hatte seine beiden Begleiter in der ungarischen Hauptstadt Budapest abgeholt und sie mit gefälschten belgischen Pässen auf die Namen Soufiane Kayal (Laachraoui) und Samir Bouzid (Belkaid) ausgestattet. Auf der Fahrt durch Österreich wären sie beinahe aufgeflogen. Über diesen Vorfall findet sich in Medienberichten ein interessantes Zitat vom Sprecher des österreichischen Innenministeriums. Demnach habe die Polizei bei einer Routineüberprüfung auf der Raststätte Aistersheim Abdeslam und seine Begleiter kontrolliert. Das Trio behauptete, es sei auf einem Urlaubstrip nach Wien. Die Beamten entdeckten zwar, dass es für einen Mann namens Soufiane Kayal einen Eintrag der belgischen Polizei im SIS gab, allerdings sollte nur der Aufenthaltsort der Person gemeldet werden, und zwar, ohne dass diese davon erfuhr. Diese Aufenthaltsnotiz sei dann auch, so der Sprecher, »in Echtzeit« in das System eingetragen worden.

Das SIS umfasst mehr als fünfzig Millionen Datensätze, auf die Sicherheitsbehörden aller Schengen-Staaten Zugriff haben, um sie bei der Fahndung nach Personen und Sachen zu unterstützen. Ebenfalls angeschlossen sind die europäischen Behörden Europol und Eurojust. Doch was nützt solch eine riesige Datenbank, wenn entscheidende Informationen schlichtweg fehlen? Gerade bei Terrorverdächtigen verweigern die Nachrichtendienste häufig die Weitergabe von Details an alle Mitgliedsländer. Stattdessen versehen sie Namen mit der Bitte um eine Aufenthaltsmeldung, ohne dass der Betroffene davon erfahren soll. Auf diese Weise lassen sich zwar Bewegungsmuster von Verdächtigen erstellen, aber sie müssten mit den Bewegungen anderer Personen aus Terrornetzwerken abgeglichen werden. Genau dies geschieht nicht, sonst hätten belgische, französische oder europäische Behörden merken müssen, dass zahlreiche Personen aus dem Umfeld des gesuchten Terroristen Abdelhamid Abaaoud eine verdächtige Reisetätigkeit entfalteten.

Dieser Satz ist eigentlich eine maßlose Untertreibung. Tatsächlich müsste er so lauten: Der Kampf gegen den Terrorismus in Europa ist in weiten Teilen eine Farce, gescheitert an nationalen Egoismen, naiven und unfähigen Politikern, überforderten und unterbesetzten Sicherheitsbehörden sowie einer gleichgültigen Bevölkerung. Diese begreift offenbar nicht ihre eigene Verantwortung in dieser Sache. Die Demokratie, so hat es einst ein Kollege beschrieben, ist die stärkste aller Herrschaftsformen, weil sie ihren Bürgern so viele Freiheiten lässt. Aber wenn sich die Demokratie Feinden gegenübersieht, die ebendiese Freiheiten für ihre Angriffe missbrauchen, dann ist sie schwach und angewiesen auf die Stärke und Unterstützung all jener, die sonst von der Freiheit profitieren, der Bürger also. Deshalb machen wir es uns zu einfach, vom Staat, der Polizei, den Geheimdiensten und dem Militär allein die Lösung eines Problems zu erwarten, das seinen fruchtbaren Boden in sozialen und politischen Rahmenbedingungen innerhalb Europas findet. Wie genau das Phänomen des »hausgemachten Terrorismus« in den vergangenen fünfzehn Jahren wachsen konnte, will ich in einem späteren Kapitel darstellen. Aber es ist an dieser Stelle unverzichtbar, auf die gesamtgesellschaftliche Verantwortung hinzuweisen, bevor ich hier die Überforderung und das Versagen des Sicherheitsapparates anhand der Vorgänge rund um die Terroranschläge von Paris im Januar und November 2015 sowie von Brüssel im März 2016 beschreibe. Wenn französische und belgische Behörden enger mit ihren europäischen Partnern zusammengearbeitet hätten, wenn sie die Anzeichen, von erfolgreichen und fehlgeschlagenen Anschlägen über die Reisebewegungen und Aussagen von Verdächtigen bis zu den Absichtserklärungen des Islamischen Staates, miteinander verbunden hätten, dann wäre die Vorbereitung all dieser Attacken wohl ins Schleudern gekommen, sie hätten vielleicht nie stattgefunden.

Chronik des Versagens

Beginnen wir am 3. Januar 2014, als in einem kleinen Ort in Griechenland kurz hinter der türkischen Grenze der 23-jährige Franzose
Ibrahim Boudina festgenommen wurde. Er hatte rund 1500 Euro
in Bargeld dabei sowie eine schriftliche Anleitung zum Bombenbau in französischer Sprache. Boudina war, das wissen wir heute,
der Erste von Dutzenden, vielleicht sogar Hunderten von Kämpfern, die der IS mit Reisegeld und Terrortraining ausgestattet nach
Westeuropa zurückschickte, um dort Anschläge zu verüben. Weil
damals kein internationaler Haftbefehl gegen den jungen Mann
marokkanischer Abstammung vorlag, ließ ihn die griechische
Polizei wieder laufen, informierte aber wenigstens den französischen Geheimdienst über seine Durchreise. Der hatte Ibrahim
Boudina längst auf seiner Liste von Terrorverdächtigen, weil er
2013 mit einer ganzen Gruppe von Islamisten aus dem südfranzö-
sischen Cannes ausgereist war, um sich am Kampf in Syrien zu
beteiligen. Hinter seinem Namen stand der Buchstabe S, mit dem
die Terrorermittler alle Gefährder markieren, die eine Bedrohung
für den Staat darstellen. Davon wussten die griechischen Behörden
nichts, und es ließe sich lange darüber streiten, ob der Besitz einer
Anleitung zum Bombenbau und ein mutmaßlicher Aufenthalt in
Syrien schon ausreichen sollten, um einem EU-Bürger die Wieder-
einreise zu verwehren.

Da Boudina nun wieder auf freiem Fuß war, überwachten
die französischen Ermittler in den Folgewochen seine Familie
in Cannes in der Hoffnung, dass er dort aufkreuzen würde. Am
11. Februar 2014 konnte der Verdächtige tatsächlich vor der Wohnung seiner Eltern verhaftet werden. In einem Abstellraum entdeckten die Fahnder drei Red-Bull-Dosen, gefüllt mit je rund
200 Gramm TATP, dem Sprengstoff, der später auch von den Attentätern von Paris und Brüssel benutzt wurde. Wer TATP aus
handelsüblichen Substanzen, wie sie in Bleichmitteln und Nagel-
lackentfernern vorkommen, zusammenmischt, der muss eine gute
Ausbildung und auch ein Stück Mut mitbringen, denn der Mix ist
mit zunehmender Menge so instabil, dass es schon bei der Herstellung der Bombe zu Explosionen kommen kann. Boudina hatte
zwar Schwierigkeiten, einen passenden Zünder zu beschaffen, aber

er war zweifellos für die Herstellung von Sprengsätzen ausgebildet worden. Von wem? Im Zuge der Ermittlungen konnte über Boudinas Facebook-Konto eine Ortung seines Mobiltelefons im Jahr 2013 rekonstruiert werden. Demnach hielt er sich damals am Schauplatz einer Schlacht auf, bei der die Vorläuferorganisation des Islamischen Staates einen wichtigen Sieg errungen hatte. Aufgrund weiterer Zeugenaussagen sind die Ermittler davon überzeugt, dass Boudina vorhatte, Anfang März 2014 einen Anschlag auf den Straßenkarneval von Nizza oder Cannes zu verüben. Dass er den Auftrag dazu vom IS bekommen hatte, ahnten die Fahnder nicht, auch nicht, dass weitere Angreifer auf dem Weg waren.

Am 18. März 2014 um kurz nach sechs Uhr morgens landete eine Passagiermaschine aus Bangkok am Frankfurter Flughafen. Mit an Bord war der 29-jährige Mehdi Nemmouche. Bei der Passkontrolle bemerkten die Beamten der Bundespolizei, dass der französische Staatsbürger algerischer Abstammung innerhalb von einem Monat von Istanbul über Kuala Lumpur, Singapur und Bangkok nach Deutschland gereist war. Wollte er den eigentlichen Startort seiner Reise – Syrien – verschleiern? Im SIS war der Name des Mannes mit einem Fahndungshinweis ergänzt. Seine Durchreise sollte den französischen Behörden gemeldet werden, ohne dass er es mitbekam. Nicht in der Datenbank registriert war sein terroristischer Hintergrund. Mehdi Nemmouche stand wie Boudina auf der Liste der Terrorverdächtigen, die mit einem S markiert waren, weil er sich nach einer Karriere als Krimineller während seiner Haftstrafen, die er für Diebstähle und einen Raubüberfall absaß, radikalisiert hatte und nach seiner Entlassung in den »Heiligen Krieg« nach Syrien gezogen war, um dort in den Reihen des IS mitzukämpfen. So stand es in seiner Akte, aber die deutsche Bundespolizei wusste natürlich nichts davon, also erfolgte wie gewünscht nur eine Information an die französischen Behörden.

Nemmouche konnte problemlos mit einem Mietwagen nach Brüssel weiterreisen. Am 24. Mai eröffnete er dort im Jüdischen Museum mit einer Kalaschnikow das Feuer auf die Besucher und tötete vier Menschen. Nach dem Angriff stieg er in einen Fernbus ins südfranzösische Marseille, wo er bei einer Routinekontrolle der Drogenfahndung gefasst wurde, weil man in seinem Gepäck nicht nur die Tatwaffe fand, sondern auch ein schwarzes IS-Banner und eine GoPro-Kamera; auf der Speicherkarte des Geräts befand sich ein Video, in dem sich Nemmouche zu dem Terroranschlag von Brüssel bekannte. Nach der Festnahme hätten sich die Fahnder fragen müssen, wer eigentlich die auffälligen Flugreisen für den Terroristen bezahlt und die Waffen beschafft hatte. Den Hauptverdächtigen dafür hatte Nemmouche in seinem Vierzig-Sekunden-Clip selbst genannt: Er handle im Auftrag des Islamischen Staates. Doch die belgischen Behörden hakten den ersten erfolgreichen Terroranschlag des IS in Westeuropa als Tat eines Einzelnen ab. Auch die französischen Behörden erkannten an dieser Stelle noch keine organisierte Gefahr. Bei der Auswertung von Nemmouches Mobiltelefon stellten sie zwar einige verdächtige Anrufe fest, aber erst nach den November-Anschlägen von Paris würden sie herausfinden, dass der Mörder von Brüssel in den Wochen vor dem Angriff ein fast halbstündiges Telefonat mit Abdelhamid Abaaoud geführt hatte. Im Nachhinein ist man immer schlauer, kann man sagen, doch auch wenn die Rolle Abaaouds zu diesem Zeitpunkt den Fahndern noch nicht klar sein konnte, Worte und Taten des IS in Bezug auf die Eröffnung neuer Fronten außerhalb der Kriegsgebiete wurden schon 2014 immer deutlicher sichtbar.

Am 22. Juni desselben Jahres wurde im Libanon der Franzose Faiz Bouchrane festgenommen, als er versuchte, heimlich aus Syrien einzureisen. Der 24-Jährige sollte sich als Selbstmordattentäter an einem schiitischen Heiligtum in die Luft sprengen. Den Auftrag dazu, so gab er im Verhör an, habe er von Abu Mohammed al-Adnani bekommen, dem Stellvertreter des selbst ernannten Kalifen Abu Bakr al-Baghdadi und gleichzeitig – so sehen es die Nachrichtendienste in Europa und den USA heute – dem Verantwortlichen für die Auslandsoperationen der Terrormiliz. Am 22. September 2014 wandte sich al-Adnani in einer Audiobotschaft im Internet und den sozialen Medien mit einer unmissverständlichen Drohung an die Europäer: »Wir werden Euch in Euren Ländern treffen, insbesondere die verachtungswürdigen und schmutzigen Franzosen.« Der Topterrorist forderte Muslime in Westeuropa auf, sich am Kampf zu beteiligen und Europäer zu töten: »Zermalme den Kopf mit einem Stein, schlachte ihn mit dem Messer ab oder überfahre ihn mit dem Auto.«

Al-Adnani sprach damit auch die Zielgruppe junger Männer

an, die nicht nach Syrien gelangt waren, weil man ihnen den Pass abgenommen hatte oder sie bei ihrer Reise dorthin aufgehalten wurden. Die Brüder Brahim und Salah Abdeslam entsprachen genau diesem Profil. Wenige Wochen vor dem Aufruf des IS-Funktionärs, im Juli 2014, bekam auch die Anti-Terror-Einheit der Bundespolizei in Belgien eine eindringliche Warnung. Die Abdeslam-Brüder wollten »in nächster Zeit« Terroranschläge verüben. Es gebe eine »unmittelbare Gefahr«. Obwohl der Hinweisgeber – offenbar ein Informant im Brüsseler Vorort Molenbeek, wo die Familie Abdeslam wohnte – als »glaubwürdig« eingestuft wurde und, obwohl es ja im Mai die Attacke im Jüdischen Museum gegeben hatte, geschah sechs lange Monate nichts – keine verschärfte Überwachung, keine Befragung. Nicht einmal die Anschläge von Paris im Januar 2015 sollten das ändern. Sie entsprachen den Erwartungen der Fahnder, dass eher al-Qaida als der IS für größere Attacken in Westeuropa verantwortlich sein würde. Tatsächlich handelten die Angreifer auf das Satiremagazin *Charlie Hebdo*, die beiden Kouachi-Brüder, im Auftrag der al-Qaida im Jemen, dem aus Sicht der Ermittler international gefährlichsten Zweig der Terrororganisation. Demgegenüber nahmen sie den dritten Attentäter, Amedy Coulibaly, der den jüdischen Supermarkt überfiel, weniger ernst, weil er nachweislich weder von al-Qaida noch vom IS geschickt wurde. Aber der vermeintliche Einzeltäter tötete dennoch, so zeigt sein Bekennervideo, im Namen des IS und seines Kalifen. Ein Terrorist also, der dem Ruf al-Adnanis gefolgt war.

Waren die Abdeslam-Brüder in Belgien vielleicht ähnlich gefährlich? Doch das interessierte die belgischen Behörden zunächst überhaupt nicht, schließlich waren die Anschläge vom Januar 2015 ja in Frankreich erfolgt, von Franzosen begangen. So wie das Attentat auf das Jüdische Museum in Brüssel von einem Franzosen verübt wurde, der zugereist war. Das Umdenken begann erst langsam nach einem weiteren Abend im Januar 2015. In Verviers, einem belgischen Ort nur dreißig Kilometer von Aachen entfernt, rückte eine Spezialeinheit der Polizei gegen das Versteck einer Terrorzelle vor, die angeblich bereits monatelang intensiv bei der Vorbereitung von Anschlägen überwacht worden war. Die Beamten gingen dabei so unvorsichtig vor, dass die Terroristen Verdacht schöpften und das Feuer eröffneten. Am Ende des Gefechts waren zwei der Islamisten tot, ein Dritter wurde festgenommen, Waffen und Sprengstoff sichergestellt. Es handelte sich ganz offenbar um Syrienheimkehrer, die in Belgien Anschläge auf Polizeistationen und Kirchen verüben wollten. Die Ermittler kamen auch zu dem Schluss, dass sie im Auftrag und mit Unterstützung des IS handelten, gesteuert von einem Mann, dessen Fotos sie auf den Mobiltelefonen der Terroristen fanden: Abdelhamid Abaaoud, Sohn marokkanischer Zuwanderer, den die Behörden zu diesem Zeitpunkt für tot gehalten hatten: gefallen in Syrien als Kämpfer für den Islamischen Staat. War Abaaoud unbemerkt nach Belgien zurückgekehrt und der abendlichen Anti-Terror-Operation nur zufällig entkommen?

Die verkannte Gefahr

Quer durch die europäischen Sicherheitsbehörden hätten die Alarmglocken läuten müssen, dass der IS offenbar mehr im Schilde führte, als die vermeintlich isolierten Fälle bis dahin suggerierten: Die Festnahmen in Cannes und im Libanon, der erfolgreiche Anschlag von Mehdi Nemmouche, der Aufruf des IS-Führers, das Bekenntnis von Amedy Coulibaly und jetzt die Enttarnung einer Terrorzelle, die offenbar international operierte. Denn ihr Anführer Abaaoud soll per Mobiltelefon aus einem Versteck im griechischen Athen die Terrorzelle in Verviers dirigiert haben. Als Spezialkräfte die Wohnung zwei Tage nach dem Feuergefecht in der ostbelgischen Stadt stürmten, wurden die Fingerabdrücke Abaaouds gefunden sowie Anleitungen zum Bombenbau und weitere Anschlagspläne. Hatte er wirklich aus der Hauptstadt eines EU-Landes die Planungen für einen Terrorangriff gesteuert?

Abaaoud selbst tauchte kurz danach wieder in den Kriegsgebieten auf und gab der Propagandaabteilung des IS unter seinem Kampfnamen Abu Umar al-Beldschiki ein Interview, das in der siebten Ausgabe des Internetmagazins *Dabiq* abgedruckt wurde. Mit höhnischen Worten beschrieb Abaaoud nicht nur, wie es ihm und seinen Kameraden gelungen war, Waffen und Sprengstoff für Attacken in ihrer belgischen Heimat zu besorgen. Er machte sich auch über Polizei und Geheimdienste lustig, die ihn auf seiner Flucht nicht aufgespürt hatten. Er sei nämlich selbst in Verviers gewesen, der Razzia nur knapp entkommen und dann über Griechenland nach Syrien zurückgekehrt. Beinahe habe ihn die griechische Polizei dabei geschnappt: »Allah hat sie geblendet, sodass ich wieder nach Syrien kommen konnte, obwohl mich so viele Geheimdienste jagen. Das beweist, ein Muslim sollte sich vor dem aufgeblähten Bild der Kreuzfahrer-Geheimdienste nicht fürchten. Mein Name und mein Bild waren in allen Nachrichten. Trotzdem konnte ich in meiner Heimat in Ruhe Operationen planen, und dann verschwinden, als das notwendig wurde.« Abdelhamid Abaaoud führte die Sicherheitsbehörden Europas an der Nase herum. Er selbst hatte Ende 2014 Meldungen über seinen Tod streuen lassen. Spätestens mit Erscheinen des Interviews hätte den Behörden klar sein müssen, welche Gefahr von Abaaoud und allen, die mit ihm bekannt waren, ausging. Wer so dreist und offen auftrat, der könnte und würde es ja vielleicht noch einmal versuchen.

Um die Tragweite deutlich zu machen, muss man die Terroraktivitäten des 27-Jährigen noch einmal auflisten. Abaaoud, aufgewachsen im Brüsseler Vorort Molenbeek, ist der Polizei dort als Kleinkrimineller einschlägig bekannt, Körperverletzung, Einbrüche, Diebstähle. 2012 sitzt er eine Haftstrafe ab und radikalisiert sich im belgischen Gefängnis. In 2013 reist er erstmalig nach Syrien und schließt sich dem IS an. Bei seiner nächsten Tour, am 20. Januar 2014, checkt er gemeinsam mit seinem gerade erst dreizehn Jahre alten Bruder Younis und einem weiteren Islamisten aus Molenbeek, Yoni Patrick Mayne, am Flughafen Köln/Bonn für einen Flug nach Istanbul ein. Bei der Ausreisekontrolle registriert die Bundespolizei die drei, doch im SIS gibt es keinen Vermerk über die Reisenden. Ein Jahr später lenkt Abaaoud die Anschlagspläne von Verviers. Im Juli 2015 verurteilt ihn ein belgisches Gericht in Abwesenheit wegen der Rekrutierung junger Muslime für den islamistischen Terror zu zwanzig Jahren Gefängnis. Er wird mit internationalem Haftbefehl gesucht. Trotzdem kann ein Vertrauter von Abaaoud, der in den Gerichtsakten als Terrorverdächtiger ausdrücklich erwähnt wird, nur wenige Wochen nach dem Urteil – im August – mit einer Fähre über den Ärmelkanal nach Dover in Großbritannien übersetzen. Das Land gehört nicht zum Schengen-Gebiet, nimmt daher an all seinen Einreisestellen, also an Flug- und Seehäfen, Passkontrollen vor. Entweder wurde Mohammed Abrini, der mutmaßliche Terrorist und Kamerad von Abaaoud, dabei tatsächlich nicht kontrolliert, oder er benutzte einen gefälschten Pass, um ins Land zu kommen. Jedenfalls konnte er sich unbemerkt auf die britische Insel schleichen. Dass er dort war, erfuhren die Terrorfahnder erst, nachdem sich Abaaoud bei der Erstürmung seines Verstecks im Pariser Vorort Saint-Denis am 18. November 2015 in die Luft gesprengt hatte. Neben seiner Leiche fanden die Ermittler das Mobiltelefon seines Kumpanen. Die Datenauswertung ergab eine Reihe von Fotos und Ortungsdaten, die seine Reise über Dover nach London und Birmingham eindeutig belegen. In beiden Großstädten traf sich Abrini mit bekannten Extremisten, ohne dass die Sicherheitsbehörden dies bemerkten. Die Bilder auf dem Handy zeigen auch eine Reihe von Gebäuden, die als mögliche Terrorziele infrage kommen, darunter das Bullring-Einkaufszentrum in Birmingham, mit 160 Shops und mehr als 40 Millionen Besuchern pro Jahr das beliebteste Shoppingcenter auf der britischen Insel. Nach der Bildauswahl könnte es sich um normale Touristenfotos handeln, aber angesichts der Rolle, die Abrini und Abaaoud im IS spielten, wären sie auch als Grundlage für weitere Terrorplanungen geeignet.

Denn spätestens im Sommer 2015 musste klar sein, dass Abdelhamid Abaaoud als Koordinator des IS für alle Operationen auf europäischem Boden diente und dabei dem Stellvertreter des Kalifen, Abu Mohammed al-Adnani, direkt unterstellt war. Das geht aus den Verhören mehrerer Terrorverdächtigen in verschiedenen europäischen Ländern hervor. Im April nahm die Polizei in Frankreich den Informatikstudenten Sid Ahmed Ghlam fest, der sich beim Hantieren mit einer Waffe versehentlich ins Bein geschossen hatte. Er habe, so sagte der 23-jährige Algerier den Ermittlern, den Sonntagsgottesdienst in einer Kirche in Villejuif angreifen wollen – im Auftrag des IS. In der Nähe von Lyon enthauptete der Franzose Yassin S. am 26. Juni seinen Chef und wollte dann eine Gasfabrik zur Explosion bringen. Der Täter leugnete zwar, ein Terrorist zu sein, hatte aber Bilder mit dem abgeschlagenen Kopf seines Opfers per Handy an einen französischen IS-Kämpfer in Syrien geschickt. Am 21. August machte ein weiterer Attentäter, Ayoub El Kahzani, im Thalys-Zug von Amsterdam nach Paris seine Kalaschnikow gerade für ein Massaker bereit, als er von aufmerksamen Passagieren überwältigt wurde. Der 26-jährige Spanier marokkanischer Abstammung war ebenfalls vom IS für eine Einzelattacke von Syrien nach Westeuropa zurückgeschickt worden. Wie genau das funktioniert, wussten die Fahnder in Frankreich zu diesem Zeitpunkt schon bis ins kleinste Detail. Und sie wussten auch schon, dass Konzerthallen wie das Bataclan in Paris ganz oben auf der Liste der von Abbaoud und dem IS gewünschten Terrorziele standen.

Der Fahrplan für Schläferzellen

Die Informationen stehen in einem Verhörprotokoll mit dem Datum 13. August 2015. An diesem Tag wurde der 29-jährige Franzose Reda Hame von der Anti-Terror-Einheit der französischen Polizei sechzehn Stunden lang vernommen. Seine Geschichte ist in einem Dossier der *New York Times* zum Versagen westlicher Sicherheitsbehörden eindrucksvoll beschrieben. Im Juni hatte sich der Computertechniker und überzeugte Islamist aus Paris auf die Reise nach Syrien gemacht und war dort von der Aufnahmestelle des IS mit offenen Armen empfangen worden, weil er einen französischen Pass und technische Erfahrung mitbrachte. Ein maskierter Kämpfer brachte ihn dann auf der Ladefläche eines Pick-ups zu einem Treffpunkt, wo er von einem Mann abgeholt wurde, der fließend Französisch sprach. Schon auf der Fahrt nach Rakka, der Hauptstadt des sogenannten Kalifats, erklärte ihm der Unbekannte, dass Einzelkämpfer eine ganz besondere Belohnung im Paradies erwarte. »Er fragte mich, ob ich interessiert wäre, zurückzugehen«, so erinnert sich Hame im Verhör, »stell dir ein Rockkonzert in einem europäischen Land vor – wenn man dir eine Waffe geben würde, wärst du bereit, das Feuer auf die Menge zu eröffnen?« In den folgenden zwei Tagen bekam der neue Rekrut eine Kurzausbildung an der Kalaschnikow und an Handgranaten und übernachtete mit einer Reihe weiterer »Auserwählter« gleich neben einem wahren Waffenarsenal mit Gewehren, Munition und Sprengstoffgürteln.

Am dritten Tag erhielt er in einem Internetcafé in Rakka noch einen Crashkurs in sicherer Kommunikation. Auf einem USB-Stick sollte er zwei Softwareprogramme mit auf seine Mission neh-

men: CCleaner, mit dem man den Browserverlauf nach dem Sur-
fen im Internet löschen kann, und TrueCrypt zum Verschlüsseln
von Texten. Diese dürfe er aber auf keinen Fall per E-Mail schicken,
sondern solle sie in die Datencloud eines türkischen Anbieters
hochladen, um auf diesem Weg mit seinem Koordinator in Syrien
zu kommunizieren, allerdings erst nach seiner Ankunft am Zielort
Paris. Bis dahin würde es ausreichen, wenn er an jeder Zwischen-
station – Istanbul, Prag, Amsterdam, Brüssel, Paris – ein Weg-
werfhandy kaufe und mit ihm dreimal kurz hintereinander eine
türkische Mobilfunknummer anwähle. Das Handy habe zwar
die SIM-Karte eines Anbieters in der Türkei, liege aber auf der
syrischen Seite der Grenze. Hames Betreuer glaubte, dass den
Sicherheitsbehörden Anrufe über türkische Dienstleister weniger
auffallen würden als über syrische. Mit den Kurzanrufen könne er
aber nachvollziehen, wo sich sein Schützling gerade aufhalte. Auf
den Zettel mit der türkischen Mobilfunknummer notierte er das
Wort »Dad«.

Hinter dem Codenamen verbarg sich in Wirklichkeit Abu
Umar al-Beldschiki, diesen Namen hatte er dem Franzosen Reda
Hame genannt. Das musste die Fahnder im Verhör Mitte August
eigentlich aufschrecken, denn es war der Kampfname, den sich
Abdelhamid Abaaoud gegeben hatte. Der Belgier, der für die An-
schlagsplanungen in Verviers verantwortlich war, schickte also IS-
Terroristen nach Frankreich, um dort Angriffe verüben zu lassen.
Tatsächlich sollte es auch andere Länder treffen. Am 12. Juni 2015
brachte Abaaoud höchstpersönlich zwei Männer zur syrisch-tür-
kischen Grenze und gab jedem von ihnen 2000 Euro in bar für die
Reise. Der eine – Reda Hame – solle »Lebensmittelmärkte« oder
»Konzertsäle« in Paris attackieren. Der andere war für eine Mission in seiner Heimat Spanien vorgesehen. Beide sollten bis zu
ihrem Tod kämpfen. »Seid tapfer«, habe »Dad« ihnen noch zum
Abschied gesagt.

Der Mann mit dem Spanien-Auftrag wurde auf seiner Reise in
seine Heimat gefasst. Im Verhör packte er aus und verriet auch seinen Gesinnungsgenossen Reda Hame. In diesem Fall klappte das
Zusammenspiel der Sicherheitsbehörden ausnahmsweise, weil die
spanischen Behörden direkt die französische Polizei informierten.
In der Wohnung seiner Mutter nahmen die Fahnder den 29-jähri-

gen Hame fest. Hinter einer Couch versteckt fanden sie den USB-Stick mit dem Verschlüsselungsprogramm. Kurz danach erfuhren die Ermittler vom systematischen Vorgehen des IS, um Dutzende, wenn nicht Hunderte von Kämpfern in ihrer jeweiligen Heimat Anschläge durchführen zu lassen. »Das ist eine regelrechte Fabrik«, so gab Reda Hame zu Protokoll, »sie tun alles Mögliche, um in Frankreich oder anderswo in Europa zuzuschlagen.« Die französischen Sicherheitsbehörden wussten spätestens ab diesem Zeitpunkt – drei Monate vor den November-Angriffen –, womit sie es zu tun hatten. Ein Netzwerk von französischsprachigen Terroristen, aus dem heraus zahlreiche Einzelattacken geplant worden waren. Diese hatten offenbar auch den Zweck, die Ermittler quer durch Europa in Atem zu halten, ihre Aufmerksamkeit auf scheinbar isolierte Fälle zu konzentrieren, um gleichzeitig unentdeckt größere Anschläge zu planen.

Die Rechnung ging auf. Der IS, so sieht es Frankreichs oberster Ermittlungsrichter in Terrorfällen im Nachhinein, habe Nebelkerzen geworfen. »Das diente dazu, all unsere Sicherheitsbehörden an die Belastungsgrenze zu bringen«, so Marc Trévidic gegenüber der New York Times, »es war eine Nebelwand, hinter der sie sich in Ruhe vorbereiten konnten.« Tatsächlich gab es seit 2014 insgesamt 21 Festnahmen von Syrienheimkehrern mit möglichen Terrorplänen in zahlreichen Ländern, darunter Spanien, Italien, Frankreich, Belgien, Griechenland, Türkei und Libanon. Die Details zu den einzelnen Fällen wurden an keiner zentralen Stelle in Europa zusammengeführt und ausgewertet. Selbst benachbarte Staaten erhielten nicht die notwendigen Informationen, die ihre eigenen Fälle auf einmal als Teil der Strategie eines Netzwerkes entlarvt hätten, weshalb die Fahnder den sprichwörtlichen Wald vor lauter Bäumen nicht sahen. Dabei hätte es weitere Gelegenheiten dazu gegeben.

In Belgien waren die Ermittler im Januar 2015 durch die Erkenntnis aufgeschreckt, dass der Koordinator von Verviers, Abdelhamid Abbaoud, weitere Helfer haben musste. Wohl deshalb befragten sie im Folgemonat, ein Jahr nach dem ersten Hinweis auf deren angebliche Anschlagsplanungen, die Brüder Brahim und Salah Abdeslam. Bei einem Verhör auf dem Polizeirevier von Molenbeek im Februar 2015 gaben die beiden zu, Abaaoud zu kennen,

Salah hatte mit ihm zusammen im Gefängnis gesessen. Doch danach geschah wieder nichts, keine Überwachungsmaßnahmen, kein Eintrag im SIS. Im Juni 2015 legte die Polizei den Fall zu den Akten. Ein Riesenfehler, wie ein belgischer Beamter dem Nachrichtenmagazin *L'Echo* bestätigte: »Hätten wir alle Informationen korrekt verarbeitet, dann hätten die Anschläge von Paris verhindert werden können.« Das ist keine Untertreibung, denn Salah Abdeslam war eine der Schlüsselfiguren bei der Vorbereitung der Attacken vom 13. November 2015. Völlig ungehindert konnte er kreuz und quer durch Europa reisen. Zwar wurde er dabei mehrfach kontrolliert, aber an keiner Stelle läuteten die Alarmglocken, weil auch er nicht als Terrorverdächtiger in den Datenbanken verzeichnet war. Im August 2015 reiste der mutmaßliche Logistikchef der Paris-Attentäter per Fähre aus dem süditalienischen Bari nach Griechenland und wieder zurück. Im ungarischen Budapest, das zeigt die Auswertung des Navigationsgeräts in seinem Mietwagen, war er offenbar mehrfach, vermutlich um dort am Bahnhof Unterstützer der Terrorpläne abzuholen. Die Fahnder glauben, dass Abdeslam bei einer Fahrt nach Österreich den Drahtzieher der Pariser Anschläge, Abdelhamid Abaaoud, in Wien abgeholt hat. Am 9. September, auf der Fahrt von Budapest durch Österreich und Deutschland nach Brüssel, das steht fest, waren es eben der Koordinator Mohamed Belkaid und der Bombenbauer Najim Laachraoui.

Brahim, der Bruder von Salah Abdeslam, hatte versucht, über die Türkei nach Syrien zu reisen, doch das war in keiner internationalen Datenbank verzeichnet. Hätten die belgischen Ermittler ihn überwacht, wären sie wohl auf einen Teil der Waffen gestoßen, die Brahim für die Anschläge in Paris versteckte. Im August 2015 hatte er einen Bekannten gefragt, ob er für ihn nicht ein paar Kalaschnikows aufbewahren könne. Auf verwunderte Nachfrage, so erinnerte sich der Zeuge nach den Anschlägen im November, habe Abdeslam geantwortet: »Ich habe genug, um ganz Belgien in die Luft zu jagen.« Von all dem bemerkte die belgische Anti-Terror-Polizei nichts. Es war sicher nicht nur die Unbedarftheit der belgischen und französischen Sicherheitsbehörden, sondern auch ihre eindeutige Überforderung aufgrund der ständig wachsenden Zahl junger Muslime aus Westeuropa, die sich dem Kampf des IS angeschlossen haben. Den mehr als 300 Syrienreisenden stand der Inlandsgeheimdienst Belgiens mit rund 600 Mitarbeitern nahezu hilflos gegenüber. Jede Forderung nach einer Aufstockung des Personals hatten die Politiker des Landes bisher abgelehnt. Der französische Inlandsdienst (DCRI) hat rund 3300 Mitarbeiter, die rund 20 000 Personen auf der Terrorliste überwachen sollen, die Hälfte von ihnen sind Islamisten. Das Wort »Islamisten« klingt eigentlich viel zu harmlos, denn nicht wenige von ihnen sind gut ausgebildete, rücksichtslose und clevere Terroristen, meint der ehemalige Direktor des DCRI, Bernard Squarcini. In einem Interview mit der *Washington Post* sagte er: »Das europäische Sicherheitssystem, das einmal nützlich und effektiv war, ist der Bedrohung nicht mehr gewachsen. Wir haben es mit Leuten zu tun, die gerissen und entschlossen sind. Sie haben Kampferfahrung.«

Reger Reisebetrieb

Das galt für fast alle der Beteiligten an den Anschlägen von Paris und Brüssel. Dennoch konnten sie ungehindert durch Europa reisen. Der 27-jährige Samy Amimour stand in Frankreich seit 2012 unter ständiger Beobachtung, weil er versucht hatte, zu einem Ableger der al-Qaida im Jemen zu reisen. Im Herbst 2013 tauchte er unter und gelangte trotz der Ausstellung eines internationalen Haftbefehls ungehindert nach Syrien und wieder zurück – als Teil des Pariser Teams. Sein Komplize Omar Ismail Mostefai war in Frankreich als islamistischer Gefährder eingestuft. Im Jahr 2013 schloss er sich dem IS in Syrien an. Die türkischen Sicherheitsbehörden hatten seine Durchreise registriert und Mostefai auf ihre interne Terroristenliste gesetzt. Zwei Mal – im Dezember 2014 und im Juni 2015 – informierten sie den französischen Geheimdienst, ohne je eine Antwort zu erhalten. Der zwanzigjährige Bilal Hadfi aus Belgien war Anfang 2015 in seiner Schule aufgefallen, weil er sich über die Anschläge gegen die Redaktion von *Charlie Hebdo* und in einem jüdischen Supermarkt gefreut hatte. Ein Lehrer alarmierte die Sicherheitsbehörden, die im Februar Hadfis Überwachung veranlassten. Sie konnten nicht verhindern, dass er am 15. Februar untertauchte, um nach Syrien zu reisen. Wie er unbemerkt von dort nach Paris gelangen konnte, um sich am Fußballstadion in die Luft zu sprengen, ist bisher ungeklärt.

Die Flucht des Salah Abdeslam, der sich in jener blutigen Nacht von Paris eigentlich auch in die Luft sprengen sollte, zeigte noch einmal die geballte Unfähigkeit einer Polizei, die weder die professionelle Klugheit noch die notwendigen Ressourcen besaß, um die Attentäter von Paris an der Ausführung weiterer Taten zu hindern. Der jüngere der Abdeslam-Brüder hatte seinen Sprengstoffgürtel weggeworfen und sich fürs Überleben entschieden. Er konnte offenbar auf gute Freunde aus seinem unmittelbaren Umfeld zählen, die ihn trotz seines Verrats nicht im Stich lassen würden. Er rief mit seinem Mobiltelefon Hamza Attou und Mohammed Amri in Brüssel an und ließ sich von ihnen am Pariser Autobahnring abholen. Bei einem gemeinsamen Joint erzählte er ihnen von den Ereignissen und drohte, sie mitsamt dem Auto in die Luft zu sprengen, wenn sie ihn nicht nach Brüssel mitnehmen würden. Dreimal gerieten sie bei ihrer Fahrt in Polizeikontrollen, beim ersten Mal fragte der Beamte, ob sie was geraucht hätten. Auf ihre wahrheitsgemäße Antwort winkte er sie durch, weil das »nicht das Vordringliche« an diesem Abend gewesen sei. Bei den nächsten Stopps wurden die Ausweise der drei kontrolliert. Trotzdem durften sie weiterfahren, weil Abdeslam nicht als Terrorverdächtiger in der Datenbank markiert war. Als solchen führte ihn offenbar nur der belgische Geheimdienst.

126 Tage lang war er danach auf der Flucht, und gleichzeitig auch wieder nicht. Abdeslam verbarg sich nämlich unmittelbar vor den Augen der belgischen Ermittler in Molenbeek, dem Stadtteil, in dem er aufgewachsen war. Im Nachhinein wissen wir, dass er der Polizei in dieser Zeit mehrfach entwischte, offenbar immer aufgrund glücklicher Umstände und des Dilettantismus seiner Verfolger. Einmal hatte er sich in einer durchsuchten Wohnung in einem Schrank versteckt, den Bekannte, nachdem der Zugang wieder freigegeben war, ungehindert aus dem Haus abtransportieren konnten, samt dem meistgesuchten Mann Belgiens. Ein andermal entkam der Terrorist über die Dächer der Nachbarhäuser. Die Zeit dazu hatte er nur, weil die Ermittler am 16. März 2015 eine Wohnung durchsuchen wollten, die sie für leer hielten. Völlig unvorbereitet fanden sich die sechs Fahnder, zwei von ihnen aus Frankreich, mitten in einem Feuergefecht wieder, bei dem vier Polizisten verletzt und ein Terrorverdächtiger – der schon erwähnte Moha-

med Belkaid – getötet wurden. Während Belkaid die Wohnung mit seiner Kalaschnikow verteidigt hatte, war sein Komplize Abdeslam geflohen. Erst am Folgetag wendeten die Ermittler eine Taktik an, auf die sie so in den Monaten zuvor offenbar nicht gekommen waren. Mit Kameras und Richtmikrofonen überwachten sie die Beerdigung von Abdeslams Bruder Brahim, der sich bei den Paris-Anschlägen in einem Straßencafé in die Luft gesprengt hatte. Ein weiterer Bruder, Mohamed, wurde bei dem Begräbnis von einem Mann angesprochen, der eine Botschaft Salahs mit der dringenden Bitte um Hilfe überbrachte. Damit rückte ein mögliches, neues Versteck ins Visier der Terrorfahnder. Als von dort aus eine große Pizza-Bestellung in Auftrag gegeben wurde, ahnten sie, dass sie den Rückzugsort der Terroristen gefunden hatten. Beim Zugriff der Spezialeinheiten der Polizei wurde Salah Abdeslam endlich geschnappt. Mehr als drei Monate hatte er alle an der Nase herumgeführt, mit Wissen und Duldung vieler Menschen in seinem Heimatviertel. Keiner von ihnen hatte es für seine Pflicht gehalten oder sich getraut, den Cheflogistiker einer Mörderbande an die Sicherheitsbehörden zu verraten. Abdeslam hatte sich so sicher gefühlt, dass er sich – so erzählt es eine Nachbarin – wiederholt aus seinem Versteck getraut hatte: »Hier wusste jeder, dass Salah wieder hier war. In den letzten Wochen ist er mit seinem Komplizen mit Skimützen auf dem Kopf oft draußen rumgelaufen. Vor einem Monat sind sie aus Spaß vor die Polizeistation spaziert, nur 150 Meter von ihrem Versteck entfernt.«[1]

Die Terror-Connection

Warum immer Frankreich? Warum Belgien? Gab es ein verbindendes Element, dass die Ermittler in den vergangenen Jahren übersehen hatten, weil sie die Vorfälle immer nur als isolierte Attacken von Einzeltätern betrachtet hatten. Nicht einmal nach den Anschlägen von Paris am 13. November 2015, bei denen die Querverbindungen zwischen zahlreichen Islamisten vor allem im französischsprachigen Raum entdeckt wurden, erkannten die Fahnder einen gemeinsamen Faktor. Es bedurfte einer privaten Analysefirma namens Neon Century, die mit modernsten Methoden alle verfügbaren Daten über extremistische Bewegungen auswertet, um die wahren Zusammenhänge herauszuarbeiten. Im Februar 2016 veröffentlichte der Direktor des Unternehmens, Cameron Colquhoun, seine Erkenntnisse auf der Website der unabhängigen und spendenfinanzierten Rechercheplattform Bellingcat unter der Überschrift: »Die Speerspitze – gestatten, die Spezialeinheit des IS, Katibat al-Battar al-Libi«.

Dem Autor war wie schon anderen Analytikern vor ihm aufgefallen, dass in allen islamistischen Konflikten in Afghanistan, Irak und jetzt auch in Syrien Kämpfer aus Libyen einen überproportionalen Anteil innerhalb der terroristischen Strukturen stellten. Im Jahr 2012 waren zahlreiche libysche Islamisten nach Syrien gekommen und hatten sich zunächst als eigenständige Gruppe unter dem Namen Katibat al-Battar al-Libi (KBL) – »die libysche Einheit des Schwerts« – organisiert. Viele ihrer Mitglieder hatten zuvor schon in Afghanistan und Irak mitgekämpft und waren berüchtigt für ihr rücksichtsloses und brutales Verhalten auf dem Schlachtfeld und gegenüber der Zivilbevölkerung. 2014 leistete die KBL dem selbst ernannten Kalifen Abu Bakr al-Baghdadi den Treueschwur und kämpfte fortan unter dem Banner des IS, blieb aber gleichzeitig eine Art Spezialeinheit für besondere Operationen. Dazu zählt auch die Bewachung und Ermordung westlicher Geiseln sowie die Liquidierung von Islamisten, die desillusioniert vom IS desertieren wollen. Unter den bis zu 1400 Dschihadisten der KBL sind einige Hundert Kämpfer aus anderen nordafrikanischen Ländern und aus Westeuropa. Das Verbindungselement sind die sprachlichen und ethnischen Hintergründe. Junge Islamisten aus Frankreich und Belgien zog es ab 2013 insbesondere zur KBL, weil dort die Verständigung über die französische Sprache erfolgte. Für die Europäer mit marokkanischer Abstammung, die vor allem in Belgien, aber auch in Spanien, Frankreich und Deutschland zu Hause sind, spielt auch der spezielle arabische Dialekt aus dem Osten Marokkos eine Rolle, der mit dem aus Libyen sehr eng verwandt ist.

Hier liegt der Schlüssel zum Verständnis des Terrornetzwerks, das für die Anschläge in Paris und Brüssel verantwortlich ist. Der Drahtzieher von Paris, Abdelhamid Abaaoud, kümmerte sich seit 2013 um die internationalen Operationen von KBL. Über deren Website hatte er zum Jahresende 2014 die falsche Nachricht von seinem eigenen Tod verbreitet, um unbemerkt nach Belgien reisen zu können. Auf das Konto der Spezialeinheit des IS gehen mit hoher Wahrscheinlichkeit die Schießerei im Jüdischen Museum von Brüssel Anfang 2014, bei der vier Menschen von einem KBL-Kämpfer ermordet wurden, die vereitelten Anschlagspläne von Verviers, die Pläne zu Sprengstoffattacken in französischen Kirchen vom Frühjahr 2015, der fehlgeschlagene Angriff auf den Thalys-Zug im Sommer und der Straßenkampf in Paris im November. In fast all diesen Fällen nutzten die Täter Taktiken, die im Bürgerkrieg in Syrien unter dem Namen »Inghimasi-Operationen« bekannt geworden sind. Die Inghimasiyun ist eine Einheit aus Selbstmordkämpfern, die mit Kalaschnikows, Handgranaten und Sprengstoffwesten oder -gürteln ausgerüstet sind. Sie führen häufig die Angriffswellen des IS an, nutzen dabei all ihre Werkzeuge bis zu dem Punkt, an dem sie sich in die Luft sprengen, um möglichst viele Feinde mit in den Tod zu reißen. Genauso hatten es die Attentäter vor dem Stadion, in den Straßencafés und im Bataclan-Konzertsaal in Paris gemacht.

Schon bei ihrer Ankunft in Syrien werden neue Rekruten aus Westeuropa danach gefragt, in welcher Weise sie sich am Kampf beteiligen wollen – als Selbstmordattentäter (Istishhadi), als Elitekämpfer (Inghimasi) oder reguläre Kämpfer. Das geht aus den 20 000 Aufnahmeformularen hervor, die mir vorliegen und in denen der IS nicht nur die Einsatzwünsche der neuen Kämpfer festhielt, sondern auch ihre Fähigkeiten (zum Beispiel »kennt sich mit chemischen Stoffen aus«) und sonstige, wichtige Details (etwa westeuropäischer Pass, bisher nicht im Visier der Sicherheitsbehörden). Es ging den Bürokraten des Gottesstaates auch darum, gezielt Kämpfer für Terroroperationen außerhalb der Kriegsgebiete Syrien und Irak herauszufiltern. Für ihre Ausbildung in eigenen Trainingscamps und ihre Entsendung auf Missionen im Ausland war die Katibat al-Battar al-Libi zuständig. Die KBL etablierte für den IS auch ein neues Herrschafts- und Rückzugsgebiet rund um das libysche Derna, von dem aus nach einem möglichen Verlust der syrischen Islamistenhochburg Rakka das Kalifat weitergeführt werden könnte. Dieser Aspekt bedarf dringend der höchsten Aufmerksamkeit der europäischen Sicherheitsbehörden und der Politik, da vom nahen Libyen aus weitere Anschläge in Westeuropa geplant werden könnten. Schon jetzt betreibt die KBL mehrere Trainingslager in Libyen und steuert aus seinem neuen Hauptquartier in Derna terroristische Aktivitäten in Nachbarländern wie zum Beispiel Tunesien. Die Anschläge auf das Nationalmuseum von Bardo in Tunis und den Urlaubsort Sousse gehen aufgrund der Vorgehensweise und der beteiligten Personen mit einiger Wahrscheinlichkeit auf das Konto von Inghimasi-Terroristen der KBL. Und anders als in Syrien und Irak stehen die Islamisten in Libyen unter keinem massiven, militärischen Druck, weil sich in diesem gescheiterten Staat niemand für die Bekämpfung der Terroristen zuständig fühlt und über die nötigen Mittel verfügt.

Was kommt da noch?

Eine libysche Gruppe mit vor allem französischsprachigen Kämpfern ist also verantwortlich für die Terrorgefahr in Westeuropa. Das klingt nach Entwarnung für die anderen Länder, auch für Deutschland. Das aber könnte ein großer Irrtum sein. Am 23. März 2016 verhaftete die Polizei in der Nähe von Paris einen Mann namens Reda Kriket. Der Dschihadist stammt aus Schweden und stand angeblich unmittelbar vor der Ausführung eines Terroranschlags. Ebenfalls aus Schweden, genauer von der Insel Malmö, ist Osama Krayem, der am 8. April 2016 von einer belgischen Anti-Terror-Einheit in Brüssel festgenommen wurde. Krayem galt seit 2013 als Kämpfer des IS, war im September 2015 mit dem Flüchtlingsstrom bis in ein Aufnahmelager in Ulm gelangt und wurde zusammen mit zwei weiteren Männern, wie beschrieben, Anfang Oktober am Ibis-Hotel nahe dem Hauptbahnhof von Salah Abdeslam persönlich abgeholt. Neben der schwedischen gibt es auch eine deutsche Verbindung. Denn eine Reihe von Islamisten aus Deutschland reiste in den vergangenen Jahren zunächst nach Libyen, bevor sie von dort ihren Weg nach Syrien und in den Irak fand. Einige von ihnen hatten im Jahr 2012 bei Auseinandersetzungen mit der Polizei in Bonn und Solingen ihre Gewaltbereitschaft unter Beweis gestellt. In Videos des Islamischen Staates warben sie seitdem in deutscher Sprache um neue Rekruten, einige von ihnen waren an Kämpfen beteiligt, manche wurden getötet. Ob sie in den Kriegsgebieten zur Spezialeinheit der KBL gehörten, ist nicht eindeutig bewiesen, doch gibt es Fotos mindestens eines Kämpfers aus Deutschland mit dem Chefkoordinator für Europa, Abdelhamid Abaaoud. Huseyn Diler, ein 43-jähriger Deutschtürke aus Dinslaken, der 2014 gemeinsam mit Gesinnungsgenossen nach Syrien gereist war und dessen jüngerer Bruder bei den Kämpfen um die kurdische Stadt Kobane getötet wurde, soll zum Netzwerk gehören, das für die Anschläge in Paris und Brüssel verantwortlich ist.

Jeder Einzelne, der mit den schon bekannten Personen zu tun hatte, könnte ein weiterer Inghimasi auf Mission in Westeuropa sein. Tickende Zeitbomben mit gefälschten Pässen, die möglicherweise schon mitten unter uns sind und einer Taktik folgen, die der IS in seinem französischsprachigen Onlinemagazin *Dar al-Islam* nach den Anschlägen von Paris offen dargelegt hat: »Der Islamische Staat hat seine Ressourcen verteilt, um drei Arten von Terrorattacken zu verüben.« Sie reichten von breit angelegten Angriffen der Führungsebene über größere Anschläge in ihrem Auftrag bis zu den »isolierten Aktionen selbstradikalisierter Personen, die keinen direkten Kontakt mit IS haben, aber bewusst in seinem Namen handeln«. Man wende dabei eigentlich nur die alte »Auftragstaktik« der deutschen Armee aus dem 19. Jahrhundert an. Nach dieser werden einem Kämpfer ein Ziel und ein Zeitrahmen für die Ausführung vorgegeben, über alles andere kann er selbst entscheiden. Er habe somit »vollständige taktische Autonomie«, hinterlasse keine Spuren zu den anderen, und es gebe keinerlei »Mikromanagement«.

Sind solche Auftragskiller längst auch in Deutschland eingesickert? Die angeblichen Anschlagspläne von Düsseldorf, die ich eingangs erwähnt habe, deuten darauf hin. Oder planen die Terroristen in Nachbarländern, um überraschend hier zuzuschlagen? Solche Fragen lassen angesichts der langen, täglich erneuerten Liste der Terrorbedrohung die Fahnder nachts wach liegen. Und noch etwas treibt die Ermittler spätestens seit den Terroralarmen von Hannover und München um. Kann es sein, dass auch diese gesteuert sind? Dass über Geheimdienstzugänge bewusst Fehlinformationen gestreut werden? Allein durch das Beobachten der Reaktionen könnten Terroristen für ihre künftige Taktik einiges lernen. Der ständige Alarmzustand lässt die Terrorfahnder möglicherweise abstumpfen, sodass sie nicht mehr jedem Hinweis ihre volle Aufmerksamkeit widmen. Gleichzeitig breitet sich in der Bevölkerung eine andauernde Unruhe aus und ein Zweifel an den Fähigkeiten der Sicherheitsbehörden, der durch die wachsende Zahl von Fehlalarmen genährt wird. War der Hinweisgeber im Fall München nicht ein ehemaliger irakischer Geheimdienstoffizier? Sind nicht viele seiner früheren Kameraden heute Teil der Führungsstruktur des IS? Und will der vielleicht von seinen wahren Plänen ablenken, indem er Fehlinformationen breit streut? Genau diese Verunsicherung ist Teil des Masterplans der Islamisten. Sie wollen Angst und Unsicherheit verbreiten, weil so der fruchtbare Boden entsteht, um weitere Anhänger zu werben. Sie folgen dabei einem Leitfaden, der das Handeln der Islamisten schon seit vielen Jahren bestimmt, es ist eine Art Drehbuch des Terrors.

2 Das Drehbuch des Terrors

»Wenn Du rausgehst, siehst Du junge Männer, die auf den Straßen zusammenstehen. Jetzt stell Dir vor, Du gibst diesen Kerlen Autos, Waffen, Geld und ein Ziel.« Mit diesen Worten beginnt das 45-seitige Pamphlet, das seit Mitte 2015 frei im Internet verfügbar ist und sich seitdem – so bestätigt es das Bundeskriminalamt – bei jungen Muslimen in den Ländern Westeuropas höchster Beliebtheit erfreut. Sie sind die Zielgruppe der E-Book-Reihe, die sich als Referenz an die schwarze Flagge des IS »Black Flag Series« nennt. Der erwähnte Band, das *Muslim Gang Book,* trägt den Titel *Muslimische Gangs – die Zukunft der Muslime im Westen*; auf dem Deckblatt prangt das Foto einer bedrohlichen Menge junger Männer mit schwarzen Flaggen und Koranausgaben in den Händen. Das Machwerk beschreibt detailliert, wie sich die Islamisten die Entwicklung der kommenden Jahre vorstellen. Im Kern geht es um die Spaltung unserer Gesellschaften durch eine zunehmende Polarisierung zwischen Muslimen und Nichtmuslimen. Es ist eine Bedienungsanleitung inklusive Rezepten zum Bombenbau, kombiniert mit einer Endzeitphilosophie, die eine Weltherrschaft des Islam in greifbarer Nähe erscheinen lassen soll: »Wenn Du ein Gläubiger bist, der die Muslime verteidigen und danach Rom befreien will, dann ist dieses Buch für Dich. Es soll Muslimen eine Starthilfe geben, ihre eigenen Banden zu gründen und diese in eine Dschihad-Bewegung zu verwandeln, die weiter heranwächst zu einer starken Macht im Westen. Lasst uns beginnen mit Allahs Hilfe.«

Nach Darstellung der Verfasser folge nach der ersten Phase des bewaffneten Kampfes in Westeuropa – isolierten Anschlägen durch Einzeltäter, »lone wolves« – nun die nächste Stufe: Die

Gründung muslimischer Gangs, die mit allen Mitteln, auch gewalttätigen, die nicht muslimische Zivilbevölkerung einschüchtern und No-go-Areas in den Ballungszentren der Länder errichten sollen. Unabdingbar dafür sei es, »Herzen und Verstand« der
Muslime zu gewinnen, indem man sich als »Kümmerer« darstellt
durch die Einrichtung kostenloser Dienste für die Bevölkerung,
von der Finanzberatung bis zu Freizeitangeboten für die Jugend.
Im Rahmen dieser vermeintlich harmlosen Aktivitäten soll unbedingt auch eine kostenlose medizinische Versorgung angeboten
werden mithilfe von freiwilligen muslimischen Ärzten, improvi-
sierten Krankenstationen und Erste-Hilfe-Kursen. All das werde
später in der Phase der Straßenkämpfe von großem Nutzen sein.

Parallel zum »Kümmern« fordert der Autor des E-Books eine
sanfte, kontinuierliche Überzeugungsarbeit in der muslimischen
Bevölkerung durch Missionierungsstände und Gesprächszirkel,
bei denen die Vorzüge des Islam erläutert werden. Dabei gelte vor
allem eine Regel: »Nichts Illegales darf dort diskutiert werden«, da
die Geheimdienste gezielt »Spione rekrutieren«, um diese Veranstaltungen zu überwachen. Wer Sensibles besprechen wolle, solle dies zu Hause oder in öffentlichen Parkanlagen tun, dabei aber
nicht vergessen, die Batterie des Handys herauszunehmen.[2] Die
Redner an den Ständen und in Gesprächsrunden müssten heraus-
ragende rhetorische Fähigkeiten haben nach dem Motto *qual wa
dal* (»kurz und auf den Punkt«). Nur wer dies beherrsche und
kontinuierlich bei den Veranstaltungen auftrete, der könne am
Ende dann »die Muslime für den Aufstand begeistern«. Bis dahin
aber sollten sie nur die Einführung des islamischen Rechts fordern, so etwas sei ja von der Meinungsfreiheit gedeckt. Auf diese
Weise, so der Verfasser des Pamphlets, stürze man »die europäischen Regierungen in ein großes Dilemma. Wie sollen sie die
Verbreitung einer kompromisslosen Form des Islam im Herzen
Europas stoppen, wenn sich die Prediger an die Gesetze halten? Sie
können die Gesetze verschärfen, aber entlarven sich damit als
Gegner der Meinungsfreiheit. Sie können die Gesetze gezielt gegen
Muslime richten, aber dann werden sich noch mehr Muslime ent-
fremden und zu gewalttätigen ›Extremisten‹ werden.«

Diese Analyse ist leider zutreffend, denn sie reflektiert, was mir
Politiker und Ermittler aus den Sicherheitsbehörden seit vielen

Jahren immer wieder zurückspiegeln. Sie wissen genau, dass sich der fruchtbare Boden für die Rekrutierung neuer Anhänger nur dann abgraben lässt, wenn sich das Vorgehen nicht nur gegen gewalttätige Islamisten richtet, sondern auch gegen ihre ideologischen Grundlagen. Diese aber sind in unserer Demokratie von der Meinungsfreiheit gedeckt. Es ist eine Zwickmühle, aus der wir uns kaum befreien können. Mit möglichen Ansatzpunkten werden wir uns in einem späteren Kapitel beschäftigen. Die Islamisten jedenfalls wollen in den Ereignissen der letzten Jahre einen perfiden Plan der ratlosen Politiker erkennen. Sie hätten ein »Komplott geschmiedet«: Reiche Islamfeinde finanzieren angeblich rechtsradikale Gruppierungen, die mit »Anti-Scharia«-Aktionen legal gegen Muslime und den Islam Stimmung machen sollten. Tatsächlich gibt es seit einigen Jahren in Großbritannien die sogenannte English Defense League, die das europäische Abendland gegen eine angebliche Islamisierung verteidigen will. In Deutschland hat sich als Ableger die German Defense League gegründet. Parallel dazu entstanden Gruppen wie Pro Deutschland und Pro NRW, die mit ihren islam- und fremdenfeindlichen Demonstrationen besonders 2011 und 2012 zu Ablehnung und undifferenziertem Hass gegen alle Muslime im Land aufforderten.

Den Islamisten war die Stimmungsmache der rechtsradikalen Gruppen sehr recht. Sie befeuerten die Auseinandersetzung durch öffentlichkeitswirksame Aktionen wie die Patrouillen der »Scharia-Polizei«, die in Deutschland, Belgien, Großbritannien und anderen europäischen Staaten auf nächtlichen Straßen Bürger anhielten, die aus ihrer Sicht gegen islamische Rechtsnormen und Sitten verstießen. Angetrunkene, ausgelassen Feiernde und leicht bekleidete Frauen wurden zum Ziel von Vorhaltungen und Beschimpfungen. Die Videos davon verbreiteten sich blitzschnell im Internet und den sozialen Netzwerken, die Medien griffen sie auf. Kommentatoren, Zuschauer und Leser empörten sich über die Dreistigkeit der Islamisten und trieben damit rechtsradikalen Gruppen neue Anhänger zu. Ich will an dieser Stelle nicht falsch verstanden werden. Dies ist kein Plädoyer dafür, islamistische Provokationen einfach hinzunehmen. Aber ein schnelles, restriktives Vorgehen gegen die »Scharia-Polizisten« wegen Belästigung und Amtsanmaßung hätte den Spuk sofort beenden können, zumal es sich europaweit um eine geringe Zahl von Vorfällen handelte. Die verbale Empörung, die meist nicht zwischen Islamisten und rechtstreuen Muslimen unterschied, vervielfachte die Wirkung der Einzelfälle, machte die Aktion zu einem großen Propagandaerfolg für den Islamismus und bescherte ihm neue Anhänger für Gruppen wie Sharia4Europe.

Denn die Gegenseite – so beschreibt es das Drehbuch des Terrors – habe dann vor muslimischen Einrichtungen und Geschäften protestiert. Dabei hätten die Anführer der rechtsradikalen Gruppen zu Anschlägen auf Moscheen und Gewalt gegen muslimische Frauen aufgefordert, weil der Islam ja gegen das jeweilige nationale Recht verstoße. An dieser Stelle würde sich der muslimische Teil der Bevölkerung bereitwillig davon überzeugen lassen, dass der Islam kriminalisiert werde und jeder Muslim das nächste Opfer sein könnte: »Für die meisten Muslime gehört die Polizei noch zu den Guten, aber über die Jahre werden sie erkennen, dass Polizisten sich der extremen Rechten annähern und von den Neonazis rekrutieren lassen.« Die Polizei werde dann zunehmend mit schwerer Bewaffnung wie eine Besatzungsarmee agieren, sodass sich Muslime und andere Minderheiten in den Gesellschaften noch mehr entfremden und folglich »als Banden eng miteinander zusammenarbeiten müssen, um den gemeinsamen Neonazi-Feind zu bekämpfen«. Der Autor des Black-Flag-Buches stellt eine Verbindung zu den Reden des selbst ernannten Kalifen und IS-Anführers Abu Bakr al-Baghdadi her, der einmal gesagt habe: »Und wenn die Kreuzfahrer heute damit begonnen haben, die Muslime in ihren Ländern zu unterdrücken, indem sie sie überwachen, verhaften und verhören, dann werden sie bald auch damit beginnen, sie zu vertreiben, sie obdachlos zu machen, ins Gefängnis zu sperren oder zu töten. Sie werden niemanden in ihrer Mitte übrig lassen, wenn er nicht von seiner eigenen Religion ablässt und ihre annimmt.«

Der Staat soll destabilisiert werden

Das Gegenrezept der Islamisten ist eine Strategie, die den arabischen Namen *Tawahhusch* trägt, wörtlich übersetzt »Wildheit«. Es empfiehlt eine Herausforderung der staatlichen Strukturen mit allen Mitteln, auch mit Gewalt. Der Staat werde dadurch destabilisiert und müsse zu diskriminierenden und unterdrückerischen Maßnahmen gegen die Bevölkerungsteile greifen, aus denen die Unruhestifter stammen. Dies führe dann zu einer Selbstisolation der Muslime, also nichts anderem als einer Parallelgesellschaft, die ihre Trennung notfalls mit Gewalt errichtet und verteidigt. Es beginne damit, schon Kinder zu indoktrinieren und zum Misstrauen gegenüber der staatlichen Gewalt zu erziehen. Sie sollen »Polizeiautos angreifen, ihre Reifen aufschlitzen und Steine werfen. Wir wollen so viel Abstand zwischen uns und der Polizei schaffen, dass diese sich lieber fernab von unseren Gebieten in ihren Revieren verbarrikadiert.« Die Schaffung solcher No-go-Areas habe den großen Vorteil, dass dort ein Schwarzmarkt für alles Mögliche, auch Waffen, erblühen könne, weil ein Eindringen der Polizei nicht unbemerkt bleibe. Kleine muslimische Banden und Zellen mit nicht mehr als fünf Mitgliedern könnten sich durch »Diebstahl, Raub, Kreditkartenbetrug, Sprengung von Geldautomaten und Spenden finanzieren« und dann alles Notwendige für ihren Kampf beschaffen. Folgerichtig finden sich auf den nächsten Seiten des *Muslim Gang Books* Anleitungen zum Bau von Bomben, Sprengfallen und Sprengstoffgürteln. Zufällig sei ja jetzt schon ein Teil des organisierten Verbrechens quer durch Europa fest in den Händen von Banden, die zwar unterschiedliche ethnische Hintergründe hätten, deren Mitglieder aber fast ausnahmslos Muslime seien. Das gelte für südostasiatische Gangs in Großbritannien, maghrebinische in Frankreich, türkische in Deutschland, somalische in Finnland usw. Auch wenn die Kriminellen ihre Religion nicht praktizierten, werde diese aber unter dem Druck gemeinsamer Feinde – der Neonazis – zum verbindenden Element für den heraufziehenden Krieg. Für diesen sei die Zeit noch nicht reif. Noch müssten die muslimischen Gangs Einzelattacken verüben, aber die »steigende Zahl der Angriffe beider Seiten wird schrittweise einen Kriegszustand schaffen«. Dieses Ziel, so glaubt der Autor der Hetzschrift, sei aufgrund rasanter politischer und sozialer Entwicklungen in Europa schon bald erreicht, möglicherweise im Jahr 2018: »In den kommenden Jahren werdet ihr einen großen Wechsel der Politik gegenüber den Rechtsextremen erleben. Armut, Sparpolitik, die Wahrnehmung von Zuwanderern, die ›all unsere Jobs stehlen‹, die wachsende Macht des Islamischen Staates in der muslimischen Welt und der Ruf nach politischem Wechsel machen die rechten Parteien zu einer neuen Alternative für die Menschen, um ihren Ärger abzulassen. (…) Die Friktionen zwischen den Gebieten der Neonazis und denen der muslimischen Gemeinden werden zunehmen. Schon jetzt versuchen die Neonazis, Politiker und einflussreiche Menschen in der Gesellschaft für ihre islamfeindliche Sache zu gewinnen. Die Spaltung wird noch klarer, wenn mehr und mehr rechtsradikale politische Gruppen – mit Neonazis als ihrem militärischen Arm – in die Parlamente gewählt werden und sie die Anführer in Städten und Ländern stellen.«

Dann sei der Zeitpunkt gekommen, sich gegen Diskriminierung und Unterdrückung auch mit Gewalt zur Wehr zu setzen. In den folgenden Absätzen beschreibt das E-Book einen offenen Straßenkampf, bei dem die Banden auf die Unterstützung aller Muslime in der Gesellschaft, auf ihre Fähigkeiten, ihre Firmen und ihr Geld angewiesen seien. Die muslimischen Stadtviertel müssten durch die bewaffneten Banden mit Barrieren gegen Angriffe geschützt werden. Jede kleine Attacke müsse dann auch gekontert werden: »Sie werden versuchen, uns zu treffen, wo es wehtut, und wir tun das Gleiche. Diese Schläge zwischen den Seiten werden die Intensität des Konflikts verschärfen, bis sich ein voller Krieg entfacht.« Stadt für Stadt sollen sich Mudschaheddin-Gruppen zusammenschließen und weiter ausbreiten, nicht um die jeweilige Hauptstadt eines Landes zu erobern, sondern um Korridore zwischen Nachbarländern zu etablieren, damit sich muslimische Kampfgruppen in ganz Europa – erwähnt werden Großbritannien, Frankreich, Spanien, Deutschland, Skandinavien sowie die Balkanländer Bosnien, Albanien und Kosovo – miteinander verbinden können zu einem Feldzug auf ihr eigentliches Ziel: Rom.

Das islamische Armageddon

Bis zu dieser Stelle erscheint die Kampfschrift als eine krude Mischung aus paranoider Opferhaltung, Selbstermächtigungsfantasie und gleichzeitig doch ein Stück weit auch nachvollziehbarer politischer Analyse. Jetzt aber versteigt sie sich in eine apokalyptische Endzeiterwartung, die dem kritischen Betrachter abstrus und völlig irrational vorkommen mag, die jedoch eine geradezu magnetische Wirkung auf all die jungen Männer und Frauen zu entfalten scheint, die in den vergangenen Jahren auch aus Westeuropa dem Ruf des IS in die syrisch-irakischen Kriegsgebiete gefolgt sind. Der Autor zitiert den Propheten Mohammed mit den Worten: »Die Römer werden mit 80 Flaggen angreifen. Unter jeder Flagge stehen 12 000 Soldaten.« Das Zitat entstammt der islamischen Überlieferung und beschreibt – wie in der biblischen Offenbarung des Johannes – die letzte große Schlacht, in der Gott und alle, die an ihn glauben (aus Sicht des Islam also alle Muslime), ihre Feinde besiegen werden. Dieser Endkampf soll angeblich – anders als in der Bibel erwähnt – in Dabiq stattfinden, einem kleinen, syrischen Ort rund fünfzig Kilometer nördlich von Aleppo nahe der Grenze zur Türkei.[3] Dorthin, so die Erwartung der Islamisten, werde es die Truppen des Westens, also der USA, Europas und der Türkei ziehen, um den Islamischen Staat zu besiegen. Den Muslimen in anderen Teilen der Welt, so sieht es der Verfasser des Terror-Drehbuchs, komme dabei eine wichtige Rolle zu: »Wir Muslime im Westen werden gegen die Neonazi-Milizen der westlichen Länder kämpfen, nicht gegen ihre Armeen, weil die ja in Dabiq in Syrien sein werden, um die große Schlacht gegen den Islamischen Staat zu schlagen. Wir müssen unsere Gemeinschaft in Europa verteidigen und damit Zeit schinden, bis die Schlacht in Syrien beendet ist und die römischen Invasoren besiegt sind.« Aus Sicht der Islamisten hat sich mit dem Eingreifen einiger NATO-Staaten bereits ein Teil der apokalyptischen Prophezeiung erfüllt, der zweite Teil sei deren Niederlage und in der Folge dann die Eroberung Roms: »Wenn Italien im Westen und Norden von den europäischen Muslimen und im Osten von den Muslimen des Balkans umzingelt ist, dann greift der Islamische Staat mit seinen Raketen und Schiffen vom Süden an. ›Ihr werdet Rom attackieren und mit Allahs Hilfe erobern‹ (Prophet Mohammed). Der nächste Halt? Der Anti-Christ in Israel.«

So ein Blödsinn, mögen viele denken. Kenner des Islam wissen, dass in den Überlieferungen mit der Bezeichnung »Rom« das alte oströmische Reich mit seinem Sitz im damaligen Konstantinopel, dem heutigen Istanbul, gemeint ist. Aber der Islamische Staat spielt in seiner Propaganda mit den Elementen dieser Endzeitphilosophie, um junge Muslime in ganz Europa zur Teilnahme an einem heroischen Endkampf aufzufordern. Genau deshalb trägt das englischsprachige Magazin des IS den Namen Dabiq. In vielen seiner Ausgaben gibt es Referenzen an den Endzeitglauben des Islam. So schreibt der IS-Sprecher Abu Mohammed al-Adnani schon im ersten Heft von Anfang Juli 2014, mit dem die Gründung des Kalifats unter seinem Kalifen Abu Bakr al-Baghdadi bekannt gegeben wurde: »So freue Dich nicht, o Amerika, und sammle weiter Deine Truppen und Deine Verbündeten von den Kreuzzüglern, bis Ihr nach Dabiq kommt, wo Ihr, durch Allahs Erlaubnis, gebrochen und besiegt werdet. Dies ist Allahs Versprechen, und Allah bricht seine Versprechen nicht.« In der dritten Ausgabe von *Dabiq,* erschienen im August 2014, schreibt einer der Autoren: »Ich habe keinen Zweifel daran, dass dieser Staat, welcher einen Großteil der Dschihad-Kämpfer in al-Sham (Syrien) versammelt hat und die größte Ansammlung von Kämpfern weltweit wurde, ein Wunder der Geschichte ist, welches nur zustande kam, um den Weg für *al-Malhama al-Kubra** zu pflastern. Allah weiß es am besten. Der Islamische Staat ist eine Realität, die jeder sehen kann.«

Im November 2014 veröffentlicht der IS einen rund vierminütigen Hetzfilm mit dem Titel *No respite* (Keine Atempause), in dem die prophetische Methodologie als Basis für das Kalifat bezeichnet wird. Zum Ende des Videos erscheinen die Flaggen der Verbündeten im Kampf gegen den Islamischen Staat, insgesamt sechzig bis zu diesem Zeitpunkt. Im Text heißt es: »Dann kommt doch, allesamt! Eure Anzahl steigert nur unseren Glauben, und wir zählen Eure Flaggen, die, wie der Prophet sagt, die Zahl 80 erreichen werden. Dann werden die Kriegsflammen Euch auf den Ebenen von Dabiq verbrennen.« Im Bild erscheint ein Kämpfer mit Blick auf ein Flammenmeer und darüber das Wort »Dabiq«. Als Hinweis auf den baldigen Beginn der großen Schlacht stellt der IS noch im selben Monat die Enthauptung des Amerikaners Peter Kassig dar. Im Bekennervideo sagt sein Mörder: »Hier sind wir nun und beerdigen den ersten amerikanischen Kreuzritter in

---

*   die große Schlacht, islamisches Armageddon

Dabiq (…) und warten sehnsüchtig auf das Eintreffen vom Rest Eurer Armeen.« Tatsächlich sollen die Täter des IS den feigen Mord an ihrem wehrlosen Gefangenen nördlich der Stadt Aleppo, also nahe Dabiq, ausgeführt haben.

Im Februar 2015 sprengt sich der neunzehnjährige Franzose Pierre Choulet bei einem Anschlag des IS im Irak in die Luft. In seinem Abschiedsvideo droht der junge Mann mit dem Kampfnamen Abu Talha al-Faransi: » Wir werden bei Bagdad nicht stehen bleiben, vielmehr werden wir bis Mekka, Medina und Rom kommen, wie Mohammed es uns versprochen hat.« Der Propagandafilm *Weg der Ehre*, der im April 2015 auch mit deutschen Untertiteln im Internet verbreitet wurde, endet mit den Worten: » Wir können unser Leben nicht genießen, bis wir die muslimischen Gefangenen überall befreien und bis wir *al-Quds** und *al-Andalus*** wieder einnehmen und Rom erobern.«

Diese Art der Propaganda ist offenbar sehr erfolgreich. Nach Angaben des Bundeskriminalamts verfolgen Islamisten in Deutschland intensiv die Endzeitbotschaften des IS und diskutieren sie miteinander. Nicht selten sind sie der entscheidende Auslöser für junge Muslime, nach Syrien und Irak zu reisen, um sich am » Heiligen Krieg« zu beteiligen. Für den Terrorismusforscher Jean-Pierre Filiu ist das keine Überraschung: » Es ist ein mächtiges und emotionales Narrativ. Es gibt den möglichen Rekruten und den Kämpfern das Gefühl, nicht nur Teil einer Elite, sondern Teil einer großen Endschlacht zu sein.«[4] Filiu, der als Professor für Nahoststudien an der renommierten französischen Hochschule für Diplomaten, Sciences Po, lehrt, hat ein Buch zur » Apokalypse im Islam« geschrieben und kritisiert seit Jahren, dass Politik, Militär und Geheimdienste die brandgefährliche Endzeitphilosophie des IS unterschätzen. Er hält ein massives militärisches Vorgehen für unverzichtbar, macht dabei allerdings eine wichtige Einschränkung: » Um die Dynamik zu brechen, muss man die Prophetie widerlegen. Das können wir durch einen militärischen Sieg, indem wir zum Beispiel Rakka erobern. Aber das müssen örtliche Kräfte übernehmen, sunnitische Araber. Angesichts der Prophetien wür-

* Jerusalem
** das spanische Andalusien

den wir mit Bodentruppen in die schlimmste Falle laufen. Sie wollen unsere Bodentruppen, weil genau das ihrem Plan entspricht.«

Vor diesem Hintergrund sind die Terroranschläge von Paris nicht nur das Signal für die Eröffnung einer neuen Front in Europa, sondern gleichzeitig auch ein Lockmittel, um westliche Armeen in den Krieg in Syrien und Irak hineinzuziehen. Dass nicht nur Frankreich, sondern selbst so kleine Staaten wie Dänemark und die Niederlande in diesem Jahr Luftstreitkräfte und Spezialkommandos am Boden in den Kampf gegen den IS schickten, spielt den Islamisten in die Hände. Es ist Teil ihres Plans, in dem Attacken in Westeuropa und den USA als Köder dienen sollen. In der neunten Ausgabe von *Dabiq* schreibt der britische Journalist John Cantile, der seit 2012 vom IS gefangen gehalten und für Propagandazwecke missbraucht wird, über die möglichen weiteren Pläne der Terrormiliz: »Sie könnten den Westen auch in einen großen Bodenkrieg locken und damit die vorhergesagte letzte Schlacht zwischen Muslimen und Kreuzfahrern im syrischen Dabiq auslösen, indem sie eine so zerstörerische Operation in den USA durchführen, dass Amerika und seine Verbündeten keine andere Wahl haben, als ihre Armeen zu schicken. Das müsste mindestens das Ausmaß von 9/11 haben, oder mehr. Aber vielleicht, da kann ich nur raten, kommen die amerikanischen Falken von selbst nach Dabiq, ohne dass der Islamische Staat schmutzige Bomben in Manhattan zünden muss.« Eine »schmutzige Bombe«, also eine Mischung aus konventionellem Sprengstoff und radioaktiven Materialien, würde bei einer Zündung in einer Großstadt nicht unbedingt viele Menschen unmittelbar töten. Doch die freigesetzte Strahlung könnte mittelfristig zahlreiche Todesopfer fordern und das verseuchte Gebiet für Jahre unbewohnbar machen. Seit Erscheinen der Botschaft im August 2015 rätseln Terrorermittler, ob Cantile die Gefahr durch eine »schmutzige Bombe« nur zufällig erwähnt oder ob der IS tatsächlich konkrete Planungen für solch ein Terrorszenario hat, das selbst die Anschläge von 9/11 in den Schatten stellen würde.

Plan zur Massenvernichtung

Das ist der Grund, weshalb die belgische Polizei seit November 2015 zusammen mit ihren europäischen Partnern so fieberhaft nach dem Cheflogistiker der Angriffe von Paris suchte. Die Ermittler waren erleichtert, als Salah Abdeslam am 18. März 2016 lebend gefangen werden konnte, denn er kennt möglicherweise die Details eines Terrorplans, dessen Ausführung die Anschläge von Paris nur als kleines Vorspiel erscheinen ließe. Am 26. November 2015 stießen die belgischen Fahnder auf etwas, von dem sie zunächst gar nicht wussten, wie bedeutsam es war. Spezialkräfte durchsuchten ein Haus im beschaulichen Örtchen Auvelais, rund sechzig Kilometer südlich von Brüssel. Alles sah nach Routine aus, man fand weder Waffen noch Sprengstoff, es gab keine Festnahmen, dafür ein paar Kartons mit beschlagnahmtem Material. Belgien befand sich zu diesem Zeitpunkt noch im Ausnahmezustand, mitten auf der Jagd nach flüchtigen Terroristen, wohl deshalb wurden die Funde von Auvelais in der Hoffnung auf wichtige Hinweise schnell ausgewertet. Das Ergebnis löste bei den Fahndern Entsetzen aus: Das Haus war nicht nur eines von insgesamt drei Verstecken der Attentäter von Paris, die Islamisten hatten hier auch ein Vorhaben ausgeheckt, das in ganz Europa Schrecken verbreiten würde. Unter den beschlagnahmten Sachen fand sich ein Video, zehn Stunden lang, die durchgehende Einstellung eines Hauseingangs mit dem davorliegenden Straßenabschnitt. Immer wieder sah man Personen in das Haus hineingehen oder es verlassen, Mitglieder einer Familie. Anhand der vorbeifahrenden Busse konnten die Ermittler den genauen Standort des Hauses ausfindig machen. Als sie erkannten, wer dort wohnte, wen die Terroristen ausgespäht hatten, läuteten alle Alarmglocken. Ziel der Überwachungsaktion war der Direktor des belgischen Nuklearforschungszentrums SCK-CEN in Mol, nordöstlich von Brüssel, rund siebzig Kilometer von der deutschen Grenze entfernt. War sein Tagesablauf studiert worden, um ihn oder Familienmitglieder als Geiseln zu nehmen? Sollte er den Islamisten Zugang zum Hochsicherheitstrakt der Forschungseinrichtung verschaffen? Wollten sie die Anlage besetzen und in die Luft sprengen? Sollte der Wissenschaftler radioaktives Material entwenden für den Bau einer »schmutzigen Bombe«? Sollte er möglicherweise sogar bei der Herstellung helfen?

Das SCK-CEN ist ein klug gewählter Ort, um solch einen Plan in die Tat umzusetzen, weil der institutseigene Reaktor einen Großteil der in der Welt für wissenschaftliche Zwecke benötigten Radio-Isotope herstellt. In Mol werden abgebrannte Brennelemente aus anderen Forschungsreaktoren aufgearbeitet. Brennelemente mit Uran 235, das so weit abgereichert wurde, dass es nicht waffentauglich ist, werden zunächst in Salpetersäure aufgelöst. Das dabei herausgetrennte Uran dient zur Erneuerung alter Brennelemente für die Stromerzeugung. Übrig bleibt allerdings ein giftiger Zirkoniumhydroxid-Schlamm, der in Glas eingegossen und damit unschädlich gemacht wird. Hätten Terroristen Zugang zu solch einer Einrichtung, könnten sie versuchen, aus den alten Brennelementen mit dem Uran 235 eine sogenannte kritische Vorrichtung zu bauen, mit der sich eine Explosion erzeugen ließe, die im Umkreis von zehn Metern alle Menschen töten würde. Im Umkreis von fünfzig Metern würde jeder Zweite sofort sterben. Die Herstellung dieser Waffe bedarf aber eines Fachwissens, das Experten den Islamisten bisher nicht zutrauen. Geradezu einfach wäre dagegen die Weiterverarbeitung des radioaktiven Schlamms aus der Forschungseinrichtung. Er enthält eine Reihe sogenannter Gammastrahler, die bei einer Explosion in Verbindung mit einer konventionellen Bombe verdampfen und als feinster Staub große Gebiete radioaktiv verseuchen würden. Allein der wirtschaftliche Schaden durch die Kontamination einer Großstadt beliefe sich auf einige Hundert Milliarden Euro. Die Zündung solch einer »schmutzigen Bombe« wäre nicht mit einer echten Atomexplosion vergleichbar, würde aber aufgrund ihrer unheimlichen Wirkung maximale psychische Wirkung in der Bevölkerung eines Landes verursachen und weltweit Angst und Schrecken auslösen.

Die Nuklearforschungsanlage in Belgien gilt aufgrund ihrer laxen Sicherheitsmaßnahmen seit Langem als Risikofaktor. Im Jahr 2004 stellten die USA die Lieferung abgebrannter Brennstäbe ein, weil die Wachleute der privaten Sicherheitsfirma keine Waffen tragen dürfen und so einem möglichen Terrorangriff hilflos gegenüberstehen würden. Erst ein Jahr zuvor war ein Islamist verhaftet worden, der einen Bombenanschlag auf den amerikanischen Atomwaffenstützpunkt Brogel geplant hatte, der nicht einmal dreißig Kilometer vom SCK-CEN entfernt liegt. 2010 durchbrachen Friedensaktivisten die Absperrungen der Forschungseinrichtung. Stundenlang konnten sie ungehindert auf dem Gelände herumspazieren, obwohl die belgischen Behörden die Sicherheitsmaßnahmen auf Druck der USA im Jahr 2009 ein wenig verschärft hatten. Bis zu den Anschlägen in Brüssel am 22. März 2016 weigerte sich die Regierung Belgiens allerdings, die Wachmannschaft der Anlage mit Waffen auszurüsten, obwohl die Atomkontrollagentur des Landes FANC den Vorfall als echte Bedrohung einstufte: »Wenn Terroristen einen unserer Topleute im Forschungsinstitut filmen«, so der Pressesprecher der Aufsichtsbehörde, Lodewijk van Bladel, im US-Fernsehsender NBC, »dann ist das sehr ernst. Es bedeutet, dass sie mit dieser Information hinterher etwas anstellen wollen. Ich glaube nicht, dass sie einen Familienfilm produzieren.«[5]

Den Politikern wurde der Ernst der Lage offenbar erst klar, als die Terroristen mit den Attacken auf Flughafen und Metro ihre Entschlossenheit und Handlungsfähigkeit bewiesen. Sofort schickte die Regierung alle Mitarbeiter der belgischen Atomkraftwerke Tihange und Doel, die nicht für den Kernbetrieb der Anlagen unverzichtbar waren, nach Hause. Einige durften nach eingehender Prüfung nicht mehr an ihren Arbeitsplatz zurückkehren, weil es Zweifel an ihrer Zuverlässigkeit gab. Offenbar zogen die Verantwortlichen erstmals die notwendigen Konsequenzen, die sie nach mehreren Vorfällen in den Jahren zuvor noch verweigert hatten. Im August 2014 waren im Atomkraftwerk Doel-4, das rund achtzig Kilometer westlich von Mol liegt, über ein geöffnetes Ventil 65 000 Liter Schmieröl ausgelaufen. Eine Turbine lief trocken, der Reaktor fiel aus, der Gesamtschaden belief sich auf mehr als hundert Millionen Dollar. Es war der Sabotageakt eines Insiders, der bis heute nicht enttarnt ist. Sein Motiv – Unzufriedenheit, kriminelle Ziele oder Terrorismus – blieb unklar. Im Oktober 2014 erfuhren die Sicherheitsbehörden außerdem, dass ein Mann, der jahrelang im Sicherheitsbereich des Kernkraftwerks gearbeitet hatte, im Frühjahr 2014 in Syrien beim Kampf für den IS getötet worden war. Der 26-jährige gebürtige Marokkaner Ilyass Boughalab hatte seine Einstellungsüberprüfung im Jahr 2009 offenbar problemlos bestanden, sich aber in den Folgejahren radikalisiert. Er schloss sich der islamistischen Sharia4Belgium an, die zeitweilig auch den späteren Anführer der Attentäter von Paris, Abaaoud, zu ihren Mitgliedern zählte. Bis zu seinem Untertauchen im Jahr 2013 hatte Boughalab offenbar ungehindert Zugang zum Sicherheitsbereich des Doel-4-Reaktors.

Mit dem Fund des Überwachungsvideos vom Privathaus des SCK-CEN-Direktors im November 2015 schien sich ein Albtraum zu bewahrheiten. Sobald die Ermittler die mögliche Tragweite erkannt hatten, war höchste Eile geboten. Am 30. November 2015, vier Tage nach der ersten Durchsuchung in Auvelais, verhafteten sie Mohamed Bakkali. Der 26-Jährige hatte der Terrorzelle für Paris-Attacken offenbar in seiner Wohnung Unterschlupf gewährt und nicht damit gerechnet, dass die Fahnder das zehnstündige Filmmaterial, das sich auf dem Computer seiner Frau befand, richtig zuordnen konnten. Der gebürtige Marokkaner war an den Ausspähaktivitäten möglicherweise direkt beteiligt. Die Aufnahmen einer regulären Überwachungskamera nahe dem Haus des Atomwissenschaftlers zeigen zwei Männer, die nachts ihr Spionagewerkzeug aus den Büschen nahe dem Hauseingang entfernten und dann mit ihrem Auto davonfuhren, ohne die Scheinwerfer einzuschalten. Erst nach den Anschlägen in Brüssel vom 22. März 2016 wurde bekannt, dass die beiden Unbekannten offenbar die Brüder und Selbstmordattentäter Ibrahim und Khalid el-Bakraoui waren. Sie hatten wirklich geglaubt, mit einer Entführung oder Erpressung an radioaktives Material heranzukommen, ihren Plan aber nach der Verhaftung von Mohamed Bakkali, ihrem Mitwisser, aufgegeben.

Der Vorfall in Belgien hat die Sicherheitsbehörden Europas alarmiert. Schon früher gab es Versuche islamistischer Terroristen, ABC-Waffen in ihrem globalen Dschihad einzusetzen. Will der Islamische Staat nun als Erster diese Eskalationsgrenze überschreiten? Die Ermittler haben noch kein Urteil gefällt, aber sehen in den Ereignissen des vergangenen Jahres Anlass zu höchster Besorgnis. Es fehlen zwar klare Absichtserklärungen der IS-Spitze, mit der sie ihre Anhänger zum Einsatz von Massenvernichtungsmitteln aufruft. Auch die Beschaffung fertiger Kernwaffen und die Herstellung improvisierter Atomsprengsätze gelten derzeit als ausgeschlossen, weil es an den Ressourcen für den Angriff auf Atomstützpunkte oder Kernkraftwerke und an den notwendigen Fachkenntnissen fehlt. Daher ist es wohl eher Prahlerei, wenn John Cantile in *Dabiq* von der angeblichen Fähigkeit des IS schreibt, eine Kernwaffe in den USA zu zünden. Gleiches gilt wohl auch für den Aufruf des deutschen IS-Anhängers Silvio K., in Deutschland einen Anschlag auf das amerikanische Kernwaffendepot in Büchel zu verüben.

Dennoch, die Sicherheitsbehörden glauben, dass IS-Unterstützer in Europa technisch und organisatorisch in der Lage sind, Anschläge mit »schmutzigen Bomben« sowie kruden chemischen und biologischen Waffen durchzuführen. In den syrisch-irakischen Kriegsgebieten habe der Islamische Staat sein Interesse daran bereits bewiesen. So sollen seine Kämpfer bei der Einnahme der Stadt Mossul im Juni 2014 rund vierzig Kilogramm verschiedener uranhaltiger Stoffe aus Laboren der Universität erbeutet haben. Im August 2015 meldete die Organisation Ärzte ohne Grenzen, der IS habe in der nordsyrischen Stadt Marea Senfgas eingesetzt. Schon zuvor, im Juni und Juli, sollen die Terroristen kurdische Truppen mit selbst gebauten Chemiegranaten beschossen haben. In einem Fall, so behauptet es die australische Außenministerin Julie Bishop, sei dabei Chlorgas nachgewiesen worden. Auch außerhalb des unmittelbaren Kriegsgebietes beschäftigen sich Anhänger des IS offenbar mit unkonventionellen Kampfstoffen. Am 18. Februar 2016 gab das marokkanische Innenministerium die Verhaftung einer zehnköpfigen Terrorzelle bekannt, die bei Anschlägen im Königreich tödliche biologische Substanzen einsetzen wollte: »Einige der beschlagnahmten Stoffe werden von internationalen Gesundheitsorganisationen als gefährliche biologische Waffen eingestuft, weil sie das Nervensystem lähmen, zerstören und so zum Tod führen können.« Meldungen wie diese lösen Ängste aus. Könnte der IS tatsächlich radioaktive, chemische und biologische Anschläge in Westeuropa verüben? Wenn Material und Fähigkeit dazu in Marokko schon vorhanden sind, könnten diese in Zeiten der Flüchtlingsströme über das Mittelmeer nicht auch nach Westeuropa gelangen?

Nur eine Frage der Zeit

Amerikanische Politiker spotten manchmal ganz gern über die *German Angst* – die sie »Ängst« aussprechen – und meinen damit den deutschen Hang zur Zurückhaltung und Zögerlichkeit im weltpolitischen Geschehen. Auch die angeblich typisch deutsche Überreaktion auf alles Mögliche – von der Vogelgrippe bis zur NSA-Ausspähaffäre – bezeichnet man in Amerika als »German Angst«. Und dann sitze ich im August 2015 in einem Konferenzsaal in Aspen, Colorado, und staune über die German Angst, die hier offenbar alle erfasst hat. In dem kleinen Ort in den Rocky Mountains treffen sich alljährlich ehemalige und aktive hochrangige Mitarbeiter aus amerikanischen Regierungs- und Sicherheitsbehörden sowie von großen Rüstungskonzernen und kleinen Sicherheitsfirmen. Auch die Obama-Regierung ist mit Spitzenpersonal aus Washington angereist; Ministern, Staatssekretären, Behördenchefs. Fast alle nicken zu der wieder einmal flammenden Rede des republikanischen Senators John McCain, der auf der Bühne sitzt und die Feinde Amerikas an jeder Ecke auf dem Vormarsch sieht. Der Chef des Streitkräfteausschusses empfiehlt eiserne Härte in allen Fragen: Der Iran-Deal ein »Irrsinn«, das Minsker Abkommen im russisch-ukrainischen Konflikt »beschämend«, die jüngsten Cyber-Attacken auf die USA ein »Akt des Krieges« und der Kampf gegen den IS »ohne jedes Konzept«. Letzteres ist das dominierende Thema beim Aspen Security Forum. Wie, so wird in zahlreichen Podiumsrunden gefragt, kann sich Amerika vor IS-Anhängern schützen, die aus den Kriegsgebieten in Syrien und Irak zurückkehren? Verfügen sie möglicherweise über Massenvernichtungsmittel?

Lisa Monaco ist da, eine der engsten Beraterinnen von Barack Obama. Sie zählt auf, was alles gegen die Terroristen des Islamischen Staates getan wird: Rund 6000 Luftangriffe habe man geflogen, dem IS ein Viertel der Bodengewinne wieder abgebombt; man zerstöre die Finanzierung der Terrorgruppe, gehe gegen den Zustrom ausländischer Kämpfer auch aus Europa vor, und nun beteilige sich endlich auch die Türkei am gemeinsamen Kampf. Letzteres findet John McCain zwar gut. Im Interview mit mir nennt er es »einen bedeutsamen Schritt vorwärts«. Aber er sagt auch: »Bevor wir nicht mehr Bodentruppen vor Ort haben, bevor unsere Aufklärung nicht besser ist, bevor wir nicht bessere Ausbilder direkt an der Front haben, wird es keine Fortschritte gegen den IS geben.« McCain und viele andere Konferenzteilnehmer sehen im IS eine existenzielle Bedrohung für die USA und ihre Verbündeten. Nicht aufgrund möglicher Anschlagsszenarien vergleichbar den Attacken auf *Charlie Hebdo* Anfang 2015 in Paris. Einen vergleichbaren Angriff gab es ja am 2. Dezember 2015 im kalifornischen San Bernhardino, bei dem ein islamistisches Ehepaar im Namen des IS bei einer Schießerei vierzehn Menschen tötete und mehr als zwanzig verletzte. Die eigentliche Angst betrifft den möglichen Drang des IS, auf internationaler Ebene einen Anschlag zu verüben, der den 11. September 2001 in den Schatten stellt.

Am Rande der Tagung kann ich darüber ein paar Minuten mit Laura Holgate reden, der Direktorin der Abteilung für Massenvernichtungswaffen im Weißen Haus. Als enge Beraterin von Präsident Barack Obama treibt sie seine globale Initiative zur besseren Sicherung von radioaktiven, chemischen und biologischen Materialien voran. Holgate ist tief besorgt über eine Reihe von Diebstählen in den vorangegangenen Monaten. In der Türkei waren bei einer Straßenkontrolle chemische Kampfstoffe entdeckt worden, die offenbar aus Syrien stammten. Absender und Empfänger sind bis heute nicht eindeutig geklärt, aber der Islamische Staat gilt als möglicher Drahtzieher des Transports. Und der IS, so sagt Holgate, habe Wissenschaftler in den Reihen seiner Anhänger, die mit solchen Materialien tatsächlich nichtkonventionelle Sprengsätze bauen könnten, möglicherweise sogar »schmutzige Bomben«. Das passt zu einem Geheimbericht des amerikanischen Energieministeriums von Mai 2013, in dem es heißt: »Wir wissen, dass man kein Team von Nuklearphysikern, ja noch nicht einmal ein besonders raffiniertes Verbrechernetzwerk braucht, um solches Rohmaterial in eine tödliche Waffe zu verwandeln. In vielen Fällen reicht ein entschlossener ›einsamer Wolf‹ oder ein unzufriedener Insider.«

Dieselbe Einschätzung gab es auch schon zu Zeiten von Osama bin Laden, der in den Jahren vor dem 11. September 2001 Anstrengungen unternommen hatte, um in den Besitz von atomaren, chemischen und biologischen Kampfstoffen zu gelangen. Nach der Vertreibung der Taliban im November des Jahres 2001 entdeckten afghanische Freiheitskämpfer nahe dem Flughafen Kandahar unter einem ehemaligen Ausbildungscamp der al-Qaida ein unterirdisches Lager mit Hunderten von kleinen und großen Gläsern, Fässern und Metallkisten. Die Flaschen waren beschriftet, in Englisch, Arabisch, Russisch und Chinesisch.[6] Amerikanische Spezialisten in ABC-Schutzanzügen untersuchten die gefundenen Substanzen vor dem Abtransport an einen unbekannten Ort. Ihr schlimmster Verdacht wurde bestätigt. Neben chemischen Kampfstoffen wie Blausäure fanden sie leicht angereichertes Uran-238 – nicht atomwaffentauglich und auch nicht in rauen Mengen, aber genug, um daraus eine »schmutzige Bombe« zu bauen.[7] Doch zwei Monate später, im Februar 2002, verbreitete die britische Tageszeitung *The Telegraph,* dass Osama bin Laden offenbar das Opfer eines Betruges geworden sei.[8] In den gefundenen Fässern sei keinerlei radioaktives Material zu entdecken. Die Behälter seien wohl mit leicht strahlenden Stoffen behandelt worden, um bei einem möglichen Test Geigerzähler ausschlagen zu lassen. Damit liege der Verdacht nahe, dass bin Ladens Terroristen von geschickten Waffenhändlern reingelegt worden waren. So jedenfalls mutmaßt ein nicht näher genannter Berater des Pentagons: »Wir haben keinerlei ernsthaft radiologisches Material gefunden. Das, was wir in Afghanistan entdeckt haben, war kein echtes Nuklearmaterial. Man hat sie betrogen, wie viele andere auch.«[9]

Was damals nach Entwarnung klang, war in Wirklichkeit keine. Denn schon am 29. Mai 1998 hatte Osama bin Laden eine Propagandabotschaft mit dem Titel *Die Nuklearbombe des Islam* an seine Anhänger gerichtet. Darin forderte er alle Muslime zur Beschaffung von Massenvernichtungswaffen auf, weil es »die Pflicht jedes Muslims ist, so viel Schlagkraft wie möglich zu entwickeln, um die Feinde Gottes zu terrorisieren«. Nach Einschätzung westlicher Geheimdienste bemühte sich al-Qaida seit 1992, atomares, chemisches und biologisches Material für die Herstellung solcher Waffen zu erhalten – zum Teil erfolgreich. Es gab Hinweise auf Experimente mit Blausäure, Phosgenen und Chlorinen, insbesondere in einem Terrorlager in Derunta, einem kleinen Dorf in der Nähe von Dschalalabad.[10] Ein Augenzeuge hatte den US-Behörden von Sonderkursen zur Herstellung und Anwendung chemischer Kampfstoffe erzählt. Er habe zugesehen, wie kleine Hunde in Kartons gesetzt und dann mit Zyanid[11] und Schwefelsäure vergiftet wurden. »Wir wollten die Wirkung des Gases kennenlernen«, so beschreibt es der Mann, der in Derunta ausgebildet wurde. Beim Thema mögliche Ziele habe man »von Amerika gesprochen, als dem Feind des Islam«. Das Giftgas sollte offenbar in die Lüftungssysteme großer Gebäude eingebracht werden. Im Februar 2002 konnten Anti-Terror-Fahnder eine al-Qaida-Zelle in Rom enttarnen.[12] Bei den vier Marokkanern fand man nicht nur Stadtpläne, auf denen die amerikanische Botschaft markiert war, sondern auch rund vier Kilogramm Kaliumferrocyanid. Nach Angaben der italienischen Behörden hatten die mutmaßlichen Terroristen geplant, die Wasserversorgung des römischen Stadtteils zu vergiften, in dem die US-Botschaft liegt. Dazu hätten sie das Zyanid aus der Eisenverbindung herauslösen müssen. In seiner reinen Form wäre in Kombination mit anderen Stoffen ein Gasangriff auf öffentliche Gebäude möglich gewesen.

Auch für biologische Kampfstoffe interessierten sich die Anhänger Osama bin Ladens. Bei einer Razzia in einer kleinen Wohnung im Herzen Londons entdeckte die Anti-Terror-Einheit von Scotland Yard im Januar 2003 ein regelrechtes Kabinett des Schreckens. Schrank und Kommode vollgestopft mit Chemikalien. Darunter – so ist es auf dem Polizeivideo zu sehen – das Beweisstück MW 28: Samen des Wunderbaums, sogenannte Castorbohnen. Sie enthalten Rizin, ein Pflanzengift, tödlicher als das Gift einer Kobra, eine nadelkopfgroße Menge reicht aus, um einen Menschen zu töten. Im Terrorversteck lagen auch die notwendigen Anleitungen, eine stählerne Handmühle und ein Tütchen mit bereits gemahlenen Samen. Die Verdächtigen mit nordafrikanischem Hintergrund hatten einen Anschlag auf die Wasserversorgung der britischen Hauptstadt geplant. Wer von dem Wasser tränke, würde erst nach Stunden die Symptome bemerken. Rizin attackiert die Körperzellen, stoppt die Produktion wichtiger Proteine, verursacht so Atemnot, innere Blutungen und Organversagen. Es gibt kein Gegenmittel. »Die Wirkung auf die Öffentlichkeit wäre unkalkulierbar gewesen«, so Peter Clarke, der Chef der Londoner Anti-Terror-Polizei. »Es ist kaum zu unterschätzen, wie viel Angst und Lähmung so etwas im ganzen Land ausgelöst hätte.« Auch in Frankreich und Spanien verhafteten Fahnder 2003 eine Reihe von Nordafrikanern, die Rizin-Anschläge planten. Alle drei Terrorzellen standen miteinander in Kontakt. Beinah hätte eine länderübergreifende, verheerende Bio-Angriffswelle der al-Qaida Europa getroffen.

Schon Anfang 2002 hatten Soldaten der U.S. Special Forces in der Nähe Kandahars auch ein im Bau befindliches Labor für biologische Kampfstoffe gefunden.[13] Aus den dabei entdeckten Dokumenten und Geräten schloss das Oberkommando des Afghanistan-Einsatzes, dass es sich um eine Einrichtung zur Produktion von Anthrax handelte, obwohl keinerlei Spuren von Milzbranderregern festgestellt werden konnten. Dennoch sagte der damalige Chef des Geheimdienstes CIA, George Tenet, bei einer Anhörung des amerikanischen Senats im März 2002: »Dokumente aus al-Qaida-Einrichtungen in Afghanistan zeigen, dass bin Laden ein anspruchsvolles Forschungsprogramm für Biowaffen anstrebte. Wir glauben auch, dass bin Laden einen nuklearen Sprengsatz kaufen oder entwickeln wollte und dass al-Qaida ein Gerät zur Verbreitung radioaktiven Materials, eine sogenannte ›schmutzige Bombe‹, herstellen möchte.«[14]

Ein Jahr zuvor hatte eine vertrauliche Studie der Anti-Terror-Abteilung der Vereinten Nationen auf den zunehmenden Schmuggel mit Nuklearmaterial hingewiesen und Osama bin Laden als Hauptinteressenten bezeichnet: »Es ist klar, dass bin Laden aktiv versucht, sich Massenvernichtungsmittel zu verschaffen.«[15] In einem dokumentierten Fall hatte al-Qaida über Mitglieder der russischen Mafia hochangereichertes Uran aufkaufen wollen. In Prag wurden mehrere Kilogramm des gefährlichen Stoffes sichergestellt.[16] In einem Versteck der Terrororganisation in Kabul fanden CIA-Agenten handschriftliche Dokumente mit der Bauanleitung für wesentliche Bestandteile nuklearer Waffen. So steht es in einem vertraulichen Bericht des amerikanischen Geheimdienstes an den US-Kongress.[17] Demnach handelte es sich um Beschreibungen für die Herstellung einer »schmutzigen Bombe« mit einer bestimmten Menge von Uran und hochexplosiven Sprengstoffen. Genau das bestätige Abu Zubaida, ranghoher al-Qaida-Funktionär in amerikanischer Gefangenschaft. Man habe an der Entwicklung einer »dirty bomb« gearbeitet und wisse genau, wie das Strahlenmaterial mit einem chemischen Sprengstoff zu kombinieren sei, um eine größtmögliche Wirkung zu erzielen.[18] Zubaidas Befrager von damals fragen sich bis heute, ob er ihnen die Wahrheit erzählte oder nur Ängste schüren wollte, denn in all den Jahren seit dem 11. September 2001 haben islamistische Terroristen weder chemische noch biologische, geschweige denn radioaktive Waffen in der westlichen Welt eingesetzt. Kann der IS nun etwas, was al-Qaida nicht vermochte?

Die Frage impliziert, dass al-Qaida etwas anderes ist als der Islamische Staat. Diese Annahme ist falsch. Denn der IS ist eigentlich die Fortführung ein und derselben Idee oder Ideologie unter einem anderen Namen, der nur deshalb anders ist, weil die Ideologie al-Qaida jetzt einen eigenen Staat, ein Kalifat, besitzt. Auf dem Weg dahin hat sich an der Idee oder an der Gesamtstrategie nichts Wesentliches verändert. Nur die Taktiken haben sich gewandelt, durch Führungsmitglieder der al-Qaida, die aus Fehlern gelernt und ihre Vorgehensweisen entsprechend angepasst haben. Tatsächlich ist es vor allem das Werk einer Person – Werk im wörtlichen Sinne –, dass die Strategie des globalen Terrorismus heute gefährlicher ist als damals vor fünfzehn Jahren.

Der Masterplan des Islamismus

Aus unserer Sicht war der 11. September 2001 ein schrecklicher, aber auch großer Sieg Osama bin Ladens über die Supermacht USA und ihre Verbündeten. Innerhalb der al-Qaida selbst fiel das Urteil nach anfänglicher Begeisterung über den schweren Schlag gegen den verhassten Westen viel kritischer aus. Zum Jahresende 2001 waren ein Großteil der al-Qaida-Kämpfer in Afghanistan vernichtet, ihre Anführer auf der Flucht, das Taliban-Regime beseitigt. Die Terrororganisation lag am Boden, nicht nur militärisch, sondern auch politisch und moralisch, weil das Ausmaß der Attacke und die Auswahl der Opfer – Tausende unschuldiger Menschen aller Glaubensrichtungen – auch in der islamischen Welt auf Ablehnung stießen. Ausgerechnet ein Mitglied des innersten Führungskreises um Osama bin Laden, Abu Al-Walid al-Masri, ging am härtesten mit seinem Anführer ins Gericht. Es sei »ein tragisches Beispiel einer islamischen Bewegung, die alarmierend sinnlos gemanagt wurde. Jeder wusste, dass ihr Anführer sie in den Abgrund führte und das ganze Land (den afghanischen Gottesstaat) in die Zerstörung, und doch führten sie seine Befehle weiter aus, gefolgsam und verbittert.«[19] Bin Laden selbst beklagte in den Folgejahren den Verlust des Taliban-Regimes, das der al-Qaida einen sicheren Rückzugsort garantiert hatte. Aber es war ein anderer, der aus all dem die Schlussfolgerungen zog und die Strategie des militanten Islamismus entsprechend anpasste.

Mustafa Setmariam Nasar, geboren 1958 im syrischen Aleppo, studierter Ingenieur und einst Anhänger der Muslimbruderschaft in Syrien. Nach dem blutigen Massaker an 30 000 Muslimbrüdern und ihren Familien in der Stadt Hama durch Soldaten des syrischen Diktators Hafiz al-Assad im Jahr 1982 floh Nasar nach Europa, heiratete in Spanien und wurde spanischer Staatsbürger. 1984 reiste er nach Afghanistan und wurde zwei Jahre später eines der Gründungsmitglieder der al-Qaida. Abu Musab al-Suri, so sein Kampfname, könnte man getrost – wie CNN es einst tat – den »gefährlichsten Terroristen, von dem Sie noch nie gehört haben« nennen. Anfang der Neunzigerjahre etablierte er eine Terrorzelle in Spanien, die später den 9/11-Attentätern bei ihren Vorbereitungen behilflich war. 1994 zog er nach London und machte mit seinen Artikeln den Dschihadismus unter jungen Muslimen in Großbritannien populär. 1996 eröffnete er ein Trainingscamp in Afghanistan, in dem die Rekruten auch mit chemischen Stoffen experimentierten. Es war al-Suri, der Osama bin Laden für den Kampf gegen den Westen begeisterte und das erste Fernsehinterview des al-Qaida-Chefs mit dem US-Sender CNN arrangierte, in dem bin Laden 1996 Amerika den Krieg erklärte.

Al-Suri hielt allerdings wenig von direkten militärischen oder terroristischen Angriffen wie den Anschlägen auf die US-Botschaften in Kenia und Tansania 1998 oder das amerikanische Kriegsschiff *Cole* im jemenitischen Aden im Jahr 2000. Er machte Osama bin Laden schwere Vorwürfe: »Wir sind auf einem Schiff, das du aus falschen und missverstandenen Gründen niederbrennst.«[20] Der al-Qaida-Chef bediene nur seine Eitelkeit, er sei – so heißt es in einem Papier – offenbar süchtig »nach Fernsehbildschirmen, Blitzlichtgewittern, Fans und Applaus«. Der Syrer sah den Dschihad nicht als Aufgabe hierarchisch geordneter Organisationen. Bei einem Treffen des Führungszirkels der al-Qaida im Jahr 2002 im Norden Irans forderte er sogar die sofortige Selbstauflösung der Terrorgruppe, um der Vernichtung durch den Westen zu entgehen. In seinen Schriften propagierte er den weltumspannenden Aufstand der Muslime gegen unterdrückerische Regime und alle, die sich seiner Religion in den Weg stellten: »Alle, die Waffen tragen, sollen den Dschihad gegen die Feinde des Islam führen.« Für ihn sollte al-Qaida, wie er schrieb, »keine Organisation und keine Gruppe« sein, sondern »eine Berufung, ein Modell, eine Methode«.

Tatsächlich kam er mit dieser Überzeugung der ursprünglichen Bedeutung des Wortes »al-Qaida«, nämlich »Basis« oder »Fundament«, sehr nahe. Auf dieser Basis sollten junge Muslime selbst erkennen, dass sie den »Heiligen Krieg« führen mussten, jeder auf seine Art. Obwohl die Anführer der Terrorgruppe al-Suris Rat zur Selbstauflösung nicht folgten, muss sie sein Plädoyer doch beeindruckt haben, denn seine Überzeugung spiegelt sich in Osama bin Ladens Audiobotschaft an die Jugend des Islam wider, die ich im Vorwort beschrieben habe und in der auch von der individuellen Pflicht zum Dschihad als Teil des Reifeprozesses junger Muslime die Rede ist. Die Leitlinien für diese Ideologie legte Abu Musab al-Suri schriftlich nieder in einem über 1600 Seiten starken Pamphlet, das nichts anderes ist als der Masterplan der Islamisten, der zur Grundlage für Strategiepapiere der al-Qaida und zur Vorlage für die Propagandaschriften des IS wurde, inklusive des notorischen *Muslim Gang Books,* das ich vorher dargestellt habe. Al-Suris Werk mit dem Titel *Aufruf zum weltweiten islamischen Widerstand* belegt, dass der IS nur eine Weiterentwicklung der al-Qaida ist, die aus den Fehlern der Vergangenheit gelernt hat.

Es ist an dieser Stelle nicht möglich, eine detaillierte Analyse der 1604 Seiten vorzulegen, deshalb beschränke ich mich auf die Kernpunkte, wie sie im achten Kapitel des islamistischen Leitfadens dargelegt sind und wie sie der norwegische Terrorismusexperte Brynjar Lia schon 2007 in einer exzellenten Analyse ausgewertet hat. Abu Musab al-Suri liefert eine Generalabrechnung mit der Zersplitterung der islamistischen Sache in eine Vielzahl regionaler Organisationen, die sich strikt voneinander abgrenzen und sich gegenseitig nicht vertrauen. Insbesondere die hierarchischen Strukturen der Gruppen *(tanzims)* machten es jedem Gegner leicht, da jedes Mal die Gesamtorganisation in Gefahr geriete, wenn ein Mitglied aus der Hierarchie gefangen oder getötet würde. Als Gegenmodell empfiehlt der Autor unter dem Slogan *nizam, la tanzim* ein System statt einer Organisation. Er meint damit die Konzentration auf einen »Dschihad des individuellen Terrorismus«, ergänzt durch die Beteiligung an offenen Konflikten, wo immer dies möglich ist. Insofern entspricht der Bürgerkrieg in Syrien und Irak in Verbindung mit Terrorangriffen in aller Welt exakt den Vorstellungen al-Suris. Er fordert eine Art Schnittmuster für Dschihadisten. Jeder, der mitmachen will, soll sich dieser Vorlage bedienen können, ob allein oder als Kleingruppe, aber ohne jede Anbindung an eine größere Struktur. Anführer der islamistischen Bewegung sollten bestenfalls Inspiratoren sein, alle operativen Details lägen ausschließlich in der Hand der einzelnen Zellen. Der Terrorvordenker beschreibt einen führerlosen Widerstand, dessen ursprüngliches Konzept in den Fünfzigerjahren von einem CIA-Offizier entwickelt und später vor allem von rechtsextremistischen Gruppen übernommen wurde. Die Zellen sollen untereinander nicht verbunden sein und ihre Mitglieder nur das wissen, was sie zur Erfüllung ihrer Aufgabe wissen müssen. Allein der Anführer einer Zelle kennt alle Details. Zusammengehalten werde das Konstrukt lediglich durch »ein gemeinsames Ziel, eine gemeinsame Doktrin und ein einheitliches Programm zur Selbstausbildung«. Da der Autor den Dschihadismus als soziale Massenbewegung propagiert, hält er wenig von Trainingslagern, in denen die ideologische und die militärische Ausbildung erfolgt. Stattdessen soll »jeder Ort, jedes Haus, jede Wohnung« zu einem Camp in eigener Verantwortung werden, in dem sich die Bewohner kontinuierlich auf den Krieg vorbereiten, eine Idee, die auch im *Muslim Gang Book* auftaucht. Es geht dabei weniger um den Umgang mit Waffen und Sprengstoffen als vielmehr um die Festigung der ideologischen Grundlagen, ohne die der eiserne Wille zum Kampf und die Bereitschaft zur Selbstaufopferung nicht entstehen könnten. In al-Suris Verständnis müsste zuallererst der Wille entwickelt werden, dann erst folgten die operativen Vorbereitungen, bevor man mit der Ausführung eines Angriffs beginnen sollte. »Alle militärischen Schulen stimmen überein«, so schreibt er, »dass der Wille zum Kampf und die moralische Stärke eines Kämpfers die Grundlage für den Sieg und eine gute Leistung sind.« Für eine reguläre Armee sei diese Entschlossenheit wichtig, für »Guerilla-kämpfer, insbesondere Dschihadis, ist sie die Voraussetzung«.

Eine dezentrale Zellenstruktur des Widerstands könnte viel erfolgreicher agieren als die Terrorgruppen der Vergangenheit, wie der Stratege seinen Lesern vorrechnet: »Wenn wir zwölf Angriffs-teams in der gesamten islamischen Welt bilden könnten und jedes dieser Teams würde eine Operation pro Jahr ausführen, dann gäbe es jeden Monat einen Angriff. Wenn sie zwei Operationen schaffen, wäre das alle fünfzehn Tage ein Angriff. Nicht einmal die stärkste Organisation wäre je zu so etwas in der Lage. Also, stellt Euch vor, 100 Personen lassen sich von dieser Idee überzeugen und fünfzehn von ihnen führen bis zu drei Operationen pro Jahr aus, dann werden die Teams des Widerstands täglich erwähnt werden. Das wird den Feind ärgern und andere Muslime zur Mitarbeit motivieren.« Zwar entwirft Abu Musab al-Suri auch eine Prioritäten-liste möglicher Ziele für Terrorattacken, bei der militärische, politische und wirtschaftliche Einrichtungen ganz oben stehen. Aber wenn es darum gehe, die Pläne des Widerstands für eine weltumspannende islamische Revolution voranzutreiben, sei alles erlaubt, auch der Angriff auf Zivilisten: »Die Angriffsart, die Staaten abschreckt und Regierungen stürzt, ist der Massenmord an der Bevölkerung. Man muss Menschenmengen ins Visier nehmen, um maximale Opferzahlen zu erzielen. Das ist sehr einfach, weil es viele solcher Ziele gibt, wie zum Beispiel gefüllte Sportstadien, jährliche, gesellschaftliche Veranstaltungen, gut besuchte Markt-plätze, Hochhäuser und andere Gebäude mit vielen Menschen.« Mit der Anschlagswelle vom 13. November 2015 in Paris folgten die Attentäter um Abdelhamid Abbaoud diesen Empfehlungen.

Der Plan ist längst Wirklichkeit

Während al-Suri an seinem Pamphlet schrieb, hatte er Elemente seiner Strategie vom Exil im Iran aus in die Tat umsetzen lassen. Europäische Sicherheitsbehörden sind davon überzeugt, dass er die Pläne für die Terroranschläge in Madrid 2004 und London 2005 mit entworfen hat, ohne sich allerdings in die operationale Umsetzung einzumischen. Offenbar dienten seine Schriften auch dem geistigen Anführer der al-Qaida im Jemen, Anwar al-Awlaki, als Grundlage. In seinen Reden und Schriften, die per Hochglanz-magazin mit dem bezeichnenden Namen *Inspire* im Internet verbreitet wurden, zitierte al-Awlaki häufig Passagen aus dem *Aufruf zum weltweiten islamischen Widerstand*. Damit trug er offenbar zur Motivation des amerikanischen Majors Nidal Malik Hasan bei, der im November 2009 auf der Basis der US-Armee Fort Hood in Texas dreizehn Kameraden tötete. Al-Suri schrieb das Pamphlet im Iran, wohin er nach dem Beginn des Afghanistankrieges 2001 geflohen war. 2004 wurde es im Internet veröffentlicht. 2005 gelang es dem pakistanischen Geheimdienst ISI, den gesuchten Terror-Vordenker und Strippenzieher festzunehmen. Kurz danach lieferte ihn der US-Geheimdienst CIA an das Regime des syrischen Diktators Baschar al-Assad aus. Assad ließ ihn offenbar im Dezember 2011 wieder frei, seitdem gibt es kein Lebenszeichen von dem Mann, der wie kein Zweiter der dschihadistischen Bewegung den Auftrag zu grausamsten Gewalttaten unter dem Banner des islamischen Widerstands verordnet hat, die ausdrücklich auch im Einsatz von Massenvernichtungswaffen ihren Höhepunkt finden sollen. Abu Musab al-Suri sieht darin die Erfüllung der apokalyptischen Prophezeiungen, die ebenso in der Propaganda des Islamischen Staates immer wieder auftauchen. Es ist kein Zufall, dass al-Suri im IS-Magazin *Dabiq* häufig erwähnt wird, denn die letzten hundert Seiten seines *Aufrufs zum weltweiten islamischen Widerstand* bestehen aus Endzeit-Zitaten aus der islamischen Überlieferung. Wer den Masterplan der Islamisten in die Tat umsetzen will, darf auch vor der Anwendung von Massenvernichtungsmitteln nicht zurückschrecken.

Dieses Drehbuch des Terrors ist kein Geheimplan. Es steht seit vielen Jahren im Internet und reflektiert die Motivation, Entschlossenheit und Strategie des Islamismus, wie er seit vielen Jahren auch in den Pamphleten, Reden, Video- und Audiobotschaften der Anführer des selbst ernannten »weltweiten islamischen Widerstands« zum Ausdruck kommt. Sicherheitsbehörden, Politik und interessierte Gruppen in der Gesellschaft und in der Öffentlichkeit kannten diese Pläne. Umso erstaunlicher ist es, dass Entscheidungsträger in vielen Bereichen fünfzehn Jahre lang nicht die notwendigen Konsequenzen daraus gezogen haben. Denn wenn man unter all dem einen Strich zieht, kann man eine Gegenstrategie ableiten, eine Strategie, an der sich schon seit dem 11. September 2001 der Kampf gegen Terrorismus hätte ausrichten müssen. Die Bewegung des globalen Dschihad ist eine existenzielle Bedrohung für die ganze Welt, weil sie jedes Mittel, sogar das der Massenvernichtung, rechtfertigt. Die Antwort darauf muss der Einsatz aller polizeilichen, nachrichtendienstlichen und militärischen Mittel gegen diejenigen sein, die sich für diesen Terrorismus entschieden haben. Dafür gilt allerdings die Grenze, die uns von Terroristen unterscheidet: Der Zweck heiligt nicht jedes Mittel in diesem Konflikt, weil die Verletzung unserer Werte, der ethischen und rechtlichen Regeln, die Gefahr massiv befeuert. Denn die Dschihad-Bewegung stilisiert sich als »Widerstand« gegen Unterdrückung und Ungerechtigkeiten, deren Opfer in ihrer Überzeugung alle Muslime dieser Welt sind. Dieser Argumentation kann nur die Grundlage entzogen werden, wenn sich unsere Worte und Taten nicht gegen Milliarden Muslime richten, die nichts mit dem extremistischen Gedankengut und den Taten der Terroristen zu tun haben. Muslime und Islamisten sind nicht das Gleiche, genauso wenig wie Islam und Islamismus. Letzterer findet besonders da Zulauf, wo sich Menschen als Verlierer empfinden, abgelehnt und abgehängt von einer Gesellschaft, in der die wirtschaftlichen Perspektiven und die Beteiligung an der politischen Willensbildung auch von sozialen, ethnischen und religiösen Hintergründen abhängig sind. Wer den Islam und alle Muslime pauschal diffamiert, befeuert den Islamismus.

Ja, der Islamismus gründet seinen politischen Machtanspruch auf Weltherrschaft tatsächlich auf religiösen Grundlagen des Islam. Aber er rechtfertigt seine menschenverachtende Gewalt mit Auslegungen des Koran, die – wie ich später zeigen werde – den Islam für ihre Zwecke vergewaltigen. Gegen diesen Missbrauch, man nennt ihn Islamismus, Salafismus, Wahhabismus, müssen sich allen voran die Muslime selbst wehren, mit Worten UND Taten – und natürlich gemeinsam mit uns. Gemessen an dem haben wir in den letzten fünfzehn Jahren sehr viel falsch gemacht und durch unser Handeln und unser Unterlassen den Fortbestand und das Wachsen der Bedrohung weiter befördert. Genau so hatten es Islamisten von uns erwartet und in ihren Strategieschriften beschrieben.

3 Die Erschaffung des Biests

»Ich bin mir sicher, dass die türkischen Behörden die Anschlagspläne kennen.« Der Vorwurf erscheint ungeheuerlich. Die Türkei, NATO-Land und damit auch Deutschlands Verbündeter, Interessent für die Aufnahme in die Europäische Union, soll Mitwisser und damit indirekt Mittäter bei geplanten Terrorangriffen in Westeuropa sein? Omar nennt den angeblichen Grund für eine jahrelange Unterstützung des IS durch die Türkei: »Sie wollen Abu Bakr halten. Sie brauchen ihn in Syrien und im Irak, deshalb helfen sie ihm. Die Anschläge in Europa würden zeigen, dass nicht al-Qaida, sondern der IS in der Region das Sagen hat.« Natürlich liegt die Vernichtung des Assad-Regimes, vielleicht sogar die Zerschlagung des syrischen Staates im Interesse der türkischen Regierung. Und je stärker der IS unter der Führung seines Kalifen Abu Bakr al-Baghdadi wird, umso mehr werden die kurdischen Gruppen wie PKK und YPG geschwächt. Aber würde die Türkei deshalb ihre Verbindung zu Europa und den USA komplett aufs Spiel setzen?

Omar hatte uns diese Geschichte schon bei unserem Treffen im Wiener Café Landtmann Anfang Oktober 2014 erzählt. Und dazu noch viele weitere Details. Das alles klang so abenteuerlich, dass wir nach dem Gespräch auch seine konkreten Hinweise auf angeblich geplante Anschläge in Oslo, Sevilla und Düsseldorf sehr skeptisch sahen. Doch einige Telefonate mit Quellen in mehreren Geheimdiensten ließen uns aufhorchen. Von beschlagnahmten Kartuschen mit dem Nervengas VX war da die Rede und von Terrorwarnungen zu IS-Kämpfern, die in Westeuropa eingesickert seien. Was, wenn es diese Anschlagsgefahr tatsächlich gab und unser Informant dafür sogar – wie versprochen – Beweise liefern konnte?

Zwei Tage nach unserem ersten Gespräch sitzen wir ihm wieder gegenüber. In einem langen Interview soll er uns alles noch mal erzählen. Wenn er von der ersten Version abweicht oder sich in Widersprüche verwickelt, hätten wir wenigstens Sicherheit, auch wenn es uns Zeit und Geld kostet, nicht nur für das Kamerateam, sondern auch für ein Flugticket an einen fernen Ort. Omar zeigt uns seinen türkischen Pass und nennt seinen richtigen Namen, den ich hier abkürze. Abdullah C. ist offenbar ein weit gereister Mann, wie die Einreisestempel in seinem Ausweis belegen. Sie stammen aus dem Nahen und Mittleren Osten, aus ehemaligen Sowjetrepubliken und vom Hindukusch, passend für einen Agenten des türkischen Geheimdienstes.

Im Interview gibt Abdullah C. auf die Frage nach seinem Arbeitgeber eine eindeutige Antwort: »Der MIT.« Unser Gesprächspartner behauptet, er habe im Auftrag des türkischen Geheimdienstes und gemeinsam mit US-Elitesoldaten 2011 in einem Trainingslager in Afghanistan Kämpfer für den Syrienkrieg ausgebildet. 2012 sei das Camp in den Irak verlegt worden. »Danach«, so sagt er, »sind wir als Ausbilder für die Freie Syrische Armee ausgewählt worden. Da es bei denen aber keine klare Führungsstruktur gab, wurden wir an Dschabhat al-Nusra weitervermittelt. Aus der JAN ist dann der IS entstanden, der gezielt die Kurden und die PKK angreifen sollte.« Tatsächlich ist Dschabhat al-Nusra ein Ableger der al-Qaida in Syrien. Doch im Jahr 2013 spaltete sich der Islamische Staat ab. An diesen, so sagt Abdullah C., habe er über die türkisch-syrische Grenze Waffen geliefert, finanziert mit Geldern aus der Türkei und Katar. Ohne deren Unterstützung hätte der IS nicht zu einer Bedrohung für die gesamte Region werden können. Ein entscheidender Feldzug sei die Eroberung des nordirakischen Mossul gewesen, und die Türkei habe dabei weggeschaut: »Die IS-Truppen sind nicht über die syrische, sondern die türkische Grenze nach Mossul gekommen. Deshalb ist die Stadt so schnell erobert worden. Die Verletzten werden in der Türkei behandelt.«

Für alles, was unser Gesprächspartner erzählt, gibt es keine eindeutigen Belege, auch wenn er uns später Fotos und ein Video übergibt, die seine Version von der Vorgeschichte bis zu den Details über die Anschlagspläne in Westeuropa glaubwürdiger erscheinen lassen. Davon später. Aber kann es wirklich sein, dass wir die Strategie der Islamisten nicht nur über Jahre aus politischer Naivität und Feigheit

befeuert haben, sondern ihren Werkzeugen – den dschihadistischen
Gruppen – aktiv mit Ausbildung, Geld und Waffen geholfen haben?
Dafür gibt es zumindest zahlreiche Hinweise.

»ISI könnte im Bündnis mit anderen Terrororganisationen in Syrien
und Irak einen islamischen Staat ausrufen. Dies schafft eine schwere
Gefahr für die Einigung des Irak und den Erhalt seines Territo-
riums.« Der Verfasser dieser Worte muss hellseherische Fähigkeiten
haben, oder er ist einfach nur ein wirklich guter Analytiker, damals
am 5. August 2012. Dieses Datum trägt der Lagebericht der Defense
Intelligence Agency, des Nachrichtendienstes der amerikanischen
Streitkräfte. Das Fernschreiben ist als »secret« eingestuft, sein Inhalt
von höchster politischer Brisanz. Der Verteiler belegt, dass nicht nur
die komplette militärische Kommandostruktur, sondern auch Ver-
teidigungs-, Außen- und Heimatschutzministerium, ja, sogar das
FBI über die wahre Situation in Irak und Syrien informiert waren.
Bis heute behauptet die US-Regierung, dass sie von der Entstehung
der Terrororganisation IS völlig überrascht worden sei. Offenbar
aber hatte sie schon im August 2012 detaillierte Erkenntnisse über
deren Entwicklung. Damals nannte sich der Ableger der Terrororganisation al-Qaida im Irak noch »Islamischer Staat im Irak« (ISI). Im
Juni 2014 wurde aus dem ISI mit der Gründung eines Kalifats unter
dem selbst ernannten Kalifen Abu Bakr al-Baghdadi formell der IS,
ein islamischer Staat, wie ihn der Lagebericht des US-Geheimdienstes prophezeit.

Das Papier beschreibt den Konflikt als Stellvertreterkrieg zwischen den Unterstützern des syrischen Machthabers Assad –
namentlich Russland, China und Iran – und den Helfern der syrischen Opposition, also »dem Westen, den Golfstaaten und der
Türkei«. Der Verfasser warnt vor salafistischen und sektiere-
rischen Gruppen, den »Hauptkräften« hinter dem Aufstand in
Syrien. »Wenn die Situation sich entwirrt«, so notiert er, »entsteht
möglicherweise ein erklärtes oder unerklärtes salafistisches Fürstentum im Osten Syriens.« Und dann folgt der Satz, der Wasser
auf die Mühlen all derer ist, die den IS für ein Geschöpf der USA
und seiner Verbündeten halten. Das salafistische Fürstentum sei
»exakt das, was die Unterstützermächte der Opposition wollen,
um das syrische Regime zu isolieren«.

Ein verräterisches Foto

Die Entstehung eines Gottesstaates ist also Teil des Plans im Kampf gegen das Assad-Regime. Ist das nur die gewagte Einzelmeinung eines sonst weitsichtigen Analytikers der DIA? Oder gibt es weitere Anhaltspunkte, dass der »Westen, die Golfstaaten und die Türkei« tatsächlich die Entstehung des IS befördert haben? Es wäre nicht das erste Mal, dass die US-Regierung eine existenzielle Bedrohung für die Welt selbst erschaffen hat. Einst unterstützte sie die Mudschaheddin-Bewegung in Afghanistan in ihrem Kampf gegen die sowjetischen Besatzungstruppen mit Geld und Waffen. So entstanden Taliban und al-Qaida. Der irakische Diktator Saddam Hussein konnte in seinem Krieg gegen den Iran auf amerikanische Hilfe zurückgreifen, bevor er dann selbst zur Gefahr für die USA und deren Interessen wurde. Natürlich kann man sich solch ein Handeln trotz aller düsteren Folgen schönreden. Der gute Zweck heilige doch die Mittel, und die Nebenwirkungen seien so ja nicht absehbar gewesen. Aber die Geschichte lehrt, dass es diese Nebenwirkungen immer gibt und sie selten unter Kontrolle zu bringen sind. Die USA gingen auch in Syrien sehenden Auges ein neues, großes Risiko ein, für das ein paar Fotos von höchst bescheidener Qualität zum Armutszeugnis werden sollten. Auf einem der Bilder sitzt einer der angesehensten Politiker der Vereinigten Staaten an einem Tisch mit islamistischen Terroristen. Senator John McCain ist an jenem 27. Mai 2012 von der Türkei aus ein paar Hundert Meter auf syrisches Territorium gefahren, um sich mit Anführern der Oppositionsbewegung zu treffen, unter ihnen Brigadegeneral Salim Idriss von der Freien Syrischen Armee. Aber neben FSA-Offizieren sind offenbar auch führende Mitglieder dschihadistischer Gruppen wie der Dschabhat-al-Nusra geladen. Die JAN ist bis heute der Arm der Terrororganisation al-Qaida in Syrien.

Ob der damals 76-jährige McCain wusste, mit wem er sich da einließ, ist ungeklärt. Genau wie die Identität eines Mannes mit schwarzem Hemd, der dem US-Senator bei der Besprechung schräg gegenübersitzt und beim Gruppenfoto danach unmittelbar hinter ihm steht. Manche sehen in ihm Ibrahim al-Bakri, der damals schon auf der amerikanischen Liste der meistgesuchten Terroristen stand. Heute ist er bekannt unter dem Namen Abu Bakr al-Baghdadi, Anführer und Kalif des Islamischen Staates. Mitarbeiter von Senator McCain bestreiten, dass der Mann auf dem Foto tatsächlich der spätere IS-Chef ist. In Wirklichkeit handle es sich um den Vertreter einer Widerstandsgruppe, die in den Folgejahren vom IS aus der Region vertrieben wurde. Immerhin ist die Anwesenheit von Vertretern der terroristischen Dschabhat al-Nusra beim Treffen nahe der syrisch-türkischen Grenze eindeutig belegt und zeigt, dass die US-Regierung im ersten Jahr des Syrienkonflikts auch dschihadistische Kampfverbände unterstützte, solange sie nur Feinde des Assad-Regimes waren. Ob Abu Bakr al-Baghdadi dabei war oder nicht, spielt da keine entscheidende Rolle, und doch …

»Ja, er war mit dabei. Ankara hat gefordert, dass wir davon Fotos machen. Damals gab es IS noch nicht, das war noch al-Nusra.« Ausgerechnet unser Informant Abdullah C. will es genau wissen, denn er sei selbst vor Ort gewesen – im Auftrag des türkischen Geheimdienstes MIT. Es sei bei dem Treffen nicht nur um politisch-moralische Unterstützung gegangen, sondern auch um die Ausstattung mit Geld und Waffen. Die Amerikaner wollten dies ausschließlich der Freien Syrischen Armee und ihren moderateren Verbündeten zur Verfügung stellen. Um die anderen würde sich die Türkei kümmern mit finanzieller Hilfe aus Katar. Er selbst habe bei den Lieferungen geholfen und in einem Trainingslager nahe Aleppo auch Kämpfer der Dschabhat al-Nusra ausgebildet. Bis zur Abspaltung des IS habe auch Abu Bakr enge Kontakte zur Nusra-Front gehabt. Deshalb sei er beim Treffen im Mai 2012 dabei gewesen. »Ja, ich bin mir sicher. Da waren Baghdadi und andere Kommandanten der Dschabhat al-Nusra.«

Sollte es also doch stimmen? Am 14. Februar 2016 habe ich Gelegenheit, den Hauptprotagonisten selbst zu fragen. US-Senator John McCain hält auf der Münchner Sicherheitskonferenz eine flammende Rede gegen Russland, das Assad-Regime, den Iran, die Konflikt und Chaos schürten, um politischen Vorteil zu erlangen. Gleichzeitig wirft er der amerikanischen Regierung vor, im Kampf gegen Krieg und Terror zu zaudern und Schwäche zu zeigen. »Die Weltordnung fällt auseinander«, ruft McCain, »weil es an Urteilsvermögen und Entschlossenheit mangelt.« Anschließend fordert er in meinem Interview einen kompromisslosen Kampf nicht nur gegen gewaltbereite Islamisten, sondern auch gegen die islamistische Ideologie: »Zuerst müssen wir sie in Rakka töten. Das zuallererst, um zu zeigen, dass der IS nicht unverwundbar ist. Und dann beginnt der lange, lange Kampf gegen den islamischen Extremismus. Dafür müssen wir auch die wirtschaftlichen Perspektiven und das Leben der jungen Menschen, besonders der jungen Männer, verbessern, die sich für diese Perversion des Islam begeistern. Das wird ein sehr langer, harter Kampf werden. Aber zuerst müssen wir ihren Staat vernichten. Es ist das erste Mal, dass eine Terrororganisation ihren eigenen Staat hat.«

So vernünftig seine Vorschläge klingen, muss ich doch kritisch nachfassen, ob es diesen Islamischen Staat denn nicht nur dank amerikanischer Unterstützung gibt: »Senator, Sie waren doch 2012 bei diesem Treffen nahe Aleppo, an dem auch ein paar al-Nusra-Kämpfer und andere Dschihadisten teilnahmen. War es ein Fehler, dass die USA bei ihrer Unterstützung für die Opposition nicht unterschieden hat zwischen Dschihadisten und anderen?« McCain verzieht das Gesicht, seine Antwort klingt entsprechend angesäuert: »Sie reden von etwas, was die Hisbollah über eine TV-Station verbreitet hat, dem aber jeder Experte, den es gibt, widerspricht. Es ist faszinierend, dass etwas in ihre Medien gelangen kann, was von unseren Nachrichtendiensten und jedem anderen bestritten wird. Ich habe mich niemals mit jemandem getroffen, der zum IS gehörte, auch wenn das noch immer im Internet kursiert.« Aber, so frage ich weiter, gab es da nicht kurz nach dem Treffen den Bericht der DIA, in dem der Militärgeheimdienst »die Entstehung eines salafistischen Fürstentums vorhersagt«? Der Senator wehrt ab: »Davon weiß ich nichts. Aber ich weiß, dass die Männer, die ich in Syrien getroffen habe, allesamt sehr tapfere Kämpfer waren und dass die meisten von ihnen mittlerweile tot sind.«

Merkwürdig, der Vorsitzende des Streitkräfteausschusses im US-Senat will nichts von einem Lagebericht wissen, der ausweislich der Verteilerliste auf dem Dokument in zahlreichen Ministerien und Sicherheitsbehörden der amerikanischen Regierung kursierte? Als das Geheimpapier im Sommer 2015 an die Öffentlichkeit gelangte, entbrannte in Washington sogar eine heftige Diskussion um die Analyse der DIA. Der ehemalige Chef des Militärgeheimdienstes, Michael Flynn, stellte sich den kritischen Fragen in einer Sendung des englischsprachigen Programms von Al-Jazeera und bestätigte den Inhalt des Dossiers: »Wir haben über die verschiedenen Gruppen diskutiert und festgestellt, wer genau die Beteiligten sind. Ich bin davon überzeugt, dass unsere Erkenntnisse sehr klar waren. Es fragt sich nur, ob die Politik dann ebenso klar, definiert und präzise war, wie sie sein müsste. Das war sie, glaube ich, nicht.« Der Moderator, Mehdi Hasan, möchte es noch genauer wissen: »Sie sagen also, dass man in der Regierung von diesen Gruppen wusste und dass Sie aufgrund der Analyse gegen deren Unterstützung waren. Wer hat Ihnen da nicht zugehört?« Antwort Flynn: »Die Regierung.« Nachfrage: »Also die Regierung hat Ihre Analyse ignoriert?« Antwort Flynn: »Ich glaube, nicht ignoriert. Es war eine Entscheidung. Eine willentliche Entscheidung.« Frage: »Eine willentliche Entscheidung, einen Aufstand zu unterstützen, der Salafisten, al-Qaida und die Muslimbruderschaft beinhaltete?« Flynn: »Es war eine willentliche Entscheidung, das zu tun, was sie taten.«

Der ehemalige DIA-Chef hat seitdem in einer Reihe von Interviews seine Kritik an der Obama-Administration erneuert, die aus seiner Sicht viel früher und unmittelbarer in den Syrienkonflikt hätte eingreifen müssen, statt mit finanziellen und militärischen Hilfen für obskure Oppositionsgruppen einen Stellvertreterkrieg gegen das Assad-Regime zu führen. Anfang Dezember 2015 insinuierte General Flynn in einem CNN-Interview, dass der Präsident die Warnungen bewusst nicht aufgriff, weil es ihm im Wahlkampf 2012 geschadet hätte. Dort habe man die Erfolge im Kampf gegen den Terrorismus, die Tötung bin Ladens und den Sieg über al-Qaida feiern wollen, da seien die Erkenntnisse zum Entstehen eines salafistischen Fürstentums in Syrien und Irak unbequem gewesen: »Ich denke, dass ihnen das nicht in das Narrativ passte, welches das Weiße Haus damals brauchte. So haben es dem Präsidenten wohl die Leute in seinem inneren Kreis geraten, und dieser Rat war, glaube ich, falsch.« Seit 2015 ermittelt nun der Generalinspekteur des US-Verteidigungsministeriums, inwieweit die offiziellen Berichte zum Kampf gegen den Islamischen Staat möglicherweise geschönt wurden. Von all dieser Aufregung im politischen Washington um den Geheimbericht der DIA will US-Senator John McCain nichts mitbekommen haben.

Der Mantel des Schweigens

Das Verschweigen unbequemer Wahrheiten gehört im Kampf gegen den Terrorismus seit langer Zeit offenbar zur Strategie. So war es schon nach 9/11. In meinem Bücherregal steht ein tiefblauer Wälzer mit dem sperrigen Titel *Joint Inquiry Into Intelligence Community Activities Before and After the Terrorist Attacks of September 11, 2001.* Es ist der offizielle Abschlussbericht der Untersuchungskommission des US-Kongresses zum Angriff der al-Qaida auf die Vereinigten Staaten von Amerika. Er liest sich wie ein bedrückender Thriller, von der ersten bis zur letzten Seite, mit der Ausnahme von 28 Seiten, die mit leeren Zeilen statt erhellenden Worten gefüllt sind. Es ist jener Teil des Berichts, der als streng geheim eingestuft in einen Panzerschrank im Untergeschoss des Capitols in Washington weggeschlossen wurde, weil er eines der düstersten Geheimnisse amerikanischer Regierungspolitik enthält. Erstmals sind nun einige der Details doch ans Licht gekommen. Unter dem Titel *28 pages* zeigte der US-Fernsehsender CBS am 10. April 2016 eine Sondersendung seines Magazins *60 Minutes.* In ihr traten namhafte ehemalige Kongressabgeordnete auf, die nicht länger schweigen wollten. Ohne die Inhalte des Dossiers im Detail wiederzugeben, erzählten sie von den Schlussfolgerungen, die sich aus ihrer Sicht zwingend aus den Ermittlungen der amerikanischen Sicherheitsbehörden ergaben. Demnach hatten die neunzehn Flugzeugentführer, unter ihnen allein fünfzehn aus Saudi-Arabien, staatliche Unterstützung bei der Vorbereitung und Ausführung ihrer terroristischen Verbrechen.

Die Hilfe, so bestätigte der ehemalige Vorsitzende der Kommission und US-Senator Bob Graham, sei aus Saudi-Arabien gekommen und »erheblich« gewesen. Der CBS-Journalist Steve Kroft fragte nach: »Meinen Sie damit die Regierung, reiche Leute im Land, Wohltätigkeitsorganisationen?« »Alle der Genannten«, so die Antwort Grahams. Mehrere Personen, die die 28 Seiten gelesen haben, beschreiben sie als Zusammenfassung von Ermittlungssträngen, inklusive Hinweisen, von denen sich nur ein Teil belegen lässt. Der ehemalige Kongressabgeordnete Tim Roemer wurde gefragt, ob die Inhalte die Öffentlichkeit überraschen würden. Seine Antwort: »Sicher wären sie davon überrascht (...) über das, was in San Diego und Los Angeles passierte. Und über die saudische Beteiligung.« Laut dem Bericht von CBS wurden zwei der 9/11-Attentäter kurz nach ihrer Ankunft in den USA im Januar 2000 von Augenzeugen in der Begleitung eines Mannes namens Fahad al-Thumairy gesehen, der am saudischen Konsulat in Los Angeles arbeitete. Der Diplomat stellte offenbar den Kontakt zu Omar al-Bayoumi her, der den beiden Terroristen in den Folgewochen bei der Wohnungssuche half, ihre Mietkaution bezahlte und sie bei der Anmeldung zum Flugunterricht unterstützte. Al-Bayoumi, davon ist Bob Graham überzeugt, war ein saudischer Agent, nicht nur, weil er einen monatlichen Scheck von der saudischen Regierung bekam, sondern auch, »weil er schon vor 9/11 in FBI-Dokumenten als saudischer Agent aufgelistet wurde«.

Das steht in scheinbarem Widerspruch zu einem Satz aus dem veröffentlichten Abschlussbericht der Untersuchungskommission, mit dem die Regierung Saudi-Arabiens gern Vorwürfe über eine Beteiligung an den Anschlägen zurückweist. Dort heißt es: »Wir haben keinen Beweis gefunden, dass die saudische Regierung als Institution oder hochrangige saudische Beamte individuell die Organisation finanzierten.« Dieser Satz, so berichten CBS und die *New York Times* übereinstimmend, war das Ergebnis langer Beratungen und reflektierte nur, dass es an eindeutigen Beweisen für die Verwicklung der Regierung des vermeintlichen Verbündeten Saudi-Arabien fehlte. Doch Omar al-Bayoumi hatte einen »engen Gefährten«, so bezeichnet der Abschlussbericht des Kongresses einen Mann namens Osama Bassnan, der mit den Terroristen direkten Kontakt hielt und als Unterstützer der al-Qaida galt. Nach einem Bericht des *Time magazine* bezog die Frau Bassnans eine monatliche Spende von 2000 Dollar von der Frau des damaligen saudischen Botschafters in den USA, Prinz Bandar bin Sultan. Bandar hatte einmal sogar selbst 15 000 Dollar an Bassnan weitergegeben. Der Botschafter war ein enger Freund der Familie von US-Präsident George W. Bush. War dies der Grund für die Geheimhaltung der 28 Seiten? Gibt es darin doch eindeutige Belege? Seitdem Details des Dossiers an die Öffentlichkeit gelangt sind, haben sich die Beziehungen zwischen der Obama-Administration und der saudischen Regierung deutlich abgekühlt.

Die Verfälschung des Koran

Doch eine Frage bleibt im Raum stehen. Ist Saudi-Arabien mit verantwortlich für den Terror der vergangenen fünfzehn Jahre? Bis heute haben die westlichen Regierungen, auch die deutsche, nicht verstanden, dass sie den Kampf gegen diesen Terror nicht gewinnen können, wenn sie sich nicht gleichzeitig auch gegen die Ideologie des Dschihad wenden, wie sie aus Saudi-Arabien propagiert wird. Denn die Staatsreligion des Landes, der Wahhabismus, dient als Grundlage für die terroristischen Bestrebungen von al-Qaida und IS. Der Islamismus der Terroristen stützt sich auf wahhabitisch-salafistische Auslegungen des Koran, die nichts mit einer modernen, aufgeklärten Form des Islam zu tun haben und aus einem Minderwertigkeitskomplex, einer Verlierermentalität bestimmter islamischer Gelehrter entstanden sind. Als ich nach den Terroranschlägen von Madrid vom 11. März 2004 mit meinem Team das islamische Kulturzentrum in der spanischen Hauptstadt besuchte, in dem die Attentäter häufig beteten, schenkte man mir einen ganz besonderen Koran. Dieser enthielt nicht nur den Originaltext in Arabisch und eine Übersetzung – in Madrid gab es die in Spanisch und Englisch –, sondern darüber hinaus Fußnoten, die den fundamentalistischen Anspruch des Islam saudischer Prägung, des Wahhabismus, widerspiegeln. Dieser spezielle Koran wird im King-Fahd-Komplex in Mekka gedruckt und durch die saudische Regierung kostenlos rund um die Welt verbreitet, in den salafistischen Moscheen auf dem Balkan genauso wie in anderen Ländern Europas. In Deutschland fand man diese Variante des heiligen Buches des Islam auch in der König-Fahd-Akademie in Bonn, die, wie das Kulturzentrum von Madrid, neben den Gebetsräumen eine Schule, eine Bibliothek sowie Sozialeinrichtungen beherbergt und aus Saudi-Arabien finanziert wird. Die Fußnoten im wahhabitischen Koran sind die Brandbeschleuniger zur Rechtfertigung der Gewalt des islamischen Extremismus.

Im Originaltext der zweiten Sure, Vers 191–192 heißt es: »Tötet sie, wo immer ihr auf sie stoßt, von wo sie euch vertrieben haben. (…) Wenn sie gegen euch kämpfen, dann tötet sie. (…) Wenn sie aber aufhören, so ist Allah allverzeihend, barmherzig.« Durch diese und zahlreiche weitere Stellen wird der Dschihad im Koran verankert. Der Prophet gibt seinen Anhängern die Rechtfertigung, gegen Feinde des Glaubens vorzugehen, auch mit Mitteln der Gewalt. Dieses Konzept des »defensiven Dschihad«, also des Rechts auf Selbstverteidigung, stützt sich historisch gesehen auf die Zeit, als Mohammed im Jahr 622 nach Medina geflohen war und seine Mitstreiter ausdrücklich zu »Überfällen« *(Ghazawat)* auf die »Abtrünnigen« in Mekka ermutigte. Das war vor vielen Hundert Jahren. Die Gewalt ist mit einem klaren Befehl verbunden, sie einzustellen, sobald der Gegner seine Angriffe beendet. Reine Selbstverteidigung. Doch die Fußnote in der wahhabitischen Version des Koran transportiert den Text direkt in die Gegenwart und hebelt die befohlene Begrenzung auf eine reine Selbstverteidigung aus. Dort heißt es: »Wenn der Dschihad aufgegeben wird, dann wird der Islam zerstört, werden Muslime unterworfen. Sie verlieren ihre Ehre, ihr Land und ihre Macht.« Der Dschihad darf also niemals aufgegeben werden. Es gibt kein gottbefohlenes Ende der Gewalt. Mehr noch: Der Kommentar fordert die Leser zu einem Umkehrschluss auf: Überall da, wo Muslime unterworfen werden und ihre Ehre, ihr Land und ihre Macht verlieren, zum Beispiel in Tschetschenien, Bosnien, Palästina, Irak oder Afghanistan, ist der Dschihad offenbar aufgegeben worden. Also höchste Zeit, dies zu ändern, weil der Dschihad ja heute und in alle Ewigkeit, so fordert es die Fußnote, Recht und Pflicht jedes wahren Gläubigen ist. Die Islamisten rechtfertigen ihre Attacken als präventive Selbstverteidigung. Der fundamentalistische Kommentartext wird zur Zeitmaschine, so, als wenn heute Christen die Vorstellung des »Auge um Auge, Zahn um Zahn« aus dem Alten Testament für universell und allzeit gültig erklären würden, ohne der Bergpredigt aus dem Neuen Testament (»Wenn dich einer auf die linke Wange schlägt, dann halt ihm auch die rechte hin«) überhaupt Beachtung zu schenken. Und er erweitert die reine Selbstverteidigung zur Rechtfertigung von präventiver Gewalt.

Natürlich ist deshalb nicht der ganze Koran eine Terroranleitung. Unter den 6226 Versen wird von den Islamisten immer gezielt dieser eine aus der zweiten Sure als Allheilmittel für das Leid von Muslimen in dieser Welt empfohlen. Der Autor der Zeilen ist der islamische Gelehrte Ibn Taimīyah, der von 1263 bis 1328 in der Türkei und in Syrien lebte. In seine Zeit fiel die verheerende Niederlage des abbasidischen Kalifats in Bagdad am 10. Februar 1258, bei der die Stadt vollständig geplündert und zerstört wurde. Zwischen 100 000 und einer Million Menschen sollen bei der Eroberung durch die mongolischen Horden unter Führung eines Enkels von Dschingis Khan getötet worden sein. Unter dem Eindruck dieser Katastrophe, die als Ende der Blütezeit des Islam verstanden wird, verfasste Ibn Taimīyah eine Bekenntnisschrift, die den ewigen Kampf empfahl und in vielen Formulierungen den Minderwertigkeitskomplex der Verlierer zu kompensieren suchte. Er forderte die Rückkehr zu einem Leben nach dem Vorbild der *Salaf,* der »Altvorderen«, womit die ersten drei Generationen der Muslime gemeint sind, die den Propheten noch als seine Gefährten kennengelernt hatten. Nur die Einhaltung strengster Regeln, so Ibn Taimīyah, könne dem Islam wieder zu alter Größe verhelfen. Wohl deshalb wurden seine verfälschenden Auslegungen des ursprünglichen Koran in den nachfolgenden Jahrhunderten immer dann hervorgeholt, wenn die Sehnsucht nach einem Wiedererstarken der Religion besonders groß wurde.

Ein unheilvolles Bündnis

So war es auch zu Zeiten des Gelehrten Muhammad Ibn Abd al-Wahhāb, der im 18. Jahrhundert die Rückkehr zu den strengsten Regeln des ursprünglichen Islam aus der Zeit des Propheten Mohammed predigte, damit das Kalifat wiedererrichtet werden konnte. Dabei griff er auf die Gedanken und Schriften Ibn Taimīyahs zurück, die in Wirklichkeit eine Abweichung vom ursprünglichen Koran darstellen. Al-Wahhāb schloss 1744 ein geistlich-militärisches Bündnis mit der Fürstenfamilie Ibn Saud, die Anfang des 19. Jahrhunderts mit der Eroberung von Mekka und Medina die Herrscherdynastie Saudi-Arabiens begründete. Seitdem ist der Wahhabismus die saudische Staatsreligion, ohne den Namen des Ideengebers zu führen. Denn die Wahhabiten nennen sich nach den einstigen Gefährten des Propheten Salafisten – oder Sunniten. Sie wähnen sich im Besitz der alleinigen Wahrheit und lehnen alle anderen Glaubensströmungen als unislamisch ab. Ist es also Absicht, dass ein solchermaßen tendenziös ergänzter Koran, der damit auch zur Rechtfertigung von Terroranschlägen dient, weltweit verbreitet wird, um ein islamisches Weltreich zu errichten? Das hieße ja, dass das saudische Königshaus sich als Exporteur einer Geisteshaltung betätigt, die Terroristen produziert, auch wenn sie verherrlichend »Krieger« *(Ghazi)* oder »Märtyrer« *(Shahid)* genannt werden.

Für jeden Muslim gilt, dass seine heilige Schrift, die für die letzte und ultimative der drei sogenannten Buchreligionen, also Judentum, Christentum und Islam, steht, nicht nach Gutdünken ausgelegt werden darf. Sie gilt so, wie sie geschrieben wurde, und wird nur ergänzt durch die *Sunna* – die Richtlinien für Lebensweise und Gebräuche, basierend auf den Aussprüchen und Handlungen des Propheten, die in sogenannten *Hadithen* (Überlieferungen) erhalten sind. Von den vielen Tausend Überlieferungen werden nur sechs Sammlungen von islamischen Gelehrten für die sunnitischen Muslime als Standardwerke anerkannt. Und die Schriften von Ibn Taimīya und Ibn Abd al-Wahhāb gehören definitiv nicht dazu. Ihre Vorstellungen sind Verfälschungen einer der anerkannten Rechtsschulen des Islam. Wenn aber in Moscheen rund um den Globus Gläubige auf Korane zurückgreifen, die kostenlos von der saudischen Regierung zur Verfügung gestellt werden und Brandbeschleuniger unter dem Originaltext beinhalten, was wird damit ausgelöst?

Islamisten in Deutschland und anderen Ländern Westeuropas erklären die Bedeutung der Kommentare im wahhabitischen Koran so: Der Dschihad in Irak und Israel sei absolut okay, denn da würden Muslime ja unterdrückt und angegriffen, also müssten sie sich verteidigen. Anschläge auf Zivilisten seien erlaubt. Schließlich töte die andere Seite ja auch Zivilisten, wie zum Beispiel beim amerikanischen Luftangriff auf einen Tanklastzug nahe Kundus am 4. September 2009, der von einem Oberst der deutschen Bundeswehr befohlen wurde. Spenden für den »heiligen Krieg« seien sogar Pflicht, schließlich sei das Spenden eine der Säulen des Islam. Und in Gebiete wie Irak und Syrien zu ziehen und mitzukämpfen – der sogenannte Dschihad-Tourismus – sei ebenfalls absolut in Ordnung, denn es gelte ja, den Unterdrückten innerhalb der Gemeinschaft zu helfen. Nicht in Ordnung aber seien Anschläge in westlichen Ländern. Warum nicht? Schließlich, so argumentierten viele Islamisten in Westeuropa, werde man hier ja nicht angegriffen und unterdrückt, also habe man auch kein Recht zur Selbstverteidigung.

Als Konsequenz aus dieser Haltung stellen sich zwei Fragen: Wenn die genannten Fälle von »Selbstverteidigung« gerechtfertigt sind, wäre es dann nicht nur ein winziger Schritt zu sagen: »Vielleicht kann ich den Unterdrückten nur helfen und ein Ziel anderswo nur erreichen, wenn ich einen Anschlag in Westeuropa verübe?« Wenn ich also will, dass der Westen seine Militärschläge gegen den IS einstellt, ist dann nicht eine kleine Verletzung der Regel erlaubt? Wenn ich will, dass die spanischen Truppen aus dem Irak abgezogen werden, muss ich in Spanien Anschläge verüben. Wir wissen, wie das ausgegangen ist. Bei den Parlamentswahlen unmittelbar nach den Attacken von Madrid wurde die alte Regierung abgewählt, der neue Premierminister Zapatero zog die spanischen Truppen aus dem Irak ab. Seitdem ist dies in Islamistenkreisen das leuchtende Beispiel dafür, dass die Theorie richtig ist. Der Zweck heiligt die Mittel.

Die zweite Frage: Wer definiert, ob und wie Muslime ihre Ehre, ihr Land oder ihre Macht verlieren? Ist ein Kopftuchverbot in Deutschland oder Frankreich schon Anlass genug, um den »Heiligen Krieg« zu erklären? Weil immer mehr junge Islamisten in Europa diese Frage für sich mit Ja beantworteten, gab es bereits Terroranschläge in Madrid, London, Paris und Brüssel, und es drohen weitere – auch in Deutschland. So steht es in den Strategiepapieren von Abu Musab al-Suri, in der Propaganda des Islamischen Staates, im trendigen *Muslim Gang Book* – überall wird der Terror zum Widerstand gegen Ungerechtigkeiten in der Welt hochstilisiert auf der Basis einer extremen Strömung im Islam, der geradezu daran gelegen ist, durch terroristische Provokationen militärische, nachrichtendienstliche und polizeiliche Gegenreaktionen hervorzurufen, die den Predigern des Hasses wiederum als neue Munition dienen. Gemessen daran haben wir in den vergangenen fünfzehn Jahren alles dazu beigetragen, dass die Rechnung aufgeht. Mit unserer Kriegsführung im Kampf gegen den Terrorismus, unserer Zurückhaltung in den falschen Momenten, unserer Arroganz gegenüber Schwächeren, unserer Feigheit in entscheidenden Phasen und unserer Blauäugigkeit gegenüber den ideologischen Strippenziehern des Islamismus haben wir die europäischamerikanische Vormachtstellung massiv beschädigt, Europa an den Rand des Zerfalls gebracht, unsere Gesellschaften polarisiert und unsere Werte so weit abgeschliffen, dass sie leichte Beute für Vereinfacher, Gleichmacher und Büchsenspanner aus dem extrem rechten Spektrum der Politik geworden sind.

Terrorrechtfertigung leicht gemacht

Der britische Kulturphilosoph Christopher Dawson schrieb im Jahr 1942 einen meiner Lieblingssätze:»Sobald Menschen sich entscheiden, dass jedes Mittel gerechtfertigt ist im Kampf gegen das Böse, lässt sich ihre gute Absicht bald nicht mehr unterscheiden von dem Bösen, das sie vernichten wollen.« Unmittelbar nach den Anschlägen von 9/11 hat sich die amerikanische Demokratie dramatisch verändert. In der Ohnmacht gegenüber Menschen, die sich selbst zur Waffe machen, schienen politische Mittel im Kampf gegen Terroristen so harmlos und wirkungslos. Deshalb griff die Bush-Regierung zum größtmöglichen Werkzeug einer Supermacht: Krieg. Aber sie schuf damit ganz im Sinne der wahhabitischen Ideologie vor allem neuen, fruchtbaren Boden für die Propaganda der al-Qaida: Die USA verletzten das Völkerrecht, traten die Menschenwürde mit Füßen und rechtfertigten mit juristischen Gutachten sogar Foltermethoden. Heiligte der Zweck auch für sie alle Mittel?

In einem Interview für unsere ZDF-Dokumentation erklärte der ehemalige Justiziar des US-Geheimdienstes CIA, John Rizzo, dass es den Entscheidungsträgern in Washington nicht leicht gefallen sei, sie aber die Folterung mutmaßlicher Terroristen für unverzichtbar hielten:»Wir hatten so etwas noch nie getan, aber wir entschieden uns gemeinsam, es doch zu tun. Weil diese Maßnahmen die einzige effektive Möglichkeit waren, um von den Top-Gefangenen – diesen psychopathischen, erbarmungslosen Killern – Informationen zu bekommen über den nächsten Angriff auf unser Land.« Mindestens drei der gefangenen Terrorverdächtigen erlitten damals die schlimmste Folter: Waterboarding. Die Angst zu ertrinken sollte sie zum Reden bringen. 183-mal musste Khaled Sheikh Mohammed, der Drahtzieher der Anschläge vom 11. September, die Wasserfolter über sich ergehen lassen. Doch fast alle der erzwungenen Aussagen waren nach heutigen Erkenntnissen frei erfunden und damit wertlos. Selbst erfahrene Verhörexperten wie Glenn Carle, der damals für die CIA arbeitete, schämen sich heute für ihre Taten: »Die Praktiken zeigen, dass da in einigen Bereichen nicht mehr eine rechtsstaatliche Regierung am Werk war, sondern nur ein paar Männer, die es irgendwie schafften, alle Macht an sich zu reißen. Wir waren in vielerlei Hinsicht eine Junta und nicht mehr eine Demokratie. Erstaunlich für die Vereinigten Staaten.« Junta – so nennt es heute also selbst ein hochrangiger Beamter aus den amerikanischen Sicherheitsbehörden. Die Mehrheit der Deutschen würde ihm wohl recht geben. Nach einer repräsentativen Umfrage, die das ZDF im Jahr 2012 in Auftrag gegeben hatte, halten achtzig Prozent der Befragten Folter grundsätzlich für nicht gerechtfertigt.

Barack Obama sah das offenbar genauso. Als er 2009 die Nachfolge von George W. Bush als Präsident der Vereinigten Staaten von Amerika antrat, beendete er Folter und Flächenkrieg, weil er wusste, dass sie Wasser auf die Mühlen der Extremisten waren. Schon sechs Jahre zuvor hatte er in Chicago bei einer Rede auf einer Demonstration gegen den Irakkrieg einen bemerkenswerten Satz ausgesprochen: »Sie wollen einen Kampf, Präsident Bush? Lassen Sie uns dafür kämpfen, dass unsere sogenannten Verbündeten im Nahen Osten – die Saudis und die Ägypter – aufhören, ihre eigene Bevölkerung zu tyrannisieren, jede Gegenmeinung zu unterdrücken, Korruption und Ungleichheit zu dulden.«[21] Die Bezeichnung Saudi-Arabiens als »sogenannten« Verbündeten empörte die Herrscher am Golf mindestens genauso wie die konkreten Vorwürfe gegen ihren Umgang mit dem eigenen Volk. Doch Obamas Worte waren ein Beleg dafür, dass der neue Präsident bereit war, mit Tabus zu brechen. Aber würde er im Kampf gegen den Terrorismus auch den Islamismus und den Wahhabismus saudischer Prägung zum Ziel erklären? Und warum ließ er sich später auf eine Duldung, wenn nicht gar Unterstützung salafistisch-dschihadistischer Terrorgruppen im syrischen Bürgerkrieg ein?

»Don't do stupid shit«, so erklärte Obama seinen Beratern immer wieder, was er als seine vornehmste Aufgabe nach den düsteren Bush-Jahren ansah. »Mach keinen dummen Scheiß« wurde tatsächlich so etwas wie eine Handlungsmaxime der folgenden Jahre. Obamas Entscheidungen folgten stets einem möglichst rationalen Gedankengang. Emotionen sollten dabei ausgeschaltet sein, um dumme Symbolhandlungen im Affekt zu vermeiden. Für seine Außenpolitik hinterfragte er alte Allianzen, überlieferte Weisheiten und eingeübte Praktiken. Er legte es bewusst darauf an, auch einmal gegen alle üblichen Erwartungen an die Supermacht USA und an ihn als Heilsbringer zu handeln. Statt für Soft Power oder Hard Power entschied er sich für eine Smart Power, die den gesamten Werkzeugkasten politischen Handelns von der unermüdlichen Verhandlungsbereitschaft am einen Ende bis zur tödlichen Gewalt am anderen anwendete. Gerade mit Letzterem enttäuschte er die Hoffnungen all jener, die glaubten – und das sage ich bewusst so sarkastisch –, er könne über Wasser wandeln und die weltpolitischen Konflikte mit dem Werfen von Wattebäuschen lösen.

Obwohl sich seine außenpolitische Gesamtbilanz sehen lassen kann, müssen wir zum Ende von Obamas Amtszeit doch festhalten, dass seine Absicht, um jeden Preis »stupid shit« zu vermeiden, an manchen Stellen genau diesen produziert hat. Deshalb hatte der ehemalige Direktor von NSA und CIA, Michael Hayden, nicht so ganz unrecht, als er mir drei Jahre nach Obamas Amtsantritt sagte, dass auch unter dem neuen Präsidenten manches beim Alten geblieben sei: »Wir verhaften nicht mehr so viele Leute und verhören sie nicht mehr so, wie wir es vor ein paar Jahren gemacht haben. Aber sonst gibt es eine erstaunliche Kontinuität zwischen den Präsidenten Bush und Obama. Sie unterscheiden sich zwar in vielem, aber den Krieg gegen Terrorismus führen sie mit fast den gleichen Werkzeugen und Techniken.« Tatsächlich baute Obama den Überwachungsstaat, den Bush befohlen hatte, weiter aus. Das Budget der Geheimdienste ist mit fast siebzig Milliarden Dollar heute zwanzigmal so hoch wie 2001. Die CIA verfolgt Kontobewegungen in aller Welt, die National Security Agency sammelt täglich mehrere Milliarden E-Mails, SMS und Telefonate, auch aus Deutschland.

Aber lohnt sich der ganze Aufwand? Schon im Dezember 2009 zeigten sich die Unzulänglichkeiten der Werkzeuge im Anti-Terror-Kampf. Am ersten Weihnachtstag kam der 23-jährige Umar

Farouk Abdulmutallab problemlos an Bord eines Flugzeugs von Amsterdam nach Detroit und versuchte im Landeanflug eine Bombe in seiner Unterhose zu zünden. Ein Passagier konnte ihn noch stoppen. Der nigerianische Terrorist, der im Auftrag der al-Qaida im Jemen handelte, war zuvor längst im Visier der Geheimdienste gewesen, dennoch stand er nicht auf der Flugverbotsliste. Angesichts dieses Versagens hielt Richard Clarke, von 1998 bis 2003 Terrorismusbeauftragter der US-Regierung, die Aufblähung des Überwachungsapparats für wirkungslos: »Fragen Sie sich mal, was eigentlich passiert wäre, wenn wir nicht all das Geld und den Aufwand investiert hätten. In fast allen Fällen gar nichts. Ja, es gab bei uns keinen weiteren Anschlag, aber es stimmt einfach nicht, dass all der Aufwand Angriffe verhindert hat.«

Clarke riet der Politik in Washington, sich dringend um die Ideologie hinter den Terrorplänen zu kümmern, aber das hätte unweigerlich zu einer direkten Konfrontation mit der Regierung Saudi-Arabiens geführt. Obama scheute diesen Konflikt. Stattdessen beschränkten Amerika und seine europäischen Verbündeten ihren Kampf gegen den Terrorismus weiter auf repressive Maßnahmen durch Polizei, Nachrichtendienste und Militär. Sie vermittelten ein Gefühl von Sicherheit, das zwar auch zur Stabilität unserer Gesellschaften beitrug, aber darüber hinwegtäuschte, dass die Terroristen dies in ihrer Strategie mit einberechnet hatten und ihre Angriffstaktiken nun ensprechend anpassten, indem sie Anschläge durch Einzeltäter und kleine Terrorzellen propagierten und unterstützten.

Deshalb, zu diesem Schluss kam die Obama-Administration, müsste man die künftigen Attentäter da stoppen, wo sie ausgebildet wurden – indem man sie einfach dort tötete. Das gezielte Töten von Menschen war aufgrund technologischer Fortschritte einfach geworden, dank der Drohnen, unbemannter Fluggeräte, die aus 10 000 Metern Höhe ihre Raketen abfeuern. Solch ein Angriff kommt aus heiterem Himmel, so leise und tödlich, dass auch Terroristen in ständiger Angst leben. Hochauflösende Kameras ermöglichen den Kampf in unzugänglichen Regionen. Flankiert wird dieser geheime, unheimliche Krieg von nächtlichen Kommandoeinsätzen, bei denen Verdächtige gefangen genommen oder getötet werden. Gezielte Tötungen – das klingt unblutiger als Flächenkrieg und Streubomben –, aber auch bei diesen Einsätzen starben und sterben Unschuldige. Und Amerika führte den geheimen Krieg nicht nur in Kriegsgebieten. Das erzeugte Hass. Über einzelne Operationen, über Leben und Tod von Verdächtigen entschied US-Präsident Obama persönlich. Und weil er vor allem Soldaten einsetzte, musste er dem Parlament keine Rechenschaft ablegen, wie Richard Clarke sagte: »Früher hat die CIA solche verdeckten Operationen ausgeführt. Darüber musste der Präsident den Kongress informieren. Jetzt machen das die Spezialkommandos des Militärs. Die schickt der Oberbefehlshaber, und der muss das Parlament nicht einbinden.«

Der ferngesteuerte Krieg

Auch die Definition von Krieg verändert sich dadurch dramatisch. Die US-Drohnen in Afghanistan und anderswo werden aus Tausenden Kilometern Entfernung von Piloten auf einer Militärbasis nahe Las Vegas gesteuert. Der Soldat zieht nicht mehr in den Krieg, sondern fährt morgens zur Arbeit: Töten mit geregelter Arbeitszeit. Die Ziele sind letztlich keine konkreten Menschen, sondern Nummern, die aus Überwachungslisten herausgefiltert werden. Die Auswahlkriterien, sogenannte Selektoren, sind dabei nicht transparent. Das änderte sich auch nicht, als die Obama-Administration im Mai 2013 – fünf Jahre nach Beginn des Tötungsprogramms – ein Papier zu den Rahmenbedingungen für »die Anwendung von Gewalt in Anti-Terror-Operationen außerhalb der Vereinigten Staaten und den Gebieten mit aktiven Feindseligkeiten« veröffentlichte. Demnach habe eine Gefangennahme von Terrorverdächtigen grundsätzlich Vorrang vor ihrer Tötung, um durch ihr Verhör wertvolle Informationen für die Vereitelung von Terrorattacken zu erhalten. Wenn eine Festnahme jedoch nicht möglich sei, dürfe auch tödliche Gewalt angewendet werden, allerdings auf keinen Fall zur »Bestrafung oder als Ersatz für eine Strafverfolgung in einem zivilen oder militärischen Gerichtsverfahren«. Es gehe ausschließlich darum, »Angriffe gegen Amerikaner zu verhindern oder zu stoppen«. Der Leitfaden nennt dafür zwei Grundvoraussetzungen: Es müsse eine »rechtliche Basis« für den Einsatz der tödlichen Gewalt geben, zum Beispiel gegen

»einen hochrangigen Anführer einer Terrororganisation oder der Kräfte, die diese einsetzt, um Anschläge auszuführen«. Außerdem muss das Ziel eine andauernde und unmittelbare Gefahr für amerikanische Personen darstellen. Für die eigentliche Operation zur Tötung, so steht es in dem Papier des Weißen Hauses, müssten weitere Voraussetzungen erfüllt sein: Eine »weitestgehende Sicherheit«, dass der »Terrorist am Zielort anwesend« ist, dass »keine Unbeteiligten verletzt oder getötet« werden, dass »eine Gefangennahme zu diesem Zeitpunkt nicht machbar« ist, dass sich die Regierung im Operationsgebiet der Bedrohung nicht selbst annehmen kann oder wird, und dass es sonst keine Alternativen gibt, um der Bedrohung zu begegnen. Welche Personen nach welchen Kriterien für die Todesliste ausgewählt werden, darüber legt die US-Regierung bis heute keine Rechenschaft ab und geht auch aus den Geheimpapieren des Pentagons nicht hervor.

Das investigative Internetportal The Intercept veröffentlichte im Herbst 2015 unter dem Titel *Die Drohnen-Dokumente* (The Drone Papers) eine Reihe streng geheimer Unterlagen der US-Streitkräfte. Sie detaillieren die genauen Abläufe des Prozesses der »gezielten Tötungen«, der nach Einschätzung der Journalisten nichts anderes sei als ein »Ermordungsprogramm«, befohlen und verantwortet von US-Präsident Obama, der sich der Drohnen als tödlicher Werkzeuge bediene. Im Mittelpunkt des Verfahrens stehen demzufolge »Baseballkarten«, in Anlehnung an die Sammelbildchen mit den Gesichtern der amerikanischen Baseball-Stars. Auf den Karten der Terrorverdächtigen sind allerdings nicht Daten wie Alter, Gewicht und errungene Punktzahlen notiert, sondern Stichworte zu den Erkenntnissen, die bei US-Sicherheitsbehörden und dem Militär über die Terrorverdächtigen vorliegen, über ihre Rolle innerhalb von Terrornetzwerken, ihre mögliche Verwicklung in Anschläge, unterschiedliche Identitäten, mutmaßliche Aufenthaltsorte und – wenn vorhanden – die Handydaten, die eine Lokalisierung mithilfe des GPS-Satellitensystems ermöglichen. Beigefügt sind die Ergebnisse der Überwachungs- und Abhörmaßnahmen sowie Bewegungsmuster.

Sobald ein Todeskandidat vorgeschlagen wird, wandert sein Dossier im Verlauf von durchschnittlich zwei Monaten die Befehlskette empor, von der Spezialeinheit, die die Informationen zusammengetragen hat, über die übergeordneten militärischen Kommandostellen bis zum US-Verteidigungsminister. Dieser bringt die Akte in die Beratung des Führungskomitees für die Nationale Sicherheit ein, dem die jeweiligen Minister beziehungsweise ihre Stellvertreter angehören. Am Ende entscheidet der amerikanische Präsident persönlich über die Tötungsfreigabe. Das Militär hat dann ein Zeitfenster von sechzig Tagen, um den Befehl auszuführen. Ort, Zeit und Ablauf der Operation liegen vollständig im Ermessen der ausführenden Offiziere, die sich nach Angabe der Quelle des Internetblogs dadurch manchmal für »gottgleich« halten. Allein, unfehlbar sind weder sie noch der Auswahlprozess. »Es ist erstaunlich, in wie vielen Fällen diese Auswahlkriterien den falschen Leuten zugeordnet werden«, so zitieren die Enthüllungsjournalisten ihre Quelle, »manchmal realisierst du dann erst nach mehreren Monaten oder Jahren, in denen du geglaubt hast, du würdest dieses besonders heiße Ziel verfolgen, dass es sich die ganze Zeit um das Telefon der Mutter [des Verdächtigen] handelte«.[22] Die *Drone-Papers* beinhalten auch ein Schlaglicht auf die Statistiken des Drohnenkrieges. Zu einem bestimmten Zeitpunkt im Juni 2012 gab es sechzehn autorisierte Ziele in Jemen und vier in Somalia. In den Jahren 2011 und 2012 wurden allein im Jemen 54 Drohnenangriffe ausgeführt, bei denen mindestens 293 Menschen starben, unter ihnen 55 Zivilisten. In Somalia waren es drei Schläge mit mindestens sechs toten Zivilisten, so zitiert The Intercept eine Erhebung des Büros für investigativen Journalismus.

Das gezielte Töten folgt offenbar einer Kosten-Nutzen-Rechnung: Für den Tod eines hochrangigen Terroristen müssen im Zweifel Kollateralschäden in Kauf genommen werden. Dazu gehört auch der Tabubruch, die tödliche Waffe gegen einen amerikanischen Staatsbürger einzusetzen. Auf Befehl des US-Präsidenten starb der US-Bürger Anwar al-Awlaki im September 2011 bei einem Drohnenangriff im Jemen. Als er noch in den USA lebte, hatte der Hassprediger Kontakt zu den 9/11-Attentätern gehabt. Später schloss er sich dem Ableger der al-Qaida im Jemen an und wurde als deren geistlicher Führer zum Vorbild für den amerikanischen Militärpsychologen Nidal Malik Hasan, der, wie erwähnt, im November 2009 auf der US-Militärbasis Fort Hood in Texas dreizehn seiner Kameraden ermordete. In den Folgejahren sahen die US-Geheimdienste in al-Awlaki den Drahtzieher hinter zahlreichen versuchten Terroranschlägen gegen amerikanische Interessen. Ihn auf die Liste für gezielte Tötungen zu setzen, sei eine einfache Abwägung gewesen, so erklärte mir Philip Mudd, der bei der CIA von 2003 bis 2005 für die Terrorabwehr zuständig war: »Wenn Sie solide Informationen haben, dass da einer Anschläge gegen die USA und Europa plant, Täter rekrutiert und Sprengstoff beschafft. Und wenn er an einem Ort ist, wo Sie nicht hinkommen? Dann kann ich ihn entweder gezielt töten oder weiter planen lassen. Meine Entscheidung als Pragmatiker ist da ganz klar, wenn auch traurig: Wir müssen handeln, wir können nicht den Tod von Unschuldigen riskieren.«

Dass bei solchen gezielten Tötungen ebenfalls Unschuldige sterben können, spielt kaum eine Rolle. Zwei Wochen nach dem Terrorprediger al-Awlaki wurde sein sechzehnjähriger Sohn, ebenfalls amerikanischer Staatsbürger, bei einem Drohnenangriff getötet, gemeinsam mit acht unbeteiligten Zivilisten, die mit ihm beim Abendessen saßen. Bei den Befürwortern des Drohnenkrieges gilt so etwas als ärgerliche, aber akzeptable Nebenwirkung. Für Zweifel ist in der amerikanischen Regierung kein Platz, wie ich im Sommer 2012 im beschaulichen Aspen, Colorado, feststellen konnte. Mitten in der Idylle der Rocky Mountains geht es alljährlich um die besten Werkzeuge im Krieg gegen den Terror. In den letzten Jahren habe ich mehrfach an der Tagung teilgenommen, bei der in diesem Fall die Chefs von US-Geheimdiensten und Militär den Kampf mit Drohnen und Spezialkommandos in höchsten Tönen lobten. Sollte man, so wurde offen diskutiert, auch andere Probleme mithilfe solcher Methoden erledigen? Das iranische Atomprogramm zum Beispiel? In den Jahren zuvor waren iranische Atomwissenschaftler durch mysteriöse Motorradattentäter ermordet worden, die Sprengsätze mit Magneten an ihre Autos hefteten. In der Öffentlichkeit wurden solche Attacken als Terroranschläge verurteilt, anders als das gezielte Töten aus zehn Kilometern Höhe.

Drohneneinsätze statt Mordanschläge? »Wo ist der Unterschied?«, fragte ich den Kommandeur der US-Spezialkräfte, Admiral William McRaven, bei einer Podiumsdiskussion. Seine Antwort: »Eine Drohne ist ja nur das Mittel, um eine Waffe ans

Ziel zu bringen. Solange wir uns an die Regeln des bewaffneten Konflikts halten, ist eine Drohne für uns nichts anderes als ein Kampfjet. Die rechtlichen Aspekte? Die überlasse ich unseren Juristen. Aber wir haben sehr strikte Einsatzregeln.« Der Moderator der Veranstaltung warf ein: »Die Drohnen sind ziemlich gut, oder?« Mit einem breiten Lächeln antwortete McRaven: »Ja, ziemlich gut.« »Und sie werden noch besser?«, wollte der Moderator wissen. »Ja«, so der Admiral. Die Drohnen gelten als unverzichtbarer Bestandteil einer modernen Kriegsführung. Jährlich bildet das US-Militär mehr Piloten für unbemannte Luftfahrzeuge aus als für die herkömmlichen Kampfjets, Hubschrauber und Transportmaschinen. Drohnen als bestmögliches Werkzeug gegen Terroristen, die sich nicht stoppen lassen, weil sie den Tod suchen? Der Friedensnobelpreisträger Obama war davon offenbar fest überzeugt und mit ihm auch diejenigen, die in den Jahren der Bush-Administration noch Krieg und Folter für die besten Werkzeuge im Kampf gegen den Terrorismus gehalten hatten. »Wir Amerikaner setzen da neue Standards«, sagte mir Michael Hayden, »und wir schulden es nicht nur uns selbst, sondern der ganzen Welt, dass wir dies vorsichtig, gut begründet und so transparent wie möglich tun.«

Die Mehrheit der Deutschen kann dem offenbar folgen. Bei der erwähnten Umfrage für das ZDF lehnten nur 39 Prozent der Befragten den Einsatz von Drohnen zum Töten von Terroristen ab. 55 Prozent hielten die Methode für gerechtfertigt. Start frei also für die Bundeswehr, Drohnen künftig nicht nur zur Aufklärung, sondern auch zur Tötung von Terroristen einzusetzen? Ist der Kampf gegen Terroristen anders nicht zu gewinnen? Zwingen al-Qaida und IS auch uns zum Umdenken, wollte ich 2012 vom damaligen Bundesverteidigungsminister wissen. »In der Tat«, so Thomas de Maizière, »gibt es schon eine gewisse Neigung, glaube ich, bei uns, uns selbst moralisch zu überhöhen und lieber andere die Arbeit machen zu lassen, weil man sie dann auch leichter kritisieren kann. Ein Zurück jedoch in ein Schneckenhaus einer doch nie eintretenden heilen Welt gibt es nicht.« Aber hält Deutschland das wirklich aus? Nach dem Luftschlag von Kundus im September 2009 entbrannte heftiger Streit um die vielen zivilen Opfer. Bei amerikanischen Drohnenangriffen wurden bereits deutsche Staatsbürger getötet. Soll die Bundeswehr auch das dürfen? Und wer entscheidet in jedem Einzelfall darüber? Ein Computeralgorithmus? Oder ein Soldat in einem Container auf dem Luftwaffenstützpunkt im schleswig-holsteinischen Jagel? Das lehnte de Maizière damals entschieden ab: »Ein Einsatz braucht die Nähe zum Einsatzgebiet. Ich hasse auch diese Begriffe ›klinischer Krieg‹ und all diese Dinge. Nichts ist klinisch in diesem Zusammenhang, sondern da geht es um Tötung, um Kampf, um Verhältnismäßigkeit, um Skrupel, um Schuld, um Fehler, um Erfolge, und das muss zwischen Soldaten diskutiert und ausgetragen werden und kann nicht irgendwo im stillen Kämmerlein in einem anderen Kontinent sein.« Anfang 2016 gab de Maizières Nachfolgerin Ursula von der Leyen grünes Licht für die Beschaffung bewaffneter Kampfdrohnen. Sie sollen aber ausschließlich zum Schutz der Bundeswehrsoldaten in ihren Feldlagern in Krisengebieten wie zum Beispiel Mali eingesetzt werden, keinesfalls für gezielte Tötungen.

Der Drohnenkrieg anstelle amerikanischer Bodeninvasionen erscheint tatsächlich als eine smarte Alternative, zumal es der US-Regierung für große Kriege an Rückhalt in der Bevölkerung und – das galt vor allem in den Zeiten der Finanzkrise – auch an Geld fehlt. Nicht zuletzt deshalb griff Barack Obama zum kleinen Besteck – Spezialeinheiten und Drohnen. Effizient und erfolgreich im Kampf gegen Terroristen. Die Kriege in Afghanistan und Irak hatten Amerika so viel Geld gekostet wie der gesamte Zweite Weltkrieg, aber erst die neuen, preiswerten Werkzeuge eliminierten fast die komplette al-Qaida-Führung – einschließlich Osama bin Laden.

Ich erinnere mich noch genau an die Tage nach dem 2. Mai 2011, an dem der al-Qaida-Chef bei einer nächtlichen Kommandoaktion von einer amerikanischen Spezialeinheit in Pakistan getötet worden war. Ich befand mich mit einem Kamerateam auf dem US-Stützpunkt Fenty im afghanischen Dschalalabad. Auf dem Runway starteten mehrmals am Tag riesige, todbringende Predator-Drohnen, die wir aus Geheimhaltungsgründen aber leider nicht filmen durften. Streng geheim waren auch die Vorbereitungen für die Operation »Neptuns Speer« gewesen. Schräg gegenüber von den Mannschaftszelten für die Soldaten, auf der anderen Seite der Startbahn, hatte man eine Sperrzone eingerichtet. Nur wenige auf der Basis wussten, was dort im Gange war. Von hier waren die Navy Seals mit ihren Hubschraubern genau eine

Woche vor unserem Besuch gestartet, um den Unterschlupf bin Ladens im pakistanischen Abbottabad zu stürmen, und hierher hatten sie auch seinen Leichnam zurückgebracht. In einem Hangar, so erzählte mir ein Offizier, der seinen Namen auf keinen Fall genannt sehen will, sei der Topterrorist aufgebahrt worden, um seinen Körper genauer zu untersuchen und Fotos zu machen. Wenn ich von meinem Gesprächspartner nicht angelogen wurde, widerlegt sein Augenzeugenbericht die wilden Behauptungen, nach denen die US-Soldaten die Überreste bin Ladens schon auf dem Rückflug über den Bergen des Hindukusch verstreut haben sollen.

Die US-Regierung feierte den Tod ihres gefährlichsten Gegners zu Recht als großen Erfolg. Die nächtliche Kommandoaktion zu riskieren war eine kluge und vor allem äußerst mutige Entscheidung Barack Obamas gewesen, der damit seine Präsidentschaft ernsthaft aufs Spiel gesetzt hatte. Wenn die Mission fehlgeschlagen wäre oder sich jemand anders als Osama bin Laden in dem Haus versteckt gehalten hätte, wäre Obama 2012 möglicherweise nicht für eine zweite Amtszeit wiedergewählt worden. Wohl deshalb durften keine Zweifel entstehen am Erfolg der Strategie, die im Kampf gegen den Terrorismus in erster Linie auf das Ausschalten der führenden Köpfe gerichtet war, nicht auf die Zerstörung der dahinterliegenden Ideologie. Philip Mudd, der bereits erwähnte Terrorabwehr-Koordinator, sagte mir damals, dass Obama wohl – anders als sein Vorgänger – den ersehnten Sieg erringen werde: »al-Qaida steht am Rande der Niederlage. Spezialkommandos und Drohnen haben al-Qaida zerschmettert. Eine globale Terrorarmee braucht Anführer, und die haben wir erledigt.«

Ist der Anti-Terror-Krieg wirklich erfolgreich?

Aber stimmt das wirklich? Tatsächlich blieb der Sieg im Kampf gegen den Terrorismus aus. Die vermeintlichen Erfolge bereiteten einer neuen Generation von Terroristen den Weg, die noch entschlossener, noch brutaler und noch cleverer sind als ihre Vorgänger. Unter ihnen befinden sich erfahrene Offiziere des irakischen, syrischen und libyschen Geheimdienstes, die aufgrund ihrer konspirativen Vorgehensweise schwerer aufzuspüren sind. Sie bilden das Rückgrat des IS, der vor allem deshalb zu einer großen Gefahr heranwachsen konnte, weil man sich auf al-Qaida konzentriert und deren Weiterentwicklung zu einer islamistischen Armee mit eigenem Hoheitsgebiet nicht erkannt hatte. Der geheime Drohnenkrieg, der immer wieder zivile Opfer fordert und in der arabischen Bevölkerung als völkerrechtswidriger Angriff auf die Souveränität von Staaten gesehen wird, wurde zum idealen Gegenstand der Propaganda. Der IS konnte die USA und ihre Verbündeten als Feiglinge porträtieren, die den offenen Kampf scheuen. Im Kontrast dazu inszenierten sich die Dschihadisten als furchtlose Kämpfer in einem gerechten Krieg und warben damit auch in Westeuropa neue Anhänger. Letztlich gehört deshalb – so zynisch es klingt – der Terror von Paris und Brüssel zu den Spätfolgen des Drohnenkrieges. Die Mörder der Karikaturisten von *Charlie Hebdo,* die Brüder Kouachi, wollten mit ihrer Tat erklärtermaßen auch den Tod von Anwar al-Awlaki rächen. Barack Obamas Politik des »Don't do stupid shit« hat ganz offenbar gefährliche Nebenwirkungen. Was macht es für einen Sinn, sich nur auf das Töten derjenigen zu konzentrieren, die einer menschenverachtenden Ideologie folgen oder sie predigen, ohne diese Ideologie selbst zu bekämpfen?

So sieht es ein Mann, der in einer Schlüsselposition im Geheimdienst eines Landes gearbeitet hatte, das als enger Verbündeter und dennoch sehr kritischer Begleiter der USA am Kampf gegen den Terrorismus teilnahm. Wir trafen uns vor einigen Jahren mitten in Europa an einem unauffälligen Ort, sprachen einige Stunden miteinander, doch darf ich seine Identität nicht enthüllen, weil er durch das Bekanntwerden seiner tiefen Kenntnisse von brisanten und bisher nicht bekannten Geheimoperationen, von den politischen Streitigkeiten hinter den Kulissen und den Erkenntnissen über die ideologischen Strippenzieher des Islamismus sich und seine gesamte Familie in Lebensgefahr bringen würde. Der Insider war kein Schwätzer, er hatte selbst geheimdienstliche Methoden gebilligt und befohlen, die nach unseren Maßstäben menschen- und völkerrechtswidrig sind und bei deren Anwendung auch unschuldige Menschen getötet wurden. Er sagte mir damals, dass die USA und Europa offenbar nicht verstanden hätten, worum es in dieser Auseinandersetzung eigentlich gehe. Durch ihr Handeln – auch durch den geheimen Krieg mit Drohnen und Spezialkommandos – lieferten sie den extremistischen und terroristischen Strömungen, die den Wahhabisms zur Grundlage ihrer Gewalt gemacht hätten, ständig neue Argumente. Warum, so seine Frage, traue sich der Westen nicht, die Wahrheit auszusprechen, nämlich, dass Saudi-Arabien mit seinem Geld, seiner Macht und seinen globalen wirtschaftlichen Vernetzungen die Ideologie des Hasses, den Wahhabismus exportiert, junge Menschen damit indoktriniert und so die Gewalt sät, die nun die demokratischen Systeme, deren Politik, deren Wirtschaft und deren gesellschaftlichen Zusammenhalt existenziell bedroht? Die Antwort gab er sich in unserem Gespräch natürlich selbst. Die Abhängigkeit vom Öl und vor allem vom Geld der Saudis habe die Regierungen offenbar blind gemacht.

Der Insider wollte nicht missverstanden werden. Er sei unbedingt für ein kompromissloses Vorgehen mit allen verfügbaren Werkzeugen gegen Terroristen. Das schließt aus seiner Sicht auch Kommandoaktionen, Drohnenangriffe, weitreichendste Ausspähmethoden sowie ein offen militärisches Vorgehen zu Wasser, zu Lande und aus der Luft mit ein. Aber all das sei nur dann erfolgreich, wenn gleichzeitig die Drahtzieher und ihre Ideologie entlarvt, geächtet und bestraft würden. Saudi-Arabien müsse gezwungen werden, die Verbreitung der wahhabitischen Ideologie zu stoppen. Dann könne man das Handeln des Westens mit den genannten Maßnahmen im Grundsatz vor deren Anwendung offen diskutieren und rechtfertigen, dann beschließen und die Ausführung mit strikten Kontrollmechanismen überwachen. Die Politik müsse darüber öffentlich Rechenschaft ablegen. All das Vorschläge eines Mannes, dessen Land selbst weder die offene politische Auseinandersetzung mit Saudi-Arabien gesucht hat noch in seinem eigenen Kampf gegen den Terrorismus transparent handelt. Dennoch erscheint vieles daran plausibel. So auch seine Empfehlung, Anhänger der Ideologie unter den jungen Menschen in der Gesellschaft bei Regelverletzungen scharf zu bestrafen, ihnen dann aber wirtschaftliche Perspektiven für die Wiedereingliederung zu bieten. Überhaupt könne man den fruchtbaren Boden, auf dem der Salafismus wächst und gedeiht, dadurch abgraben, dass man die Rahmenbedingungen für eine bessere Zukunft, für eine gute Ausbildung, einen Arbeitsplatz und wirtschaftlichen Erfolg schaffe. Genau diese Chance, so mein Gesprächspartner, haben die USA und Europa nach dem Arabischen Frühling 2011 verpasst.

Tatsächlich kann man Barack Obama nicht vorwerfen, dass er es nicht versucht hätte. Er wollte es nach seinem Amtsantritt tatsächlich anders machen als sein Vorgänger. George W. Bush hatte mit seiner Unterteilung der Welt in Gut und Böse und seinen Kriegen in Afghanistan und Irak laufend neue Terroristen erschaffen, mehr als je zuvor. Obama verstand, dass die USA auch nicht mehr ihre schützende Hand über die autokratischen Regime in der arabischen Welt halten sollten, die weite Teile ihrer Bevölkerung unterdrückten und Andersdenkende als Terroristen ins Gefängnis werfen ließen. Auch das hatte den Terrorgruppen mehr genutzt als geschadet. Deshalb unterstützte die US-Regierung die oppositionellen Bewegungen in diesen Ländern mit Geld und Fortbildungen, ohne allerdings die Verbreitung einer Demokratie amerikanischen Vorbilds zu propagieren. Die jungen Menschen sollten für ihre Rechte offen eintreten und dabei auf das politische Wohlwollen aus Washington zählen können. Nicht von ungefähr hielt Obama seine große Rede an alle Muslime der Welt im Juni 2009 vor Studenten der Al-Azhar-Universität in Kairo. Seine Vision von der Verbreitung von Freiheit und Gerechtigkeit für alle war ein Ansporn für junge Muslime, die sich von den Machthabern ihrer Heimatländer unterdrückt fühlten. Es war ein Punktgewinn im Kampf gegen die Islamisten um Herz und Verstand der Menschen.

In einem Interview mit dem amerikanischen Journalisten Jeffrey Goldberg beschrieb Obama später, was er mit seinen Worten damals erreichen wollte: »Ich hoffte, meine Rede könnte eine Diskussion lostreten und den Raum dafür schaffen, dass sich die Muslime mit ihren eigentlichen Problemen auseinandersetzen – mit der Art der Regierungsführung und mit der Tatsache, dass einige Strömungen des Islam keine Reformation durchlaufen hatten, mit deren Hilfe die Menschen ihre religiösen Überzeugungen an die Moderne anpassen konnten. Ich wollte kommunizieren, dass die Vereinigten Staaten diesem Fortschritt nicht im Weg stehen würden, dass wir auf jede mögliche Weise dabei helfen würden, die Ziele eines praktischen und erfolgreichen arabischen Konzepts voranzubringen, das den normalen Menschen ein besseres Leben ermöglichte.« Doch die US-Regierung hatte offenbar unterschätzt, wie schnell und gewaltsam sich der Veränderungswille in Nordafrika Bahn brechen sollte. Die Selbstverbrennung des 26-jährigen tunesischen Gemüsehändlers Mohammed Bouazizi am 17. Dezember 2010, der von der Polizei drangsaliert und misshandelt worden war, wurde zum Fanal für eine Revolution, die sich vor allem durch die sozialen Netzwerke wie ein Lauffeuer ausbreitete.

Im Rückblick war es trotz aller Unruhe, Instabilität und Gewalt eine einmalige Chance der Weltgeschichte, ein Punkt, an dem wir uns entscheiden konnten. Wir hätten die positiven Kräfte, vor allem die Jugendbewegungen, mit allen Mitteln unterstützen können, damit sie sich gegen die etablierteren Strömungen innerhalb dieser Gesellschaften durchsetzen. Wir hätten verhindern können, dass die jungen Revolutionäre, die oft zu viel zu schnell wollen, enttäuscht werden. Damals waren die Ideologen im Netzwerk des Terrors zutiefst verunsichert. Wenn sich zumindest einige der Hoffnungen von Millionen Menschen in der islamischen Welt erfüllten, wenn ihr Leben etwas gerechter, ehrlicher, freier und perspektivenreicher würde, dann verlöre der Terrorismus, der sich als Kampf gegen Ungerechtigkeiten inszenierte, an Rückhalt. Die islamistische Ideologie ist darauf angewiesen, dass Menschen Unfreiheit, Erniedrigung und Benachteiligung erfahren, dass sie in Armut und Elend leben, damit sie sich radikalisieren, weil sie nichts mehr zu verlieren haben. Aber die Massen in den Straßen von Tunesien, Ägypten, Syrien, Jemen, Marokko, Algerien und anderen Staaten sahen 2011 die Chance, mit friedlichen Mitteln ihre Freiheit zu gewinnen. Sie wollten positiv etwas erreichen – und wir hätten sie dabei viel mehr unterstützen können. Dann hätten die Dschihadisten keinen fruchtbaren Boden mehr gehabt.

Doch auf die Bilder der Gewalt und das Erstarken islamistischer Gruppen und Parteien in einer Reihe von Ländern fanden Europa und die USA keine einheitliche und vor allem keine überzeugende Antwort. Diplomatischer Druck in Marokko, aktiver Kampf in Libyen, tatenloses Zusehen in Syrien. Statt gemeinsam ein ganzheitliches Konzept zu erarbeiten, das die Interessen der ganzen Region berücksichtigte, wurde jeder Staat einzeln betrachtet, und jede Regierung machte ihre eigene Politik, auch die deutsche. Für US-Präsident Obama wurde der Fall Libyen zu einer dramatischen Lehrstunde über eine völlig überhöhte Erwartung an die derzeit einzige Supermacht, deren Verbündete sie zum Eingreifen trieben, aber dann nicht bereit waren, die Folgen dieses Handelns mit zu verantworten. Als der libysche Machthaber Gaddhafi seine Armee auf die Rebellenhochburg Benghazi marschieren ließ, um seine Gegner »wie die Ratten zu töten«, da riefen Europa und der Rest der Welt nach Amerikas Militärmacht, um ein Massaker zu verhindern. Was dann geschah, beschrieb Obama später so: »Es ist über die letzten Jahrzehnte zu einer Gewohnheit geworden, dass einige Leute uns unter solchen Umständen zum Handeln drängen und dann aber nicht bereit sind, auch ihre eigene Haut zu riskieren.« Trittbrettfahrer nennt der US-Präsident solche vermeintlich Verbündeten. Tatsächlich erteilten die Vereinten Nationen einer Koalition der Willigen ein Mandat zum Eingreifen. Der folgende Luftkrieg stoppte die Truppen Gaddhafis, verhinderte ein Massaker, verhalf den Rebellen zum Sieg und führte zum Tod des libyschen Diktators. Doch weder die Regierungen Frankreichs und Großbritanniens noch die anderer europäischer Staaten sahen sich für die Etablierung eines neuen, stabilen Regierungssystems unter Beteiligung aller Fraktionen im Land und für die Entwicklung wirtschaftlicher Perspektiven in der Verantwortung. Aus dieser hatte sich Deutschland schon vorher davongestohlen, mit seiner Enthaltung im Weltsicherheitsrat bei der Resolution über ein militärisches Eingreifen in Libyen. Die Folgen hallen bis heute nach, nicht nur, weil das Land zu einem neuen Standbein für den Islamischen Staat geworden ist, sondern auch weil US-Präsident Obama von da an viel zurückhaltender definierte, wann amerikanische Sicherheitsinteressen so direkt bedroht sind, dass ein eigenes militärisches Eingreifen wirklich unvermeidbar erscheint. Dies ist ein wesentlicher Grund, weshalb die amerikanische Regierung der Entstehung des IS nicht nur zugeschaut, sondern sie indirekt durch ihre Unterstützung für assadfeindliche Gruppen in Syrien – darunter auch Dschihadisten – befördert hat.

Verpasste Chancen

Die Reaktion auf den Arabischen Frühling war ein gemeinsames Versagen, allen voran der wichtigsten Industrienationen der Welt, in der Stunde der Bewährung. Die Staats- und Regierungschefs einigten sich auf dem G8-Gipfel von Deauville Ende Mai 2011 zwar darauf, den demokratischen Wandel in Tunesien und Ägypten mit

Finanzhilfen in Höhe von zwanzig Milliarden Dollar zu unterstützen. Entsprechende Kredite sollten von internationalen Förderbanken vergeben werden. Doch ein Großteil der versprochenen Gelder ist niemals geflossen. Dabei hätte es eine ideale Plattform für die Umsetzung der Investitionen geben können, die sogenannte Mittelmeerunion. Gegründet im Juli 2008 sollte sie eigentlich eine enge Zusammenarbeit Europas mit den Staaten in Nordafrika und im Nahen Osten mithilfe einer Reihe wirtschaftlicher, politischer und sozialer Projekte befördern, vom Autobahnbau und der Säuberung der Gewässer über die Bekämpfung der Jugendarbeitslosigkeit und die Unterstützung von Frauenrechten bis zu einer länderübergreifenden Mittelstandsförderung und einem gemeinsamen Katastrophenschutz. Aufgrund der Finanz- und Eurokrise war aber der erste Elan schnell verpufft, es fehlte an Geld und Willen, Europa beschäftigte sich ausschließlich mit sich selbst.

2011 hätte das Bündnis mit 43 Mitgliedsstaaten eine Plattform für den Dialog und Antriebsmotor für die Entwicklung nach dem Arabischen Frühling werden können. Im Juni des Umbruchjahres startete das erste Projekt, eine Entsalzungsanlage im Gazastreifen. Doch 2016 existieren nur 37 Vorhaben, mehr als die Hälfte davon befinden sich gerade mal in einer Anfangsphase. Beinahe alle sind Einzelinitiativen, es fehlt ein kohärenter Gesamtplan mit einem Schwerpunkt auf großen Wirtschaftsprojekten, die neue Perspektiven für junge Menschen schaffen können. Nicht weniger ambitioniert war im Jahr 2009 die Initiative Desertec. Sie sollte in den sonnenstarken Regionen Nordafrikas und des Nahen Osten mit einem Netzwerk aus Solar-Großanlagen nachhaltigen Strom für die Region und für Europa herstellen. Das Projekt würde viele Arbeitsplätze und Entwicklungsperspektiven schaffen, ist aber im Jahr 2014 deutlich verkleinert worden, sowohl aus wirtschaftlichen Gründen als auch aufgrund der Zurückhaltung von Investoren angesichts der instabilen Verhältnisse in einigen Projektländern.

Je mehr indes die Hoffnungen der Menschen enttäuscht werden, desto mehr wächst der fruchtbare Boden für neuen Extremismus. Der Arabische Frühling hätte die politische und wirtschaftliche Beteiligung von Millionen von Menschen ermöglichen können, wenn die westliche Welt die Bildung regionaler Bündnisse im Wirtschafts- und Sicherheitsbereich und die Entwicklung der gesamten Region befördert hätte. Wir haben die einmalige Chance vertan. Und dabei mit unserem Desinteresse obendrein noch höchst fahrlässig gehandelt. Schließlich waren die Folgen – massive Flüchtlingsströme aus Gebieten mit Bürgerkriegen und fehlenden wirtschaftlichen Perspektiven – eigentlich absehbar. Natürlich haben wir uns durch andere Krisen ablenken lassen, zum Beispiel in Griechenland, in der Ukraine und natürlich in Irak und Syrien. Doch der Grund für unser Versagen war ein anderer: pure Angst. Europa und die USA haben die Entwicklung nämlich nicht als Chance begriffen, sondern ausschließlich als Risiko und Bedrohung betrachtet, denn in vielen arabischen Ländern schienen islamistische Gruppen die Macht zu erobern. Dabei war dies ein völlig normaler Vorgang, der wenig bis nichts mit religiösen Einstellungen in der Bevölkerung oder gar einem islamistischen Massenwahn zu tun hatte. Wir haben nur nicht verstanden, was genau da in diesem Arabischen Frühling geschah. Die meisten arabischen Gesellschaften wurden nicht durch die religiösen Überzeugungen ihrer Bevölkerung zusammengehalten, sondern fast ausschließlich durch ihre autokratischen, auf den einen Anführer ausgerichteten Strukturen. Durch den Verlust beziehungsweise die Vertreibung der Führungsfigur entstand ein Vakuum, das offenbar nur von einer Gruppe überzeugend gefüllt werden konnte. Die Muslimbrüder in Ägypten und ähnliche Bewegungen in Tunesien oder Algerien waren schlicht und ergreifend die glaubwürdigste politische Kraft in diesen Ländern, weil ihre Anhänger über Jahrzehnte von unterdrückerischen Machthabern diskriminiert, bedroht, ins Gefängnis geworfen und gefoltert worden waren. Gleichzeitig hatten sich ihre Verbände mit Sozialeinrichtungen, Schulen und Armenspeisungen um die Schwächsten innerhalb der Gesellschaft gekümmert. Auch in den Slums und in den ländlichen Gegenden galten die Islamisten zwar als unmodern, rückständig, bevormundend, mit einem Hang zum Fanatismus, aber sie unterschieden sich in zwei Punkten wohltuend von den herrschenden beziehungsweise gerade gestürzten Regimen: Sie versprachen eine gerechtere Gesellschaft und waren nicht korrupt. Ich folge hier einem Gedankengang, den der kanadische Journalist Doug Saunders in seinem Buch *Mythos Überfremdung* unter Rückgriff auf namhafte Wissenschaftler wie Olivier Roy, Emmanuel Todd und Youssef Courbage dargelegt hat.

Die Wähler aus der Protestbewegung hatten jedoch nicht vor, eine kollektive Religion und den Zwang zur Einhaltung von Vorschriften aus der islamischen Steinzeit, also so etwas wie einen islamischen Staat, zu akzeptieren. Dafür war die Modernisierung der arabischen Welt schon viel zu weit fortgeschritten. Religion war für die Masse von jungen Leuten, die die Rebellionen angeführt hatten, zu einer individuellen Einstellung geworden. Sie wollten ein freies, selbstbestimmtes Leben mit wirtschaftlichen Perspektiven und eine aktive Beteiligung an der politischen Willensbildung in ihren Ländern. Das alles entsprach eigentlich sehr genau der Absicht Obamas, wonach »die Menschen ihre religiösen Überzeugungen an die Moderne« anpassten. Dummerweise hatten die neuen Machthaber mit einer Modernisierung der Religion nicht viel im Sinn. Hätte die Muslimbruderschaft unter dem frisch gewählten ägyptischen Präsidenten Mohammed Mursi oder die islamistische Nahda-Partei in Tunesien verstanden, dass ihr rückständiger Islam nicht vereinbar war mit den Überzeugungen der Mehrheit ihrer Wähler, dann wären sie vielleicht heute noch an der Macht. Sie hätten einen moderateren, fortschrittlicheren Islam mit einer überzeugenden, international vernetzten Wirtschafts- und Sozialpolitik verbinden können. Aber weil sie nicht aus ihrer Haut konnten, verteilten sie Posten und Pöstchen an ihre Anhänger, lehnten die Zusammenarbeit mit anderen gesellschaftlichen Kräften ab und erließen eine Vielzahl strenger religiöser Vorschriften von der Kleiderordnung bis zum Verbot von Musik und Tanz. Ihr Pech, oder ihre Dummheit, dass sie eine Tatsache nicht erkannt hatten: Wenn Religion in Form von Parteien gewählt werden kann, dann ist sie auch einfach wieder abzuwählen oder gar durch Massenproteste zu stürzen. Genauso geschah es in Ägypten.

Der französische Islamwissenschaftler Olivier Roy nennt dieses Grundprinzip die »Dekulturation der Religion«. Demnach war eben nicht die Religion das Leitprinzip innerhalb einer Kultur. Religiös zu sein war für die meisten Menschen in den Ländern Nordafrikas und des Nahen Ostens längst eine persönliche und eine politische Entscheidung jedes Einzelnen geworden und konnte deshalb auch nicht mehr kollektiv erzwungen werden. »Das ist keine liberale, theologische Reformation, sondern einfach nur der Primat des Individuums«, so schrieb Roy, »der der neuen Generation erlaubt, Glauben und Demokratie miteinander zu kombinieren.«[23] Solange der Islam vor langer Zeit alles Leben bestimmte, brauchte es keine islamischen Parteien. Jetzt aber war der Islam nur eine von vielen Ideen in einer moderneren und aufgeklärteren Gesellschaft und damit wählbar und abwählbar – eine politische Option. Und je mehr sich Religion in die Tagespolitik verstricken ließ, desto eher würde sich eine Gesellschaft säkularisieren, weil ein Anspruch auf absolute Wahrheiten nicht vereinbar sein konnte mit dem notwendigen Ausgleich von Interessen, so sieht es Roy. Seine Schlussfolgerung:»Wir erleben nicht das Comeback einer Religion, sondern ihre Transformation. Diese Transformation ist vorübergehend. Sie wird nicht notwendigerweise zu einem neuen religiösen Zeitalter führen.«

Eigentlich war das eine sehr gute Nachricht, denn die europäischen Regierungen und die USA hätten dies nutzen können mit einem Angebot, das selbst die Islamisten nicht hätten ablehnen können: massive wirtschaftliche Unterstützung im Austausch für eine Einbindung in regionale Bündnisse für Entwicklung und Sicherheit und für die Beteiligung aller gesellschaftlichen Gruppen am Entwurf einer Verfassung, in der Religions- und Meinungsfreiheit fest verankert sein würden. Die Stärkung des Einzelnen durch bessere Ausbildungs- und Berufschancen hätte die Menschen von den Vorschriften einer kollektiven Religion weiter entfernt, dem Fundamentalismus den Nährboden entzogen und die Islamisten zur Modernisierung gezwungen. Doch es gab – wie erwähnt – kein gemeinsames Konzept Europas und der USA. Die Ergebnisse sind deshalb von Land zu Land sehr unterschiedlich – von tatsächlich einer der fortschrittlichsten Verfassungen in Tunesien bis zum Bürgerkrieg in Libyen – und in Teilen frustrierend, weil die Sorge um Sicherheit, die Angst vor möglichen Risiken das politische Denken und Handeln mehr bestimmten als das Erkennen und Ergreifen einer einmaligen Chance.

Die deutsche Mitverantwortung

So ging es auch der Bundesregierung, die immerhin den Kontakt mit den Muslimbrüdern gesucht hat. Nur zehn Tage nach seinem Amtsantritt bekam der neue ägyptische Präsident in Kairo im Juli

2011 Besuch vom damaligen Bundesaußenminister Guido Westerwelle. Der Vizekanzler lud Mohammed Mursi zu einem Antrittsbesuch nach Deutschland ein und wurde dafür heftig vom israelischen Premierminister Netanjahu kritisiert. Doch Berlin war bereit, dem Islamisten an der Spitze Ägyptens einen Vertrauensvorschuss zu geben: »Ich begrüße die klare Ankündigung des Präsidenten«, so Westerwelle damals, »die eingegangenen internationalen Verträge mit anderen Staaten zu achten und zu schützen. Ich habe Vertrauen in die Arbeit und die Führungskraft des Präsidenten.« Davon übrig blieben nur enttäuschte Erwartungen – auf beiden Seiten. Als Mursi im Januar 2012 nach Berlin kam, da hatte er bereits mit rüden Methoden eine Verfassungsreform durchgesetzt, politische Gegner mithilfe von Polizei und Geheimdienst massiv unter Druck gesetzt und Juden als »Blutsauger« und »Abkommen von Affen und Schweinen« beschimpft. Bei der Pressekonferenz mit Kanzlerin Merkel war Mursi eifrig bemüht, die Stimmung zu verbessern. Seine Äußerungen über Juden seien aus dem Zusammenhang gerissen worden. Außerdem habe er ja wesentlich zu einem Waffenstillstand im Gazakrieg beigetragen. Die Bundesregierung ihrerseits hatte dem verbalen Vertrauensvorschuss keine Taten folgen lassen. Keine konkreten Angebote, keine Wirtschaftsprojekte, geknüpft an klare Bedingungen für eine gerechte und fortschrittliche Regierungsführung. Das Misstrauen gegenüber den Islamisten führte zum Abwarten. Die Bundesregierung hatte außerdem mehrere Entwicklungsprojekte sowie einen Schuldenerlass in Höhe von einer Viertelmilliarde Euro auf Eis gelegt. Nach dem Treffen mit der Kanzlerin flog Mursi mit leeren Händen und der harschen Ansage nach Hause, dass es wirtschaftliche Unterstützung für Ägypten nur dann geben werde, wenn er die politische Opposition mit einbinde sowie Menschenrechte und Religionsfreiheit achte. Da war es für eine Kehrtwende in Ägypten schon zu spät. Die Muslimbrüder und mit ihnen der kollektive Zwang zur Religion wurden von Protesten weggeschwemmt und wieder durch einen militärischen Machthaber ersetzt.

Die Libyen-Erfahrung hatte auch für Amerikas Politik im Nahen Osten dramatische Folgen. Während die USA und ihre Verbündeten gegenüber den Ländern des Arabischen Frühlings zumindest verbal mehr Freiheit, Gerechtigkeit und Teilhabe aller

Bevölkerungsgruppen an der politischen Willensbildung einforderten, sahen sie – einschließlich Deutschland – weitgehend tatenlos zu, wie im Irak der Schiite Nuri al-Maliki, dessen Parteienbündnis bei den Parlamentswahlen 2010 zweitstärkste Kraft geworden war, zu einem autokratischen Herrscher mutierte. Er machte sich zusätzlich zu seinem Amt als Premierminister auch zum Innen- und Verteidigungsminister, zum Befehlshaber der Armee, Chef des Nationalen Sicherheitsrats und Chef der Geheimdienste. Er setzte Eliteeinheiten der Streitkräfte nach eigenem Gutdünken ein, ohne dem Parlament Rechenschaft über die Operationen abzulegen. Es missbrauchte das Anti-Terrorismus-Gesetz für willkürliche Verhaftungen, Folter und Hinrichtungen. Seine Opfer waren Kritiker, insbesondere aber Muslime der sunnitischen Minderheit im Irak. Die ungebremste Unterdrückung eines Teils der Bevölkerung bescherte extremistischen Gruppen massiven Zulauf, allen voran dem sogenannten Islamischen Staat im Irak (ISI), dem Vorläufer des IS. Ihm schlossen sich viele ehemalige Offiziere von Armee und Geheimdienst des alten Saddam-Regimes an. Bis heute sind sie die treibenden Kräfte der militärischen Erfolge des IS und gleichzeitig Propagandisten des Hasses gegenüber den USA und deren europäischen Verbündeten, weil diese im Angesicht der Verbrechen al-Malikis und des syrischen Machthabers Assad, die beide vom Mullah-Regime des Iran unterstützt wurden, einfach weggeschaut hatten.

Auch in Syrien ließen sich einfach Belege für dieses Wegschauen finden. Das rücksichtslose und brutale Vorgehen des Assad-Regimes gegen die Protestbewegung in seinem Land und schließlich gegen weite Teile der Zivilbevölkerung rief bestenfalls kritische Worte hervor. Ein direktes militärisches Eingreifen lehnte US-Präsident Obama ab, solange nicht eine »rote Linie« überschritten wäre: »Wir haben dem Assad-Regime sehr klargemacht, was für uns die rote Linie ist. Wenn wir nämlich sehen, dass chemische Waffen verteilt oder auch eingesetzt werden. Das würde mein Kalkül verändern. Das würde meine Gleichung verändern.« Im Februar 2013 waren die Gräueltaten des syrischen Militärs so unerträglich geworden, dass Politiker und Menschenrechtsaktivisten in Europa und den USA eine Flugverbotszone und einen sicheren Hafen für Flüchtlinge in Syrien forderten. Auf der Münchner

Sicherheitskonferenz fragte ich aus dem Saal heraus den russischen Außenminister Sergej Lawrow, ob Russland sich diesen Vorschlägen anschließen könnte. Sein klares »Njet« sorgte bei den Befürwortern von Flüchtlingskorridoren – unter ihnen viele wohlmeinende Menschen aus Deutschland – für Empörung. Umso interessanter, dass ausgerechnet jene, die damals sogar ein Eingreifen der USA ohne eine Zustimmung Russlands forderten, ein halbes Jahr später zu den größten Kritikern eines möglichen amerikanischen Militärschlags gegen das Assad-Regime zählen würden.

Verpflichtung zum Handeln?

Es war der 21. August 2013. Die Bilder gehen einem nicht mehr aus dem Kopf, wenn man die Menschen gesehen hat, vor allem die Kinder, die unter schrecklichsten Qualen nach Luft ringen, sterben. Unwiderlegbar dokumentiert die Kamera einen Völkermord. 1400 Menschen vergast in Ghouta, einem kleinen Vorort von Damaskus. Als wir im ZDF das Rohmaterial mit den Bildern aus Syrien anschauten, um die Ausschnitte für die Verbreitung im Fernsehen auszuwählen, mussten wir zwei Prinzipien sorgfältig abwägen: Einerseits wollten wir die Menschenwürde der Opfer achten. Diese kann durch die Darstellung ihres Leids zutiefst verletzt sein. Die Würde des Menschen zu schützen, sogar die der Toten, ist nach Artikel 1 unseres Grundgesetzes und nach dem Staatsvertrag zum Schutz der Menschenwürde eine unbedingte Pflicht. Andererseits sind wir – ebenfalls auf der Grundlage von Verfassung und Gesetzen – verpflichtet, die Wirklichkeit dieser Welt abzubilden, um dadurch zur freien Meinungsbildung in der Gesellschaft beizutragen, von der letztlich ja auch politische Entscheidungen abhängen. Videosequenz für Videosequenz schauten wir uns die Bilder an und erlebten dabei selbst, wie ihre Unerträglichkeit Emotionen erzeugt und mit ihnen die feste Überzeugung, dass die Welt dazu nicht nur nicht schweigen durfte, sondern handeln musste. Knapp zwei Minuten Material wählten wir aus, machten Gesichter von Opfern unkenntlich, wohl wissend, dass jeder die ganze Tragödie unverpixelt im Internet abrufen konnte.

Die Bilder zeigten Wirkung auch auf höchster Ebene. In Washington trat der amerikanische Außenminister John Kerry vor die Kameras, sichtlich erschüttert – und wütend: »In früheren Stürmen der Geschichte, wenn es in unserer Macht lag, unaussprechliche Verbrechen zu stoppen, wurden wir gewarnt vor der Versuchung, einfach wegzuschauen. Die Geschichte ist voll von Anführern, die gewarnt haben vor Untätigkeit, Gleichgültigkeit und besonders vor dem Schweigen, wenn es darauf ankam.« Jedem musste in diesem Moment klar sein, dass die einzige Supermacht der Erde militärisch eingreifen wollte und musste. Krieg – vielleicht so wie in Afghanistan und Irak, mit unkontrollierbaren Folgen? Würde die gesamte Region im Chaos versinken? Würden Russland und Iran als Verbündete des Assad-Regimes in solch einen Krieg eintreten? Würde er neuen Terrorismus erschaffen, so wie die Kriege zuvor? Als Barack Obama sich an die Öffentlichkeit wandte, schien sich der erste Eindruck zu bestätigen: »Wenn mehr als tausend Menschen getötet werden, einschließlich Hunderte unschuldiger Kinder, durch eine Waffe, deren Einsatz 98 oder 99 Prozent der Menschen nicht einmal im Krieg für gerechtfertigt halten, und wir handeln dann nicht, dann senden wir ein Signal, dass die internationale Norm nicht viel bedeutet. Genau das ist eine Gefahr für unsere nationale Sicherheit.«

Handeln, weil man handeln musste. Oder glaubte man nur, handeln zu müssen? Im Namen der nationalen Sicherheit hat Amerika in seiner Geschichte viele Dinge getan, die unsere Welt sicherer und besser gemacht haben. Wir Deutsche müssten das besonders wissen und schätzen, weil unser Land durch die USA und ihre Verbündeten in einem großen Krieg von einem verbrecherischen Regime befreit wurde. Doch immer wieder diente die nationale Sicherheit der USA auch als Vorwand für ein Handeln, wie es nach 9/11 die indische Schriftstellerin Arundhati Roy in einer schonungslosen Abrechnung mit dem Westen beschrieben hatte. Ihr Essay *Wut ist der Schlüssel*, den die *Frankfurter Allgemeine Zeitung* am 28. September 2001 in voller Länge abdruckte, forderte die USA auf, die wahren Ursachen von 9/11 zu bekämpfen. Osama bin Laden sei »aus der Rippe einer Welt gemacht, die durch die amerikanische Außenpolitik verwüstet wurde, durch ihre Kanonenbootdiplomatie, ihr Atomwaffenarsenal, ihre unbekümmerte Politik der unumschränkten Vorherrschaft, ihre kühle Missachtung aller nicht amerikanischen Menschenleben, ihre barbarischen Mili-

tärinterventionen, ihre Unterstützung für despotische und dikta-
torische Regime, ihre wirtschaftlichen Bestrebungen, die sich gna-
denlos wie ein Heuschreckenschwarm durch die Wirtschaft armer
Länder gefressen haben. Ihre marodierenden Multis, die sich die
Luft aneignen, die wir einatmen, die Erde, auf der wir stehen, das
Wasser, das wir trinken, unsere Gedanken.«

Man mag nicht alles teilen, was Roy damals schrieb, aber
der Blick auf die Beweggründe junger Menschen heute, sich dem
Terrorismus des IS anzuschließen, belegt die Treffsicherheit ihrer
Thesen. In einer Welt, die geprägt ist von tiefen Rissen in der westlichen Wertegemeinschaft, einer Polarisierung in den Gesellschaften, in denen extreme Ränder erstarken, einem existenziellen
Misstrauen zwischen West und Ost, zahlreichen gewalttätigen und
hoffnungslosen Konflikten, dem wachsenden Widerstand gegen
die Wanderungsbewegungen, bei dem Menschenrecht und Menschenwürde mit Füßen getreten werden, und dem zwanghaften
Streben der Regierungen nach totaler Kontrolle, klingen die damaligen Worte von Arundhati Roy zu den Kriegsplänen der Bush-
Administration wie eine wahr gewordene Prophezeiung: »Die bevorstehende Operation wird angeblich zur Aufrechterhaltung
amerikanischer Werte durchgeführt. Doch sie wird nur noch
mehr Zorn und Angst in der ganzen Welt erzeugen, und am Ende
dürften diese Werte völlig diskreditiert sein.«

Die Obama-Doktrin

Es ist nicht überliefert, ob Barack Obama an diese Sätze dachte, als
er die Erwartung enttäuschte, Amerika müsse nach dem Giftgasangriff militärisch eingreifen, um die Glaubwürdigkeit der USA zu
erhalten. Trotz aller Ankündigungen zuvor machte der US-Präsident eine Kehrtwende, und die Geschichte wird irgendwann entscheiden müssen, ob er damit seiner eigenen Maxime »Don't do
stupid shit« gerecht wurde oder eine viel größere Bedrohung – den
Islamischen Staat – erschuf, weil sein Rückzieher diesem zu Macht
und einem eigenen Herrschaftsgebiet verhalf. Obama selbst erklärt
sein Handeln so: »Es gibt einen Leitfaden in Washington, dem
Präsidenten folgen sollen. Ein Leitfaden aus dem außenpolitischen
Establishment, das zu unterschiedlichen Ereignissen die jeweiligen

Antworten vorschreibt, und das sind meistens militarisierte Antworten. Wenn Amerika unmittelbar bedroht ist, dann funktioniert das Rezept. In einer internationalen Krise wie Syrien wirst du heftig kritisiert, wenn du der Anleitung nicht folgst, auch wenn es gute Gründe gibt, sie nicht anzuwenden.«

Tatsächlich gab es solche sehr guten Gründe: Ein Militärschlag hätte aus Rücksicht auf die Bevölkerung nicht die Chemiewaffendepots treffen dürfen. Die USA hätten die militärische Infrastruktur des Landes angreifen müssen und damit libysche Verhältnisse geschaffen, von denen die Falschen profitieren konnten. Amerika wäre tief in diesen Krieg hineingezogen worden, hätte die Fortschritte im politischen Verhältnis zum Iran aufs Spiel gesetzt und sich auch mit Russland angelegt. Durch die zunächst glaubhafte Androhung eines Militärschlags war Syriens Baschar al-Assad bereit, seine Chemiewaffen abzugeben. Er hat sie nicht mehr, und sie können auch nicht vom IS erobert werden – kleine Restbestände vielleicht ausgenommen. Obwohl Präsident Obama mit seiner Entscheidung zahlreiche Verbündete – auch Saudi-Arabien – vor den Kopf gestoßen und in den Augen seiner Kritiker, inklusive der eigenen Minister Kerry und Clinton, sowie der Republikaner um Senator John McCain Schwäche gezeigt hatte, ist er nach seinen eigenen Worten »sehr stolz auf diesen Moment«. Obama hält den Einsatz von militärischen Mitteln nur dann für gerechtfertigt, wenn Amerika und die Sicherheit seiner Bürger unmittelbar bedroht sind: »Die Welt ist ein harter, komplizierter, chaotischer, gemeiner Ort, voller Elend und Tragödien. Und um sowohl unsere Sicherheitsinteressen als auch unsere Ideale voranzubringen, müssen wir gleichzeitig nüchtern und großherzig sein. Wir müssen uns die entscheidenden Punkte auswählen und erkennen, dass wir manchmal bestenfalls nur den Scheinwerfer auf etwas Schreckliches richten können, ohne es automatisch lösen zu können. Es gibt Zeiten, in denen unsere Sicherheitsinteressen mit unseren Sorgen um die Menschenrechte in Konflikt stehen. Manchmal können wir etwas unternehmen, damit unschuldige Menschen nicht getötet werden, manchmal eben auch nicht.«

Natürlich gibt es nicht nur die Farben Schwarz und Weiß, sondern auch unendlich viele Grautöne. Wer immer nur mit einem großen Hammer durch die Welt rennt, sieht viel zu gern in jedem

Problem einen Nagel. Gerade deshalb gehört auch Mut dazu, nicht ständig zum Hammer zu greifen, nicht die erwartbarste und offensichtlichste Entscheidung zu fällen, nur weil sie von einem erwartet wird. Die Obama-Administration stellte lang akzeptierte Paradigmen infrage, auch im Hinblick darauf, wo langfristig die existenzielleren Bedrohungen entschärft werden müssen. Der Preis dafür ist kurzfristig ein Mehr an Terrorismus, langfristig aber vielleicht ein Sieg über ihn, wenn die Politik konsequent durchgehalten wird. Ein Beispiel: Jahrzehntelang galt der Iran als Schurkenstaat, der wiederum Amerika zum Reich des Bösen erklärt hatte. Barack Obama hatte immer wieder gesagt, dass er ohne Vorbedingungen mit dem Iran sprechen wolle, mit harter und von Prinzipien gesteuerter Diplomatie, ohne jedoch die militärische Option vom Tisch zu nehmen. Schon nach seinem Amtsantritt 2009 machte er in einer Botschaft an das iranische Volk ein bedingungsloses Angebot zum Dialog. Nach wiederholter Ablehnung aus Teheran begann die US-Regierung im März 2010 Gespräche mit den Vetomächten des UN-Sicherheitsrats und Deutschland über Sanktionen gegen den Iran bei gleichzeitiger Erneuerung des Dialogangebots an das Regime in Teheran. Wenige Monate später drohte der US-Präsident öffentlich mit einem Militärschlag, wenn das militärische Atomprogramm weiterlaufe.

Die Mischung aus Sanktionen und Gesprächsofferten führte schließlich dann doch zu Verhandlungen – erst geheim, dann offiziell – und ultimativ zu der Vereinbarung vom Juli 2015. Diese Einigung ist nicht nur deshalb historisch, weil sie eine verlässliche Chance bietet, dass der Iran langfristig auf Atomwaffen verzichtet. Wichtiger ist, dass erstmals seit Jahrzehnten der tiefe Streit und das Misstrauen zwischen den muslimischen Ländern sunnitischer und schiitischer Prägung beendet werden könnten, wenn auch die Golfstaaten, allen voran Saudi-Arabien, wenigstens im Grundsatz zum Dialog bereit wären. Doch das Misstrauen sitzt sehr tief, befeuert durch die militärische und teils terroristische Beteiligung des Iran an den Kriegen in Syrien, im Irak und im Jemen, wo Kämpfer mit Unterstützung seitens der Hisbollah und iranischer Revolutionsgarden gegen sunnitische Bevölkerungsgruppen vorgehen, die wiederum von Saudi-Arabien massiv unterstützt und finanziert werden. Auch Israel fühlte sich vom Verbündeten USA im Stich gelassen und protestierte sogar gemeinsam mit den arabischen Staaten gegen den Atomdeal. Doch US-Präsident Obama wollte durch seine Dialogbereitschaft mit dem »Feind« Iran bewusst die alten Allianzen provozieren, um Bewegung in längst versteinerte Fronten zu bringen und eine existenzielle Bedrohung für die gesamte Region inklusive Israel und den Rest der Welt einzudämmen. Das Ausbrechen aus der Norm, der Paradigmenwechsel, als neue Chance, vermeintlich unlösbare Konflikte endlich zu lösen – war das zu naiv gedacht?

Nur Worte oder auch Taten?

Am 14. Februar 2014 hatte ich Gelegenheit, dieser Frage in einem langen Interview mit dem iranischen Außenminister Mohammed Sarif nachzugehen. Das Gespräch war allein schon deshalb bemerkenswert, weil erstmals seit Jahrzehnten ein hochrangiges Regierungsmitglied des Mullah-Staates bereit war, die Vernichtung von Millionen von Juden im Dritten Reich als historische Tatsache zu bezeichnen: »Eine entsetzliche Tragödie, die sich niemals wiederholen darf«, so sagte Sarif. Der frühere Präsident Ahmadinedschad hatte in seiner Amtszeit den Holocaust bei jeder Gelegenheit geleugnet. Auf die Vorbehalte der arabischen Staaten gegenüber einem möglichen Atomabkommen angesprochen, machte Sarif außerdem ein weitgehendes Angebot: »Wir haben unseren arabischen Partnern gesagt, dass wir an Zusammenarbeit, Vertrauensbildung und mehr Sicherheit für uns alle interessiert sind. Wir glauben, dass ihre Sicherheit auch unsere Sicherheit ist. Unsere Gemeinsamkeiten und unsere gemeinsamen Herausforderungen und Chancen sind viel größer als das, was uns trennt. Die Herausforderungen, die wir in Syrien sehen, der Extremismus, der vielleicht schon die Grenzen Syriens überschritten hat und andere Länder umschließt, das sind gemeinsame Herausforderungen, die gemeinsame Lösungen erfordern. Wir sind bereit, das mit unseren arabischen Freunden zu tun.« Sarif wollte gern zu Gesprächen in die Golfstaaten reisen. Als ich ihn dann aber fragte, ob das Angebot auch für Israel gelte, wurde die Stimme des iranischen Außenministers, die gerade noch freundlich und verbindlich geklungen hatte, mit einem Mal hart und abweisend: »Wir haben nichts mit ihnen zu besprechen. Wir sind nicht in dieser Region involviert. Sie verletzen die Rechte der Palästinenser.« Sarif warf der israelischen Regierung vor, mit der Kritik an den Atomverhandlungen von der Unterdrückung der Palästinenser abzulenken, wie er es nannte, »Nebelkerzen« zu werfen. Ich hakte nach: »Mit allem Respekt, Sie haben doch gesagt, dass sich Iran bedroht fühlt durch Israel. Israel fühlt sich bedroht durch den Iran. Warum setzen Sie sich nicht an den Verhandlungstisch – vielleicht mithilfe anderer – und sortieren Ihre Differenzen aus?« Seine Antwort fiel heftig aus: »Iran fühlt sich durch niemanden bedroht. Der Iran akzeptiert nicht und sollte es auch nicht akzeptieren, dass einige Länder illegale Methoden nutzen und anderen Gewalt androhen.« Darauf ich: »Aber Präsident Ahmadinedschad hat doch die Vernichtung Israels gefordert. Ist das keine Drohung?« Sarif wies die Verantwortung von sich: »Diese Statements sind niemals von der jetzigen Regierung gemacht worden. Es ist sehr klar, dass die Netanjahu-Regierung solche Statements benutzt, um Nebelkerzen zu werfen.«

Solche Äußerungen zeigen, dass es dumm und gefährlich wäre, den Iran mit Abschluss des Atomabkommens nur noch als gut und die anderen als böse einzustufen. Auch die US-Regierung ist nicht so naiv, dass sie Teheran uneingeschränktes Vertrauen entgegenbringt, aber anders als ihre »sogenannten« Verbündeten will sie dem »Feind« die Gelegenheit geben, seine Vertrauenswürdigkeit unter Beweis zu stellen. Die Atomgefahr durch den Iran zu bannen war und ist, wenn es gelingt, ohne Zweifel ein Riesenfortschritt gegenüber einer existenziellen Bedrohung. Die mag man auch für wichtiger halten als die Gefahr durch den Islamischen Staat. Aber der IS ist durch das Wegschauen ebenfalls zu einer erheblichen Bedrohung für uns geworden. Im Juni 2014 eroberten die Islamisten die nordirakische Stadt Mossul und riefen das Kalifat aus. Seitdem sind der Schreckensherrschaft von Abu Bakr al-Baghdadi Zehntausende, wenn nicht Hunderttausende von Kurden, Jesiden, irakischen und syrischen Muslimen und Christen zum Opfer gefallen. Das menschenverachtende Regime ist Mitverursacher der Flüchtlingsbewegungen, die nicht nur die unmittelbaren Nachbarländer Syriens und Iraks, sondern auch Europa in eine Zerreißprobe getrieben haben. Obendrein könnten die Terroranschläge von Paris und Brüssel Vorboten noch schlimmerer

Angriffe mit Massenvernichtungsmitteln sein. Trägt Washington eine Mitschuld daran?

»Chemical Agent« steht auf den weißen Fässern mit drei grünen und einem gelben Streifen. Gleich unter der Identifikationsnummer der Ladung, der »Lot number 2011–2G-34«, ist vermerkt, um welchen chemischen Stoff es sich handelt: »VX« – das tödliche Nervengas. Wir sitzen am Flughafen in Wien und studieren die Fotos, die uns Abdullah C., der angebliche Terrorkoordinator des IS, nach unserem Interview übergeben hat. Das seien Bilder von dem Material, das Kommandoeinheiten in Westeuropa bereits zu Bomben verarbeitet hätten. Als Beleg hat er uns auch ein paar Handybilder überlassen. Sie zeigen die Ladefläche eines Transporters, auf der mehrere Fässer stehen. Auf ihnen ist ein dunkler Metallzylinder montiert – angeblich ein konventioneller Sprengsatz. Solche Autobomben seien an mehreren Stellen in Westeuropa bereits präpariert worden. Auf dem Speicherstick von Abdullah C. befinden sich mehrere Megabyte an Daten. Darunter Fotos weiterer Waffen, wie russische Panzerabwehrraketen, sowie die Liste mit den Namen der Terroristen, die für den IS in Westeuropa eingesickert seien, und die Koordinaten der vereinbarten Ziele. Letztere ergeben Sinn, wie wir bei der Eingabe der Daten in ein Kartenprogramm erkennen: In Norwegens Hauptstadt Oslo der Sitz der Ministerpräsidentin und des Parlaments, im spanischen Sevilla die Kathedrale sowie das andalusische Regionalparlament, in Madrid das Parlament, der Königspalast und die Kathedrale und in Deutschland der Hauptbahnhof und eine der größten Kirchen in Düsseldorf. Wenn unser Informant ein Schwindler ist, hat er sich zweifellos viel Mühe gegeben.

Zwischen den rund fünfzig Dateien ist ein Video, das uns auf Anhieb fasziniert. Es soll ein Trainingslager nahe Kabul in Afghanistan zeigen, in dem 2011 Dschihadisten von amerikanischen Elitesoldaten und CIA-Paramilitärs für den Kampf gegen das Assad-Regime in Syrien ausgebildet worden seien. Abdullah C. will im Auftrag des türkischen Geheimdienstes MIT selbst dabei gewesen sein, taucht aber in dem knapp viereinhalbminütigen Film nicht auf. Die Aufzeichnung beginnt mit einem amerikanischen Adler vor der US-Flagge, gefolgt vom Logo der US-Special Forces mit deren Motto »de oppresso liber«, was so viel wie »die Unterdrückten be-

freien« bedeutet. Am unteren Bildrand findet sich in dicken roten Buchstaben der Name NSS Phoenix. Das Video ist offenbar eine Eigenproduktion von Soldaten, unterlegt mit irischer Instrumentalmusik und einem amerikanischen Countrysong, gedacht als »Tribut an alle Spezialkräfte, Soldaten und Polizisten im Kampf gegen den Terrorismus«, so steht es in der Einblendung. Danach folgt eine Art Diashow, Fotos aus Camps in Afghanistan, in erster Linie von der Ausbildung an Gewehren, Panzerfäusten und Raketen, das Übliche für den bewaffneten Kampf gegen eine reguläre Armee. Ab Minute drei wird es richtig spannend. Auf dem Boden steht eine Kiste mit Sprengstoffpaketen, dann Draht- und Kabelrollen. In den nächsten Aufnahmen sieht man, wie die Ausbildungsteilnehmer improvisierte Sprengsätze herstellen. So etwas braucht man für Hinterhalte gegen Militärkonvois, für Anschläge, einen Terrorkrieg. Ist der Film ein Beleg dafür, dass US-Spezialeinheiten von Armee und Geheimdienst Terrorgruppen für den Krieg in Syrien trainiert haben?

Obwohl wir seit damals einigen Spuren nachgegangen sind, kennen wir bis heute keine Antwort. Das Video aus dem Jahr 2012 ist zwar in der Internetplattform YouTube eingestellt, aber nicht über eine normale Suche zu finden, wohl deshalb hat es nur 28 Abrufe. Es trägt den – sprachlich nicht ganz korrekten – Titel I not believe in heroes –, eine Anspielung auf den Zynismus, dass Amerika Terroristen ausbildete? Im Internet findet sich auch eine zweiminütige Sequenz mit dem nächtlichen Einsatz einer amerikanischen Spezialeinheit in Bagdad, hochgeladen im Jahr 2013. Es ist ein wildes Gefecht, gefilmt mit Nachtsichtobjektiv. Der Clip trägt den Titel NSS Phoenix Corp. – ein Hinweis darauf, dass ehemalige US-Soldaten nun eine eigene Söldnerfirma betreiben? Oder ein Tarnunternehmen der CIA? Auch dazu haben wir einen Hinweis gefunden. Nach Angaben von Abdullah C. war einer der Protagonisten im Ausbildungscamp in Afghanistan ein junger Mann namens Amir Hekmati. Nach den Bildern aus dem Video könnte es sich tatsächlich um jenen Amir Hekmati handeln, der im August 2011 im Iran festgenommen und als CIA-Spion zum Tode verurteilt wurde. Nach viereinhalb Jahren Haft wurde Hekmati im Februar 2016 im Zuge eines Gefangenenaustauschs mit den USA freigelassen. Ob er vor seiner Festnahme im afghanischen Ausbildungslager war, lässt sich nicht eindeutig beweisen.

*Genauso ist es mit den anderen Angaben unseres Informanten
in Wien. Wie mit ihm vereinbart, gaben wir zahlreiche Einzelheiten
zu den angeblichen Terrorplänen für Westeuropa an das Bundeskriminalamt zur Prüfung weiter. Darüber hinaus nahmen wir mit
einer Reihe verlässlicher Gesprächspartner in ausländischen Sicherheitsbehörden Kontakt auf. Unsere Recherchen nährten weiter
Zweifel an der Darstellung von Abdullah C. Einige der Namen auf
der Liste der Terrorzellen in Deutschland, Norwegen und Spanien
tauchten im Zusammenhang mit linksextremistischen Aktivitäten
in der Türkei und in Griechenland auf. Die deutschen Sicherheitsbehörden halten C. nach ihren Erkenntnissen eher für einen Nach-
richtenschwindler, auch wenn er für seine Informationen keine
hohen Geldsummen verlangte. Er wolle sich wohl in erster Linie
wichtigmachen. Andere Quellen sehen ihn differenzierter. Tatsächlich bewege er sich in der Welt der Geheimdienste und könne durchaus für den türkischen MIT gearbeitet haben, auch als Liaison zu
dschihadistischen Gruppen in Syrien, die von der Türkei heimlich
unterstützt würden. Zwei Mal wurde C. in der Vergangenheit verhaftet. Das eine Mal wegen seiner angeblichen Beteiligung an einem
Bombenanschlag gegen den investigativen Journalisten Uğur Mum-
cu im Januar 1993. Hinter dem bis heute nicht aufgeklärten Mord
vermuten Beobachter seit vielen Jahren entweder westliche Geheimdienste oder den* Tiefen Staat *beziehungsweise* Ergenekon, *eine nationalistische Untergrundorganisation innerhalb der Türkei, deren
Anhänger Politik, Wirtschaft, Armee und Sicherheitsbehörden un-
terwandert haben sollen. Abdullah C. konnte keine Beteiligung am
Journalistenmord nachgewiesen werden. Das andere Mal wurde er
bei einer Razzia gegen Ergenekon verhaftet, aber schon kurz danach
wieder freigelassen. Einige Beobachter sehen ihn deshalb als möglichen Maulwurf des türkischen Geheimdienstes im* Tiefen Staat, *
andere halten ihn einfach nur für einen Soziopathen mit Persönlich-
keitsspaltung – so hieß es in einem psychologischen Gutachten im
Verlauf des Mumcu-Prozesses. Was immer er wirklich ist: Seine Informationen über angebliche Terrorpläne des IS in Europa sind
zwar nicht genau so, aber doch in anderer Form Wirklichkeit geworden.*

Und genau dadurch ist der IS zu einer existenziellen Bedrohung geworden, die von den USA tatsächlich lange unterschätzt und, ja, mindestens durch Wegschauen auch mit erschaffen wurde. Dahinter stecken keine düsteren Verschwörungen, sondern der außenpolitische Leitfaden aus Washington. Der schrieb vor, dass man sich gegen einen Gegner, den man nicht selbst angreifen wollte, eben seiner Feinde bediente, die man dann als Freunde behandeln und militärisch unterstützen musste. Einmal mehr ist dieses Konzept aus dem Ruder gelaufen, weil Obama so sehr damit beschäftigt war, den Paradigmenwechsel auf der großen politischen Bühne voranzutreiben, dass er die Sabotageversuche durch die »sogenannten Verbündeten« nicht ernst genug genommen hatte. Die Golfstaaten lieferten unter den Augen der USA Gelder und logistische Unterstützung an dschihadistische Gruppen, damit diese das Assad-Regime und dessen regionalen Verbündeten Iran treffen konnten. Obama hielt still, weil er in dem tobenden Bürgerkrieg keine wirklich direkte Bedrohung für Amerika und seine Bürger sah, die ein eigenes Eingreifen gerechtfertigt hätte. Stattdessen wollte er dafür sorgen, dass die USA nach den Erfahrungen in Afghanistan und Irak künftig nicht mehr in neue Kriege im Nahen Osten verwickelt würden: »Der Wettbewerb zwischen den Saudis und den Iranern – der auch die Stellvertreterkriege in Syrien, im Irak und im Jemen nährt – zwingt uns, unseren Freunden und auch den Iranern zu sagen, dass sie einen wirksamen Weg finden müssen, als Nachbarn zusammenzuleben und eine Art kalten Frieden zu errichten«, so beschrieb es Obama dem Journalisten Jeffrey Goldberg.

Ganz offenbar war Obama seit den Erfahrungen mit dem militärischen Eingreifen in Libyen 2011 und der Kehrtwende in Bezug auf den Militärschlag nach dem Giftgasangriff von Damaskus im August 2013 immer auf der Suche nach dem unerwarteten, viel größeren und nachhaltigeren Schritt. Die Vernichtung der syrischen Chemiewaffen und ganz besonders der Atomdeal mit dem Iran fielen in diese Kategorie. Die Doktrin von »Don't do stupid shit« hat ohne Zweifel eine neue Herangehensweise so gar nicht nach dem Washingtoner Leitfaden hervorgebracht und auch einige spektakuläre Erfolge gezeigt. In einer idealen Welt wäre es das Gegenteil von »stupid« gewesen, darüber hinaus auch die ideologische und finanzielle Unterstützung für den IS und andere dschihadistische Gruppen zu kappen und die Helfer des Terrors, darunter einige »sogenannte Verbündete«, mal ins Gebet zu nehmen. Doch das erschien weder der US-Regierung noch ihren europäischen Verbündeten als opportun.

Nun, da der Krieg in Europa angekommen ist und mit ihm auch die Flüchtlingswelle, überschattet die Gefahr durch den IS sogar das grausame und menschenverachtende Treiben des syrischen Diktators Assad. »Dies ist eine Gefahr für jeden in der Welt«, so sagte US-Außenminister John Kerry in einem Interview, »eine Gruppe, die offen entschlossen ist, die Menschen im Westen und im Nahen Osten zu vernichten. Stellen Sie sich vor, was geschehen würde, wenn wir nicht aufstehen und gegen sie kämpfen, wenn wir kein Bündnis gegen sie anführen. Wenn wir das nicht tun, dann könnten Verbündete und Freunde von uns fallen. Wir könnten eine Massenzuwanderung nach Europa haben, die Europa zerstört, die zur reinen Zerstörung Europas führt, das europäische Projekt beendet. Dann sucht jeder Deckung, und wir stecken wieder mitten in den Dreißigerjahren mit Nationalismus, Faschismus und anderen Dingen, die ausbrechen können. Natürlich haben wir ein Interesse an der Bekämpfung des IS, ein Rieseninteresse.« Das Assad-Regime mag eine Region terrorisieren, der IS könnte neue Kriege in Europa zur Folge haben?

Schicksalsfrage für Europa

In der Tat, so düster wie im Februar 2016 war die Stimmung schon lange nicht mehr auf der alljährlichen Münchner Sicherheitskonferenz, an der Regierungsvertreter, Politiker, Wirtschaftsmanager und Sicherheitsexperten aus aller Welt teilnehmen. Ein Gefühl höchster Dringlichkeit hing im Saal, die Russen Medwedew und Lawrow redeten vom Rückfall »in den Kalten Krieg« und der Gefahr eines »dritten Weltschocks«, der Iraner Sarif forderte, die »Mauern des Misstrauens« einzureißen. Und in diesen Februartagen 2016, gut drei Monate nach der zweiten Anschlagsserie von Paris, kamen auch die Lehren aus fünfzehn Jahren Anti-Terror-Kampf langsam in den Köpfen der Politiker an. Einige Redner sprachen das Kernproblem offen an. Bei manchen war es vielleicht nicht mehr als Wortgeklingel, bei anderen dagegen klang es nach ehrlicher Überzeugung und der Bereitschaft, die entsprechenden Taten folgen zu lassen. König Abdullah von Jordanien wählte dafür bewusst alarmierende Worte, um den Anwesenden und der Öffentlichkeit das Ausmaß der Herausforderung deutlich zu machen, die aus seiner Sicht nur mithilfe eines globalen Konzepts gemeistert werden kann: »Wir kämpfen den Krieg der Zukunft, einen dritten Weltkrieg gegen eine globale Bedrohung. Wir können nicht siegen durch die Konzentration auf Syrien und Irak.« Und dann sagte der Monarch den Satz, der Mut und Größe eines Mannes beweist, der eigentlich nur ein winziges Königreich beherrscht, aber dennoch als eine wichtige Stimme in der islamischen Welt gilt: »Wir Muslime müssen in diesem Kampf an vorderster Front stehen. Der IS besteht aus Gesetzlosen, gegen die wir kämpfen müssen, um unseren Glauben zu schützen.« Mit IS meinte der König nicht nur die Terrormiliz, sondern das extremistische Gedankengut, die Ideologie, für die der IS steht. Das wird aus dem flammenden Appell deutlich, den er dann vor allem auch an die Europäer richtet: »Wir dürfen die Balkanstaaten nicht vergessen und müssen die Muslime dort stärken gegen Radikalisierung und Extremismus. Ich appelliere an Sie: Kümmern Sie sich um Bosnien und die anderen Staaten. Europa muss den Balkan zum Vorposten gegen Extremismus machen.«

König Abdullah weiß genau, wer für die Radikalisierung von Muslimen in den Balkanstaaten verantwortlich ist. Seit den blutigen Kriegen dort finanziert Saudi-Arabien in diesen Ländern Moscheen, Gemeindezentren, Sozialeinrichtungen und Schulen, in denen für die saudische Ausprägung des Islam geworben wird. Wie in vielen Regionen der Welt ist der Wahhabismus, dem je nach Berechnung nur ein bis drei Prozent der 1,6 Milliarden Muslime anhängen, der fruchtbare Boden für die Rechtfertigung von Gewalt gegen Andersgläubige. Großbritannien hatte es im Juli 2005 selbst erfahren und war auch 2015/16 das Ziel zahlreicher Anschlagspläne, die nur knapp vereitelt werden konnten. Deshalb warnte auch der britische Außenminister Hammond davor, sich mit einem militärischen Sieg über das selbst ernannte Kalifat zu begnügen: »Wir werden den IS besiegen, aber der dahinterliegende Fundamentalismus wird bleiben. Gegen den müssen wir vorgehen.

Vor allem aber die islamische Welt muss den Islamismus selbst bekämpfen.« Als ich ihn anschließend nach der Rolle des Wahhabismus fragte, wurde Hammond noch einmal sehr deutlich: »Diese Fundamentalisten wollen allen Muslimen in der Welt ihre korrumpierte Interpretation des Islam aufzwingen. Sie sagen ihnen, sie könnten bei uns nicht an gesellschaftlichen Fragen mitwirken, dürften nicht wählen und könnten nicht mit Christen, Juden, Sikhs und Atheisten zusammenleben. Später werden sie uns alle jagen, sie wollen die Ungläubigen angreifen, sobald sie alle Muslime in ihre Version der Religion gezwungen haben. Der fundamentale Islamismus muss zu Fall gebracht werden. Er ist die unterschwellige Ideologie, die die Radikalisierung und den extremistischen Terrorismus antreibt.«

Das ging auch an die Adresse von Adel al-Dschubeir, dem Außenminister Saudi-Arabiens. Auf dem Podium beschimpfte er den Islamischen Staat als gottlose Verbrecherbande: »Der IS ist so islamisch, wie der KKK* christlich ist.« Damit lässt sich das Problem schnell wegerklären. Wenn der IS gar nichts mit der Religion zu tun hat, müsste Saudi-Arabien sich auch nicht zu einer Änderung des eigenen Verhaltens verpflichtet fühlen. Tatsächlich erklärte al-Dschubeir mir im Interview, dass nur die anderen schuld seien am Terror des IS, Baschar al-Assad, der Tausende von Terroristen aus dem Gefängnis entlassen hätte, um die Gruppe zu stärken und sich selbst so als kleineres Übel darstellen zu können. Und die irakische Regierung, die die sunnitische Minderheit im Land unterdrücke. Ganz unrecht hat er damit zwar nicht, aber – so fragte ich – »rechtfertigt der IS seinen Terror und die Errichtung seines Kalifats nicht trotzdem mit dem Islam? Und ruft er nicht zur großen Endschlacht aus der islamischen Prophezeiung auf?« Der Außenminister antwortete, wie immer mit leiser Stimme: »Es gibt kein Kalifat. Das ist eine Horde von Psychopathen, die auf Pickups herumfahren, Menschen töten und foltern. Was sie über diese apokalyptischen Dinge sagen, das gibt es auch in anderen Religionen. Es gibt Psychopathen, Perverse, die ihren Glauben falsch interpretieren, in jeder Religion. Der IS hat nichts mit dem Islam

* Ku-Klux-Klan

zu tun. Man tötet keine Menschen nach islamischem Glauben. In den islamischen Schriften heißt es: Du hast deine Religion, und ich habe meine, du praktizierst deine und ich meine. Es gibt auch den Satz: Der, der eine Seele tötet, der hat die ganze Menschheit getötet. Und wer eine Seele rettet, der hat die ganze Menschheit gerettet. Es gibt Toleranz, Mitgefühl und ein friedliches Miteinander in allen Religionen. Dann hat man unglücklicherweise auch Menschen, die diesen Glauben für ihre eigenen Zwecke pervertieren. Aber wir sollten nicht die Perversen mit dem Glauben verwechseln.«

Eigentlich gehört al-Dschubeir zu den Befürwortern von Reformen in seinem Land, wie zum Beispiel mehr Rechte für Frauen und die im Frühjahr 2016 erlassenen Beschränkungen für die Religionspolizei. Doch der Außenminister plädiert für ein behutsames Vorgehen, um – wie er sagt – die Bevölkerung mitzunehmen. In Wirklichkeit hat auch die saudische Regierung Angst vor den Fundamentalisten im eigenen Land. Das hat viel mit den Ereignissen vom 20. November 1979 zu tun.[24] Damals stürmten schwer bewaffnete Salafisten die heiligsten Stätten des Islam in Mekka und nahmen Zigtausende Pilger als Geiseln. Die Fanatiker unter der Führung des überzeugten Wahhabiten Dschuhaimān Ibn Seif al-'Utaibī, eines ehemaligen Unteroffiziers der saudischen Nationalgarde, forderten ein sofortiges Ende der wirtschaftlichen und gesellschaftlichen Modernisierung Saudi-Arabiens. Der Luxus, die Vergnügungen, die weitgehenden individuellen Freiheiten auch für Frauen, die es damals tatsächlich gab, waren aus ihrer Sicht schwere Verstöße gegen den Islam. Die Geiselnahme stellte die Herrschaft des saudischen Königshauses infrage. Erst zwei Wochen nach dem Angriff beendete das Militär die Geiselnahme, dabei starben mehr als tausend Menschen. Die Genehmigung für das gewaltsame Vorgehen am heiligen Ort hatte König Khalid von islamischen Gelehrten allerdings nur unter zwei Bedingungen bekommen: Er sollte die Liberalisierung Saudi-Arabiens in weiten Teilen rückgängig machen und mit den Einnahmen aus den Ölgeschäften die wahhabitische Auslegung des Koran rund um den Erdball unterstützen. Mit anderen Worten: Der Tod der Aufrührer wurde mit der Erfüllung ihrer Forderungen erkauft. Deshalb war der Anschlag auf Mekka nicht nur der Startschuss für die weltweite Indoktrinierung von Muslimen durch den staatlich finanzierten Wahhabismus, sondern auch die Geburtsstunde sunnitischer Terrorgruppen, denen die Bemühungen der Regierung nicht weit genug gehen. Sowohl die Anführer der al-Qaida als auch der selbst ernannte Kalif des IS berufen sich auf das Vorbild der fanatischen Terroristen von November 1979.

Die Angst vor einem zweiten Aufstand erklärt vielleicht die Antwort von Außenminister al-Dschubeirs auf meine nächste Frage, es sei denn, er ist selbst von der Unschuld des Wahhabismus überzeugt. Schuld am IS, so sagte ich, ist doch auch »die finanzielle und ideologische Unterstützung des islamischen Fundamentalismus quer durch Europa und in anderen Ländern. Kritiker sagen, diese Unterstützung kommt aus Saudi-Arabien und den Golfstaaten und schafft damit fruchtbaren Boden. Was antworten Sie darauf?« Diesmal bebte die Stimme des Ministers, er redete weiterhin leise, aber sehr eindringlich, man könnte auch sagen, wütend: »Das ist lächerlich. Wir sind der Feind Nummer eins des IS, und davor waren wir der Feind Nummer eins von al-Qaida. Warum sollten wir Bewegungen finanzieren und unterstützen, die uns töten wollen? Warum sollten wir das tun? Das ergibt keinen Sinn. Das ist absurd. Menschen haben solche Vorwürfe gegen Saudi-Arabien ohne jede faktische Grundlage erhoben. Wir stehen an vorderster Front der Länder, die Terrorismus bekämpfen. Wir stehen an vorderster Front der Länder, die die extremistische Ideologie bekämpfen. Wir sind an vorderster Front derer, die mit anderen Ländern internationale Bündnisse gründen, um Terrorismus und Extremismus zu bekämpfen.« Immerhin konnte ich jetzt meinen Kronzeugen, den jordanischen König, bemühen: »Aber da gibt es doch die Moscheen, in denen der Salafismus gepredigt wird. Der ist auf dem Vormarsch, zum Beispiel auf dem Balkan, wie König Abdullah das ja hier auf dem Podium sagte. Dass hier die Gefahr droht, dass dieser Fundamentalismus fruchtbaren Boden besonders für junge Leute in Westeuropa bereitet, die dann denken, dass der IS recht hat.« Al-Dschubeir wies jede Verantwortung zurück: »Ja, aber was haben wir in Saudi-Arabien damit zu tun? In unseren Moscheen versuchen wir zu ermutigen, eine tolerante Botschaft zu predigen. Wir haben islamische Gelehrte, die diese Ideologie zurückweisen und bekämpfen. In unserem Bildungssystem fördern wir Toleranz und Koexistenz. Wir haben Öffentlichkeitskampagnen in unserem Land, um die Ideologie zu bekämpfen. Und wir helfen anderen Ländern, ähnliche Programme zu schaffen.«

Was mag mit den Worten »versuchen wir zu ermutigen, eine tolerante Botschaft zu predigen« gemeint sein? Vielleicht ist die Wortwahl Zufall, überzeugend ist sie nicht. Spätestens seit dem 11. September 2001 hätten sich alle Anstrengungen auf die Bekämpfung einer Ideologie richten müssen, die Ausgangspunkt, Grundlage und Rechtfertigung für die Gewalt der Terroristen ist. Der Kampf gegen die Ungerechtigkeiten in der Welt wäre mindestens so wichtig gewesen. Weil wir nur mit altem Denken – Überwachung, Folter und Kriegen, Polizei, Geheimdiensten und Militär – reagierten, haben wir genau das getan, was die Strategen des Islamismus einkalkuliert hatten und für ihre Zwecke ausschlachten konnten. Die Obama-Regierung hat einen Paradigmenwechsel versucht, aber was nützt dieser, wenn wir fünfzehn Jahre nach Nine Eleven immer noch nicht den Mut haben, die Ideologie des Hasses zu bekämpfen? Damals breitete man den Mantel des Schweigens über die Belege für die Rolle des Wahhabismus und die Mitschuld der saudischen Regierung, um einen teuren Verbündeten nicht zu verärgern. Heute droht Saudi-Arabien, 750 Milliarden Dollar aus den USA abzuziehen, wenn die US-Regierung Taten folgen lassen würde auf die unmissverständlichen Worte von Barack Obama: »Es gibt eine gewalttätige, radikale, fanatische, nihilistische Interpretation des Islam durch eine Fraktion in der muslimischen Gemeinschaft – eine winzige Fraktion, die unser Feind ist und besiegt werden muss. Darüber hinaus gibt es eine Notwendigkeit für den Islam als Ganzes, diese Interpretation zu hinterfragen, zu isolieren und dann eine energische Diskussion innerhalb seiner Gemeinschaft zu führen, wie der Islam als Teil einer friedlichen, modernen Gesellschaft funktioniert.«

Der amerikanische Präsident fügte jedoch einen entscheidenden Satz hinzu: »Ich kann die friedfertigen, toleranten Muslime nicht überzeugen, sich an der Debatte zu beteiligen, wenn ich nicht ihre Sorge ernst nehme, dass sie alle über einen Kamm geschoren werden.« Genau an dieser Stelle ist seit Nine Eleven ebenfalls so vieles schiefgelaufen.

4 Fünfzehn verschwendete Jahre

Ich sitze in einem Hintergrundgespräch einer deutschen Sicherheitsbehörde und traue meinen Ohren nicht. Da sagt doch einer der Top-Ermittler: »Die Anschläge von Paris waren so nicht vorstellbar in Modus Operandi und Brutalität.« Solch ein Satz erinnert fatal an das Gerede nach dem 11. September 2001. Damals wollte man nicht wahrhaben, dass die Zeichen für 9/11 längst an der Wand gestanden hatten. 1990 hatten Ermittler in den USA bei einer Razzia gegen Islamisten in New York erstmals Pläne für Bombenanschläge auf das World Trade Center gefunden. Im Februar 1993 wäre es den Terroristen beinahe gelungen, mindestens einen der Zwillingstürme zum Einsturz zu bringen und so Zehntausende von Menschen zu töten. Doch weil sie die Autobombe im Tiefgeschoss des Hochhauses falsch platziert hatten, starben an jenem Morgen »nur« sechs Menschen, mehr als tausend wurden verletzt. Der Drahtzieher dahinter, ein Mann namens Ramzi Youssef, konnte den US-Fahndern entkommen. Anfang 1995 flog ein weiterer seiner Pläne auf, in denen er damals schon von Osama bin Ladens al-Qaida unterstützt worden war. Der Codename der Operation war *Bojinka,* das serbokroatische Wort für »lauter Knall«. Beinahe gleichzeitig sollten zehn Passagierflugzeuge auf internationalen Flugrouten entführt und in der Luft gesprengt werden. Mit einer elften Maschine würden sich die Terroristen in das Hauptquartier des US-Geheimdienstes CIA in der Nähe von Washington stürzen. Als weitere mögliche Ziele waren damals auch das World Trade Center in New York und der Sears Tower in Chicago genannt. Aufgedeckt wurde »Bojinka« von der Bundespolizei auf den Philippinen, die ein Terrorversteck von Ramzi Youssef durchsucht und einen seiner Komplizen verhaftet hatte.

Die Warnung, dass Terroristen simultane Entführungen und den Einsatz von Flugzeugen als Waffen planten, ging vom philippinischen FBI an Sicherheitsbehörden in aller Welt. Und damals schon war der angeblich so unvorstellbare Gedanke nicht neu. 1991 wollten sich Selbstmordkommandos der algerischen Terrorgruppe GIA mit zwei Passagiermaschinen aus dem Sudan in den Königspalast von Madrid stürzen. Dort fand an jenem Tag der Nahostgipfel mit dem damaligen US-Präsidenten George Bush, dem russischen Staatschef Michail Gorbatschow und dem israelischen Premierminister Schamir statt. Der Anschlag konnte vereitelt werden. Weihnachten 1994 stürmte eine französische Spezialeinheit auf dem Flughafen Marseille einen entführten Linienjet der Air France. Terroristen der GIA hatten vor, mit dem Airbus den Eiffelturm zu zerstören. Auch in den Monaten vor dem 11. September 2001 gab es neben zahlreichen Hinweisen, dass Osama bin Laden große Terroranschläge mit Massenopfern in den USA plante, sogar konkrete Details zum Modus Operandi. So zitierte der ständig aktualisierte Bericht zur Bedrohungslage in der zweiten Maihälfte jenes Jahres einen Informanten aus der islamistischen Szene, dass die Terroristen eine Attacke »ähnlich der auf das World Trade Center für reizvoll« hielten. Bin Laden wolle »Piloten als Terroristen« anwerben, um einen ähnlich »spektakulären und traumatisierenden Anschlag zu verüben«. Der konkrete Rückbezug auf den Anschlag vom 26. Februar 1993 war bemerkenswert. Offenbar war die Erinnerung an den Angriff in Islamistenkreisen gegenwärtiger als bei den Ermittlern. Trotz all dem beteuerten die Sicherheitsbehörden in den USA und anderswo nach 9/11 immer wieder, dass niemand mit solch einer Eskalation der Terrorgewalt rechnen konnte. Das war eine glatte Täuschung: Wie weit die Feinde Amerikas gehen wollten, war den Fachleuten bei Polizei und Geheimdiensten und in der Politik längst bekannt. Auch die Arbeitsweise, Struktur und weltweite Ausbreitung von al-Qaida spiegelten sich in den Ermittlungsakten über gelungene und fehlgeschlagene Terroroperationen wider, allen voran in den Erkenntnissen über den »Bojinka-Plan«.

Heute ist es nicht anders. Der IS mag al-Qaida ein wenig in den Hintergrund gedrängt haben, aber beide operieren nach dem Masterplan, den Abu Musab al-Suri und andere Islamisten schon vor rund zehn Jahren entworfen haben und nun eifrig Punkt für Punkt abarbeiten. Zeit spielt für sie dabei nicht wirklich eine Rolle, solange sie nur kontinuierlich weiter seine Umsetzung vorantreiben, sich durch Fehlschläge nicht entmutigen lassen, sondern diese im Gegenteil dazu nutzen, ihre Taktiken so zu verfeinern, dass die folgenden Attacken dann gelingen. Der Straßenkrieg, wie wir ihn in Paris erlebt haben, ist nur ein Meilenstein, dem weitere Eskalationsstufen folgen sollen, so wie es auch in der trendigen E-Book-Variante des Masterplans, dem *Muslim Gang Book,* beschrieben ist. Die Pläne von Paris waren den Experten längst bekannt, nicht zuletzt, weil die Islamisten Modus Operandi und Brutalität andernorts bereits mehrfach vorgeführt hatten.

Der Terrorkrieg in den Straßen

Der Angriff, der für die Anschläge vom 13. November 2015 als Blaupause dienen sollte, begann eher unauffällig. Mit Schlauchbooten landeten zehn junge Männer an der Südspitze der indischen Küstenmetropole Mumbai. Im Auftrag der pakistanischen Terrorgruppe Laschkar-e-Taiba sollten sie an diesem 26. November 2008 einen Straßenkrieg entfachen und waren dafür monatelang in einem Versteck in Karatschi ausgebildet worden. Die Angreifer teilten sich in kleine Gruppen auf und eröffneten gegen 21.30 Uhr mit ihren AK-47-Kalaschnikows das Feuer auf Reisende im historischen Chhatrapati Shivaji Bahnhof von Mumbai. Allein hier würden 58 Menschen sterben. Fast zeitgleich töteten zwei weitere Terroristen zehn Gäste im bekannten Leopold-Café. Es folgten Bombenexplosionen in zwei Taxis, Sprengstoffattacken und Feuergefechte in den Hotels Taj Mahal und Oberoi sowie in einem jüdischen Gemeindezentrum. Fast vier Tage dauerte die Anschlagswelle, bei der die Terrorteams insgesamt zwölf unterschiedliche Ziele angreifen konnten, bevor sie schließlich von Spezialeinheiten der indischen Armee ausgeschaltet wurden. Die Bilanz des Terrors: 164 Tote und 308 Verwundete.

Ein einziger der Attentäter überlebte und schilderte bei seinem Prozess alle Einzelheiten der Vorbereitung und Ausführung der Attacken, bei denen die Terroristen – ähnlich wie bei den Anschlägen von Paris – in engem telefonischen Kontakt mit ihren Hintermännern gestanden hatten. Aus den Telefonmitschnitten geht hervor, dass den Drahtziehern besonders daran lag, möglichst viel Angst und Schrecken in der indischen Bevölkerung zu verbreiten: »Alles wird von den Medien gefilmt. Richtet maximalen Schaden an«, so die Anweisungen, »kämpft weiter, lasst euch nicht lebend schnappen. Um die Mission erfolgreich abzuschließen, müsst ihr getötet werden.« Die Attentäter von Paris handelten nach denselben Vorgaben. Sie hofften auf eine maximale Wirkung durch ihren Angriff auf das Fußball-Länderspiel Frankreich vs. Deutschland, das ja live im Fernsehen übertragen wurde. Alle Terroristen vom 13. November hatten sich Sprengstoffgürtel umgeschnallt, um ihre Mission ebenfalls »erfolgreich abzuschließen«.

Ein deutsches Mumbai?

Der Straßenkrieg von Mumbai hat schon damals eine Diskussion in Europa ausgelöst. Könnte so etwas auch bei uns passieren? Sind wir darauf vorbereitet? Was kann man tun, um solche Angriffe zu verhindern? Wieder einmal wurde in den Talkshows, in den Parlamenten und bei unzähligen Veranstaltungen viel geredet, passiert ist wenig. Dabei war die Gefahr für Deutschland, Frankreich und andere europäische Länder sehr real: »Erkenntnisse des BKA Berlin zu Anschlagsplanungen in der Bundesrepublik Deutschland (DEU)«, so heißt die Überschrift über einer geheimen Lageeinschätzung des Bundeskriminalamts vom Oktober 2010. In dem dreiseitigen Papier analysierte die Behörde Hinweise aus »eigenem Aufkommen«, also basierend auf dem, was Bundesnachrichtendienst, Verfassungsschutz und BKA von Informanten oder aus ihren Überwachungsmaßnahmen im In- und/oder Ausland erfahren hatten. Die Fahnder stellten zwei konkrete Anschlagsszenarien dar. Zum einen sollten zwei Personen nach einer Terrorausbildung am Hindukusch mit dem Auftrag nach Deutschland zurückgekehrt sein, hier Sprengstoffanschläge mit ferngezündeten Bomben auszuführen. Die beiden Verdächtigen warteten angeblich nur noch auf die notwendigen Zünder, versteckten sich bei Bekannten, telefonierten nicht, gingen nicht in die Moschee und achteten sehr auf westliches – also möglichst unauffälliges – Aussehen. Das Ziel, so heißt es in dem Geheimpapier, sei »eine Menschenmenge in einer großen Stadt, zum Zeitfenster können bislang keine belastbaren Erkenntnisse gewonnen werden«.

Nicht weniger besorgniserregend klingt das zweite Szenario, nach dem »weitere vier Personen« mit Terrorausbildung eingereist seien, um ein »Schusswaffen- und Selbstmordattentat gegen ein wichtiges Gebäude, mutmaßlich im Raum Berlin, durchzuführen. Ähnlich den Anschlägen in Mumbai/IND sollen diese mit Kriegswaffen und Sprengstoffwesten ausgestattet agieren und sich während der Tatausführung selbst sprengen.« Nach den Hinweisen gebe es ein Versteck, das eigens für »zukünftige Selbstmordattentäter reserviert« sei. Genauso ist es fünf Jahre später wohl auch in Paris geschehen. Die Ermittler bewerteten die Anhaltspunkte zum ersten Szenario – ferngezündete Bomben – als plausibel und passend zu den »bereits bekannten Modi Operandi« und verwiesen auch auf entsprechende Vorgaben aus der Führungsebene der al-Qaida, die damals noch als Hauptbedrohung angesehen wurde. Die Fahnder kannten diese Vorgaben aus einem anderen Vorgang, dem sie den Codenamen »Sterne« gegeben hatten und auf den ich gleich noch zurückkommen werde. Doch zunächst dokumentiere ich an dieser Stelle im Wortlaut die Bewertung zum angeblichen Anschlagsplan nach dem Vorbild Mumbai, weil ich einerseits einen Einblick in die Arbeitsweise deutscher Sicherheitsbehörden geben, andererseits deutlich machen will, wie absurd die Behauptung vom Februar 2016 ist, dass die Anschläge von Paris in Modus Operandi und Brutalität nicht vorstellbar gewesen wären.

Im Originaldokument von 2010 heißt es unter Punkt »3.2 Schusswaffen- und Selbstmordattentat«: »Auf die offenkundigen Parallelen zu dem im Hinweiskomplex ›STERNE‹ benannten Modus Operandi wird hingewiesen. Wie schon in den bisherigen Lageberichten dargestellt, muss dieser Modus Operandi (vergleichbar mit den Anschlägen in Mumbai/IND) mit Blick auf die relativ wenig aufwendigen Tatvorbereitungen im Verhältnis zum verursachten materiellen, psychologischen und wirtschaftlichen Schaden als sehr geeignet und insofern als glaubhaft angesehen werden. Auf das in Sachen ›STERNE‹ genannte, angebliche Anschlagsziel eines ›important office‹ in Europa wird ebenfalls verwiesen. Die angesprochene Abschottung und Indoktrinierung von Personen, die für die Ausführung von Selbstmordattentaten bestimmt sind, korrespondiert mit hiesigen Auswerteergebnissen über die Vorgehensweise terroristischer Gruppierungen. Beide Sachverhalte sind inhaltlich weitestgehend schlüssig und plausibel; sie fügen sich sowohl in die allgemeine – und im Hinblick auf ›STERNE‹ – in die besondere Gefährdungslagebewertung und die hiesigen Erkenntnisse zum Modus Operandi der in Waziristan aktiven terroristischen Gruppierungen ein (siehe insbesondere EG Zeit zu Schleusungswegen und Zündertransportmodalitäten sowie zur Konspiration im Lager). Unter Berücksichtigung der vorliegenden Erkenntnisse ist der Sachverhalt damit als grundsätzlich glaubwürdig zu bewerten. Eine Bewertung des Hinweises unter Berücksichtigung des Informationsursprungs ist an Hand der vorliegenden Erkenntnisse derzeit nicht hinreichend valide möglich. Auf Grund der bestehenden Gesamtplausibilität des Sachverhaltes muss unter Einbeziehung des im Raume stehenden hohen Schadens zunächst von einer Ernsthaftigkeit der bekannt gewordenen mutmaßlichen Planungen ausgegangen werden. Weitere Ermittlungsmaßnahmen zur Verifizierung des Sachverhaltes sind initiiert. Angaben zur Herkunft der Informationen können derzeit nicht offengelegt werden.«

Der Verweis auf die Ermittlungsgruppe EG Zeit bezieht sich auf die Erkenntnisse rund um die Anschlagspläne der Sauerland-Zelle im Jahr 2007. Die Terroristen sollten im Auftrag einer islamistischen Terrorgruppe vom Hindukusch in Deutschland Bombenattacken auf amerikanische Militäreinrichtungen verüben. Die notwendigen Zutaten für die Sprengsätze hatten sie hier eingekauft, die Zünder aber waren von Bekannten aus der Türkei per Fernbusverbindung an einen der vier Terroristen geliefert worden. Unter dem Hinweiskomplex mit dem Codenamen »Sterne« verbirgt sich eine Terrorwarnung amerikanischer Geheimdienste vom August 2010. In Afghanistan hatten US-Soldaten einen jungen Deutsch-Afghanen festgenommen. Im Verhör erzählte ihnen Ahmad Siddiqi von einem Plan der al-Qaida-Führung, in mehreren europäischen Großstädten gleichzeitig Attacken nach dem Vorbild der Anschläge von Mumbai ausführen zu lassen. Der deutsche Islamist nannte so viele Details, dass er als glaubwürdig eingestuft wurde. Die Amerikaner gaben die Auskünfte an die europäischen Nachrichtendienste weiter. Kurz danach sickerten erste Informationen an die Öffentlichkeit. Am 29. September 2010 berichteten die Fernsehsender ABC in den USA und Sky in Großbritannien übereinstimmend über Anschlagspläne für einen koordinierten Terrorangriff auf europäische Großstädte. Die meisten Medien versahen die Meldung mit einer falschen Schlagzeile: »Anschläge vereitelt«. In Wirklichkeit waren an diesem Tag nur die Pläne bekannt geworden, vereitelt war zu diesem Zeitpunkt leider nichts. Die Nervosität der europäischen Sicherheitsbehörden nahm zu. Die französische Polizei räumte in diesen Tagen mehrfach wegen Bombendrohungen das Gelände rund um den Eiffelturm. Reflexhaft bemühten sich Bundesbehörden, die Bevölkerung zu beruhigen. Es gebe keinen Anlass für eine neue Einschätzung der Gefährdungslage und für weitere Sicherheitsmaßnahmen.

Doch die Anzeichen, dass dies eine Fehleinschätzung sein könnte, häuften sich in den Folgewochen. Bei Befragungen verhafteter Heimkehrer aus Afghanistan bestätigten sich die Aussagen von Ahmad Siddiqi. Angeblich ging es um simultane Anschläge in Deutschland, Spanien, Österreich, Großbritannien und der Schweiz. Von anderen Quellen wurden auch Frankreich und Dänemark genannt. In Deutschland gebe es zudem fünf Schläferzellen, drei in Köln, eine in Bonn und eine in München. Als mutmaßliche Drahtzieher galten zwei der gefährlichsten Mitstreiter Osama bin Ladens, Scheich Younis al-Mauretani und Ilyas Kashmiri, der als langjähriger Kämpfer in Afghanistan und Mastermind hinter zahlreichen Terroranschlägen im indischen Kashmir auch »Genie des Bösen« genannt wird. CIA-Chef Leon Panetta reiste eigens nach Islamabad, um den Chef des pakistanischen Geheimdienstes, Ahmed Pasha, persönlich über die Lage zu informieren und eine deutliche Verschärfung der Drohnenangriffe auf die Verstecke mutmaßlicher Terroristen in Pakistan anzukündigen. In den darauffolgenden Wochen fanden Dutzende solcher Attacken statt. Bei einer – am 4. Oktober 2010 – wurden drei Islamisten aus Deutschland getötet. Der US-Geheimdienst hoffte, die Anschläge in Europa zu vereiteln, wenn mögliche Hintermänner und Koordinatoren der Terrorkommandos am Hindukusch ausgeschaltet werden könnten. Doch trotz dieser gezielten Tötungen gab es keine Entwarnung. In Europa suchten die Sicherheitsbehörden fieberhaft nach Anhaltspunkten, um den Terrorzellen auf die Spur zu kommen. In Frankreich nahm die Polizei eine islamistische Schleuserbande in der Hoffnung fest, durch die Befragung der Verdächtigen und die Auswertung der beschlagnahmten Computer weitere Hinweise zu bekommen, doch die Ermittlungen blieben erfolglos. Waren die Planungen für die Angriffe vielleicht schon abgeschlossen? Die notwendigen Waffen – Gewehre, Pistolen und Handgranaten – könnten sich die Terroristen in Europa leicht beschaffen.

Aus Abhörmaßnahmen und von Informanten in Pakistan und Afghanistan erhielten die Nachrichtendienste weitere beunruhigende Informationen. Die Attacken sollten »bis Ende November erfolgen«, Osama bin Laden habe »einen Großteil des Budgets der al-Qaida« dafür zur Verfügung gestellt, und man werde »einen schweren Schlag gegen das europäische Wirtschaftssystem führen«. Wollte man vielleicht einige Großbanken und die Börsen in den Finanzmetropolen erstürmen, Geiseln nehmen und Spitzenmanager vor laufender Kamera hinrichten? In Propagandavideos hatte die al-Qaida-Führung in diesen Wochen massive Drohungen gegen Frankreich ausgestoßen. Bin Laden kündigte die Hinrichtung von Geiseln an, wenn die USA den Chefplaner der Anschläge vom 11. September, Khalid Sheikh Mohammed, exekutieren würden. Eine weitere Entdeckung sorgte für Aufregung bei den Fahndern. Der Amerikaner David Headley, der seit 2009 als einer der Drahtzieher der Anschläge von Mumbai in den USA in Haft saß, war bei seinen Reisen nach der Attacke auch in Europa gewesen und hatte dabei in Frankfurt, Hamburg und Kopenhagen Station gemacht. War er dort gewesen, um neue Ziele auszuspähen und mögliche Täter anzuwerben? Die Sicherheitsbehörden in ganz Europa beschlossen, den Verbleib aller als gefährlich eingestuften Islamisten zu überprüfen. Bei dieser »Gefährderzählung« in der letzten Oktoberwoche 2010 stellten die Fahnder fest, dass einige der gewaltbereiten Verdächtigen untergetaucht waren. Eilig wurde ein Krisentreffen der Geheimdienste in Berlin anberaumt. Auch die CIA sollte ein Dutzend Ermittler entsenden und den europäischen Kollegen endlich alle Details über die möglichen Anschlagspläne in Europa offenlegen.

Von all dem erfuhr die europäische und deutsche Öffentlichkeit fast nichts. Am Rande des alljährlichen BND-Symposiums in Berlin am 28. Oktober 2010 äußerten mehrere hochrangige Ermittler europäischer Geheimdienste mir gegenüber ihren Unmut darüber. Die Zahl und die Qualität der Hinweise auf drohende Attacken seien so beunruhigend wie noch nie seit Nine Eleven. Die Politiker in ganz Europa täten gut daran, die Bevölkerung offen und ehrlich darüber aufzuklären und sie um Mithilfe zu bitten. Wenn tatsächlich Vorbereitungen für simultane Angriffe in Westeuropa im Gange seien, dann könnten sie möglicherweise nur noch durch aufmerksame Bürger verhindert werden. Selbst wenn dies nicht gelänge, wäre die Bevölkerung zumindest besser in der Lage, eine Anschlagsserie zu verkraften. Vor all diesen Hintergründen und angesichts der massiven Warnungen erscheint das geheime BKA-Papier vom Oktober 2010 umso bedeutsamer, da es zu den vorliegenden Erkenntnissen passte und die Dramatik der Bedrohungslage zu diesem Zeitpunkt deutlich machte. Fassen wir also noch einmal zusammen: Straßenkriegsähnliche Angriffe wie in Mumbai stuften deutsche Ermittler auch für Deutschland als glaubhaft ein. Die Abschottung und Indoktrinierung möglicher Selbstmordattentäter war aus vergleichbaren Fällen hier bekannt. Auch wenn sich die tatsächliche Existenz solcher konkreten Pläne nicht belegen ließ, sah man sich gezwungen, von der Ernsthaftigkeit dieser Szenarien auszugehen. An dieser Stelle drängt sich eine Frage auf: Wenn Sie als Politiker oder als Vertreter einer Sicherheitsbehörde für den bestmöglichen Schutz der Bevölkerung vor solchen Anschlagsplänen verantwortlich wären, was würden Sie tun? Die möglicherweise gefährdeten Ziele schützen? Genau das ist passiert.

Es bleibt bei Aktionismus

Am 17. November 2010 warnte der damalige und jetzige Bundesinnenminister de Maizière bei einer eilends einberufenen Pressekonferenz vor einer deutlich gewachsenen Bedrohung: »Es gibt ernst zu nehmende Hinweise auf Anschläge in Europa und den USA. Ich möchte die Bevölkerung bitten, in ihrem Umfeld wachsam zu sein und alles, was ihnen verdächtig erscheint, der Polizei zu melden.« Einzelheiten blieb der Minister schuldig, außer, dass die Menschen auf »herrenlose Taschen und seltsames Verhalten«

achten sollten. Es folgte die massive Verschärfung der Sicherheitsmaßnahmen vor öffentlichen Einrichtungen und bei Großveran-
staltungen, wie zum Beispiel Weihnachtsmärkten im ganzen Land.
Überall sah man in dieser Zeit Polizisten mit Schutzwesten und
Maschinenpistolen, an einigen Stellen, vor dem Reichstag und dem
Hauptbahnhof in Berlin, sogar gepanzerte Fahrzeuge. In Wahrheit
diente der Aufwand in erster Linie dazu, der Bevölkerung mit den
damals verfügbaren Mitteln ein Gefühl von Sicherheit zu geben.
Natürlich hofften die politischen Entscheidungsträger auch, dass
sich mögliche Terroristen von der hohen Zahl schwer bewaffneter
Polizisten abschrecken lassen würden. Dabei wussten sie gleichzeitig, dass der Anblick eher Kosmetik war. Denn mit ihren Maschinenpistolen vom Typ MP-5 und den Standardschutzwesten
wären die Beamten keine wirklich ernst zu nehmenden Gegner für
kriegserprobte islamistische Kämpfer gewesen. Die Kugeln aus
deren Kalaschnikows würden die Westen einfach durchschlagen.
Die Kriegstaktiken der Terroristen hätten auch erfordert, ähnliche
Taktiken anzuwenden, zum Beispiel sich den Angreifern nicht
offen in den Weg zu stellen, sondern sie im Zweifel sogar aus dem
Hinterhalt zu erschießen. Für solche gezielten Tötungen – gewissermaßen den finalen Rettungsschuss, wie er in den gesetzlichen
Rahmenbedingungen ausdrücklich zugelassen ist – fehlte es aber
an der notwendigen Ausrüstung. Es wäre ein aufsteckbares Visier
für die MP-5 erforderlich oder, besser noch, die Aufrüstung der Polizeieinheiten mit der MP-7-Maschinenpistole, die entsprechende
Zieleinrichtungen bereits aufweist. Unverzichtbar wäre auch ein
intensives Training für Polizisten, die sich völlig unerwartet in
einer kriegsähnlichen Situation wiederfinden würden. Es ginge
dabei nicht nur um das Erlernen körperlicher Fähigkeiten, sondern auch der psychischen Stärke, wie mir Bernd Pokojewski, ein
Ausbilder für Spezialeinsatzkommandos, damals erklärte: »Der
Schusswaffengebrauch ist ja immer der neuralgische Punkt bei
der Polizei gewesen. Er ist immer defensiv betrachtet worden, als
allerletztes Mittel, nach Bewertung aller Umstände. Wir haben
schon bei den Fällen mit Amokschützen Probleme bei den Polizei-
beamten gehabt, jetzt Salven mit mehreren Schüssen abgeben zu
müssen, Feuerschutz zu geben. Das war vorher fast ein Fremdwort
in der Polizei. Gegen Terroristen zu kämpfen, die auch Spreng-

mittel haben, Handgranaten, möglicherweise Sprengfallen aufbauen, die auf Vernichtung aus sind, erfordert natürlich auch men-
tal eine andere Einstellung.«

Einzig die Spezialeinheiten des Bundes oder der Länder, also
GSG9- oder SEK-Kräfte, sind entsprechend trainiert und mit
den notwendigen Waffen und Schutzwesten ausgestattet. Für
den flächendeckenden Terroralarm in Deutschland in der Vor-
weihnachtszeit 2010 reichten die Spezialkräfte nicht aus, deshalb
machte man aus der Not eine Tugend und versuchte, fehlende Ausrüstung der »normalen« Polizeieinheiten in der Hoffnung auf eine
erhöhte Abschreckungswirkung mit zusätzlichem Personal aus
deren Reihen auszugleichen. Doch auch diese Kapazitäten waren
endlich. Zu ihrem Erstaunen erfuhr die Öffentlichkeit Anfang
Februar 2011, dass die Sicherheitsmaßnahmen wieder herunter-
gefahren würden. Offizieller Grund: Die Bedrohungslage habe sich
ein wenig entschärft. Eigentlicher Grund: Personalmangel bei den
Sicherheitsbehörden aufgrund der monatelangen Zusatzschichten.
Was also würde eine weitsichtige, dem Schutz der Bürger ver-
pflichtete Politik angesichts der Bedrohung als Nächstes tun? Die
Sicherheitsbehörden schnellstmöglich besser ausstatten? Falsch.
Es sollte bis nach den Anschlägen von Paris im November 2015
dauern, bis sich die Regierungen einzelner Bundesländer erstmals
ernsthaft mit den Ausrüstungsmängeln ihrer Polizeikräfte befass-
ten. Angesichts knapper Haushaltskassen und fehlender Belege für
straßenkriegsähnliche Terroranschläge in Westeuropa entschied
man sich für das Prinzip Hoffnung, nach dem Motto: »Es wird
schon alles gut gehen.« Diese Haltung war nicht nur naiv, sondern
auch in höchstem Maße fahrlässig, weil sie die vorhandenen eindeutigen Hinweise auf kommende Anschläge ignorierte und damit
den Tod von Bürgern in Westeuropa als Alltagsrisiko bewusst in
Kauf nahm.

Ich will an dieser Stelle nicht falsch verstanden werden. Es gibt
keine hundertprozentige Sicherheit vor Anschlägen, und das Risiko, bei einem Terrorakt ums Leben zu kommen, ist sicher auch
langfristig geringer als das Risiko, Opfer eines tödlichen Verkehrs-
unfalls zu werden. Deshalb wäre es zynisch und viel zu einfach,
wenn man nur die Kosten für eine bessere Ausstattung der Polizei
mit dem erhofften Nutzen – möglicherweise gerettete Menschen-

leben – ins Verhältnis setzt. Aber zu einem Gesamtkonzept für den Schutz der Bevölkerung gehört eine Reihe von Elementen, für die politisch Verantwortliche bestmögliche und angemessene Rahmenbedingungen schaffen müssen. Sie lassen sich in drei Kategorien unterteilen: Maßnahmen zur Prävention, Maßnahmen zur unmittelbaren Gefahrenabwehr und -bekämpfung und Maßnahmen zum Management der Folgewirkungen eines Terroranschlags. In all diesen Punkten hat die Politik massive Defizite zu verantworten, weil sie sich nicht oder mit falschen Vorgehensweisen um eine absehbare und wachsende Bedrohung gekümmert hat.

Die Einschläge kommen näher

Es ist sicher nur ein Zufall und dennoch erschreckend passend, dass unmittelbar nach der Entwarnung durch den Bundesinnenminister im Februar 2011 der erste islamistische Terroranschlag auf deutschem Boden gelang. Im März erschoss der Kosovare Arid Ukar am Frankfurter Flughafen zwei amerikanische Soldaten, verletzte zwei weitere schwer. Der 21-Jährige war ein Einzeltäter, der sich beim Anschauen dschihadistischer Videos im Internet radikalisiert und dann die Waffe für seine Tat selbst beschafft hatte. Bis heute ist keine direkte Verbindung Ukars zu terroristischen Organisationen belegt. Doch auch diese arbeiteten, trotz der angeblich entspannteren Sicherheitslage, weiter an der Umsetzung ihrer Terrorpläne für Westeuropa. Am 29. April 2011 wurden in Düsseldorf drei Islamisten festgenommen, die eine Bombe im öffentlichen Nahverkehr oder bei einer Großveranstaltung zünden wollten. Dem Anführer der Zelle, dem Marokkaner Abdeladim el-K., waren die Ermittler durch einen Hinweis amerikanischer Sicherheitsbehörden auf die Spur gekommen. Der 29-Jährige hatte ein Trainingslager in Afghanistan besucht und war mit einem Mordauftrag an Rhein und Ruhr zurückgekehrt, für dessen Ausführung er den 31-jährigen Deutsch-Marokkaner Jamil S. und den neunzehnjährigen deutsch-iranischen Schüler Ahmed C. anwarb. Der Drahtzieher der Pläne war ein weiterer Mann aus der Führungsspitze der al-Qaida: Atiya Abd al-Rahman, der nach dem Tod von Osama bin Laden im Mai 2011 kurzzeitig sogar als neuer Chef des

Terrornetzwerks gehandelt wurde. Die Hinweise der Geheimdienste aus dem Vorjahr und die Behauptungen von Informanten wie dem Deutsch-Afghanen Siddiqi bekamen eine reale Grundlage. Al-Qaida rekrutierte offenbar doch aktiv junge Dschihadisten aus Deutschland, damit sie hier Anschläge verüben. Dass dies Teil eines größeren Plans der islamistischen Terrorgruppe war, konnten deutsche Sicherheitsbehörden nur wenige Tage später gewissermaßen schwarz auf weiß nachlesen.

Berlin im Mai 2011. Am Busbahnhof nahmen Beamte der Bundespolizei einen verdächtigen Mann fest. Der 22-jährige Maqsood L. fiel durch seinen Pass auf, den er eigentlich als gestohlen gemeldet hatte. In der Unterhose des Verdächtigen fanden die Ermittler einen USB-Stick sowie eine Speicherkarte – auf den ersten Blick ein harmloser Fund, drei Ordner mit Kinofilmen. Doch im Filmordner *Kick-Ass* befanden sich – gut verschlüsselt – 142 geheime Dateien, darunter Pläne für Geiselnahmen auf Kreuzfahrtschiffen, für die Sprengung von Staudämmen oder Straßenkämpfe wie in Mumbai 2008. Anschlagsserien anstelle einer großen Attacke. Zwischen all den Dateien war auch das Strategiepapier eines Führungsmitglieds der al-Qaida, Scheich Yunis al-Mauretani. Man könne, so hieß es da, »Furcht und Panik auslösen«, wenn die Angriffe »regelmäßig« stattfinden. Die westlichen Regierungen hätten dann »höhere Kosten« für die »Verstärkung der Sicherheit«. Die Sicherheitsmaßnahmen würden eine »zunehmende Entfremdung von Muslimen« bewirken, sodass sie »den Hass der Feinde erkennen« und »sich dem Dschihad anschließen«. Kein Zweifel, Deutschland und andere Staaten Westeuropas sollten angegriffen werden mit einer Strategie der Nadelstiche, die auch dazu dient, einen Keil zwischen Muslime und Nichtmuslime in unseren Gesellschaften zu treiben. Das Dokument, direkt aus der Führung der al-Qaida, lehnt sich an Abu Musab al-Suris »Aufruf zum weltweiten islamischen Widerstand« an und ist der Vorläufer des *Muslim Gang Book,* das heute in Islamistenkreisen so beliebt ist. Schon damals warnte der Präsident des Bundeskriminalamts Jörg Ziercke in einem ZDF-Interview: »Das ist nicht die große Organisation, die dahintersteht, wo viel Logistik erforderlich ist. Logistik, die man erst heranschaffen muss und auf die Nachrichtendienste frühzeitig aufmerksam werden können. Sondern die Gefahr liegt darin, dass man im Land selbst zu rekrutieren beginnt und im kleinen Kreis Anschläge begeht. Das ist eine Strategie der tausend Nadelstiche oder der tausend Schnitte.«

Für solche Schnitte sollte Maqsood L., einst Soldat im österreichischen Bundesheer, Terrorzellen aufbauen. Al-Qaida plante offenbar eine ganze Serie von Anschlägen in Deutschland. Auch die schon erwähnte Düsseldorfer Zelle unter Führung von Abdeladim el K. sollte dazu beitragen, nicht nur mit Bombenanschlägen, sondern auch mit der öffentlichkeitswirksamen Ermordung prominenter Deutscher wie dem ZDF-Moderator Markus Lanz. Eine Anleitung für solche Morde, die für eine Veröffentlichung über das Internet auch gefilmt werden sollten, fanden die Ermittler beim Verdächtigen Maqsood L. in Berlin. Die geplanten Terrorangriffe auf Deutschland hatte der Chef der al-Qaida vor seinem Tod persönlich genehmigt. Das belegen Dokumente, die von amerikanischen Elitesoldaten erbeutet werden, als sie im Mai 2011 bin Ladens Versteck im pakistanischen Abbottabad stürmen. In Briefen von Scheich Younis an seinen Emir werden die Terrorkommandos in Deutschland detailliert beschrieben. Der Angriffsbefehl gegen westeuropäische Staaten galt nach dem Tod bin Ladens weiter, wie mir damals der Direktor des US-Terrorabwehrzentrums, Matthew Olsen, sagte: »Die Bedrohung ist immer noch groß. Die al-Qaida-Ideologie hat sich weiter ausgebreitet und al-Qaida versucht gezielt, junge Leute in Europa und den USA zu motivieren, damit sie dort Anschläge verüben.«

Also, wir schreiben das Jahr 2011. Unzählige Hinweise auf Terroranschläge nach dem Vorbild des Straßenkriegs von Mumbai haben sich so weitgehend konkretisiert, dass Terrorfahnder und Politiker eine Reihe von Feldern mit akutem Handlungsbedarf vor Augen hatten. Damit meine ich nicht nur die Frage der Ausrüstung und Ausbildung von Polizeikräften. Wenn man verhindern wollte, dass Terroristen in Westeuropa ungehindert an Kriegswaffen kommen, müsste man den Handel mit diesen Waffen nicht strenger regulieren und kontrollieren? Wenn man den Bau von Sprengsätzen in Westeuropa verhindern wollte, müsste man dann nicht verhindern, dass junge Menschen von hier das tödliche Handwerk in Kriegsgebieten erlernen? Müsste man nicht überhaupt die möglichen Reisewege der Terroristen besser überwachen, damit niemand von ihnen unbemerkt zurückkehren kann?

All diese möglichen Handlungsfelder haben eines gemeinsam. Sie erfordern eine enge länderübergreifende, internationale Zusammenarbeit der zuständigen Behörden. Aber dafür fehlte es in den vergangenen Jahren am notwendigen politischen Willen. Terroristen wurden als nationales Problem der einzelnen Länder betrachtet, das Szenario Straßenkampf mit den erfolgten Festnahmen und angesichts der Anschläge von Einzeltätern wie Arid Ukar einfach abgehakt, nicht aber abgespeichert und als Standardprüfung bei Hinweisen auf terroristische Aktivitäten aller Art vorgesehen. Mit solch einem Abgleich hätte man vermutlich festgestellt, dass sich hinter den Anschlägen der vermeintlichen »lone wolves« ein Trend verbarg, der im Masterplan der Islamisten ausdrücklich so vorgesehen war.

Bedrohung nicht erkannt

So wie bei Mohammed Merah. Der 23-Jährige war französischer Staatsbürger algerischer Abstammung, aufgewachsen im Armenviertel der Stadt Toulouse. Seine Eltern ließen sich scheiden, als er fünf Jahre alt war. Seine Jugend war begleitet von Gewalt, Alkohol, Drogen und psychischen Problemen. Wegen Diebstahls und Raub saß er in den Jahren 2007 und 2009 im Gefängnis, wo er offenbar durch islamistische Prediger radikalisiert wurde. Nach seiner Haftentlassung reiste er an den Hindukusch, um dort im »heiligen Krieg« mitzukämpfen. Merah war seit 2006 im Visier der französischen Sicherheitsbehörden, seit 2010 wurde er offenbar überwacht. Dennoch konnte er in Ruhe Waffen beschaffen und seinen eigenen Straßenkampf planen, den er am 11. März 2012 in seiner Heimatstadt Toulouse begann. Er tötete einen französischen Fallschirmjäger muslimischen Glaubens mit einem Kopfschuss, den er per Internet zu einem Verkaufsgespräch für ein Motorrad an einen Treffpunkt gelockt hatte. Am 14. März erschoss er vor einem Einkaufszentrum in der Stadt Montauban zwei uniformierte Soldaten und verletzte einen weiteren schwer. Am 19. März stürmte Merah auf den Hof einer jüdischen Schule in Toulouse. Seine Kugeln trafen zunächst einen Rabbi und dessen beide Söhne. Im Gebäude griff er sich ein achtjähriges Mädchen. Weil seine Pistole Ladehemmung hatte, zog er eine zweite Waffe und tötete die Kleine mit einem Kopfschuss. Auf seine Brust hatte der Mörder eine GoPro-Kamera geschnallt, mit der er alle Einzelheiten seines blutigen Werks festhielt, um das Video hinterher über das Internet zu verbreiten.

Die Anti-Terror-Polizei brauchte drei Tage, um dem Terroristen auf die Spur zu kommen. Zunächst hatten die Ermittler aufgrund der jüdischen Opfer eher einen rechtsextremistischen Hintergrund vermutet. Merah hatte den Computer seiner Mutter benutzt, um sein erstes Opfer, den muslimischen Soldaten, in die Falle zu locken. Die Fahnder entdeckten, dass zwei Söhne der Computerbesitzerin auf der Liste der Terrorverdächtigen standen. Am 21. März umzingelte die französische Spezialeinheit RAID die Wohnung, in der sich Merah mit einem ganzen Arsenal von Waffen – vier Gewehren und drei Pistolen – verschanzt hatte. Beim ersten Erstürmungsversuch wurden drei Polizeibeamte im Feuergefecht verletzt. Erst am folgenden Morgen gegen 10.30 Uhr endete die Belagerung mit dem Tod des Islamisten. Er war wild um sich schießend aus dem Fenster gesprungen und dabei von einem Scharfschützen tödlich in den Kopf getroffen worden. Zuvor hatte sich Merah in einem Telefoninterview mit dem Nachrichtenkanal France 24 zur al-Qaida bekannt und der Polizei das Versteck der blutbespritzten Kamera verraten, mit der er seine Mordserie gefilmt hatte.

Einmal mehr hieß es danach: »ein Einzeltäter«. Im Internet wurde Merah von al-Qaida als Held gefeiert, weil er erfolgreich »Nadelstiche« ausgeführt hatte, wie sie das Strategiepapier von Scheich Younis aus dem Jahr 2011 vorsah. Die Fahnder waren damals überzeugt, dass in den »einsamen Wölfen« die größte und gleichzeitig doch überschaubare Bedrohung für Europa lag, mit der man lernen musste zu leben. Ein Alltagsrisiko eben, wie mir Glenn Carle, bis 2007 stellvertretender Direktor der CIA-Terrorabwehr, seinerzeit erklärte: »Leider reicht ein Einzelner völlig aus, wenn er nur entschlossen und ansatzweise kompetent ist. Menschen zu töten ist nicht schwer, und es wird immer einfacher. Es gibt zwar Herausforderungen für einen Bösewicht, aber in einer Welt mit Milliarden von Menschen kann ein Einzeltäter dennoch erfolgreich handeln.« Das Problem mit dieser Erkenntnis ist, dass es sich bei Mohammed Merah gar nicht um einen Einzeltäter handelte. Er war zwar nicht eingebettet in eine Terrororganisation – die Ermittler können beweisen, dass er niemals Teil der al-Qaida war –, und dennoch war er es auf gewisse Weise, weil er sich als Anhänger einer Massenbewegung verstand, der sich allein in Europa Tausende von Menschen verbunden fühlen. Man kann sie al-Qaida nennen oder IS, Salafismus, Wahhabismus oder einfach nur Islamismus, denn es ist diese Ideologie, die den Terrorismus der vergangenen fünfzehn Jahre befeuert. Solange wir nicht beginnen, die Ideologie zu bekämpfen, wird die brutale und blutige Rechnung der Islamisten weiter aufgehen. Um dies zu verstehen, müssen wir an den Punkt zurückgehen, an dem sich die westliche Welt entschieden hat, mit den falschen Mitteln auf eine Herausforderung zu regieren, die nichts anderes war als eine strategische Falle. Und wir sind mitten hineingetappt.

Islam als Rechtfertigung

9/11 ist die extremste Form der Globalisierungskritik, zutiefst menschenverachtend und gottlos, aber verbrämt durch die Vergewaltigung einer Religion. Zugegeben, eine steile These, aber fünfzehn Jahre nach dem 11. September 2001 müssten wir dringend erkennen, dass sie stimmt. Denn nur dann können wir es besser machen und den Terroristen endlich den fruchtbaren Boden abgraben, auf dem ihr schreckliches Werk weiter gedeiht. Der Dschihad der Islamisten findet nämlich nur deshalb so viele Anhänger, weil er sich, wie im letzten Kapitel beschrieben, gegen die Ungerechtigkeiten dieser Welt richtet. Der Ägypter Mohammed Atta, Rädelsführer der 9/11-Terroristen, und seine Mittäter sahen sich als Vorkämpfer in einem gerechten Krieg. In einer Reisetasche, die sie in ihrem Mietwagen am Flughafen in Boston zurückgelassen hatten, fanden die Ermittler damals das Pamphlet, in dem der Massenmord zur Selbstverteidigung gegen eine übergriffige Weltpolitik umgedeutet und als religiöses Opfer für einen höheren Zweck gerechtfertigt wird. Das fünfseitige Dokument, das auch in einem Auto am Washingtoner Flughafen Dulles und in den Trümmern des in Pennsylvania abgestürzten Passagierjets gefunden wurde, vergleicht die

USA und ihre Verbündeten mit den gottlosen Stämmen der arabischen Halbinsel zur Zeit des Propheten Mohammed. In diesem Sinn, so heißt es im Text, seien die Attentate »Überfälle auf dem Pfad Gottes«. Es ist eine Anspielung auf die Beutezüge, zu denen Mohammed seine Anhänger im 7. Jahrhundert aufforderte, nicht damit sie sich – wie sonst unter den Stämmen der Region üblich – persönlich bereichern konnten, sondern zur Verbesserung der Lebenssituation für die gesamte Gemeinschaft. Die Flugzeugentführer sollten, wie einst die als Helden verehrten Gefährten des Propheten (die *Salaf)*, eine heilige Pflicht im Kampf gegen die Ungläubigen erfüllen.

Die Passagiere an Bord der Flugzeuge und die Menschen im World Trade Center und im Pentagon sind dabei von Gott auserwählte Opfer. Im Text heißt es: »Wenn Gott dir ein Schlachtopfer anbietet, dann solltest du es im Namen deiner Mutter und deines Vaters darbringen, weil du in ihrer Schuld stehst.« Das Papier erklärt den Akt des Terrors also zu einer Art Gottesdienst, mit dem die Gläubigen Allah huldigen. Wer davon erst einmal überzeugt ist, hat kein Problem damit, Bomben in den U-Bahnen von London und Madrid zu zünden, den Krieg in die Straßen Mumbais zu tragen, junge Leute in Pariser Straßencafés zu erschießen, Flughafen und Metro von Brüssel anzugreifen und wehrlose Gefangene vor laufender Kamera zu enthaupten.

Ein wirksamer Kampf gegen diese Menschenverachtung kann nicht allein mit militärischen, nachrichtendienstlichen und polizeilichen Mitteln geführt werden, er muss auch und vor allem an den zwei genannten Punkten ansetzen: der nicht ungerechtfertigten Kritik an den negativen Folgen der Globalisierung und der mutwilligen Theologisierung der Gottlosigkeit. Da reichen keine Lippenbekenntnisse, es bedarf mutiger Taten, und die beginnen mit einer ehrlichen Selbstkritik. Kurz nach dem 11. September gab es dafür so gut wie keinen Platz. Wer den Westen kritisierte, verstieß gegen das Mantra der »uneingeschränkten Solidarität« und machte sich als Sympathisant von Massenmördern verdächtig. Wer Kritik am Islam übte, riskierte die Rache der Islamisten und die Vereinnahmung durch islamfeindliche Organisationen.

Einer, der sich dennoch traute, war damals der pakistanische Schriftsteller und Finanzmagnat Izzat Majeed. In einer der größten

Zeitungen seiner Heimat schrieb er: »Wir haben den Islam auf eine organisierte Heuchelei eines staatlich geförderten Mullahismus reduziert. Seit mehr als tausend Jahren steht der Islam still, weil die Mullahs, die zum Klerus wurden, statt echte Lehrmeister zu sein, die Tür zu einer Neuinterpretation des Islam geschlossen haben. Niemand hat die Botschaft des Islam weiterentwickelt. Die Mullahs sagen dir heute nur, wie du zum Islam vor tausend Jahren zurückkehren kannst.« Majeed sieht den Islam in der Pflicht, Perspektiven für Menschen zu eröffnen, statt immer nur dem Westen die Schuld an den Defiziten zu geben. Deren Großteil sei selbst verursacht durch das rückschrittliche Denken innerhalb des Islam: »Wir Muslime können den Westen nicht für all unsere Probleme verantwortlich machen. Die Schande unserer Erbärmlichkeit ist nicht wiedergutzumachen. Es sind nicht nur die Armut, der Analphabetismus und das Fehlen eines allgemein akzeptierten Gesellschaftssystems, die unsere Erbärmlichkeit ausmachen. Es ist auch die zunehmende Einsicht, dass wir als zivile Gesellschaft versagt haben, weil wir uns den historischen, politischen und sozialen Dämonen in uns nicht stellen. Ohne eine Reform des praktischen Islam, die ihn voranbringt statt zurückwirft, gibt es keine Hoffnung für uns Muslime.«

Legen wir einmal diese Maßstäbe an das Vorgehen der verantwortlichen Politiker in der muslimischen und der nicht muslimischen Welt an, können wir eigentlich nur eines konstatieren: ein kollektives Gesamtversagen. Weder haben wir in der westlichen Welt die politischen und gesellschaftlichen Umstände verändert, um dem religiösen Fundamentalismus den fruchtbaren Boden abzugraben, noch hat der Islam selbst, seine Gelehrten, seine autokratischen Herrscher, seine Anhänger, die Initiative ergriffen gegen die Vereinnahmung und den Missbrauch ihrer Religion. Natürlich gab es am 4. November 2001 die Erklärung der höchsten Autorität des sunnitischen Glaubens, des islamischen Rats der Al-Azhar-Universität von Kairo, gegen die Propaganda der al-Qaida, dass die Tötung von Unschuldigen im »Heiligen Krieg« gerechtfertigt sei: »Der Islam setzt klare Regeln und ethische Normen, die die Tötung von Unbeteiligten, Frauen, Kindern und Alten verbietet. Ebenso wie die Verfolgung von Flüchtenden, die Exekution oder Schädigung von Kriegsgefangenen und die Zerstörung von

Besitz, der für die Feindseligkeiten ohne Bedeutung ist.« Ähnliches haben wir seitdem immer und immer wieder von den Vertretern muslimischer Gruppen und Verbände in aller Welt gehört, insbesondere aus den Ländern, in denen es Terroranschläge im Namen Allahs gegeben hat. Auch in Deutschland gehören solche Distanzierungen zum Standardrepertoire muslimischer Organisationen. Verstehen Sie mich nicht falsch, ich halte diese Äußerungen für extrem notwendig und rechne den Verantwortlichen hoch an, dass sie sich nicht nur der Kritik in den eigenen Reihen, sondern sogar persönlichen Anfeindungen, Hasstiraden und Todesdrohungen aussetzen. Aber Worte allein reichen eben nicht, wenn ihnen nicht auch die entsprechenden Taten folgen.

Anfang März 2015, zwei Monate nach der ersten Serie von Terroranschlägen in Paris, habe ich mit dem Vorsitzenden des Zentralrats der Muslime in Deutschland, Aiman Mazyek, in einem Phoenix-Kamingespräch darüber diskutiert. Worte hatte es ja auch diesmal wieder gegeben, bei einer gemeinsamen Mahnwache am 13. Januar mit Repräsentanten aus Politik, Religion und Gesellschaft vor dem Brandenburger Tor in Berlin. Ein paar Hundert Bürger waren ebenfalls dabei. »Aber«, so fragte ich Mazyek, »wo sind die Taten, die in den letzten vierzehn Jahren nicht gekommen sind, sodass wir an diesen Punkt nicht hätten kommen müssen?« Mit seiner Antwort hat der ZMD-Chef zunächst einmal recht: »Die Taten sind eine gesamtgesellschaftliche Aufgabe. Wer meint, Extremismus jeglicher Couleur, ob aus dem Rechtsextremismus, Linksextremismus oder aus dem Religiösen, ist eine Frage der betroffenen Gruppe allein, der irrt. Und leider ist in der Vergangenheit die Diskussion immer in diese Richtung geführt worden. Und wenn es dann heißt, Gesamtgesellschaft, dann heißt es, ah, der Mazyek versucht sich da rauszuwinden. Nein, ich kann nicht Extremismus und Terrorismus trockenlegen, ohne das Verständnis zu haben, dass die Jungs und Mädchen, so wie es der Innenminister trefflich formuliert hat, *unsere* Jungs und Mädchen sind, die abdriften, die Kanonenfutter in Syrien und Irak werden und sich missbrauchen lassen. Und nicht nur einer bestimmten Religion. Sondern es sind unsere Kinder aus unserer Generation, die hier sozialisiert, die hier aufgewachsen sind, die hier zur Schule gegangen sind oder abgebrochen haben, denn meistens sind das ja kaputte Biografien. Wenn wir mit diesem Verständnis mit den Muslimen partnerschaftlich Programme entwickeln, und zwar nicht nur im Sinne von ›wir reden von Prävention, meinen aber Repression‹. Repression ist die Aufgabe der Sicherheitsbehörden. Die müssen einschreiten. Aber im Bereich der Prävention, wenn wir da viel, viel früher ansetzen …«

Demzufolge haben also alle, die da am Brandenburger Tor standen – der Bundespräsident, die Bundesregierung, Politiker aller Parteien, die Vertreter der Religionen, Gewerkschaften und anderer gesellschaftlicher Gruppen, auch der Medien – versagt. »Es ist ein Stück weit Versagen von uns allen«, so Mazyek, »dass wir in den Sonntagsreden von Prävention geredet haben, aber eigentlich Repression gemeint haben. Das ist von uns allen ein Versagen, dass wir nicht viel fester in diese Richtung gearbeitet haben.« Eine schöne Einsicht, die aber allen viel früher hätte kommen müssen. Schon unter den Terroristen des 11. September 2001 waren Mittäter, die hier in Deutschland aufgewachsen sind oder zumindest ein paar Jahre hier gelebt hatten. Die Attentäter vom 11. März 2004 in Madrid und die vom 7. Juli 2005 in London sind alle in Westeuropa aufgewachsen, teilweise stammten sie aus kaputten Familien. Letzteres entschuldigt nicht im Geringsten ihre mörderischen Taten gegen die Gesellschaft, in der sie lebten. Aber es machte deutlich, dass auch fehlende wirtschaftliche Perspektiven, prekäre soziale und familiäre Verhältnisse fruchtbarer Boden für extremistisches Gedankengut sind.

Großbritannien hat das als eines der wenigen europäischen Länder ernst genommen und Prävention im Sinne von »sich kümmern« zu einem wichtigen Thema gemacht. Staat und gesellschaftliche Gruppen, inklusive der muslimischen Verbände, starteten gemeinsame Initiativen. Parallel dazu wurde die Repression verschärft, neben vielen anderen Maßnahmen auch mit der Auflösung der Grenzen zwischen Polizei und Geheimdiensten. Hier in Deutschland konzentrierte man sich nahezu ausschließlich auf polizeiliche und nachrichtendienstliche Maßnahmen. Die Terrorstraftatbestände wurden mit den sogenannten Schily-Paketen ausgeweitet, die Zusammenarbeit der Sicherheitsbehörden verbessert – natürlich ohne das aus meiner Sicht längst überholte Trennungsgebot zwischen Nachrichtendienst und Polizei anzurühren –, und ab und an wurden terroristische Gruppen verboten. Alles in allem gut, nachvollziehbar und mit einigen Fahndungserfolgen. Dennoch hatten wir auch sehr viel Glück, dass die Kofferbomber von 2006 oder der Bombenleger von Bonn 2011 »nur« Amateure beim Bau ihrer Sprengsätze waren. Und die Prävention in Deutschland? Lange Zeit weitgehend Fehlanzeige. Bis auf die Telefon-Hotline für Familienangehörige von Jugendlichen, die Anzeichen einer Radikalisierung zeigten. Wer die Nummer wählte, landete allerdings beim Verfassungsschutz und bekam dadurch das Gefühl, dass es eher um Denunziation als um Prävention ging. Die Aktion wurde schnell beendet. Erst im Jahr 2010 stellte das Bundesfamilienministerium für vier Modellprojekte in den Bereichen Linksextremismus und Islamismus rund zwei Millionen Euro pro Jahr zur Verfügung. Mittlerweile ist die Summe auf über vierzig Millionen Euro pro Jahr angewachsen, mit denen landesweit Initiativen gefördert werden, die sich um Aussteigerprogramme und den Dialog der Kulturen kümmern.

Dumme Ideen gab es seit 9/11 viele. Nach den missglückten Kofferbombenanschlägen auf Zugverbindungen zwischen Köln und Hamm beziehungsweise Koblenz forderten namhafte Politiker Sicherheitskontrollen an allen Bahnhöfen analog zu denen an Flughäfen, obwohl eine wohlplatzierte und funktionstüchtige Bombe irgendwo an einem Bahngleis in der Republik ebenfalls Dutzende, vielleicht Hunderte von Menschen töten könnte. Das Tütchenpacken an Flughäfen – das Abfüllen von Cremes, Pasten und Fläschchen mit Flüssigkeiten in durchsichtige Beutel – wirkt auch eher hilf- und sinnlos, wenn man im Duty-free-Shop hinter den Sicherheitsschleusen alles kaufen kann, um ein Flugzeug zum Absturz zu bringen, und wenn man nur mit einer Bordkarte in der Hand zwischen den EU-Schengen-Staaten herumfliegen kann, ohne ein einziges Mal auf seine Identität kontrolliert zu werden. Wie einfach man außerdem Bomben in Flughafenterminals mit hineinnehmen kann, haben wir im März 2016 in Brüssel gesehen. Nach den Anschlägen in anderen Ländern Europas riefen Politiker gern auch nach Videokameras in allen Moscheen und ließen freitags vor den Gebetshäusern Ausweiskontrollen durchführen.

Flankiert von scharfer Rhetorik in Talkshows und gewürzt mit islamfeindlichen Schlagzeilen und Titelbildern, hat dies auch unter

Muslimen das Gefühl verstärkt, dass zunächst einmal jeder von ihnen bis zum Beweis des Gegenteils als Terrorverdächtiger einsortiert wird. Mazyek stellte dazu fest: »Wir haben bis heute den Islam und die Muslime mit ihrer Religion nicht als vollwertigen Partner begriffen im Kampf gegen den Extremismus. Bis heute nicht. Der Misstrauensdiskurs, der Extremismusvorbehalt gegenüber Muslimen ist stets da.« Und hat sich noch massiv verschärft, wie ich im nächsten Kapitel zeigen werde. Tatsächlich war unsere Konzentration auf Repression Wasser auf die Mühlen der Islamisten, denn es entstand dadurch neuer fruchtbarer Boden unter den jungen Muslimen, die sich benachteiligt fühlten.

Es ist jedoch noch viel mehr schiefgelaufen, und dafür tragen die Politik, die muslimischen Verbände, aber auch rechtspopulistische Büchsenspanner die Verantwortung, die ein scharfes Vorgehen des Rechtsstaates hervorragend fanden, indes null Verständnis hatten für die parallel unverzichtbare Prävention inklusive dringend benötigter Sozialprogramme für arbeitslose Jugendliche in den Brennpunkten dieser Republik. Genau hier aber hätte der Anti-Terror-Kampf ansetzen müssen, um dem Islamismus und nebenher auch dem Rechtsextremismus den Wind aus den Segeln zu nehmen. Schon vor zehn Jahren warnte Professor Harald Michel vom Institut für Angewandte Demografie vor einer »Gefahr der Polarisierung der Bevölkerung, insbesondere durch die Tatsache, dass die Einwohner mit Migrationshintergrund schon in nächster Zeit in vielen Städten in der Überzahl sein werden«. Den Zuwanderungsgegnern, die diese Zeile lesen, sei gesagt, dass dies kein Plädoyer gegen Zuwanderung ist – im Gegenteil, wir brauchen sie in erheblichem Umfang für den Erhalt unseres Wirtschafts- und Sozialsystems. Doch es bedarf angesichts der Probleme in einigen Ballungsgebieten in Deutschland eines Gesamtkonzepts, das für eine besser gelingende Integration als in den vergangenen fünfzig Jahren sorgt. Diese Probleme sind geprägt von der Schaffung minimalster Rahmenbedingungen für eine Integration und der Konzentration auf repressive Maßnahmen zur Verhinderung von Terroranschlägen bei weitgehender Gleichgültigkeit gegenüber den Problemen, die vor allem in Zeiten des wirtschaftlichen Strukturwandels entstanden sind. Auch die vergangenen zehn Jahre zeichnen sich durch diese Gleichgültigkeit aus, die den Boden fruchtbarer für Extremismus werden ließ, ohne sich um die sozialen Umstände zu kümmern, die junge Menschen dafür anfällig machten. Damit meine ich übrigens nicht nur Jugendliche, die aus muslimischen Familien stammen. Perspektivlosigkeit, zerrüttete soziale Verhältnisse und die persönliche Wahrnehmung einer Benachteiligung in unserer Gesellschaft sind Zutaten, die nicht an eine bestimmte Religion gekoppelt sind.

Abrutschen in den Extremismus

Ich möchte hier – so detailreich wie möglich – die Geschichte eines Terroristen erzählen, der für diesen Zweck den Namen Jonas Peter Meier trägt. Denn ich darf seinen richtigen Namen nicht nennen, weil all die wichtigen Einzelheiten in seinem Prozess im nicht öffentlichen Teil verhandelt worden sind. Doch wer die Geschichte kennt, versteht sofort, dass der Kampf gegen den Terror nicht erfolgreich sein kann, wenn er sich nur auf militärische, nachrichtendienstliche und polizeiliche Mittel konzentriert. Jonas – das geht aus den Prozessakten hervor, die mir vorliegen – ist Mitte der Achtzigerjahre in der Provinz geboren und römisch-katholisch getauft. Im Sommer 2002, am Ende der zehnten Klasse, hat er ein ziemlich gutes Zeugnis: vier Einsen, sechs Zweien, drei Dreien und eine Vier. Die Bestnoten bekommt er in Religion, Geschichte, Sozialkunde und Kunst. Ohne Zweifel ein intelligenter junger Mann, politisch und religiös interessiert, vielleicht künstlerisch begabt, ein Schüler mit den besten Aussichten.

Jonas kann stolz auf sich sein. Seine Eltern müssten es eigentlich auch sein, aber alle Anzeichen sprechen dafür, dass ihnen ihr Sohn recht gleichgültig ist. Als sie sich im September 2002 scheiden lassen, ist die Familie längst kaputt. Um jedem Missverständnis vorzubeugen: Ich will nicht suggerieren, dass Scheidungskinder leicht zu Terroristen werden, doch diese Scheidung hat einen jungen Mann aus der Bahn geworfen. Die Umstände hätten nämlich kaum schlimmer sein können – Alkoholismus in der Familie, Gewalt, ein Selbstmordversuch. Das entschuldigt den späteren Terroristen Jonas Peter Meier überhaupt nicht, aber es erklärt, warum er anfällig wurde, ein Stück weit Halt und Orientierung verlor. Im Sommer 2003 bricht er die Schule nach der elften

Klasse ab. Da ist sein Zeugnis im Durchschnitt eine Note schlechter – mit drei Einsen in Religion, Geschichte, Politik, zwei Zweien, acht Dreien und einer Vier. Jonas geht auf Sinnsuche, reist nach Brasilien. Dort lernt er eine junge Frau kennen, zeugt mit ihr ein Kind, wird jedoch – weil er kein Geld mehr hat – aus dem Land geworfen. Zurück in Deutschland, erfährt er, dass seine Freundin das Kind verloren hat, weil es an Geld für eine medizinische Behandlung fehlte. Ein zweiter Schicksalsschlag. Noch einmal: Im Nachhinein entschuldigt das den Terroristen Meier nicht im Geringsten, aber es machte ihn anfälliger. Jonas gerät an die Falschen, die er für die Richtigen hält, weil sie sich um ihn kümmern. Es ist eine salafistische Gruppe in der Hauptstadt seines Bundeslandes. Die Islamisten sagen ihm: Du bist Opfer, Opfer deiner Familie, die dich im Stich gelassen hat, und dieser Gesellschaft, der du egal bist. Uns bist du nicht gleichgültig. Wir sind deine neue Familie, wir geben dir Halt und Orientierung. Dein Leben wird strukturiert, fünfmal am Tag Beten zu einem Gott, Allah, der dich liebt. Und dann sagen sie ihm noch: Nicht nur du, wir alle sind Opfer, wir Muslime. Wir werden in dieser Gesellschaft benachteiligt, ja sogar gehasst. Draußen in der Welt töten sie uns. Muslime werden abgeschlachtet, auch Frauen und Kinder. Der Westen schaut tatenlos zu oder macht es sogar selbst – die Kriege in Afghanistan und im Irak, der Terrorknast in Guantánamo, das Foltergefängnis von Abu Ghraib. Genau in dieser Zeit gehen die Fotos der gefolterten Gefangenen aus der Haftanstalt im Irak um die Welt.

Jonas fühlt sich verstanden. Er solidarisiert sich mit diesen Opfern, will etwas tun. Aber zuerst beteiligt er sich an kriminellen Aktivitäten seiner neuen Freunde. Die nehmen es mit den Gesetzen nicht so genau, auch nicht mit den strikten Vorschriften im Islam gegen Diebstahl und Gewalt. Im Februar und April 2004 wird der junge Deutsche wegen Raubes, schwerer Körperverletzung und Widerstandes gegen Vollstreckungsbeamte zu ein paar Wochen Jugendarrest verurteilt. Es fühlt sich gut an. Jonas hat der Gesellschaft, der er gleichgültig ist, seine Verachtung gezeigt und dafür einen Klaps auf die Hand bekommen. Die Schwäche des Staates steigert seine Verachtung noch mehr. Trotz der Strafen darf er 2005 zur Bundeswehr, bei den Fallschirmjägern wird er auch an der Waffe ausgebildet. Am 10. Februar 2006 reist er über die Türkei nach Kairo, konvertiert dort zum Islam und lernt an einer Sprachschule Arabisch. Mitte Mai kehrt er nach Deutschland zurück, um wenige Tage danach wieder in die Türkei zu reisen. Dort verliert sich seine Spur. Am 8. Dezember 2006 wird er im Grenzgebiet zwischen Iran und Pakistan festgenommen und zwei Monate später nach Deutschland abgeschoben. Jonas Meier ist offenbar mit einem Auftrag zurückgekehrt. Er soll Bombenanschläge verüben, gemeinsam mit einigen Freunden, zwei aus Familien mit Migrationshintergrund, ein weiterer ebenfalls ein Konvertit. Doch die deutschen Sicherheitsbehörden haben das Terrorquartett im Visier, dank eines Hinweises durch die amerikanischen Geheimdienste. Demnach sind die Möchtegern-Terroristen in Pakistan in einem Trainingslager der Islamischen Dschihad Union (IJU) im Kampf mit Waffen und Sprengstoff unterwiesen worden.

Monatelang sind die deutschen Ermittler der Terrorzelle auf den Fersen. Obwohl den Verdächtigen auffällt, dass sie überwacht werden, bereiten sie weiter ihre Anschläge vor. Sie sind fest überzeugt, dass die Terrorfahnder zwar von ihren Reisen an den Hindukusch wissen, nicht aber von ihren konkreten Plänen, vom Kauf der Chemikalien für den Bombenbau und von der Beschaffung der Zünder über einen Kontaktmann in der Türkei. Es ist eine Mischung aus purer Überheblichkeit und Naivität. Sie ahnen nicht, dass die Ermittler die vermeintlichen Chemikalien, die sie in einer angemieteten Garage lagern, längst gegen ein harmloses Gemisch aus Wasser und ein paar anderen Zutaten getauscht haben. Ihre Befehle bekommen Jonas und seine Komplizen von einem Drahtzieher am Hindukusch, einem der Anführer der IJU. Am 4. September 2007 schlagen die Ermittler endlich zu. In einem Ferienhaus im Sauerland werden die vier Verdächtigen festgenommen – in flagranti, sie hatten gerade damit begonnen, den vermeintlichen Sprengstoff für ihre Bomben herzustellen, mit dem sie mehrere amerikanische Militäreinrichtungen in Deutschland attackieren wollten. Später werden die Mitglieder der sogenannten Sauerland-Zelle zu mehrjährigen Haftstrafen verurteilt. Auf Hunderten von Seiten zeichnen die Verhörprotokolle ein Psychogramm der Terroristen, deren individuelle Lebensgeschichten sich nur wenig voneinander und von den Viten der Attentäter von Paris und Brüssel unterscheiden: ein Bruch in ihrem Leben, die Unfähigkeit, mit der Herausforderung fertigzuwerden, die Bereitschaft, sich als Opfer zu fühlen und eine neue Aufgabe darin zu sehen, gegen vermeintliche Ungerechtigkeiten in der Welt zu kämpfen. Eine extreme Auslegung des Koran, ein verbogener Islam, bietet dafür die passende ideologische Grundlage. Er ist Mittel zum Zweck, zur Rechtfertigung der Gewalt gegen andere. Zu gewaltbereiten Verbrechern sind die Beteiligten schon vorher geworden, jetzt missbrauchen sie die Religion, um sich den Verstoß gegen alle Regeln und Werte schönzureden.

Das wird auch aus einer gemeinsamen Studie der deutschen Sicherheitsbehörden zu 677 der fast 900 Islamisten deutlich, die Deutschland verlassen haben, um sich in Syrien und Irak am bewaffneten Kampf zu beteiligen. Nach Angaben des BKA kommen sehr viele der Dschihadisten aus sozial schwierigen, oft auch zerrütteten familiären Verhältnissen. Gegen rund zwei Drittel der Dschihadisten hatten die Behörden vor ihrer Ausreise schon einmal wegen diverser Straftaten ermittelt, bei 225 Personen lagen die Verfahren vor ihrer Radikalisierung, in 29 Prozent der Fälle ging es um Körperverletzung und Raub, in weiteren 29 Prozent um Eigentumsdelikte und in 16 Prozent um Drogenhandel. Bei den Straftaten nach der Radikalisierung hatten sich die Anteile verschoben, Drogenvergehen spielten kaum noch eine Rolle. Bei 264 Personen stellten die Ermittler in einem Drittel der Fälle politisch motivierte Vergehen fest, gefolgt von Gewalttaten (24 Prozent) und Eigentumsdelikten (20 Prozent). 53 Prozent der Delinquenten hatten drei oder mehr Straftaten auf dem Kerbholz, 32 Prozent sogar mehr als sechs.

Unter den 677 Dschihadisten, zu denen detaillierte Angaben vorliegen, waren 147 Arbeitslose, 94 hatten einen Arbeitsplatz. 63 gingen noch zur Schule, 115 waren Auszubildende, von denen 50 Prozent ihre Ausbildung vor der Ausreise abgeschlossen hatten, 31 Prozent hatten sie abgebrochen. 81 Personen hatten ein Hochschulstudium begonnen, 14 Prozent davon den Abschluss gemacht, 28 Prozent abgebrochen. 90 Prozent der Islamisten lebten vorher im städtischen Bereich. 61 Prozent haben die deutsche Staatsbürgerschaft, 6 Prozent die türkische, je 5 Prozent die syrische und die russische, 3 Prozent sind Afghanen. 82,4 Prozent der Reisenden stammen aus Familien mit Migrationshintergrund, 118 der Dschihadisten sind aber Konvertiten. 79 Prozent sind Männer, 21 Prozent Frauen. Das Durchschnittsalter der Reisenden liegt bei knapp 26 Jahren, die Jüngsten sind nur 15 Jahre alt, die Ältesten 63. Eine geradezu magnetische Wirkung auf jüngere Islamisten hatte offenbar die Ausrufung des Kalifats Ende Juni 2014, denn im Vorher-Nachher-Vergleich ist das Durchschnittsalter um drei Jahre gesunken. Der Anteil der Minderjährigen stieg von 5 auf 12 Prozent. Von den 677 Ausgereisten wurden 130 offenbar im Krieg getötet, etwa ein Drittel ist nach Deutschland zurückgekehrt, 70 von ihnen haben an Kämpfen teilgenommen oder sind zumindest militärisch ausgebildet. Fast allen war gemeinsam, dass ihre Radikalisierung schnell verlief, zwischen vier Monaten und zwei Jahren, und vor allem durch Kontakte zu salafistischen Gruppierungen erfolgte.

Das Versagen der muslimischen Verbände

Als ich den Vorsitzenden des Zentralrats der Muslime, Aiman Mazyek, im Frühjahr 2015 fragte, warum sich die muslimischen Verbände in Deutschland nicht offensiver und streitlustiger gegen diesen Missbrauch ihrer Religion positionieren, räumte er Fehler im Umgang mit der wachsenden Bedrohung durch gewaltrechtfertigende Islamisten ein: »Selbstkritisch sage ich, dass wir das Phänomen des Neosalafismus, von Extremismus auch, die sich zumindest auf den Islam und auf die Religion berufen, unterschätzt haben. Dass wir gesagt haben, das ist so ein kleines Fegefeuer, und das geht dann wieder.« Angesichts der Taten der vergangenen fünfzehn Jahre und der dahinterliegenden Motivationen der Täter ist es erstaunlich, dass muslimische Verbände in Deutschland glaubten, eine scharfe Verurteilung solcher Anschläge könnte eigentlich ausreichen. Nach den Attacken von Madrid am 11. März 2004 schwieg der ZMD – wie auch andere Organisationen – drei Wochen lang, bis er anlässlich eines erneuten Anschlagsversuchs in Spanien den Terror als »einen abgrundtiefen Verfall aller Maßstäbe der Menschlichkeit und der Vernunft« ächtete und die Imame aufforderte, die Verbreitung von »verfassungsfeindlichem Gedankengut« in den Moscheen zu verhindern und »verdächtige Äußerungen« den Sicherheitsorganen zu melden. Eine Woche nach den Attacken von London im Juli 2005 forderte der damalige Vorsitzende des Zentralrats, Nadeem Elyas, alle Mitglieder auf, gewaltbereite Islamisten an die Behörden zu melden: »Ich erwarte von jedem Muslim, dass er extremistische Vorgänge beim Verfassungsschutz anzeigt.« Nach solchen klaren Stellungnahmen, so erlebte es auch ZMD-Chef Mazyek, erhielten er und seine Vorgänger auch Anrufe und E-Mails von wütenden Muslimen, die sie beschimpften und bedrohten, weil sie angeblich den Islam mit ihren Äußerungen verrieten. Es hätte eigentlich Anlass sein müssen, mit den eigenen Anhängern ans Eingemachte zu gehen und die Verfälschungen des Koran durch Ibn Taimīyah und Abd al-Wahhāb und damit den gesamten Wahhabismus und Salafismus als Gotteslästerung und Missbrauch der Worte des Propheten zu entlarven.

Natürlich habe ich Mazyek gefragt, ob nicht sein Verband jungen Leuten sagen muss, »das gilt nicht, was da irgendwelche Rechtsgelehrten im 12., 13. Jahrhundert aufgestellt haben«? Darüber habe man ja »Symposien an Theologiezentren« in Deutschland abgehalten, so Mazyek. Es seien »hoch umstrittene Aussagen von Gelehrten, die auf deren gesellschaftlichen, historischen Kontext« fußten, die zwar »von extremen Minderheiten gern zitiert« würden, aber im Mainstream der Muslime heute »keinerlei Anwendung« fänden. Mazyek fuhr fort: »Nur, warum können wir nicht über diesen Punkt hinausgehen? Der Status quo ist ohnehin unter den Muslimen, dass sie diese Ansichten und Interpretationen ablehnen. Warum werden sie aber ständig damit konfrontiert? Um diesen Misstrauensdiskurs und diesen Extremismusvorbehalt wiederum gegen den Islam allgemein aufrechtzuerhalten. Und das finde ich echt hochgefährlich.« Nicht minder gefährlich dürfte es sein, wenn die Diskussion über einen Kernpunkt der islamischen Lehre nur in theologischen Symposien geführt wird. Denn es lehnen eben nicht alle Muslime diese extremen Interpretationen des Koran ab. Deshalb fragte ich nach: »Wie bringe ich das an die jungen Leute ran, die der Meinung sind, sie dürften das, denn da steht's doch? Müssen wir nicht diese Diskussion gemeinsam auf einer Ebene führen, die sie alle erreicht?« Antwort Mazyek: »Ja, aber ich würde das nicht pauschalisieren. ›Die jungen Leute‹, das ist mir zu kurz.« Mein Einwurf: »Nicht ›die‹, aber diejenigen, die dann tatsächlich mitmachen, und das sind ja mittlerweile immer mehr, Hunderte allein aus Deutschland.« Antwort Mazyek: »Jeder

Einzelne ist einer zu viel. Aber ich will das noch mal zahlenmäßig einordnen. Wir haben über vier Millionen Muslime in Deutschland. Wir haben davon 600 000 bis 700 000 junge Muslime, und davon sind eine Hundertschaft, die sich dieser falschen, verqueren Betonauslegung des Islam sozusagen hingeben. Das sind nicht *die* jungen Muslime.«

Also doch nur ein kleines Fegefeuer? 3000 gewaltbereite Salafisten? Oder wagt sich der ZMD nicht an die wahhabitischen Verzerrungen des Koran heran, weil der Verband zumindest in der Vergangenheit von Gönnern in Saudi-Arabien unterstützt wurde und personell mit der König-Fahd-Akademie in Bonn verflochten war, an der – wie erwähnt – extremistisches Gedankengut gelehrt wurde. Spätestens mit der Amtsübernahme von Aiman Mazyek im Jahr 2010 kann man der ZMD-Führung eine eindeutige Parteinahme für die freiheitlich-demokratische Grundordnung bescheinigen. Im Interview positionierte er sich auch klar und eindeutig gegen die Anwendung all jener Teile der Scharia, die deutschem Recht widersprechen. »Keine Paralleljustiz«, so Mazyek, »in dem Moment, wo es um Strafrecht geht, also Strafen ausgesprochen werden, das darf nicht der Imam machen.« Hierzu muss man wissen, dass die islamischen Rechtsvorschriften auch Dinge wie Gebetszeiten, Spenden und die Teilnahme an der *Hadsch,* der Wallfahrt nach Mekka, regeln, die mit unserem Rechtssystem absolut vereinbar sind. Der ZMD-Chef, dessen Vater aus Syrien stammt, nannte im Interview auch Forderungen, die er schon in den vergangenen Jahren gestellt habe. Sektenbeauftragte sollten in den muslimischen Gemeinden gegen extremistisches Gedankengut vorgehen. Man müsse die Jugendarbeit mit der anderer Religionen, dem Christen- und Judentum, verzahnen sowie Vorstände und Imame der Moscheevereine mithilfe der staatlichen Institute für politische Bildung besser ausbilden: »Es müsste so etwas wie einen Staatskundepass für alle geben. (…) Wenn es nach mir ginge, sollte jeder Imam in Deutschland locker ein Jahr, zwei bis drei Semester Staatskunde, studieren, um zu wissen, in welchem Land er lebt.« Tatsächlich hatte Mazyek dies alles mal gefordert, fand aber wenig Widerhall in den Medien und keinen in der Politik. Er ging damit sogar weiter als der im September 2008 eingeführte Einbürgerungstest, der den Nachweis sprachlicher und staatskundlicher

Kenntnisse zur Voraussetzung für den Erhalt des deutschen Passes macht.

Die damalige Ablehnung des Tests durch andere islamische Verbände machte deutlich, warum Mazyeks Vorschläge bis heute nicht umgesetzt sind. In Deutschland sind nur zehn Prozent der 4,2 Millionen Muslime in den drei Dachverbänden organisiert. Der ZMD mit neunzehn Vereinen und 200 Moscheen hat bestenfalls 20 000 Mitglieder, die vor allem aus der arabischen Welt stammen. Der in Köln ansässige Islamrat zählt zu seinen 32 Mitgliedsorganisationen mit 140 000 Mitgliedern und 600 Moscheen auch die extremistische Islamische Gemeinschaft Milli Görüs, die verfassungsfeindliche Ziele verfolgt. Der größte muslimische Verband ist DITIB, zu dem rund 220 000 Mitglieder in 870 der bundesweit insgesamt 2500 Moscheen und Vereinen gehören. DITIB, der eine Führungsrolle für sich beansprucht, wird von der staatlichen Religionsbehörde der Türkei unterstützt, die bisher auch alle der Imame nach Deutschland entsendet und finanziert. Obwohl sie nur einen Bruchteil der Muslime in Deutschland wirklich repräsentieren, haben die drei Dachverbände durch anhaltende Streitigkeiten untereinander zum Klima des Misstrauens in unserem Land beigetragen. DITIB und Islamrat lehnten Vorschläge wie die Einführung von Sektenbeauftragten gegen Islamismus und Staatskundeunterricht für Imame kategorisch ab. Und der Zentralrat der Muslime sah sich offenbar außerstande, seine Ideen in den eigenen Moscheegemeinden durchzusetzen.

Staat und Politik waren dabei aber auch keine große Hilfe. Sie hielten Islam- und Integrationskonferenzen ab, zu denen neben den teils selbst islamistisch orientierten Dachverbänden nur ein paar muslimische Einzelpersönlichkeiten eingeladen waren, unter ihnen vor allem Islamkritiker, die so gut wie keine Resonanz in der muslimischen Gesamtbevölkerung fanden. Es gab keinen ernsthaften Versuch, den Islam in Deutschland unter einem Dach zu bündeln und verbindliche Regeln für den Umgang miteinander zu schaffen. Immer mal wieder tauchte dabei der Vorschlag eines Islamgesetzes auf, doch den meisten Politikern ging es dabei vor allem um die Festschreibung von Pflichten und Auflagen, ohne dabei auch die entsprechenden Rechte, zum Beispiel die Erhebung einer Religionssteuer, einzuräumen. Jüngste Beispiele für diese einseitige Diskussion sind die Forderungen der AfD nach einem Verbot von Minaretten und des Muezzinrufs sowie die des Vorsitzenden der CDU/CSU-Bundestagsfraktion Volker Kauder nach einer staatlichen Kontrolle aller Moscheen, um die Verbreitung extremistischen Gedankenguts in Predigten zu verhindern. Solche Vorstöße sind einmal mehr Beleg für die These, dass alle Beteiligten in unserer Gesellschaft in ihren Sonntagsreden von Prävention sprechen, aber in Wirklichkeit Repression meinen. Ihr Versagen spiegelt sich nicht nur in der Gleichgültigkeit und Tatenlosigkeit gegenüber den gesellschaftlichen Verhältnissen, die den fruchtbaren Boden für Extremismus bilden. Es zeigt sich besonders in der Unfähigkeit, die politischen Ursachen des Terrorismus zu bekämpfen. Das beklagte auch Aiman Mazyek in unserem Interview: »Wir haben natürlich im Umgang mit Terrorismus und Extremismus die grundsätzlichen Auseinandersetzungen scheinbar beiseitegeschoben. Terror kann ich nicht mit Terror oder Gewalt bekämpfen. Terror hat auch sehr oft Ursachen, zum Beispiel in Ungerechtigkeiten, in Unrechtssystemen, die Terror gedeihen lassen. Sie sind der beste Nährboden für Terrorismus. Auch die subjektiv empfundenen Ungerechtigkeiten. Die Kriege, die in dieser Zeit stattfanden. Afghanistankrieg, Irakkrieg, Stichwort ›Demokratie herbeibomben‹. Sie haben alle mit dazu geführt, dass wir die Gruppe derer, die ohnehin gewaltaffin sind, die die Religion instrumentalisieren, sie missbrauchen für ihre Machtzuwächse oder für ihren Machterhalt, durch diese Dinge gestärkt statt geschwächt haben.«

Das allerdings, so habe ich im letzten Kapitel gezeigt, ist ein großes Rad, an dem die Politik auf internationaler Ebene drehen hätte müssen. Angesichts der Schwierigkeiten wäre es umso wichtiger gewesen, diese Zusammenhänge in der breiten Öffentlichkeit, aber auch direkt mit denjenigen zu diskutieren, die ihren Frust und ihre Wut über die Ungerechtigkeiten dieser Welt mit ihrer persönlichen Wahrnehmung von einer Benachteiligung und Diskriminierung in der eigenen Gesellschaft verbanden. Welche Politiker begaben sich in die verbale Auseinandersetzung, den Streit in der Sache, mit jungen Menschen, die radikale Ansichten äußerten? Welche Lehrer förderten die – auch mal politisch inkorrekte – Diskussion über Terrorismus und Islamismus in ihren Schulklassen?

Welche Eltern kannten den Weg, um zu ihren Söhnen oder Töchtern durchzudringen, wenn diese sich immer mehr isolierten? Welche Verwandten, Freunde, Nachbarn, Arbeitgeber, Verbände, Vereine oder gar staatliche Einrichtungen suchten das offene Gespräch, wenn sie Veränderungen in den Ansichten, den Äußerungen, dem Aussehen, dem Freizeitverhalten, den Freundeskreisen registrierten? Wer kümmerte sich um Menschen, deren Perspektiven, deren Halt oder deren Orientierung sich zerschlugen und die in Kriminalität abrutschten? Für all das gab es so gut wie keine Foren, Plattformen, Konzepte, Curricula, Leitfäden oder Ansprechpartner. Ich will nicht falsch verstanden werden. Das alles ist eine gesamtgesellschaftliche Aufgabe, keine nur für den Staat, aber alle erwarteten offenbar, dass der Staat sich schon um die Probleme kümmern werde.

Und die Politik sah es als Aufgabe der Polizei, Geheimdienste und Justiz. Ziel: Schutz vor Anschlägen. Mit anderen Worten: Erst am Ende der Kette, wenn einer schon radikalisiert und gewaltbereit war, sollte er gestoppt werden. Um das aber zu können, mussten die Sicherheitsbehörden möglichst viele Informationen sammeln. Einige waren dabei so eifrig, dass sie letztlich mit zur Vergrößerung eines Problems beigetragen haben, das sie eigentlich bekämpfen sollten. An dieser Stelle will ich die Geschichte von Irfan Peci erzählen, der erst als Chefpropagandist der al-Qaida im deutschsprachigen Raum aktiv war und dann als amtlich bezahlter Islamist im Staatsauftrag. Im Herbst 2015 habe ich mit meinen Kollegen einen Film über ihn gemacht.

Propagandist des Terrors

Weiden in der Oberpfalz, 40 000 Einwohner. Hierher floh Familie Peci vor dem Balkankrieg in den Neunzigerjahren. Die Pecis sind Muslime, aber die Eltern schickten ihre Kinder in den katholischen Kindergarten. Der 11. September 2001 wurde zum Schlüsselerlebnis für Irfan Peci. Damals war er zwölf Jahre alt, hatte Fragen, die ihm niemand beantwortete, nicht seine Eltern, nicht seine Lehrer, nur die Propagandisten im Internet. Osama bin Laden war für Peci kein Terrorist, sondern ein Freiheitskämpfer. Ihn faszinierte die Entschlossenheit, mit der die Dschihadisten bereit waren, in den Kriegen in Bosnien, Tschetschenien und Afghanistan ihr Leben zu riskieren. Wer dabei starb, war ein Held: »Die sind zwar tot, aber die sind jetzt im Paradies und leben ein viel besseres Leben als wir hier auf der Welt. Zu sterben stellt sozusagen einen Erfolg dar. Das fand ich faszinierend, weil man so ja gar nicht verlieren kann. Also, entweder kämpft man und gewinnt hier im irdischen Leben oder, wenn man stirbt, hat man halt auch gewonnen. Selbst zu sterben war ich zu dem Zeitpunkt nicht bereit. Da hat die Entschlossenheit und alles andere gefehlt. Aber ich fand den Gedanken schon sehr faszinierend.« In Weiden gab es damals keine Salafisten. Trotzdem konnte sich Irfan Peci als Teil einer großen Bewegung fühlen. In Internet-Chatrooms stachelten sich Gleichgesinnte gegenseitig an. Paltalk, ein Programm für verschlüsselte Gespräche, war Pecis Eingangstür in die Welt des Dschihad. Im Jahr 2007 übernahm er die Globale Islamische Medienfront (GIMF), das Internet-Sprachrohr der al-Qaida auf Deutsch. In ihren Propagandavideos im Internet rief die GIMF zur Gewalt gegen die Bundeswehr und große deutsche Unternehmen auf. »Da war natürlich das Ziel dahinter, dass jemand sich in die Pflicht genommen fühlt und dann auch wirklich was macht, ohne dass es eine Verbindung zu uns gibt«, so erklärte mir Peci im Interview. Auf meine Nachfrage, ob sie damals den Tod von Menschen in Deutschland, auch von Frauen und Kindern, gewollt hätten, antwortete er: »Ja, hatten wir, aber rückblickend denke ich, dass uns das nicht wirklich bewusst war. Wir haben das einfach in Kauf genommen, aber die Gefährlichkeit war uns nicht so bewusst.«

»Brandgefährlich« nannten die Sicherheitsbehörden diese Drohungen. Interessanterweise trugen die Ermittler selbst dazu bei, dass die Angstmaschinerie im Internet weiterlaufen konnte – über einen Computerserver in Malaysia. Den hatte ein vermeintlicher GIMF-Anhänger Irfan Peci angeboten. In Wirklichkeit war der Gönner ein Agent Provocateur der Geheimdienste, der Islamisten ins Visier der Behörden lockte. Nach Erkenntnissen der amerikanischen Bundespolizei FBI arbeitete der Mann, Joshua Devon, für die amerikanische Sicherheitsfirma SITE Intelligence Group. Devon ist sogar einer der Gründer von SITE, die extremistische Umtriebe im Internet und in den sozialen Medien auswertet und die Analysen dann an Behörden und Medien verkauft. Auch das

ZDF ist Kunde von SITE, bekommt täglich Dutzende Berichte über Terrorvideos und Propagandazeitschriften von islamistischen und anderen extremistischen Gruppen. Aber die Dienstleistungen von SITE gingen offenbar viel weiter – im Auftrag des deutschen Bundesnachrichtendienstes. Unter Decknamen hatte Devon 2007 mit Wissen des BND den Server für die GIMF-Propaganda gestellt und die gesammelten Informationen dann an den Geheimdienst weitergegeben. Eine amerikanische Firma nahe Washington diente also als Handlanger des BND. Weder von diesem noch von SITE bekamen wir dazu eine Stellungnahme. Tatsächlich gehören solche Operationen zum Standardgeschäft der Sicherheitsbehörden, wie mir der bereits erwähnte ehemalige CIA- und NSA-Direktor Michael Hayden bestätigte: »Wenn Sie wissen, dass die Dschihadisten diese Website besuchen, wollen Sie dann die Seite schließen? Oder wollen Sie sie lieber weiter beobachten, um mithilfe dieser Informationen dann gegen sie vorzugehen? Vor der Entscheidung steht man fast täglich, das ist ein ständiges Dilemma. Die Nachrichtendienstler sagen meist: Lass uns weiter beobachten und das dann gegen die einsetzen.« Natürlich dürften auch die Geheimdienste nicht alles, aber doch vieles, meint Hayden: »Zu operationalen Entscheidungen würde ich jetzt öffentlich nichts sagen. Aber wie bei vielem im Leben gibt es da nicht nur Schwarz und Weiß. Es ist eine Grauzone. Was man nach US- und auch deutschen Gesetzen jedenfalls nicht darf: jemanden in die Lage versetzen, dass er kriminelle, gewalttätige oder terroristische Taten verübt. Das wäre eine klare Grenzüberschreitung.«

Irfan Peci sagte mir, er hätte auch ohne die Hilfe der Behörden, von der er nichts ahnte, weitergemacht, aber es sei schon eine »entscheidende Hilfe« gewesen. Ist die Bereitstellung von Infrastruktur für Terrorpropaganda so eine Grenzüberschreitung? Immerhin könnte jemand durch die Videos so aufgestachelt werden, dass er zur Waffe greift und Menschen tötet. In Deutschland soll eigentlich das Parlamentarische Kontrollgremium (PKG) im Bundestag den BND beaufsichtigen. Aber genau diese Kontrolle, so sagte mir der Vorsitzende des Ausschusses, Clemens Binninger, sei gar nicht möglich, wenn der BND heimlich ausländische Firmen beauftrage: »Wenn eine strukturierte Zusammenarbeit erfolgt zur Informationsgewinnung und damit ein Feld betreten wird, das eigentlich ja nur dem V-Mann und damit den rechtlichen Regeln des V-Mannes vorbehalten bleibt, dann halte ich das für mehr als bedenklich. Weil wir damit ja einen Rechtsrahmen verlassen, wo wir Kontrolle haben können. Und wenn das ausgelagert wird, dann wird es sehr, sehr schwierig, das noch zu kontrollieren, und deshalb halte ich davon ehrlich gesagt wenig.«

Die Kontrolle war ausgehebelt. Und die deutschen Sicherheitsbehörden ließen die GIMF weiter Angst in der deutschen Öffentlichkeit verbreiten, obwohl sie Irfan Peci und seine Gesinnungsgenossen längst kannten, wie Hunderte von Dokumenten über abgehörte Gespräche und abgefangene E-Mails belegen, die mir vorliegen. »Die wussten von Anfang an Bescheid«, so Peci, »die wussten, wer wir waren, was wir machten. Von den leeren Drohungen. Da finde ich es schon ein wenig lustig, wenn dann nach außen Angst verbreitet wird, aber die Behörden wissen, dass nichts dahintersteckt, dass es ungefährlich ist.« Doch die Propagandaarbeit senkte bei Peci selbst die Gewaltschwelle: Im beschaulichen Weiden schlug er einen Ladenbesitzer zusammen, weil er sich von ihm beleidigt fühlte. Erst jetzt griff die Polizei ein. Bei einer nächtlichen Razzia im November 2008 wurde Peci verhaftet. Der Vorwurf: Unterstützung einer terroristischen Vereinigung. Wie ein Topterrorist wurde er von einem Spezialkommando zur Haftanstalt Nürnberg gebracht und zunächst in eine Einzelzelle im Keller gesperrt. Es war eiskalt, erzählt er, die Heizung ausgefallen, die Wärter ließen ihn nicht schlafen, kontrollierten ihn stündlich – angeblich wegen Selbstmordgefahr. Obwohl oder weil er die Härte des Staates spürte, setzte ein Umdenken ein.

Islamisten im Staatsauftrag

Mehrfach bekam Peci Besuch von einem Beamten des Bundesamtes für Verfassungsschutz BfV. Ein Deal nahm Gestalt an: Der damals Zwanzigjährige packte aus über seine Gesinnungsgenossen und wurde im Sommer 2009 freigelassen – ohne Prozess, aber mit einer kleinen Starthilfe, rund tausend Euro –, und der Verfassungsschützer machte ein noch weiter reichendes Angebot. Ob Peci nicht in der Bundeshauptstadt für den deutschen Nachrichtendienst arbeiten wolle. »Er hat da so eine Art James-Bond-Leben in

Aussicht gestellt«, erinnert sich Irfan Peci, »und das meiste war ja dann auch, wie er es beschrieben hat.« Berlin war immer wieder im Fokus des islamistischen Terrors. Die Ermittler hatten Hinweise auf geplante Anschläge. Deshalb war ihnen jede Information aus der Szene wertvoll. Peci wurde staatlich bezahlter Islamist und verdiente nach eigenen Angaben gut dabei: »Es fing dann halt so an mit 1400 Euro, dann war's zum Schluss fast so 3000 Euro netto. Aber dann dazugerechnet die Miete, 400 Euro. Meine ganzen Fahrtkosten, ich bin oft mit dem ICE erster Klasse gefahren. Diesen Luxus habe ich mir gegönnt. Teure Hotels, teure Restaurantbesuche, und das wurde alles übernommen. Ein Laptop. Ich musste es nur mit der Arbeit begründen, dann habe ich das bezahlt bekommen.«

Von Winter 2009 bis Herbst 2010 lieferte der Deutsch-Bosnier Informationen über Terrorverdächtige in Berlin, darunter Mitglieder der sogenannten Berliner Gruppe und der Deutschen Taliban Mudschaheddin (DTM). Für Handynummern und Bilder von Kontaktmännern der al-Qaida bekam er Sonderprämien. Um ihr Vertrauen zu gewinnen und sein Ansehen in der Islamistenszene zu vergrößern, so Peci, habe er »Extrageld« vom Verfassungsschutz erhalten, das er als Spenden weitergab: »Das habe ich dann weitergeleitet an diesen al-Qaida-Kontaktmann.« Er habe sich gefragt, wie sich das miteinander vereinbaren ließ, »einerseits die Bekämpfung« des Terrorismus, »andererseits diese Finanzierung«. Ein Agentenleben in der Grauzone. V-Leute dürfen nur passiv Informationen sammeln. Und die Unterstützung von Terroraktivitäten durch staatliche Gelder ist ein Rechtsbruch. Nach der »Dienstvorschrift für die Beschaffung« des Bundesamts für Verfassungsschutz müssen sich V-Leute, genau wie die Behörde selbst, an Recht und Gesetz halten.

Der Zweck heiligt die Mittel? Vergrößerten die Sicherheitsbehörden eine Gefahr, die sie eigentlich bekämpfen sollen? Die Geschichte von Irfan Peci ist kein Einzelfall. Immer wieder unterstützten oder finanzierten deutsche Sicherheitsbehörden Islamisten, um über sie Erkenntnisse in der Szene zu gewinnen. Der ein oder andere V-Mann wurde zu einer Schlüsselfigur bei der Radikalisierung anderer. Man nennt das auch Honigtopfstrategie. Die Behörden tragen dazu bei, dass sich an einem bestimmten Ort und um bestimmte Personen eine Szene entwickelt, die man dann beobachten kann. So als würde man einen Honigtopf aufstellen, um das Verhalten von Bienen zu studieren. 2007 wollte die Sauerland-Zelle Bomben vor US-Einrichtungen in Deutschland zünden. Einige der Terroristen waren einst von Yehia Yousif radikalisiert worden, dem Vordenker der Islamistenszene in Neu-Ulm. Yousif hatte gegen Geld für den Verfassungsschutz spioniert. Das baden-württembergische Landesamt hatte ihn einst angeworben, auf internationale Islamistentreffen geschickt und damit seinen Bekanntheitsgrad gesteigert. Er wurde zu einer Persönlichkeit in der Szene, einem Vorbild, das schließlich als Hassprediger junge Leute für den Islamismus begeisterte. Als ich Yousif kurz nach seinem Abtauchen 2004 an einem geheimen Ort interviewte, rechtfertigte er seine Hetze so: »Wenn Sie damit Hass gegen Hass meinen oder Hass gegen Gewalt, Hass gegen Unterdrückung und Ungerechtigkeit, dann habe ich das gepredigt.« Die Sauerland-Zelle leitete daraus offenbar die Rechtfertigung zum Terror ab. Um ihre Bombe zu bauen, brauchten die Terroristen Zünder, und die besorgte ein Mann namens Mevlüt Kar, der zu diesem Zeitpunkt als V-Mann für den türkischen Geheimdienst arbeitete. Wir hatten es also mit Terroristen zu tun, die von Informanten der Sicherheitsbehörden angestiftet und ausgerüstet wurden.

Was, wenn die Terrorzelle nicht rechtzeitig aufgeflogen wäre? Dann wären Geheimdienste mit schuld gewesen, dass Menschen in Deutschland getötet wurden. Wo ist die Grenze zwischen legitimer Informationssammlung und der Erzeugung von Terrorismus, haben wir den PKG-Vorsitzenden Clemens Binninger gefragt: »Wir dürfen mit den V-Leuten keine Strukturen am Leben erhalten, die es sonst nicht gäbe. Aber diese Frage, glaube ich, muss man dann auch fair beantworten und sagen: Würde man nicht mit diesem V-Mann arbeiten, wäre es ein anderer, der die Struktur weiterführen würde, und man hätte keinen Zugang? Also sprich, wenn der Maßstab ist, dass die Struktur in jedem Fall weitergeführt wird, auch wenn man diesen V-Mann nicht gewinnt, man dann aber keine Erkenntnisse hat, dann, glaube ich, kann man es vertreten. Wenn es so wäre, dass man eine Struktur erst etabliert durch V-Mann-Einsatz, einen Honigtopf, den es sonst nicht gäbe, dann, finde ich, sind V-Mann-Einsätze nicht zu vertreten.«

Genau das aber ist bei der rechtsextremistischen NPD geschehen. Viele ihrer Anführer waren V-Leute, Kritiker glauben, dass die Partei mittelbar durch Behörden mitgesteuert wurde. Auch die Rechtsterroristen des NSU waren nach unseren Recherchen eingebettet in ein Netzwerk mit zwei Dutzend V-Leuten. Ohne diese hätte es die menschenverachtende Mordserie über zehn Jahre so wohl gar nicht geben können. Die Sicherheitsbehörden spielen ständig mit dem Risiko, dass ihre Spitzel aus dem Ruder laufen. Irfan Peci fuhr im Frühjahr 2010 – ohne Wissen des Verfassungsschutzes – in ein Terror-Trainingslager in Bosnien. Hier wurden junge Muslime für den Kampf in Syrien und Irak ausgebildet. Die Teilnehmer werden von salafistischen Predigern indoktriniert und erlernen den Umgang mit Waffen – heute für den IS, damals noch für al-Qaida. »Da gab es dieses Training an Waffen«, so Peci, »der Höhepunkt waren die Übungen mit der Kalaschnikow, der Terrorwaffe schlechthin, die man auch immer in den Videos sieht. Das war natürlich sehr aufregend.«

Ein Rückfall? Kurz danach war Peci unmittelbar beteiligt, als Islamisten im Berliner Bahnhof Friedrichstraße einen US-Soldaten zusammenschlugen: »Einer von denen hat den Amerikaner gepackt und überwältigt. Dann wurde halt auf ihn eingetreten. Die Leute außen rum wollten zwar einschreiten, haben sich aber nicht so wirklich getraut. Sie haben nur geschrien: ›Hört bitte auf.‹ Das ging so geschätzte dreißig Sekunden, bis wir dann die Polizeisirenen gehört haben. Da sind wir halt geflüchtet.« Es war eine schwere Straftat, an so etwas darf sich ein V-Mann nicht beteiligen. Um bei seinen islamistischen Freunden keinen Verdacht zu erregen, so sagt Peci heute, habe er mitgemacht. Die Reaktion seines V-Mann-Führers empfand selbst er als gefühllos: »Er war halt nicht erfreut, hat gesagt: ›Versuch so was zu vermeiden, das ist nicht gut.‹ Aber es war nichts Menschliches, dass er gesagt hätte: ›Der arme Soldat.‹ Es ging nur um die Zusammenarbeit, nur: ›Wenn die Polizei dich festnimmt, dann kann es sein, dass du auffliegst.‹ Also, es ging nur um die Zusammenarbeit, um den Nutzen. Um den Menschen an sich ging es überhaupt nicht. Und dann hat er mich schließlich beruhigt und gesagt: ›Das haben wir schon mit der Polizei geklärt. Da haben wir uns unterhalten, da kommt nichts mehr, das wird nicht weiterverfolgt.‹«

Tatsächlich sind die Polizeiakten über den Vorfall vom 2. Juli 2010 verschwunden. In den Akten der Bundespolizei, die formal zuständig ist, gibt es zwar eine entsprechende Vorgangsnummer – genau diese Nummer samt der zugehörigen Akte ist jedoch bei der Berliner Polizei nicht auffindbar. Sie hatte die Ermittlungen zeitnah übernommen. Sollten Informationen auf Druck entfernt worden sein, hätte sich der Verfassungsschutz der Strafvereitelung schuldig gemacht. Das aber dementierte die Behörde gegenüber dem ZDF, ebenso wie den Vorwurf der indirekten Terrorfinanzierung durch weitergereichte Spenden. Der Fall Peci zeigt, wie wichtig eine bessere Kontrolle der Geheimdienstarbeit wäre, und dafür will das Parlament jetzt eine eigene Ermittlungseinheit für das PKG schaffen. Nun könnte man denken, dass solche Einzelfälle am Ende weniger Schaden anrichten, als sie nützen – insbesondere weil der V-Mann ja wertvolle Information geliefert hat, die zu einer Reihe von Festnahmen und mutmaßlich zur Vereitelung von Anschlägen führten. Doch die Praktiken der Geheimdienste sind aus zwei Gründen von erheblicher Bedeutung: Zum einen stellen sie ein erhebliches Risiko dar, weil angesichts der Vielfalt der Operationen, der Zahl der unterschiedlichen aktiven Behörden und der fehlenden Abstimmung zwischen ihnen das Phänomen und einzelne Personen völlig aus dem Ruder laufen könnten. Zum anderen sind sie die größte verpasste Chance im Anti-Terror-Kampf der vergangenen fünfzehn Jahre. Denn die Sicherheitsbehörden hatten ein hervorragendes Bild von Zusammensetzung, Ausmaß und Aktivitäten der islamistischen Gruppierungen in Europa, die als Vorstufe für die Bildung von Terrorzellen dienten. Dieses Wissen wurde aber ausschließlich für die Verhinderung von Anschlägen verwendet. Eine Prävention, ein Unterbrechen der Radikalisierung, ein »Kümmern« um anfällige Jugendliche und damit ein Abgraben des fruchtbaren Bodens wären nicht nur möglich, sondern wohl auch höchst effektiv gewesen. Doch es fehlte an politischem Willen und klugen Konzepten, sicher auch, weil Geheimdienste und Polizei sich eher um Repression als Prävention kümmern sollten.

»Sie haben mir oft gesagt: Unser Ziel ist es, den Anschlag morgen zu verhindern. Was am Tag danach ist, interessiert uns nicht. Wir sorgen uns nur um den nächsten Anschlag.« So beschrieb es mir einmal vor einigen Jahren ein Informant, der heute unter dem Pseudonym Omar Nasiri bekannt ist. Er war Mitte der Neunzigerjahre als Agent des französischen Geheimdienstes DGSI in die Trainingslager der al-Qaida in Afghanistan gereist und dort zum Sprengstoffexperten ausgebildet worden. Später arbeitete der V-Mann auch eine Zeit lang für den britischen Inlandsnachrichtendienst MI5, der in der Operation »Sandling« den Londoner Jugendclub Four Feathers überwachen ließ. Dort indoktrinierten Hassprediger in den Neunzigerjahren Zwölf- bis Achtzehnjährige, viele von ihnen britische Staatsbürger mit pakistanischem oder indischem Hintergrund. Der MI5 aber sah darin keine große Gefahr. Die Ermittler interessierten sich nicht für Nasiris Berichte über die Radikalisierung, sondern nur, wenn er von Vorträgen über Waffen und Sprengstoffe erzählte. Dabei hatte der V-Mann in den al-Qaida-Lagern selbst erlebt, dass die ideologische Schulung der entscheidende Abschnitt auf dem Weg in den Terrorismus ist: »Zuerst lernt man das Gesetz des Dschihad, bevor man lernt, was eine Kalaschnikow überhaupt ist.« Genau das war vielleicht der wichtigste Fehler der Geheimdienste, Polizeibehörden und der Politik in Westeuropa vor 2001: Sie schauten hin, sahen jedoch nicht das Entscheidende, nämlich das Heranwachsen einer Generation, die eingebettet war in die westliche Gesellschaft, aber langsam an das Gesetz des Dschihad herangeführt wurde. Nach Nine Eleven hatte sich das verändert. Die Ermittler sahen, wie sich weitere Generationen radikalisierten. Sie warnten die Politik, doch die hörte nicht zu. Auch auf weiteren Feldern blieben die politisch Verantwortlichen tatenlos: zum einen beim europaweiten Austausch von Informationen zwischen den Sicherheitsbehörden, zum anderen beim dringend notwendigen Vorgehen gegen den Schmuggel mit Waffen und Sprengstoff und die Querverbindung zwischen Terrorismus und Organisiertem Verbrechen.

Mein Gespräch mit Omar Nasiri hatte im Sommer 2005 stattgefunden. Seitdem ist er wieder in einem Zeugenschutzprogramm verschwunden und hat ein spannendes Buch über seine Erlebnisse als V-Mann geschrieben. Einen Auszug aus *Inside the Dschihad* entdeckte ich zu meiner Überraschung im Jahr 2015 in einem E-Book, das aus der Propagandamaschinerie des Islamischen Staates stammt. Es ist eine Anleitung für Dschihad-Kämpfer zum *Überleben im*

Westen, wie der Titel verkündet. Im Kapitel über die Beschaffung von Waffen für den Straßenkrieg ist eine Erinnerung Nasiris abgedruckt, wie er Mitte der Neunzigerjahre auf den Straßen von Brüssel Kontakt mit Drogendealern suchte, um über sie an Munition für Kalaschnikows heranzukommen. Der damalige V-Mann schrieb: »Dann lehnte ich mich noch näher zu ihm. Ich sprach in meiner leisesten, verschwörerischen Stimme. ›Die Munition ist für die muslimische *Ummah,* für den Dschihad.‹ Seine Augen zuckten kurz, und ich wusste, dass ich ihn hatte. Es gibt Typen wie den überall in der Welt: Sie saufen, sie rauchen, sie schnupfen Kokain, sie sind komplette Ungläubige in den Augen eines echten Muslims. Aber bei der ersten Erwähnung der Worte Umma oder Dschihad schnappt die Verbindung mit dem Islam wieder ein. Das gilt besonders in Europa, wo die jungen Leute so weit weg sind von allem, von muslimischem Boden. Dschihad bedeutet ihnen nichts, nichts Echtes, und bedeutet dann doch auf einmal alles. ›Denk drüber nach‹, sagte ich, ›ich komme morgen wieder.‹«

Die Episode zeigt einmal mehr, wie ein Informant des Geheimdienstes aktiv zum Terror beitrug. Denn zigtausend Schuss Munition und die Waffen, die Nasiri nach dieser Geschäftsanbahnung beschaffte, gelangten alle in den Terrorkrieg der GIA in Algerien, die enge Verbindungen zur al-Qaida pflegte. Der V-Mann brachte sogar persönlich mehrfach Kalaschnikows versteckt in seinem Auto mit der Fähre vom spanischen Gibraltar nach Tanger in Marokko – Waffenlieferungen an Terroristen im Auftrag des französischen DGSI. Doch der Buchauszug, verbreitet in einem IS-Magazin, belegt auch, wie einfach die Beschaffung von Kriegswerkzeugen in den Neunzigerjahren war und wie eng die Beziehung zwischen Terrorismus und Organisierter Kriminalität. Diese Verbindung ist heute noch enger geworden, und genauso wie damals dient die gemeinsame Religion, auch wenn sie von den Kriminellen nicht gelebt wird, als wichtige Grundlage des gegenseitigen Vertrauens. Nasiri beschrieb damals, wie der Drogendealer mit marokkanischem Hintergrund das Geschäft vermittelte. Ein reicher Franzose christlichen Glaubens mit besten Beziehungen in die Waffenbranche beschaffte alles Gewünschte, immer ein wenig preisgünstiger als die Konkurrenz im organisierten Verbrechen in Deutschland. Genauso läuft es immer noch ab.

Die Werkzeuge des Terrors

»Wir müssen das Thema Waffen sehr priorisieren. Es ist bei uns auf der 1.« Höchste Zeit, denke ich mir, als ich die Worte von Holger Münch höre. Der Präsident des Bundeskriminalamts will in den Wochen nach dem Straßenterror vom 13. November 2015 dazu beitragen, dass der internationale Schmuggel mit Kriegswaffen quer durch Europa endlich unterbunden wird. Was er nicht erwähnt, ist das katastrophale Versagen der europäischen Politik, die trotz aller Warnungen aus den Sicherheitsbehörden über Jahre die notwendigen Maßnahmen verschleppt hat, weil sie sich mit der mächtigen Waffenlobby nicht ernsthaft anlegen wollte. Sie trifft daher eine Mitschuld am Tod der Menschen, die in den vergangenen Jahren dem Terror in Westeuropa zum Opfer gefallen sind. Yohan Cohen ist eines dieser Opfer. Der 20-jährige Student wurde am 9. Januar 2015 in einem jüdischen Supermarkt in Paris erschossen. Sein Mörder, Amedy Coulibaly, der an diesem Tag noch vier weitere Menschen tötete, hatte ein Arsenal von Schnellfeuergewehren und Pistolen dabei, unter denen sich einige reaktivierte Schreckschusswaffen befanden. Das sind Waffen, die irgendwann einmal schussunfähig gemacht und dann an Waffensammler verkauft wurden, bis sie in diesem Fall an Terroristen gelangten – auch, weil die Politik weggesehen hatte.

Das Magazin *Der Spiegel* hat in Kooperation mit Journalisten aus ganz Europa die Chronik des Versagens recherchiert und im Frühjahr 2016 sehr eindringlich beschrieben. Am 21. Mai 2008 hätte die EU dazu beitragen können, dass den Terroristen von Paris die Mordwerkzeuge gefehlt hätten. Damals kündigte die Politik eine strengere Richtlinie für den Handel mit Feuerwaffen an, »gemeinsame Leitlinien für Deaktivierungsstandards und -techniken, um sicherzustellen, dass deaktivierte Feuerwaffen auf Dauer unbrauchbar sind«. Danach geschah jahrelang nichts, weil die Vorgabe aus Brüssel keinerlei Fristen für die Umsetzung enthielt. Außerdem war eine eklatante Lücke eingebaut, weil die Schreckschusswaffen ausgeklammert wurden. Es handelt sich dabei zum Beispiel um Gewehre, in deren Lauf zwei Stahlstifte verhindern, dass man mit den Waffen tatsächlich schießen kann. Beim Abdrücken entsteht lediglich ein lauter Knall. Weil es nur krachte, aber keine Kugel vorn herauskam, so die Lesart der EU, waren es eben keine Feuerwaffen. Ein fatales Verhängnis, denn durch einfaches Herausbohren der Stahlstifte – das dauert nur wenige Minuten – wird die Waffe wieder voll funktionsfähig und tödlich.

Im September 2013 warnte die slowakische Polizei ihre Partner in ganz Europa, dass sie bei Kontrollen und Razzien immer mehr reaktivierte Schreckschusswaffen gefunden hatte. Augrund der laschen Vorschriften in der Slowakei war die Beschaffung der Gewehre und Pistolen dort besonders einfach. Man kaufte sie gegen Vorlage des Personalausweises im Geschäft. Im Oktober 2013 notierte auch die EU-Kommission in einem Bericht, dass nach Meldungen der Polizei Schreckschusspistolen »in tödliche Feuerwaffen umgebaut« würden. Der Kommission sei bewusst, dass die »Deaktivierungsstandards der Mitgliedstaaten erheblich voneinander abweichen«. Da es auch schon Tote durch solche Waffen gegeben habe, wolle man »die Notwendigkeit bindender Standards« evaluieren. Man evaluierte bis Ende 2014, angeblich ohne dabei zu merken, dass die Feuerwaffenrichtlinie grundsätzlich erneuert werden müsste, da die Schreckschusswaffen ja gar nicht in ihr vorkamen. Tatsächlich gibt es Hinweise, dass weder die Waffenlobby – damit sind Hersteller, Händler und Sammler gemeint – noch zahlreiche EU-Staaten, die selbst solche Waffen herstellten, von einer Komplett-Novelle angetan waren.

Erst nach dem Straßenterror von Paris kündigte die EU-Kommission am 18. November 2015 die Neufassung der Feuerwaffenrichtlinie an. *Der Spiegel* weist auf ein bezeichnendes Detail hin. Als Jean-Claude Juncker, der EU-Kommissionspräsident, die Initiative vorstellte, sagte er: »Wir werden nicht mehr länger hinnehmen, dass Gruppen der Organisierten Kriminalität Zugang zu Kriegswaffen haben.« Aus der anschließenden Pressemitteilung waren die Worte »mehr länger« herausgelöscht worden, weil sie wohl suggerierten, dass die EU bis dahin den Zugang zu Kriegswaffen für das organisierte Verbrechen wissentlich hingenommen hatte. Tatsächlich änderte sich auch durch das Inkrafttreten der Richtlinie im April 2016 nichts – denn die Änderungen bezogen sich ausschließlich auf Feuerwaffen, die Kategorie der Schreckschusswaffen blieb wieder ausgespart. Im Juni 2016 brachten die EU-Innenminister eine weitere Verschärfung auf den Weg, darunter eine Registrierpflicht für Schreckschusswaffen, kein Verbot. Halbautomatische Waffen sollen künftig für den Privatbesitz nur dann unzulässig sein, wenn ihre Magazine eine bestimmte Schusszahl übersteigen. Es hinge also von der Größe des Magazins ab, ob ein und dieselbe Waffe legal oder illegal ist. Eine selten dumme Klausel in einem Entwurf, der – wenn es wie immer läuft – im weiteren Verfahren im Europaparlament noch weiter verwässert wird.

Das Waffenproblem der EU ist riesig, neben Schreckschusswaffen sind es vor allem ehemalige Kriegswaffen aus Osteuropa, die in den Händen von Terroristen und Verbrechern landen. Seit dem Ende des Kalten Krieges und dem Balkankonflikt gibt es in der Region mehr als 2,2 Millionen Schusswaffen, die teils aus den Depots der regulären Armeen in Serbien, Kroatien, Rumänien, Bulgarien, Albanien, Kosovo oder Bosnien gestohlen wurden. Viele befinden sich in Privatbesitz, werden dort von Kleinhändlern aufgekauft oder auf dem Schwarzmarkt angeboten. Waffen, die im regulären Einkauf für 500 bis 600 Euro zu haben sind, erzielen bei den Endkunden über 2000 Euro. Die Schmuggelware wird in Pkws oder Bussen quer über alle Grenzen weitertransportiert, auch mithilfe korrupter Grenzbeamter in einigen EU-Staaten. Das konnte die französische Reporterin Vanina Kanban in ihrer Reportage für den Fernsehsender Canal+ und das ZDF Anfang Februar 2016 nachweisen. Einer der Waffenhändler, der nur anonym auftreten wollte, erklärte ihr: »Überall gibt es Schwachstellen. Wir haben viel Zeit investiert, um mit einem Mann vom Zoll in Kontakt zu treten. (…) Du musst Beziehungen haben.« Bis zu 2000 Euro – das Vierfache eines Monatslohns – bekomme ein ungarischer Zollbeamter dafür, einen mit Waffen beladenen Pkw an der Grenze unbesehen durchzuwinken.

Hin und wieder lassen Fahndungserfolge in Westeuropa erahnen, wie schwunghaft der Handel mit den Kriegswaffen ist. Im dänischen Fährhafen Rødbyhavn fanden die Ermittler am 23. Juli 2015 in einem Fahrzeug aus Deutschland dreizehn Gewehre und zehn Handgranaten. Der Fahrer des Wagens, ein Bosnier, ist ein Bekannter eines ehemaligen bosnischen Polizisten, der gemeinsam mit einem deutschen Komplizen wenige Wochen danach in der Nähe von Aachen festgenommen wurde. In seinem Audi entdeckten die Ermittler vier Kalaschnikow-Nachbauten vom Typ Zastava M70, 25 Handgranaten und zwei Sprengsätze. Bei einer Kontrolle an der Autobahn A8 in der Nähe von Rosenheim ging am 5. November 2016 Vlatko V. ins Netz. In seinem Mietwagen, einem Golf, hatte er acht Kalaschnikows, sechs Handgranaten und zwei fertig gebaute Bomben mit Zündern versteckt. Der 51-jährige Waffenkurier stammte aus Montenegro und hatte offenbar den Auftrag, seine Lieferung nach Paris zu bringen. Das Navigationsgerät hatte eine Adresse im Herzen der französischen Hauptstadt gespeichert, an der das Fahrzeug – so zeigen es die Daten – bereits mehrfach gewesen war. Bisher ist keine Verbindung der Schmuggelfahrten zu den Terroranschlägen von Paris nachgewiesen, aber die Attentäter in den Cafés und im Bataclan-Konzertsaal benutzten die gleichen Waffentypen: – originale und nachgebaute Kalaschnikows.

Die Schmuggelfälle machen auf ein großes Problem aufmerksam: Die internationale Zusammenarbeit zwischen den Sicherheitsbehörden ist wie auch im Bereich der Terrorismusbekämpfung nicht eng genug, um die Netzwerke zu zerschlagen. Darüber hinaus ist in Politik und Sicherheitsbehörden nicht ausreichend verstanden, dass der Terrorismus so eng mit dem organisierten Verbrechen verwoben ist, dass es unverzichtbar wäre, alle Erkenntnisse zwischen den Ermittlern beider Bereiche auszutauschen. Hinweise und Vorfälle aus der Organisierten Kriminalität (OK) könnten möglicherweise entscheidend zur Enttarnung terroristischer Netzwerke beitragen. Aber bisher findet dieser Austausch nicht standardmäßig statt. Der Waffenfund an der A8 wurde vom bayerischen Landeskriminalamt als Delikt aus dem OK-Bereich eingestuft und weitergemeldet. Beim Bundeskriminalamt wurde der Fall in der zuständigen Abteilung wahrgenommen. Hätten die Bayern ihn zusätzlich unter der Kennung PMK – politisch motivierte Kriminalität – in die Computersysteme eingegeben, wären alle Informationen sofort auch in den Abteilungen zur Terrorismusbekämpfung gelandet. Selbst wenn sie hier vielleicht keine wertvollen Erkenntnisse generiert hätten, hätten die Waffen ja dennoch für Terroristen bestimmt sein können.

Die Schnellfeuergewehre, die der Terrorist Coulibaly zum Morden benutzte, lassen sich weitgehend zurückverfolgen. In den Jahren 2013 und 2014 waren die zwei Českás von der slowakischen

Firma Kol Arms deaktiviert worden. Ihr Wiederverkaufswert: 230 Euro für die »normale« Česká, 500 Euro für die verkürzte Variante. So landeten sie im Angebot des Internetvertriebs AFG. Die winzige Kellerfirma mit Sitz in Partizánske, etwa 140 Kilometer nordöstlich von Bratislava, lieferte mehr als 14 000 Schreckschusswaffen an Waffenfreaks in ganz Europa, von Rocker- und Verbrecherbanden bis zu Neonazis. Allein in Deutschland führte das Bundeskriminalamt 33 Ermittlungsverfahren. Einer der Kunden von AFG war der Schweinfurter Mechatronikstudent Christoph K., der die Waffen wieder funktionsfähig machte und für den zehnfachen Preis weiterverkaufte, unter anderem an Kriminelle in Großbritannien. K. wurde dafür zu vier Jahren und drei Monaten Gefängnis verurteilt. Die Terror-Českás von Paris hatte AFG an zwei verschiedene Käufer vertickt, eine an einen belgischen Waffensammler, die andere an den Franzosen Claude Hermant, der in den Wäldern in der Nähe von Lille Überlebenstrainings für Abenteuerlustige und Waffenfans anbietet. Der 52-Jährige ist ein ehemaliger Fallschirmjäger, der später im Sicherheitsdienst des rechtsextremistischen Front National gearbeitet hat. Wie die Waffen ausgerechnet von einem Rechtsradikalen in die Hände eines islamistischen Terroristen gelangen konnten, der damit den jüdischen Studenten Yohan Cohen und vier weitere Menschen erschoss, ist bis heute ungeklärt.

Doch die Geschichte hat noch eine weitere, sehr seltsame Wendung. Trotz oder wegen seiner rechten Gesinnung hatte die französische Polizei den Waffenbeschaffer Claude Hermant 2013 als Informanten angeworben. Er behauptet, im Jahr 2014 im Auftrag der Ermittler größere Mengen Waffen gekauft und unter anderem an Kriminelle in der nordfranzösischen Stadt Roubaix weitergereicht zu haben, damit die Polizei das Händlernetzwerk zerschlagen konnte. Ein V-Mann der Sicherheitsbehörden hat mindestens mittelbar dazu beigetragen, dass Terroristen in Europa einen Straßenkrieg führen konnten? Die Akte mit Hermants Aktivitäten und Berichten ist in Frankreich unter Verschluss. Angesichts der Ereignisse in den letzten Jahren müssen sich die Ermittler die Frage gefallen lassen, inwieweit ihre eigenen Operationen zum Zwecke der Informationsgewinnung auch zur Bedrohung beigetragen haben. Was nützen die besten Kenntnisse der Szene, wenn diese so sehr wächst, dass es für Polizei und Geheimdienste unmöglich wird, den Überblick zu behalten – eine Kontrolle war immer schon illusorisch. Zur Entschuldigung der Terrorfahnder sei gesagt, dass sie die Politik immer gewarnt hatten. Solange es nur darum ging, den nächsten Anschlag zu verhindern, ohne die Ursachen und den fruchtbaren Boden ins Visier zu nehmen, würde die Sache irgendwann komplett aus dem Ruder laufen. Und wie nach dem 11. September 2001 stellte man nun fest, dass man es besser hätte wissen müssen. Die Vorgeschichte der Anschläge vom 13. November 2015 begann nämlich eigentlich schon viel früher.

Terroristen tricksen Behörden aus

Cécile Vannier wurde gerade mal siebzehn Jahre alt. Eigentlich wollte sie nur ein paar Souvenirs oder etwas Schmuck kaufen im berühmten Khan-el-Khalili-Basar von Kairo. Doch unter einer Bank gleich neben der Hussein-Moschee lag ein Sprengsatz in einer Tüte. Um 18.50 Uhr an diesem Sonntag, dem 22. Februar 2009, tötete die Explosion die junge Französin. 24 weitere Menschen wurden verletzt, die meisten davon Franzosen und auch ein Deutscher. Hauptziel der Attacke war offenbar die Schülergruppe aus dem französischen Levallois-Perret. Bald danach verhaftete die ägyptische Polizei einen der mutmaßlichen Beteiligten, den Belgier Farouk Ben Abbes. Sie fand bei ihm Anleitungen zum Bombenbau. Mit der Tat habe er Rache an Frankreich für die Unterstützung der israelischen Blockade gegen den palästinensischen Gazastreifen nehmen wollen, hieß es. Der Islamist wurde nach Frankreich ausgeliefert.

Ben Abbes war kein Unbekannter für die belgischen und französischen Geheimdienste. 2006 tauchte sein Name zum ersten Mal in Zusammenhang mit einem syrischen Hassprediger Olivier Corel auf, der im kleinen Ort Artigat junge Männer radikalisierte und für den »heiligen Krieg« gewann. Zu der Islamistengruppe gehörten damals neben Ben Abbes auch die beiden Brüderpaare Fabien und Jean-Michel Clain sowie Mohammed und Ahmed Dahmani. Fabien Clain und Mohammed Dahmani wurden 2009 wegen der Rekrutierung und Einschleusung junger Islamisten für den Dschihad zu mehrjährigen Haftstrafen verurteilt. Ben Abbes war nach 2008 im Gazastreifen gewesen, um sich am bewaffneten Kampf der Palästinenser zu beteiligen. Nun hatte er sich mutmaßlich an einem Bombenanschlag gegen französische Staatsbürger in Kairo beteiligt. Aber Ben Abbes wurde für diese Tat niemals vor Gericht gestellt. Die französischen Behörden klagten ihn wegen einer ganz anderen Sache an. Bei Verhören in Ägypten hatte er – nach eigenen Angaben unter Folter – von einem geplanten Anschlag auf die Konzerthalle Bataclan in Paris erzählt. Es sei ja eine jüdische Einrichtung mit einem jüdischen Eigentümer und deshalb ein legitimes Ziel. Während der Ermittlungen wurden zahlreiche Zeugen gehört, unter ihnen Mohammed Dahmani. Doch das Verfahren wurde im März 2010 ergebnislos eingestellt, Ben Abbes freigelassen.

Als die Eltern von Cécile Vannier am Abend des 13. November 2015 vom Angriff auf das Konzert im Bataclan erfuhren, brachen sie zusammen. Es war den Terroristen offenbar gelungen, ihren Plan aus dem Jahr 2010 in die Tat umzusetzen. Die Vanniers hatten nie verstanden, warum Farouk Ben Abbes weder für den Bombenanschlag von Kairo noch für die Terrorpläne in Frankreich zur Rechenschaft gezogen wurde. Jetzt, fünf Jahre später, nach der Terrornacht von Paris, machten sie ihrem Ärger in der Zeitung *Le Figaro* Luft: »Schon 2010 konnten wir aus den Statements von Farouk Ben Abbes ersehen, dass er nicht nur am Anschlag in Kairo, sondern auch an anderen Terroraktivitäten beteiligt war. 2011 entdeckten wir durch Zufall beim Durchlesen eines Protokolls seiner Vernehmung aus dem Jahr zuvor, dass er auch in eine geplante Attacke auf das Bataclan verwickelt war.«[25] Das Ehepaar wirft den französischen Sicherheitsbehörden vor, sie hätten die Erkenntnisse von damals nicht weiterverfolgt, weil sie Farouk Ben Abbes als Informanten für den Geheimdienst gewinnen wollten. Offenbar sei das auch gelungen, wie die Einstellung des Verfahrens gegen den Islamisten zeige. Der Verdacht sei ihnen schon beim ersten Treffen mit dem Ermittlungsrichter im Januar 2010 gekommen: »Der Richter fühlte sich nicht wohl in seiner Haut, vermutlich, weil zwei Verbindungsleute des Geheimdienstes DCRI dabei waren.« Es wäre kein unüblicher Vorgang, wenn ein Nachrichtendienst Islamisten als Informanten gewinnt und dann bei Ermittlungsverfahren schützt, um sie weiter einsetzen zu können. Das zeigte ja auch der Fall Irfan Peci in Deutschland.

Nachdem die Vanniers 2011 aus den Akten von den Terrorplänen gegen das Bataclan erfahren hatten, verlangten sie mehrfach mithilfe ihres Anwalts Aufklärung über die Rolle von Ben Abbes und über mögliche weitere Anschlagspläne in Frankreich. Offenbar existierten aus dem Ermittlungsverfahren sogar Überweisungsbelege für die Gelder, die zur Vorbereitung der Attacke dienen sollten. Cécile Vanniers Eltern bekamen nicht einmal eine Antwort. Auch deshalb halten sie die erfolgreiche Ausführung des Anschlags im November 2015 für den Beweis, dass die Sicherheitsbehörden, so sagen sie in *Le Figaro,* Deals mit Islamisten »zulasten der Gerechtigkeit« machen und am Ende von ihnen »ausgetrickst« werden. Aber war die Übereinstimmung der Attacke in Paris mit den Plänen von Ben Abbes nicht doch nur Zufall? Gab es wirklich eine Querverbindung?

Es gab sie. Die Stimmen in den per Internet verbreiteten Bekennerbotschaften des IS wurden als die Stimmen von Fabien und Jean-Michel Clain identifiziert, die mit Ben Abbes zu der Islamistengruppe von Artigat gehört hatten. Ebenso wie der 26-jährige Ahmed Dahmani, der vier Tage nach den Anschlägen von Paris in der Türkei verhaftet wurde. Er hatte im August den Cheflogistiker der Terrorzelle, Salah Abdeslam, bei seiner Reise von Italien nach Griechenland begleitet und soll die Ziele für die Angriffe in der französischen Hauptstadt ausgespäht haben. Noch ein Name tauchte schon in den Ermittlungsakten von damals auf. Najim Laahraoui, der spätere Bombenbauer von Paris und Brüssel, der sich am Flughafen der belgischen Hauptstadt in die Luft sprengte, hatte kurz vor dem Bombenanschlag von Kairo 2009 fast 200-mal mit Ben Abbes telefoniert.

Abbes, der bis September 2015 in Paris gelebt hatte und dann nach Toulouse umgezogen war, wurde kurz nach den Anschlägen vom 13. November im Zuge des verhängten Ausnahmezustands unter Hausarrest gestellt, hielt sich aber nicht an die Auflagen. Trotz mehrmaliger Ermahnungen blieb er auf freiem Fuß. Erst im März 2016 – kurz vor der Festnahme von Salah Abdeslam in Brüssel – wurde er verhaftet und zu drei Monaten Gefängnis wegen Verletzung des Hausarrests verurteilt. Ob er zum Terrornetzwerk von Paris und Brüssel gehört, prüfen die Ermittler noch. Wenn ja, und wenn er tatsächlich auch für den französischen Geheimdienst arbeitete, dann wäre das der absolute GAU im Kampf gegen den Terrorismus.

5 Ein Kampf der Kulturen?

»Es könnte notwendig sein, solche Opfer zu bringen, um diesen experimentellen multikulturalistischen Albtraum und Völkermord zu beenden. Manchmal erfordert es die Lage, grausam zu sein und eine begrenzte Zahl von Zivilisten zu töten, um noch ernstere, langfristige Gräueltaten gegen unsere Völker zu verhindern. Tatsächlich wäre es von einem pragmatischen Standpunkt aus unmenschlich, nicht grausam zu handeln, wenn die Alternative viel schlimmer ist.« Diese brutalstmögliche Antwort auf eine schreckliche Frage stammt nicht aus den Pamphleten des Islamischen Staates oder der Terrorpropaganda der al-Qaida, obwohl man so viel Menschenverachtung von ihnen sicher am ehesten erwarten würde. Es geht darum, ob ein Anschlag auf ein Atomkraftwerk das Auslösen einer nuklearen Katastrophe in der Größenordnung des GAU von Tschernobyl im Jahr 1986 ein legitimes Mittel im Kampf der Kulturen sein kann. Schon die Wortwahl des Mannes, der sich die Frage stellt und sie auch gleich selbst beantwortet, verrät, wie tief er sich in ebendiesem Kampf wähnt: »Wäre es moralisch gerechtfertigt, einen Angriff dieser Größenordnung zu starten, um ein mörderisches und böses Regime zu beenden, das sich vorgenommen hat, alles Europäische auszulöschen?« Der Autor dieser Sätze bezeichnet sich selbst als »Tempelritter«, als »Verteidiger des christlichen Abendlandes«, dabei ist auch er nur ein Massenmörder, ein Zwilling der Terroristen, die in Paris, Brüssel oder anderswo wahllos Menschen ermorden.

Anders Behring Breivik hat 77 Kinder, Jugendliche und Erwachsene auf dem Gewissen. Nach seiner Überzeugung waren sie notwendige Opfer für einen größeren, guten Zweck. Zuerst explodierte die Bombe an jenem 22. Juli 2011. Eine Tonne geballte

Sprengkraft tötete sechs Menschen, zerstörte Gebäude, Autos, fast alles im Umkreis von einigen Hundert Metern nachmittags um kurz nach halb vier mitten im Regierungsviertel von Oslo. Neunzig Minuten später setzte Breivik sein blutiges Werk auf der Insel Utøya in einem Zeltlager des sozialdemokratischen Jugendverbands fort. Er hatte eine Polizeiuniform an, um Vertrauen zu gewinnen, bevor er mit seinen automatischen Waffen das Feuer auf die Jugendlichen und ihre Betreuer eröffnete. Er tötete 69 Menschen, 32 von ihnen waren unter achtzehn Jahre alt, eine Reihe von ihnen muslimischen Glaubens. Breivik hatte den Nachwuchs der sozialdemokratischen Partei ins Visier genommen, weil diese angeblich mit dem Islam kollaboriert und Norwegen der Islamisierung preisgibt.

Wer sich mit der Frage beschäftigt, was diesen christlichen Terroristen von denen unterscheidet, die im Namen Allahs morden, wird nur einen einzigen Unterschied finden: Sie wähnen sich auf unterschiedlichen Seiten in ein und demselben Kampf der Kulturen. Sie wollen, dass wir das ebenfalls glauben, damit sie neue Anhänger gewinnen. Doch beide Seiten missbrauchen eine Religion und deren Gott zur Rechtfertigung für brutale Menschenverachtung. Allein, kaum jemand käme auf den Gedanken, für die Verbrechen von Anders Breivik seine Religion und »die Christen« verantwortlich zu machen, während wir umgekehrt schnell dem Islam und allen Muslimen mindestens eine Mitschuld am Terror von IS und al-Qaida geben. Anders Breivik ist gewissermaßen der Abu Musab al-Suri der islamfeindlichen Bewegung in Europa und den USA. Auch wenn sich die meisten »Islamkritiker«, wie sie sich nennen, mit Nachdruck distanzieren von jenen 77 Morden im Juli 2011, stimmen sie in vielen Punkten mit den Überzeugungen überein, die Anders Breivik zum selbst ernannten Verteidiger des Abendlandes machten. Wie al-Suri hat er seine kranke Ideologie detailliert in einem Pamphlet beschrieben und auf den 1515 Seiten dabei vor allem geklaut und kopiert von den Vordenkern der Bewegung, den geistigen Brandstiftern, die klug genug sind, dass sie die möglichen Folgen ihrer Hasstiraden sehr wohl abschätzen können. Die zitierten Sätze zur moralischen Erörterung eines Angriffs mit Massenvernichtungsmitteln in der Größenordnung von Tschernobyl flankiert Breivik mit einer einfachen Rechnung. Er projiziert, wie viele Gewaltverbrechen Muslime in Europa seiner Überzeugung nach in den Jahren von 2010 bis 2020 angeblich verüben werden: »Mehr als eine Million unserer Schwestern werden vergewaltigt. 3 bis 4 Millionen unserer Brüder und Schwestern werden übel zugerichtet, ausgeraubt, zusammengeschlagen, terrorisiert. 30 000 bis 40 000 werden ermordet – direkt oder indirekt (Selbstmorde aufgrund der Gräueltaten).« Diese Zahlen, so Breivik, lägen um ein Zehn- bis Fünfzigfaches über der Opferzahl der Kernschmelze von Tschernobyl und ihren Folgewirkungen. Daraus leitet er die Rechtfertigung ab, Anschläge gegen Nukleareinrichtungen oder auch mit radiologischen Bomben zu verüben und setzt dafür sogar ein Ultimatum, das einen tiefen Einblick in die grausamen Gewaltfantasien des späteren Massenmörders gibt: »Die Tempelritter werden allen westeuropäischen Regimen erlauben, vor unseren Forderungen zu kapitulieren und setzen dafür eine Deadline zum 1. Januar 2020. Wir werden keinen Angriff auf Kernkraftwerke starten, bis dieses Ultimatum verstrichen ist, sondern bis dahin stattdessen nicht nukleare Attacken verüben. Wenn aber die westeuropäischen, multikulturalistischen Regime unsere Forderungen bis zu diesem Datum nicht vollständig erfüllen – den europäischen Völkermord stoppen, alle Muslime aus Europa deportieren und den Multikulturalismus als antieuropäische Hassideologie verbieten – sind wir entschlossen, ALLE notwendigen Maßnahmen zu verwirklichen, um sie daran zu hindern, alles Europäische zu vernichten.«

Wie Abu Musab al-Suri wähnt Breivik seine Kultur in einem existenziellen Kampf, und wie sein islamistischer Gegenpart empfiehlt er eine dezentralisierte Zellenstrukur, in der die einzelnen Terrorzellen auf eigene Faust operieren sollen: »Jede Zelle ist unabhängig und autonom. Es ist ihr verboten, direkten Kontakt mit den Gründungsmitgliedern oder mit anderen Kommandeuren und Mitgliedern anderer Zellen zu haben.« Auch Breivik schreibt von einer »Strategie der 1000 Schnitte«, um durch Terror einen Keil zwischen die Regierungen und die Bevölkerung zu treiben: »Wenn Du Dich entscheidest, zuzuschlagen, ist es besser, zu viele als zu wenige zu töten. Erkläre, was Du getan hast, in einem Statement, das vor der Operation verteilt wird. Jeder muss verstehen, dass wir, die freien Völker Europas, immer und immer wieder zuschlagen werden.« In einer ersten Phase der Angriffe, in den Jahren bis 2030, soll es kleine Attacken und Sabotageakte geben. Bis 2070 würden dann größere Zellen aus den Netzwerken große Anschläge verüben, bewaffnete Milizen den offenen Kampf suchen. Danach, in der dritten Phase, komme es zum Umsturz, würden alle Gegner und Verräter exekutiert. Ziel sei es, »die politische und militärische Macht in allen westeuropäischen Staaten zu übernehmen«. An die Stelle der Regierungen sollen dann »patriotische Wächter-Tribunale« aus kulturellen Konservativen und Nationalisten treten, die »den Multikulturalismus und den Islam als Hassideologie verbannen«. Das Tribunal werde alle Fragen der Einwanderung, Sicherheit, kulturellen Identität und Traditionen überwachen. Die Medien würden in ihrem Einfluss massiv eingeschränkt, die Hälfte ihrer Belegschaft müsse aus »Kulturpatrioten« bestehen.

Verrückt, mag man an dieser Stelle denken, ein Fanatiker, der offenbar schwerste psychische Schäden hat, die seine abstrusen, gewaltverherrlichenden und brandgefährlichen Gedankengänge erklären. Ein Monster also, das lebenslänglich weggesperrt gehört. Tatsächlich gab es im Prozess gegen Anders Breivik um die Frage der Zurechnungsfähigkeit des Angeklagten massiven Streit. Ein erstes Gutachten erkannte in ihm eine paranoide Schizophrenie und erklärte ihn für nicht zurechnungsfähig. Nach heftiger Kritik in der Öffentlichkeit wurde ein zweites Gutachten beauftragt, nach dem er zwar an einer antisozialen und narzisstischen Persönlichkeitsstörung leide, aber keine Psychose aufweise. Breivik sei demzufolge als gesund und zurechnungsfähig einzustufen. Obwohl diese Expertise von der rechtsmedizinischen Kommission in Norwegen für nichtig erklärt wurde, schloss sich ihr im Zuge der Gerichtsverhandlung dennoch eine klare Mehrheit der als sachverständige Zeugen gehörten Experten an. Am Ende erklärte das Gericht den 77-fachen Mörder für voll zurechnungsfähig und verurteilte ihn zu 21 Jahren Haft mit anschließender Sicherheitsverwahrung.

Das Normale am Terroristen

Hier liegt eine wesentliche Lehre aus der Betrachtung der unzähligen Täter, die Terroranschläge auf der ganzen Welt verübt haben. Ich habe sie damals nach dem 11. September 2001 in meinem Buch *Schläfer mitten unter uns* schon einmal dargestellt. Die Menschen, die solche schrecklichen Akte der Gewalt ausführen, und jene, die zu den Unterstützern des Terrors zählen, sind in der Regel so normal, unauffällig und rational wie du und ich. In ihrem Alltag ragen sie nicht heraus durch Genialität oder Skrupellosigkeit, maßlosen Hass oder offenen Wahnsinn. Genau das ist es, was ihre Entdeckung so schwierig macht und was jeder begreifen muss, damit er versteht, wie es so weit kommen konnte. Nur wer den rationalen Gedankengang nachvollzieht, der die Terroristen zu ihren Taten bringt, kann Ansatzpunkte finden, um ihre Argumentationskette rechtzeitig zu unterbrechen und zu widerlegen. Dies muss der vornehmliche Ansatz sein, um bessere Strategien für eine effiziente Bekämpfung extremistischen und terroristischen Gedankenguts zu entwickeln. Den Menschen, die mit Terroristen wie Anders Breivik, Abdelhamid Abaaoud, Salah Abdeslam, dem Oklahoma-Bombenleger Timothy McVeigh oder dem Anführer der 9/11-Terroristen, Mohammed Atta, direkt zu tun hatten, fällt es schwer, ihre persönliche Erfahrung im Umgang mit ihnen in Einklang zu bringen mit den Taten, die sie begingen. Bei einem ARD-Fernsehinterview Monate nach dem Anschlag vom 11. September 2001 brach Dr. Dittmar Machule, der Hochschullehrer von Mohammed Atta, in Tränen aus, weil er es nicht glauben konnte, dass dieser eifrige, verschlossene, manchmal sogar gehemmte junge Mann die Welt an den Abgrund bringen konnte. Aber er weinte wohl auch, weil er sich selbst die Frage stellte, ob er mit Schuld trug, weil er das Böse in seinem Studenten nicht erkannt hatte. Natürlich ist dieser tiefe Selbstzweifel nicht gerechtfertigt, trotzdem wird er von vielen ähnlich empfunden. Eine Reihe von Mitarbeitern der Flugschulen von PanAm in den USA mussten nach den Ereignissen des Jahres 2001 psychologisch betreut werden. Auch sie gaben sich eine Mitschuld an der Katastrophe, weil sie einige der Terroristen für ihre tödliche Mission ausgebildet hatten. Oft werden Terroristen von Familie, Nachbarn und Zufallsbekanntschaften als nette

Menschen beschrieben, und das passt in unserer Wahrnehmung irgendwie nicht zusammen, weil wir glauben, dass die Menschenverachtung von Massenmördern und Terroristen in ihrem Alltagsverhalten erkennbar sein muss.

Den Grund für diese Erwartung hat Terry McDermott, ein Kollege der *Los Angeles Times,* in seinem Porträt von Mohammed Atta Anfang 2002 überzeugend beschrieben: »Wir wollen, dass unsere Monster auch monströs sind. Wir wollen, dass sie ihrem Verbrechen irgendwie ebenbürtig erscheinen. Mehr als alles andere wollen wir, dass sie außerordentlich sind, damit wir weiter glauben können, dass sich so etwas Schreckliches höchstwahrscheinlich nicht wiederholt.« Aber das Böse lässt sich eben nicht bei der Passkontrolle am Flughafen erkennen, auch nicht im Lebensalltag von Ausbildung, Studium, Beruf und Freizeit. Genau deshalb ist der Versuch, Terrorgefahr an einzelnen Personen festzumachen und durch Rasterfahndung auszusieben, von vornherein zum Scheitern verurteilt, wenn er nicht flankiert wird von einer effizienten Bekämpfung der Ursachen, die den fruchtbaren Boden für extremistisches Gedankengut bilden. Wir haben diesen Teil des Kampfes in den vergangenen fünfzehn Jahren sträflich vernachlässigt und uns zu sehr auf die Bösewichte konzentriert in der Hoffnung, dass das Problem verschwindet, wenn nur genügend von ihnen verhaftet, abgeurteilt oder gar durch Krieg und gezielte Tötungen ausgeschaltet werden. Doch das ist Augenwischerei. Auf globalen Terror mit regionaler Einigelung zu reagieren, bringt genauso wenig wie ein weltweiter Interventionismus, der nur noch zwischen Gut und Böse unterscheidet und dabei alle Zwischentöne ignoriert, an denen die Diplomatie zur Lösung von Konflikten ansetzen könnte. Vielversprechender ist ein anderer Weg, so schrieb ich damals im Jahr 2002: »Man muss den Entwicklungen, die Terror hervorbringen und die Selbstmordattentäter produzieren, mehr Aufmerksamkeit schenken. Erst Ideen und Ideologien, die menschliche Grundwerte gefährden, machen aus sonst völlig normalen Menschen Terroristen. Sie frühzeitig zu erkennen und sich mit ihnen auseinanderzusetzen, ihnen die Grundlagen zu entziehen, das ist die wirksamste Methode der Terrorbekämpfung.« Auch das ist in den vergangenen fünfzehn Jahren so gut wie nicht geschehen.

Dabei wäre der Blick auf die Beweggründe und Lebensläufe der islamistischen Attentäter genauso wichtig wie der auf ihre nicht weniger menschenverachtenden Gegenspieler im selbst erklärten Kampf der Kulturen. Breivik, Atta, Abaaoud und viele andere sind aus der gleichen Rippe geschnitzt, folgen denselben Argumentationen, wenn auch mit anderen Vorzeichen. Nein, mögen manche sagen, hinter den Terroristen von al-Qaida und IS steht eine ganze Ideologie – der Islamismus. Manche, wie die AfD, machen es sich noch einfacher: Der Islam als solcher sei diese rein politische Ideologie und eben keine Religion wie das Christen- oder Judentum. Hinter vermeintlich christlichen Mördern wie Anders Breivik oder Timothy McVeigh gebe es nur die kranken Gedankengänge von extremen Außenseitern in unserer Gesellschaft. Dies lässt sich anhand des Breivik-Manifests eindeutig widerlegen, denn auf seinen über 1500 Seiten spiegelt es nur eine Geistesströmung wider, die sich nach den Anschlägen vom 11. September 2001 massiv verstärkt hat und weltweit – vor allem aber in Europa und den USA – immer mehr Anhänger gewinnt. Diese Haltung hat sich zu einer Ideologie verfestigt und ist zur Antriebskraft für rechtspopulistische Bewegungen geworden, deren deutsche Ableger von Personen beeinflusst werden, die Anders Breiviks Taten verurteilen mögen, seine Argumentationskette bis zur Rechtfertigung von Gewalt in der Auseinandersetzung jedoch teilen. Es ist kein Zufall, dass die politischen Entwicklungen der vergangenen fünf Jahre seit den Angriffen von Oslo und Utøya dem entsprechen, was Breivik in seinem Pamphlet fordert: Eine »paneuropäische konservative Revolutionsbewegung«. Ich will im Folgenden darstellen, wie Breiviks Argumentationskette verläuft, die er allerdings in weiten Teilen von den führenden Köpfen des sogenannten Counterdschihad einfach abgeschrieben hat.

Das Drehbuch des rechten Terrors

Schon auf dem Titelblatt des Machwerks wird der revolutionäre Anspruch deutlich. Das rote Kreuz des Templerordens ist umklammert von der Zahl 2083 und den Worten »Eine Europäische Unabhängigkeitserklärung«. 400 Jahre nach der Verteidigung Wiens gegen die Belagerung des osmanischen Heeres im Jahr 1683 soll nach Breiviks Ansicht eine konservative Revolution Europa erfolgreich gegen den Islam verteidigt und diesen vernichtet haben. Der Norweger beschreibt seinen Plan als einzig wirksames Konzept gegen eine Ideologie der Political Correctness, die in den vergangenen Jahrzehnten eine multikulturalistische Politik in Europa vorangetrieben und jeden Widerspruch Andersdenkender unterdrückt habe. Diese Political Correctness sei nichts anderes als ein »kultureller Marxismus«, der die überkommenen Regeln des gesellschaftlichen Zusammenlebens bis zur Unkenntlichkeit verändert habe – und damit auch das Verhalten der Menschen, ihre Sprache und ihren Umgang miteinander. Dieser Kulturmarxismus basiere auf den Schriften der marxistischen Philosophen Georg Lukács und Antonio Gramsci und propagiere eine »Gleichberechtigung« aller, die alle tatsächlich vorhandenen Unterschiedlichkeiten von Menschen einfach negiere und die einer Gesellschaft gegen jeden Widerstand aufgezwungen werden müsse. Dabei würden Minderheiten grundsätzlich zu Opfern hochstilisiert: »Muslime, Feministinnen, Homosexuelle und weitere Minderheiten sind tugendhaft, während sie die Ethnie der christlichen Europäer als böse deklarieren.« Demzufolge würden dann die Europäer und andere, »die eine abweichende Meinung haben, bestraft, während die Opfergruppen Privilegien erhalten«. Die Ideologie der »politischen Korrektheit« greife tief in das politische und gesellschaftliche Geschehen, ja sogar in den Sprachgebrauch der Menschen ein. Dies komme einer kompletten Entrechtung der normalen Bürger durch das »Establishment« gleich, zu dem Breivik das gesamte Spektrum – von links bis rechts – der etablierten politischen Parteien sowie die Kirchen und die Medien- und Unterhaltungsbranche zählt.

Es sind Überzeugungen, denen sich in Deutschland auch die Anhänger von Pegida und AfD verbunden fühlen. Sie sehen sich als Teil einer Widerstandsbewegung, wie Breivik sie beschreibt, wenn auch die meisten von ihnen Gewalt als Mittel ablehnen. Noch, mag man ergänzen, denn einige ihrer führenden Köpfe zündeln bewusst – wie ich später zeigen werde – mit ihrem unverantwortlichen Gerede von einem Recht auf Widerstand, das den physischen Kampf ausdrücklich mit einschließt. Bisher beschränken sich die Anhänger rechtspopulistischer Parteien und Gruppen quer durch Europa auf Maßnahmen, wie sie auch Breivik in seinem Manifest empfiehlt: »Die, die den kulturellen Marxismus besiegen wollen, müssen sich ihm widersetzen. Sie müssen Worte benutzen, die er verbietet, und jene verweigern, deren Gebrauch er vorschreibt.« Als Beispiel nennt er, dass man bei der Beschreibung des Geschlechts eines Menschen nach gängigem Mainstream jetzt immer »gender« sagen müsse. Breivik fordert all seine Mitstreiter auf, die eigenen Überzeugungen offen auszusprechen: »Sie müssen von den Hausdächern jene Wahrheiten rufen, die er (der Kulturmarxismus) zu unterdrücken sucht, zum Beispiel unsere Opposition gegen die Scharia auf nationaler und lokaler Ebene, gegen die Islamisierung unserer Länder.« Zu den vermeintlichen Wahrheiten gehöre auch, dass Muslime überproportional viele Gewalttaten begingen, dass die meisten HIV-Ansteckungen »freiwillig durch unmoralische Sexpraktiken« erfolgten. Es sollten bitte schön wieder die alten Regeln gelten, nach denen »Damen wieder Ehefrauen sein sollten, nicht Polizisten oder Soldaten. Männer sollten den Damen die Türen aufhalten. Kinder sollten nicht außerhalb einer Ehe geboren werden. Die Glorifizierung der Homosexualität sollte verbannt werden. Geschworene sollten den Islam nicht als Entschuldigung für Mord akzeptieren.« Aus dem Widerstand des Einzelnen, so sieht es Anders Breivik, soll eine Bewegung des Ungehorsams und der Renitenz werden, denn dies sei die größte Angst der Kulturmarxisten, die um jeden Preis verhindern wollten, dass hinter ihrer »Schönfärberei« mit Begriffen wie »Einfühlungsvermögen«, »Toleranz« und »Multikulturalismus« ihre wahre, totalitäre Ideologie entlarvt werde.

Einen weiteren, elementaren Bestandteil dieser Ideologie will der Norweger in einer Art Verschwörung zur Islamisierung Europas und der Welt erkannt haben. Er beruft sich dabei auf eine Darstellung der britischen Autorin Gisèle Littman, die unter dem Pseudonym Bat Ye'or im Jahr 2005 das Buch *Eurabia: The Euro-Arab Axis* (»Eurabien. Die euro-arabische Achse«) veröffentlichte. Darin beschreibt die gelernte Archäologin mit Schwerpunkt Islamische Kultur, dass der französische Staatspräsident Charles de Gaulle in den Sechzigerjahren eine strategische Allianz mit der muslimisch-arabischen Welt vorantrieb, um ein Gegengewicht zur Vorherrschaft der Supermächte USA und Sowjetunion zu schaffen.

Die europäischen Staaten sollten ihren politischen Einfluss in den nordafrikanischen Ländern ausbauen und wirtschaftlich von den Öl- und Gas-Vorkommen sowie von der Öffnung der Märkte dort profitieren. Im Gegenzug würde man die massive Zuwanderung von Muslimen und die Entstehung multikultureller Gesellschaften in Europa fördern. Schon im Vorwort macht Littman klar, was ihrer Überzeugung nach das Ergebnis dieser Politik war: »Dieses Buch beschreibt die Entwicklung Europas von einer jüdisch-christlichen Zivilisation, mit wichtigen, durch die Aufklärung errungenen säkularen Elementen, zu einer nach-jüdisch-christlichen Zivilisation, die sich der Ideologie des Dschihad und den Islamischen Mächten unterwirft.«

Die Etablierung des sogenannten Europäisch-Arabischen-Dialogs durch Konferenzen in den Jahren 1973 und 1974, so sieht es Littman, habe zu einer engen Zusammenarbeit in politischen, wirtschaftlichen, kulturellen und religiösen Angelegenheiten zwischen der EU und den islamischen Staaten geführt und gleichzeitig eine antiisraelische und antiamerikanische Haltung der Europäer massiv befördert. Diese habe sich vor allem in der massiven Unterstützung für die Palästinenser im Konflikt mit Israel gezeigt. Gleichzeitig hätten die europäischen Staaten über die Menschenrechtsverletzungen und Verbrechen islamischer Herrscher hinweggesehen und die islamistische Ideologie verharmlost, sodass diese zu einer existenziellen Gefährdung der Demokratien heranwachsen konnte. Wer immer Kritik an diesem Vorgehen übte, sei von Mainstream-Parteien in Europa im Namen der Political Correctness mundtot gemacht worden. Littman schreibt: »Dies ist ein Projekt, das ausgedacht, geplant und konsequent verfolgt wurde mit einer Einwanderungspolitik, mit Propaganda, mit Unterstützung von Kirchen und Wirtschaftsverbänden, mit Entwicklungshilfe und einer kulturellen, medialen und akademischen Zusammenarbeit. Generationen sind in diesem politischen Rahmen aufgewachsen. Sie wurden dazu erzogen und konditioniert, es zu unterstützen und dabei mitzumachen.«

Anders Breivik kam zu dem Schluss, dass dieser »Eurabien«-Plan eine komplette Islamisierung Europas zur Folge haben würde. Schon in wenigen Jahrzehnten würde die Zahl der Muslime auf unserem Kontinent aufgrund angeblich hoher Fruchtbarkeitsraten der Zuwanderer die Zahl der Nichtmuslime übersteigen. Am Tag seiner Mordtaten stellte er ein zwölfminütiges Propagandavideo mit dem Titel *Tempelritter 2083* auf die Internetplattform YouTube. Es ist eine wilde Mischung aus Fotos, Zeichnungen, Auszügen aus Zeitschriften und eigenen Texten, unterlegt mit sphärisch-bedrohlicher Musik, 12:22 Minuten lang. Eine Karikatur zeigt eine voll verschleierte, schwangere Frau mit skelettierten Händen. Ihr Bauch ist nichts anderes als eine große Bombe, an der die Zündschnur glimmt. »Islamische demografische Kriegsführung« steht da als Überschrift, darunter die Worte: »Erwiesene Strategie für die Eroberung der Staaten der Ungläubigen seit 1400 Jahren«. Dies ist nicht die bedrückende künstlerische Adaption der Angstfantasien eines einzelnen Gewalttäters, Breivik fühlt sich als Teil einer großen Bewegung von Gleichgesinnten, die sich bestätigt fühlen, wenn konventionelle Medien das Thema zwar aufgreifen, aber sich nicht trauen, die Wahrheiten auszusprechen, von denen sie überzeugt sind. In seinem Propaganda-Clip hat er die Titelseiten des Wirtschaftsmagazins *Economist* und des britischen *Spectator* verarbeitet. Auf ein Foto des Eiffelturms mit einem Halbmond auf der Spitze setzte der *Economist* im Juni 2006 den Titel *Eurabien* und darunter die Unterzeile »Mythos und Realität des Islam in Europa«. Im Heft findet sich dann allerdings ein Artikel über gelingende Integration in einigen europäischen Ländern. Breivik verwendete stattdessen ein verfälschtes Cover mit dem Untertitel »Europa begeht demografischen und kulturellen Selbstmord«. Der *Spectator* platzierte im November 2005 einen riesigen Halbmond über der Landkarte Westeuropas mit der Überschrift *Eurabischer Albtraum*. In diesem Fall entsprechen die Artikel im Heftinneren der islamkritischen Haltung des Magazins. Die dargestellten Theorien finden einen großen Resonanzboden quer durch Europa in der Szene der Multikulti- und Islamgegner. Zu dieser gehören auch der amerikanische Autor Robert Spencer, der norwegische Blogger Peder Jensen und der deutsche Publizist Henryk M. Broder. Natürlich weisen sie jede Mitverantwortung für die Taten des selbst ernannten Kreuzritters weit von sich, doch ihre Schriften und Äußerungen dienen in dessen Manifest zur Rechtfertigung von Gewalt als einziger Lösung für eine ansonsten ausweglose Situation.

So findet sich auf Seite 706 der »Unabhängigkeitserklärung« ein Zitat Broders gegenüber der niederländischen Zeitung *De Volkskrant*. Er hält die Europäer für zu feige, um sich der Islamisierung entgegenzustemmen: »Das dominante Ethos wurde perfekt von der dummen, blonden Autorin wiedergegeben, mit der ich kürzlich diskutiert habe. Sie sagte, dass es manchmal besser sei, sich vergewaltigen zu lassen, statt Widerstand zu leisten und damit ernste Verletzungen zu riskieren. Manchmal ist es besser, einen Kampf zu vermeiden, als das Risiko des eigenen Todes einzugehen.« Die meistzitierte Quelle Anders Breiviks ist sein Landsmann Peder Jensen, der unter dem Pseudonym Fjordman seit 2003 im Internet islamfeindliche Essays verbreitet. Allein 38 Kapitel – mehrere Hundert Seiten – von Jensens Kampfschrift *Rettung des Abendlandes* hat Breivik einfach kopiert. Fjordman ist der Prototyp einer Bewegung, die sich schwer in die gängigen politischen Ideologien einordnen lässt: Seine Einstellungen sind – wie die von Breivik – antimarxistisch, prowestlich, proamerikanisch, dabei gleichzeitig extrem islamfeindlich und israelfreundlich, gegen Multikulti und alles Linke, aber auch gegen Rechtsextremisten und Neonazis, das alles gewürzt mit einer Betonung auf das Christliche. Genau diese seltsame Mixtur ist im Nachgang zu den Anschlägen vom 11. September 2001 entstanden. Die schrecklichen Bilder aus den USA haben offenbar Ängste ausgelöst, die besonders im Internet sowohl das Erstarken von Verschwörungstheorien als auch einer politischen Gegenbewegung zum Dschihadismus der al-Qaida befeuert haben.

Die Islamfeinde formieren sich

Einer der ersten Protagonisten dieses Counterdschihad ist der amerikanische Religionswissenschaftler und Aktivist Robert Spencer, der 2003 sein Blog jihadwatch im Internet gründete, auf dem er seine islamfeindlichen Ansichten verbreitet. Spencer schrieb mehrere Bücher über den Islam, in denen er den Propheten Mohammed kurzerhand zum Terroristen und Kinderschänder und die Religion zu einer totalitären politischen Ideologie erklärte. Im Oktober 2006 traf ich Spencer zu einem Interview in den USA, das unter konspirativen Bedingungen stattfinden musste, da er einen Anschlag auf sich befürchtete. Erst Stunden vor dem vereinbarten Gespräch erfuhr ich den genauen Treffpunkt, ein Hotel in einer ländlichen Umgebung rund eine Stunde Fahrtzeit von der amerikanischen Ostküstenmetropole Boston entfernt. Die verständliche Angst um sein Leben – er hatte aufgrund seiner islamfeindlichen Äußerungen zahlreiche Todesdrohungen erhalten – kombiniert sich in ihm mit einer tiefen Paranoia gegenüber jedem Muslim dieser Erde. Im Gespräch machte Spencer keinerlei Unterschied zwischen gewaltverherrlichenden Islamisten und Milliarden friedliebender Anhänger der islamischen Weltreligion. Die Anschläge von New York, Madrid und London bewiesen doch, wie aktiv die Muslime diesen Krieg gegen »uns Ungläubige« führten. Wir hätten ihnen »nichts Organisiertes entgegenzusetzen, weder friedlich noch mit Gewalt«. Das wollte er möglichst schnell ändern, gemeinsam mit seiner Gesinnungsgenossin, der ehemaligen Finanzjournalistin Pamela Geller, die 2004 das islamfeindliche Blog Atlas Shrugs gegründet hatte.

Auch in Europa waren solche Internetportale entstanden, wie Gates of Vienna, eine Anspielung auf die Abwehrschlacht gegen das osmanische Heer vor den Toren Wiens 1683, The Brussels Journal und – in Deutschland – Politically Incorrect und Nürnberg 2.0. Auf all diesen Portalen tummelten sich Hunderte Gleichgesinnter, unter ihnen neben Robert Spencer und Pamela Geller auch der amerikanische Historiker Daniel Pipes, der US-Autor David Horowitz, der belgische Rechtspopulist Paul Belien, der norwegische Blogger Peder Jensen, die britische Autorin Gisèle Littman sowie die Deutschen Michael Mannheimer und Michael Stürzenberger, auf die ich später noch zurückkommen werde. Im Oktober 2007 wurde aus dem losen Netzwerk der Islamgegner ein international agierendes Bündnis zwischen den politischen Aktivisten aus den USA und den in zahlreichen europäischen Ländern erstarkenden rechtspopulistischen Parteien. Eine davon, der Vlaamse Belang (VB) in Belgien, hatte zum Counterdschihad-Treffen nach Brüssel geladen, ausgerechnet in die Räumlichkeiten des Europaparlaments, in dem der VB mit mehreren Abgeordneten vertreten war. Robert Spencer trat bei der Veranstaltung als Stargast auf. Nach dem Vorbild der europäischen Organisation SIOE (Stop Islamisation of Europe) gründete er gemeinsam mit Pamela Geller im Jahr 2010 den amerikanischen Ableger SIOA. Die Schwesterverbände teilten sich ihr zynisches Motto »Rassismus ist die tiefste Form menschlicher Dummheit, Islamophobie die höchste Form des gesunden Menschenverstands« und verbreiten seitdem ihr rassistisches, antiislamisches und stramm rechtes Menschenbild.

Die Ideologie des Counterdschihad entstand nicht im luftleeren Raum, sondern in einem Klima, das sich durch zwei Faktoren schrittweise weiter aufheizte: durch das Handeln islamistisch-terroristischer Gruppen und Einzeltäter sowie durch die gezielten Provokationen islamkritischer Aktivisten. Zwischen den Terroranschlägen von Madrid im März 2004 und London im Juli 2005 geschah der Mord an Theo van Gogh. Der niederländische Filmregisseur und Publizist hatte mit seinem Kurzfilm *Submission* (»Unterwerfung«) gegen die Unterdrückung von Frauen im Islam protestiert. Er projizierte dafür Koransuren auf den misshandelten Körper einer jungen Frau. Für seine öffentlichen Tiraden gegen die multikulturelle Gesellschaft, die einen rückständigen und gewalttätigen Islam verteidige, war van Gogh weithin bekannt. Am 2. November 2004 wurde er auf offener Straße in Amsterdam von Mohammed Bouyeri, einem niederländischen Staatsbürger marokkanischer Abstammung, ermordet. Der Islamist schoss van Gogh nieder, schnitt ihm die Kehle durch und heftete dann eine Rechtfertigung für seine Tat mit einem Messer an den Körper. Mehr als die größeren Anschläge in den europäischen Innenstädten befeuerte dieser Angriff auf einen Repräsentanten der islamkritischen Bewegung die Entschlossenheit der Gleichgesinnten. Die Blogs eiferten sich, sahen sie in der Tat doch den Beweis für den Kampf der Kulturen zwischen den Kulturmarxisten und deren islamischen Verbündeten einerseits und den Verteidigern von Meinungsfreiheit und abendländischer Identität andererseits.

Ein weiterer Beleg wurde für sie der Streit um die Mohammed-Karikaturen. Am 30. September 2005 veröffentlichte die dänische Tageszeitung *Jyllands-Posten* zwölf Karikaturen über den Propheten Mohammed. Doch erst einige Monate später, Anfang 2006, verbreiteten Imame aus Dänemark ein Dossier mit den ursprünglichen und einigen weiteren, besonders verletzenden Karikaturen. Das Ergebnis waren gewalttätige Ausschreitungen in zahlreichen islamischen Ländern, bei denen mehrere Botschaften europäischer

Staaten verwüstet wurden. Insgesamt starben damals mehr als hundert Menschen. Al-Qaida und andere Terrororganisationen riefen zur Ermordung der dänischen Zeitungsredakteure auf. In Berlin drang ein pakistanischstämmiger Muslim mit einem Messer in das Verlagsgebäude der Zeitung *Die Welt* ein, um den Propheten durch die Ermordung eines leitenden Redakteurs zu rächen. Er konnte an der Tat gehindert und verhaftet werden. Noch Jahre später würden Terroristen die Mohammed-Karikaturen zur Rechtfertigung von Anschlägen nutzen, wie zum Beispiel für den Angriff auf den dänischen Karikaturisten Kurt Westergaard im Januar 2010 und die Ermordung von zwölf Mitarbeitern von *Charlie Hebdo* im Januar 2015.

Nichts hat der Szene der Islamkritiker so viel Zulauf verschafft wie der Streit um die Mohammed-Karikaturen, weil er eine Kluft in den Gesellschaften deutlich machte zwischen denen, die Rücksicht auf die Gefühle von Minderheiten forderten, und jenen, die den Tabubruch als Auftaktsignal für den Kampf gegen die Political Correctness begriffen, streng nach dem Motto: »Man wird das ja wohl mal sagen dürfen.« Auch der ehemalige Finanzsenator Berlins und Bundesbankvorstand Thilo Sarrazin sah sich mit seinen teils rassistischen und volksverhetzenden Thesen als Held der Meinungsfreiheit. Bei einer Veranstaltung im September 2010 verglich er sich sogar mit dem dänischen Karikaturisten Kurt Westergaard. Wie dieser werde er einmal für seinen Mut zum offenen Wort mit einem Preis geehrt werden. 800 Zuhörer spendeten ihm dafür tosenden Beifall. Die Islamkritik war in der Mitte der deutschen Gesellschaft angekommen, mit ihr aber auch Thesen, die weit über eine harte, sachliche Kritik hinausreichten und völkisch-rassistische Züge trugen. Sarrazin warf türkischen und arabischen Zuwanderern pauschal vor, sie seien weder integrationswillig noch -fähig. In einem Interview sagte er: »Die Türken erobern Deutschland genauso, wie die Kosovaren das Kosovo erobert haben: durch eine höhere Geburtenrate. (…) Ich muss niemanden anerkennen, der vom Staat lebt, diesen Staat ablehnt, für die Ausbildung seiner Kinder nicht vernünftig sorgt und ständig neue kleine Kopftuchmädchen produziert. Das gilt für siebzig Prozent der türkischen und neunzig Prozent der arabischen Bevölkerung in Berlin.« Obwohl es keinerlei Belege für seine Behauptung gibt, bekam sie schon damals Unterstützung vom ehemaligen Präsidenten des Bundesverbands der Deutschen Industrie Hans-Olaf Henkel, dem späteren Mitgründer der AfD.

Im Sommer 2010 legte Sarrazin nach. Die deutsche Gesellschaft werde durch die Zuwanderer aus der Türkei, dem Nahen Osten und Afrika immer dümmer, weil es »eine unterschiedliche Vermehrung von Bevölkerungsgruppen mit unterschiedlicher Intelligenz« gebe. Schließlich werde die Intelligenz von den Eltern zu achtzig Prozent an ihre Kinder weitergegeben, mit anderen Worten: Zuwanderer seien dümmer als die Deutschen, und weil sie sich stärker vermehrten, gebe es in Deutschland eine wachsende Volksverdummung. Letzteres aber lässt sich wohl am ehesten über die Ansichten Sarrazins sagen, weil viele von ihnen nachweislich falsch sind. In seinem Buch *Deutschland schafft sich ab* und in einigen Interviews rund um die Veröffentlichung zeigte sich Sarrazin als Anhänger einer rassistischen Eugenik-Lehre, nach der das Versagen von Zuwanderern in der Gesellschaft nicht nur durch ihre islamische Kultur, sondern auch durch Erbfaktoren erklärbar sei. Auf die Frage eines Journalisten, ob es so etwas wie eine »genetische Identität« gebe, sagte er: »Alle Juden teilen ein bestimmtes Gen, Basken haben bestimmte Gene, die sie von anderen unterscheiden.«[26] Obwohl Sarrazin seine Äußerungen später als »Dummheit« relativierte, traf er offenbar mit seiner düsteren Prophezeiung von einem Deutschland, das von Zuwanderern überschwemmt und in den Abgrund gerissen werde, einen Nerv in der Bevölkerung. Trotz oder wegen des Sturms der Entrüstung in der Politik und bei den Religionsverbänden – christlichen, muslimischen und jüdischen – verkauften sich von seinem Buch mehr als 1,5 Millionen Exemplare, seine Vortragsveranstaltungen füllten selbst die größten Hallen. Für die islamkritische Bewegung war die öffentliche Diskussion eine Bestätigung. Sie fühlte sich als Teil eines wachsenden Widerstands gegen den Multikulturalismus, die Political Correctness und die Denkverbote des Establishments.

Der deutsche Counterdschihad

Gruppen und Organisationen, die aus dem rechtsextremen Spektrum kommen, sahen in der Stimmungsmache gegen den Islam eine ideale Gelegenheit, neue Anhänger zu gewinnen. Im Jahr 2007 gründete sich als Ableger der selbst ernannten Bürgerbewegung ProDeutschland die Kleinstpartei ProNRW, die vom Verfassungsschutz des Landes als rechtsextremistisch eingestuft wurde. Einige ihrer Führungskader stammen ursprünglich aus der Deutschen Liga für Volk und Heimat und der NPD. ProNRW wandte sich gegen die »Überfremdung durch muslimische Migranten«, forderte ein Kopftuchverbot und die Bekämpfung islamischer Parallelgesellschaften. Der Bau von Moscheen und Minaretten solle in Deutschland verboten werden. Im Landtagswahlkampf 2012 organisierte ProNRW eine Wanderausstellung der Mohammed-Karikaturen vor 25 islamischen Gotteshäusern und löste damit bundesweit Empörung aus. In Solingen kam es zu ersten Ausschreitungen zwischen salafistischen Gegendemonstranten und der Polizei. »Wir haben die Juden nicht vergast. Wir haben die Juden nicht vergast«, rief Abu Ibrahim, einer der Anführer der Islamisten über die Straße, »Ihr seid die Terroristen, nicht wir.« Kurz danach hielten Anhänger der ProNRW Plakate mit den Mohammed-Karikaturen hoch. Die Salafisten prügelten los gegen die Polizisten, die sich zwischen den Gruppen aufgestellt hatten. Minutenlang dauerte die Auseinandersetzung, bis alle Gewalttäter festgenommen waren. Seinen traurigen Höhepunkt erreichte das Ritual von antiislamischer Provokation und islamistischer Reaktion am 5. Mai 2012 in Bonn. Es begann mit einem friedlichen Gebet der muslimischen Demonstranten. In der zweiten Reihe kniete Murad K., er hatte ein Messer in der Tasche, das er noch an diesem Tag benutzen würde. Mehr als 500 Salafisten aus ganz Deutschland waren gekommen, um die Ehre des Propheten zu verteidigen. Die ProNRW-Anhänger provozierten mit den Mohammed-Karikaturen und ihren Hassparolen gegen den Islam. Der Salafisten-Sprecher drohte unverhohlen mit Konsequenzen, wenn die Polizei das Zeigen der Karikaturen nicht verhindere. Kurz darauf eskalierte die Situation. Als die Rechtsextremisten die Bilder in die Höhe hielten, griffen viele der Salafisten an – mit Steinen und Eisenstangen, die sie offenbar eigens mitgebracht hatten. Mitten unter den Gewalttätern war Murat K. Der 25-jährige Deutschtürke hatte kurz davor seine Wohnung im hessischen Sontra aufgelöst, weil er sich, wie die Behörden glauben, am Dschihad in Syrien beteiligen wollte. Er langte in seine Hosentasche. Kurz danach lagen zwei Polizisten am Boden, durch Messerstiche schwer verwundet. Insgesamt wurden 29 Beamte verletzt, 109 mutmaßliche Gewalttäter festgenommen. Murat K. wurde später wegen schwerer Körperverletzung und Landfriedensbruch zu sechs Jahren Haft verurteilt.

Die Vorfälle halfen ProNRW, sich als Verteidiger der Meinungsfreiheit gegen einen gewalttätigen Islam in Szene zu setzen, ohne eine Unterscheidung zwischen Islamisten und Muslimen zu machen. Die Dachorganisation ProDeutschland kündigte daraufhin an, den evangelikalen Islamhassprediger Terry Jones aus den USA zu einer Veranstaltung in Berlin einzuladen. Jones hatte im März 2011 mit Gesinnungsgenossen in einer amerikanischen Kirche einen Prozess gegen die islamische Religion durchgeführt und dabei ein Exemplar des Koran verbrennen lassen. Der Amerikaner war übrigens von 1981 bis 2008 Leiter einer christlich-fundamentalistischen Gemeinde in Köln gewesen und so möglicherweise mit führenden Köpfen der ProDeutschland-Bewegung in Kontakt gekommen. Im Beisein Jones' sollte in Berlin das sogenannte Mohammed-Video vorgeführt werden, ein primitiv gemachter, islamfeindlicher Film über das Leben des Propheten. Ein in den USA lebender koptischer Christ mit ägyptischen Wurzeln hatte das Video unter dem Titel *Die Unschuld der Muslime* im Internet verbreitet. Daraufhin war es in zahlreichen muslimischen Ländern zu Ausschreitungen gekommen. In Libyen wurde bei einem gezielten Angriff der al-Qaida der amerikanische Botschafter J. Christopher Stevens getötet. Die Empörung über die neuerliche Eskalation der Gewalt hätte ProDeutschland gern für weitere Provokationen genutzt, doch aufgrund einer breiten öffentlichen Kritik und einer Warnung des Bundesinnenministers Hans-Peter Friedrich fiel die Veranstaltung aus.

Die Jahre 2011 und 2012 waren ein entscheidender Zeitraum, in dem es extremistischen Gruppen und Einzeltätern durch ihre Aktionen gelang, einer breiten Öffentlichkeit den Eindruck von einem realen Kampf der Kulturen zu suggerieren. Obwohl beim Terroranschlag von Anders Breivik in Norwegen fast achtzig Menschen, unter ihnen vor allem Kinder und Jugendliche, im Namen einer christlich-islamfeindlichen Ideologie ermordet wurden, schienen die vereinzelten kleineren Attacken der Islamisten und die gewalttätigen Ausschreitungen viel bedrohlicher. Auch der Aufruhr in der gesamten arabischen Welt, der Sturz der autokratischen Machthaber Mubarak in Ägypten, Ben Ali in Tunesien und Gaddhafi in Libyen, die Wahlsiege der islamistischen Muslimbruderschaft – all das schürte Ängste, die den islamfeindlichen Bewegungen und rechtspopulistischen Parteien quer durch Europa neue Anhänger bescherten. Die Sicherheitsbehörden sahen das Muster von Provokation und gewalttätiger Gegenreaktion mit größter Sorge. Der Präsident des Bundeskriminalamts Jörg Ziercke sagte mir damals: » Hier ist das Spiel mit dem Feuer ganz eindeutig. Wer Karikaturenwettbewerbe durchführt, wer Moscheentouren veranlasst, der weiß, was er tut. Und das ist auch die Absicht letztlich, dass dadurch die Szene weiter aufgeschaukelt wird. Das ist unverantwortlich, was da passiert. Ich halte das für eine höchst gefährliche Entwicklung.« Auch der Leiter des Terrorabwehrzentrums der US-Regierung, Matthew Olsen, warnte vor den Folgen: » Wir verfolgen diesen Zwiespalt zwischen islamfeindlichen Organisationen und Gruppen, die der al-Qaida nahestehen, sehr aufmerksam. Durch ihn entsteht eine potenziell gefährliche Lage.«

Das Aufschaukeln der Lager

Diese Einschätzungen stammen aus der ZDF-Dokumentation *Deutschland in Gefahr,* in der ich gemeinsam mit meinen Kollegen im September 2012 die Lage ausführlich analysiert habe. Der Film beginnt mit einer Kameraeinstellung auf eine kleine Tasche mit Adidas-Signet, in dessen rechte Seite ein Passagierflugzeug fliegt. Darunter der Schriftzug *alqaida.* Es folgt die Drohung eines jungen Mannes: » An Merkel und Innenminister und Außenminister. Ihr führt Dschihad in unseren Ländern. Und wir werden den Dschihad in eure Länder bringen.« Der Islamist heißt mit bürgerlichem Namen Dennis Cuspert. Einst war er der Rapper Deso Dogg, bevor er als religiöser Sänger Fans in der Islamistenszene sammelte.

Jahrelang warb er ungehindert Nachwuchs für die Gewalt im Namen Allahs. Cuspert war bei der Demonstration in Bonn im Mai 2012 der Vorbeter der Salafisten gewesen und hatte sich dann mit einer Eisenstange in der Hand an den Ausschreitungen beteiligt. Kurz danach wurde seine Gruppe verboten. Cuspert bereitete seine Flucht nach Ägypten vor und ließ eigens ein Video von sich erstellen, eine ungelenke Kriegserklärung und Abschiedsbotschaft zugleich, offenbar die Grundlage für einen möglichen Märtyrerfilm. Seine Worte zeigten, wie Salafisten in Deutschland den Druck durch den Staat und die öffentliche Debatte damals wahrnahmen: »Diese Gesellschaft versucht schleichend, die Muslime zu schlachten. Schleichend. Mal hier und da jemanden festnehmen. Mal hier und da jemanden bestrafen, gesetzlich. Mal hier und da jemanden nicht bestrafen, der einen Muslim verletzt hat.« Aus der vermeintlichen Unterdrückung hier und dem angeblichen weltweiten Kampf gegen den gesamten Islam, leitete er die Rechtfertigung für den »Heiligen Krieg« ab: »Ihr habt keine Sicherheit mehr. Ihr werdet nicht mehr in Sicherheit leben. Denn ihr habt Waffengeschäfte gemacht mit Libyen, mit Saudi-Arabien, mit der pakistanischen Regierung, der afghanischen Regierung. Ihr setzt Millionen und Milliarden Euros ein, um den Krieg zu fördern gegen den Islam. Und deshalb ist dieses Land hier, die Bundesrepublik Deutschland, ein Kriegsgebiet.« Das Bundeskriminalamt sah in dem Video, wie mir BKA-Chef Ziercke sagte, »erste Hinweise darauf, dass sich jemand entschlossen hat, möglicherweise als Märtyrer zu sterben«. Tatsächlich fand die Polizei nach Cusperts Verschwinden in seiner Wohnung eine Weste für Selbstmordanschläge, allerdings ohne Sprengstoff. In den Folgejahren wurde Cuspert zu einem der führenden Propagandisten des IS in Syrien, der mit seinen Videobotschaften in deutscher Sprache junge Muslime in die Kriegsgebiete locken sollte. Doch schon damals in Deutschland machte er klar, dass er sich als Teil eines globalen Kampfes sah, der sich auch auf Europa erstrecken sollte: »Ihr führt Dschihad in unseren Ländern, und wir werden den Dschihad in eure Länder bringen. Solange ihr in unseren islamischen Ländern seid mit euren Besatzungsmächten und euren Kreuzzüglern, solange ihr dort seid und unser Blut vergießt, grabt ihr hier euer eigenes Grab.«

Cusperts Radikalisierung wurde durch die islamkritische, teils auch islamfeindliche Debatte in Deutschland befeuert, weil die Redner von ProNRW und anderen Gruppen eigentlich selbstverständliche Bedingungen mit rassistischer Hetze verbanden. Gegen eine völlig legitime Klarstellung, dass es in Deutschland neben unserem Rechtssystem keine islamischen Rechtsvorschriften geben kann, wäre ja nichts einzuwenden. Bei ProNRW klang das dann so: »Es gibt nur eine Alternative – entweder unser Grundgesetz oder der Islam. Entweder unser Recht oder die Scharia.« Dass sich Scharia und Grundgesetz gegenseitig ausschließen, ist nachvollziehbar. Aber eine ganze Religion für verfassungswidrig zu erklären, ist selbst verfassungswidrig. Die rechtsextremen Büchsenspanner setzten gern noch einen drauf mit der Forderung, »dass auch im letzten Muselmanenkaff klar sein muss: Wir wollen sie nicht, wir wollen sie nicht, wir wollen sie nicht.« Solche Worte fanden selbst bei Dschihadisten in Syrien und Irak Widerhall. In einer deutschsprachigen Drohbotschaft der al-Qaida aus dem Jahr 2012 heißt es: »Tod der ProNRW – Dass Ihr sie alle töten sollt. Alle töten. Damit Ihr Euren Propheten rächt, indem Ihr sie tötet.« Vier Islamisten aus Essen, Bonn und Leverkusen nahmen die Aufforderung offenbar ernst. Im März 2013 konnte die Polizei einen Mordanschlag auf den Vorsitzenden von ProNRW, Markus Beisicht, gerade noch vereiteln. Der Kampf der Kulturen in vollem Gange?

In Wirklichkeit erzeugten kleine Gruppen in der Bevölkerung – einige Hundert Rechtsradikale sowie damals rund 700 gewaltbereite Salafisten – das Gefühl der Bedrohung. Eine extremistische Minderheit fordert eine andere extremistische Minderheit heraus. Und beide – Islamhasser wie Salafisten – wollen eine ganze Gesellschaft in einen Kampf der Kulturen reißen, indem sie jeden Dialog zwischen den vielen Millionen Nichtmuslimen und Muslimen, die nichts mit Extremismus zu tun haben wollen, übertönen durch laute Propaganda und perfide PR-Aktionen. Mit ihrer Verteilung von mehreren Hunderttausend Exemplaren des Korans in zahlreichen deutschen Innenstädten sorgten die Islamisten für hohe Aufmerksamkeit und marginalisierten damit alle Äußerungen und Aktivitäten der Vertreter des moderaten, demokratiestützenden Islam in Deutschland. Mitten im Frankfurter Stadtkern provozierte der salafistische Prediger Pierre Vogel im Herbst 2012 mit einer Kundgebung, bei der Frauen und Männer nur strikt getrennt voneinander zuhören durften. Kurz nach der Veranstaltung verließen rund zwei Dutzend junger Muslime – der Jüngste unter ihnen vierzehn Jahre alt – das Land, um sich dem angeblich »heiligen« Krieg in Syrien anzuschließen. Die Zahl der gewaltbereiten Salafisten ist seit 2012 kontinuierlich bis auf mittlerweile 3000 angestiegen – auch weil ihre Gegner in ihrer Propaganda immer mehr Bezug auf christliche Motive und Argumentationen nahmen.

Denn die Islamhasser mit ihren Verweisen auf die Abwehrschlacht gegen das Osmanische Reich im Jahr 1683 gewannen auch in den bekannten rechtsextremen Organisationen mehr und mehr an Einfluss. Gleichzeitig entstanden aus der Counterdschihad-Bewegung neue Gruppen, deren Motive und Pläne nicht in das klassische Schema des Rechtsextremismus passen, die aber bis heute erheblich zum Wachstum von Bürgerbewegungen wie Pegida und AfD beitragen. Vielleicht sind Ihnen in deren Demonstrationen die roten Fahnen mit dem schwarzen, von goldenen Rändern umfassten Kreuz aufgefallen. Es ist die sogenannte Wirmer-Flagge des deutschen Widerstands um den Hitler-Attentäter Graf Stauffenberg. 1944 hatte sie der katholische Jurist und Politiker der Zentrumspartei Josef Wirmer entworfen, der nach dem Scheitern des Anschlags als Mitverschwörer hingerichtet wurde. Das islamfeindliche Blog Politically Incorrect (PI) schrieb im Jahr 2012 über diese Fahne: »Sie weht, weil genau diese Ideale der Widerstandskämpfer auch unsere Ideale sind und weil der Staat der Gegenwart angefangen hat, diese Ideale wieder massiv zu bedrohen: die geistige Freiheit der Deutschen und ihre öffentliche Meinungsfreiheit, die Selbstbestimmung der Deutschen, die deutsche Demokratie, unsere kulturellen Wurzeln, das christliche Menschenbild. Wir verstehen heute, wie wichtig es ist, diese Ideale zu verteidigen.« Genau diesen Anspruch gibt sich auch die German Defence League (GDL), die eine abgewandelte Form der Wirmer-Flagge zu ihrem Symbol erkoren hat und eben nicht in die klassischen Muster des Rechtsextremismus passt.

Obwohl deutsche Behörden sie mit ihren geschätzten hundert Anhängern dort einsortieren, lehnt die GDL den Nationalsozialismus ab, setzt ihn sogar gleich mit dem Sozialismus von Marx und Lenin und befindet sich damit voll auf der Linie der Counterdschihad-Bewegung in Europa und den USA. Die neuen Islam-hasser sehen sich als Speerspitze im Kampf gegen die Islami-sierung und für den Erhalt des jüdisch-christlich geprägten Abendlandes. Richtig, statt Antisemitismus propagieren GDL und ihre Verbündeten eine ausnehmende Israelfreundlichkeit. Den-noch kooperieren sie mit der rechtsextremistischen ProNRW, die auch Neonazis in ihren Reihen hat. Hauptsache, es geht gegen den Islam. Dabei, so sagte uns Siegfried Schmitz, einer der Mitbegrün-der der GDL, lehne man Gewalt als Mittel der Auseinandersetzung ab, außer zur reinen Selbstverteidigung: »Wenn wir bei Demon-strationen mit linken oder muslimischen Gegendemonstranten aufeinandertreffen, wird von uns niemals die Aggression aus-gehen. Wir würden die niemals angreifen. Wir wollen friedliche Kundgebungen gegen die Islamisierung machen. Gewalt kann keine Lösung sein. Wenn wir natürlich angegriffen werden, dann wissen wir uns auch zu verteidigen. Dann laufen wir auch nicht weg. Aber von uns aus wird niemals Gewalt ausgehen.«

Ganz spezielle Christen

Die Kameraden der English Defence League (EDL), die ein Vorbild für die GDL und eng mit ihr vernetzt ist, sind da weniger zimper-lich. Sie marschieren gern durch britische Städte, insbesondere durch Viertel mit vielen Zuwanderern, und suchen die Eskalation. Bei solchen Krawallen wurden zahlreiche Menschen verletzt und erhebliche Sachschäden verursacht. Denn wie ihre Gesinnungs-genossen quer über den Kontinent sieht sich die EDL in einem existenziellen Kampf ums Überleben, wie mir ihr damaliger Vor-sitzender Stephen Yaxley-Lennon im Sommer 2012 in einem Inter-view erklärte: »Es ist ein Krieg, ein Angriff auf das Christentum wie nie zuvor, durch den Islam in ganz Europa. Und die extreme Linke ist mit schuld daran, denn die verbündet sich mit den Islamisten.« Yaxley-Lennon ist ein regelmäßiger Teilnehmer der Counterdschihad-Veranstaltungen. Die EDL, die wohl einige Tau-send Anhänger hat, entstand im Juni 2009 aus der englischen Hooligan-Szene. Sie führt das blutrote Kreuz des heiligen Georg auf weißem Grund in ihren Emblemen in bewusster Anlehnung an die Banner und Uniformen der Kreuzritter. Nicht zuletzt deshalb fühlte sich offenbar der norwegische Massenmörder Anders Breivik zur EDL hingezogen. Auch er wollte das christliche Abendland gegen den Islam verteidigen. Wie Yaxley-Lennon und seine Anhänger der EDL, so zeigt es ein Auszug aus der Kampfschrift Breiviks, sah er sich nicht als wirklich religiöser, sondern als kultureller Christ: »Wenn du eine persönliche Beziehung zu Jesus Christus und Gott hast, dann bist du ein religiöser Christ. Ich selbst und viele andere haben nicht unbedingt dieses persönliche Verhältnis zu Jesus und Gott. Aber wir glauben an das Christentum als kulturelle, soziale, identitäre und moralische Plattform. Das macht uns zu Christen.«

Breivik erwähnt zwar die moralischen Anforderungen des Christentums, scheint sich aber als »Kulturchrist« nicht an den neutestamentarischen Anspruch der Gewaltlosigkeit gebunden zu fühlen. Er hält es eher mit dem »Auge um Auge, Zahn um Zahn« des Alten Testaments: »Eine Mehrheit der Christen, speziell die liberalen, humanistischen Christen, lehnen die Doktrin der Selbstverteidigung ab. Ich glaube, dass Selbstverteidigung ein zentraler Teil des Christentums ist.« Die Anhänger der English Defence League sehen das offenbar genauso. Stephen Yaxley-Lennon distanzierte sich in unserem Interview zwar von dem Terrorakt Breiviks, nicht jedoch von dessen Überzeugung: »Keine Form von Terrorismus kann gerechtfertigt werden, aber ich habe vor dem, was da in Norwegen passiert ist, schon vor Jahren gewarnt. In fünf bis zehn Jahren werden wir englische und europäische Selbstmordattentäter gegen den Islam haben, die verzweifelt sind über das, was in unseren Ländern und Städten geschieht. Es gibt da eine unterschwellige Wut. Breivik ist ein Monster. Aber ich teile seine Ideologie. Er hat recht. Die Menschen werden sich wehren. Einige haben mir gesagt, sie wollen was unternehmen. Es gibt eine Menge Wut – in ganz Europa.« So viel Wut, dass einer der führenden Unterstützer der EDL im Mai 2010 in seinem Internetblog forderte, all diese »liberalen Trottel« in islamische Regionen zu schicken. Es wäre »großartig«, dann zu sehen, wie sie dort »hingerichtet oder gefoltert« würden. Man müsse darüber diskutieren, ob nicht der Erzbischof von Canterbury und der britische Premierminister David Cameron geeignete Kandidaten dafür seien, »durch die Hände der muslimischen Lehensherren zu sterben«[27]. Der Autor dieser Worte, Alan Ayling, musste bald danach seinen Posten im Management der Europäischen Wiederaufbau- und Entwicklungsbank räumen. Die Parallelen zu Thilo Sarrazin sind rein zufällig, und anders als dieser gehört Ayling zu den Hauptorganisatoren der internationalen Counterdschihad-Bewegung.

In unserem Gespräch mit dem Mitbegründer der German Defence League, Siegfried Schmitz, wollten wir 2012 wissen, ob die Anhänger der GDL ähnlich denken wie die ihres englischen Vorbilds. Wie EDL-Chef Yaxley-Lennon distanzierte sich Schmitz von den Taten Anders Breiviks. Doch auch er glaubt, dass andere dem Vorbild des selbst ernannten norwegischen Kreuzritters folgen könnten im Sinne einer Selbstverteidigung in einer sonst ausweglosen Situation: »Ich halte das nicht für unmöglich. Wenn sich die Leute durch die Politik im Stich gelassen fühlen. Wenn die Leute die Probleme sehen und wissen, die Politiker machen einfach nichts dagegen«, so der GDL-Mann, »die fühlen sich im Stich gelassen, allein gelassen, verzweifelt. Ich kann nicht hundert Prozent ausschließen, dass manche Leute doch auf solche Ideen kommen. Hoffen tut das natürlich niemand. Aber ich könnte jetzt nicht sagen, ich könnte mir das absolut nicht vorstellen, dass Leute dann vielleicht einfach durchdrehen, so einen Egotrip machen und dann vielleicht auch solche Anschläge verüben.«

Unvorstellbar ist das in der Tat nicht. In mindestens zwei Fällen wollten europäische Islamfeinde »einen Egotrip machen« und Anders Breivik imitieren. Am 9. November 2012 beschlagnahmte die polnische Polizei bei einem Rechtsextremisten Waffen und Sprengstoff. Der Verhaftete, ein Professor der Landwirtschaftlichen Fakultät der Hochschule Krakau, teilte Breiviks Überzeugungen und plante einen Bombenanschlag auf das Parlament in Warschau. Er hatte sogar Videoaufnahmen von seinen Sprengstoffversuchen gemacht. Ende Mai 2016 wurde in der Ukraine ein junger Franzose festgenommen, der Anschläge während der Fußball-Europameisterschaft in Frankreich vorbereitet haben soll. Der Mann hatte 125 Kilogramm TNT-Sprengstoff, zwei Panzerfäuste, fünf Kalaschnikows und 500 Schuss Munition beschafft, um – so der ukrainische Geheimdienst – »Moscheen, Synagogen und Finanzbehörden« anzugreifen. Die GDL mag sich von solchen Tätern distanzieren, doch mit ihrem Programm und ebenso ihrer Wortwahl scheint sie sich dennoch für eine Art Waffengang zu rüsten. Nicht zufällig nennt sie ihre Ortsverbände Divisionen. Eine kämpferische und hetzerische Rhetorik findet sich auch in den deutschen Blogs der Counterdschihad-Bewegung. Das Portal Nürnberg 2.0 forderte 2011 nach dem Vorbild der Nürnberger Prozesse gegen die Nazis ein Kriegsverbrechertribunal für deutsche Politiker, weil sie angeblich Deutschland an den Islam verraten. Angeklagt werden sollten unter anderem Sigmar Gabriel, Ruprecht Polenz, Renate Künast und Joschka Fischer. Hinter der Propagandaaktion steckte offenbar ein Islamgegner namens Karl-Michael Merkle, der unter dem Pseudonym Michael Mannheimer schreibt. Unter dem Beifall von Gleichgesinnten rief er im Internet offen zu Gewalt auf: »Weil das gesamte deutsche Establishment und jetzt auch die Kirche mit dem Islam kollaboriert, ist die Zeit gekommen für eine schonungslose Anwendung des Widerstandsrechts nach Artikel 20 Grundgesetz. Ein Kampf mit allen Mitteln, auch bewaffnet und unter Bedingungen eines Bürgerkriegs.« Mannheimer beruft sich also auf den Absatz 4 des Artikels 20 der deutschen Verfassung, der im Jahr 1968 in das Grundgesetz eingefügt wurde. Wörtlich heißt es dort: »Gegen jeden, der es unternimmt, diese Ordnung zu beseitigen, haben alle Deutschen das Recht zum Widerstand, wenn andere Abhilfe nicht möglich ist.« Diese Worte müssen im Zusammenhang mit den vorhergehenden Punkten gelesen werden, nach denen alle Staatsgewalt »vom Volke« ausgeht (Absatz 2), die »Gesetzgebung an die verfassungsmäßige Ordnung«, »die vollziehende Gewalt und die Rechtsprechung an Gesetz und Recht gebunden« sind (Absatz 3). Nach der Argumentation der Islamgegner sind der Zuzug von Menschen islamischen Glaubens und der liberale Umgang mit muslimischen Verbänden in Deutschland ein Bruch der Verfassung, weil dadurch die deutsche Kultur und das deutsche Volk in ihrer Existenz gefährdet seien. Den Artikel 4 des Grundgesetzes, nach dem die »Freiheit des Glaubens, des Gewissens und die Freiheit des religiösen und weltanschaulichen Bekenntnisses unverletzlich« sind und »die ungestörte Religionsausübung gewährleistet« ist, erklären die Islamhasser einfach für nicht anwendbar. Schließlich sei der Islam ja keine Religion, sondern nur eine politische Ideologie, die im Kern verfassungsfeindlich sei.

Für seinen Aufruf zum »Kampf mit allen Mitteln, auch bewaffnet und unter Bedingungen eines Bürgerkriegs« wurde Mannheimer wegen Volksverhetzung angezeigt, aber nie rechtskräftig verurteilt. Nun könnte man seine Überzeugung als die extreme Meinung eines Spinners abtun, doch der Resonanzboden für seine Thesen ist in den vergangenen Jahren dramatisch gewachsen, weil es der islamfeindlichen Bewegung der Counterdschihadisten gelang, die Proteste der Pegida – zumindest in Teilen – zu unterwandern, in einigen Fällen sogar zu steuern. Bei einer Veranstaltung des Pegida-Ablegers in Bonn am 18. Dezember 2014 war Michael Mannheimer einer der Hauptredner. Er erklärte die Demonstrationen zu einem Volksaufstand gegen die »massive Zuwanderung«. Diese Bewegung werde »Verbrecher von Politik, Medien und Gewerkschaften von unserer Landkarte spülen«. Der Anmelder der Bonner Kundgebung war Sebastian Nobile, ein ehemaliger Kopf der GDL, die eine Eroberung Europas durch den Islam unbedingt verhindern will.

Flüchtlingswelle als Signal

Der massive Anstieg der Flüchtlingszahlen im Verlauf des Jahres 2015 und die Entscheidung der Bundeskanzlerin, die Grenzen für die Schutzsuchenden zu öffnen, verstärkten die Wut der Islamgegner und machten sie bei den Protesten der »besorgten Bürger« von Pegida noch beliebter. Im Januar 2016 hetzte Mannheimer vor etwa 2000 Demonstranten in Köln unverhohlen gegen das demokratische System: »Liebe Freunde, wir haben Bürgerkrieg, und ich fordere euch Deutsche auf, lasst euch nicht von Politik und den Lügenmedien einschüchtern; ich rufe euch Deutsche auf zum Widerstand gegen das verbrecherische System.« Der Redner setzte nach und diffamierte muslimische Schutzsuchende pauschal als Täter: »Wen nehmen unsere Politiker auf? Nicht die christlichen Flüchtlinge, sondern die Täter werden aufgenommen. (...) Ich fordere Asylverbot für alle Muslime. (...) Der Islam ist eine mörderische, genozidale Ideologie.« Längst nicht jeder Redner agitierte so massiv wie Mannheimer. Aber wo endet Meinungsfreiheit, wo beginnt Volksverhetzung? Nach Ansicht der Rechtswissenschaftlerin Monika Frommel, emeritierte Professorin an der Universität in Kiel, gehen solche Äußerungen weit über einen lauten Bürgerprotest hinaus:»Der Sinn dieser Reden ist ja der, dass die hier anwesenden Flüchtlinge, die dieser diffamierten Religion umstandslos zugeordnet werden, dass man die rauswerfen soll, dass man Gewalt gegen sie ausüben soll, dass man verhindern soll, dass sie in Flüchtlingsheime kommen, dass man die Aufnahme verhindern soll, und dann wird es zur Volksverhetzung.« An dieser beteiligte sich in Köln auch der ehemalige EDL-Chef Stephen Yaxley-Lennon. Als nunmehriger Vertreter des britischen Pegida-Ablegers steuerte er in seinem Grußwort ein paar Hetzparolen bei:»Wir geben ihnen Wohnungen, Kleidung, Verpflegung und Unterkunft, und sie kommen und vergewaltigen unsere und ihre Frauen und Kinder. (...) Der Islam ist das Geschwür, und Pegida ist die Heilung.« Trotz solcher Tiraden schritt auch in Köln die Polizei erst ein, als die Pegida-Anhänger beim anschließenden Marsch durch die Innenstadt Böller und Flaschen warfen. Über Anzeigen wegen ihrer Hassreden ist nichts bekannt.

Mit der Flüchtlingskrise haben sich Protestbewegungen, rechtspopulistische Parteien und rechtsextremistische Gruppen quer durch Europa miteinander vernetzt. Der Klebstoff für dieses Bündnis ist der gemeinsame Hass gegen den Islam und gegen die Muslime in den europäischen Gesellschaften. Auch Pegida wurde immer mehr zum Exportgut. Ableger sprossen aus dem Boden in den Niederlanden, der Schweiz, in England, Belgien und Österreich. Überall stilisierten sich Pegida-Fans zu modernen Kreuzrittern – im Kampf gegen angeblich muslimische Invasoren. Am 6. Februar 2016 mobilisierten islamfeindliche Organisationen in vierzehn Staaten unter dem Motto »Festung Europa« zum sogenannten Anti-Islam-Tag. In Prag gaben an jenem Tag Pegida-Anhänger den Ton an. Vom Ableger in der Schweiz war Ignaz Baerth gekommen, um die Stimmung anzuheizen:»Unsere Länder Europas werden überfremdet, werden islamisiert, und unsere Regierungen in Europa bekämpfen die eigene Bevölkerung.« Auch in Warschau marschierten die Islamfeinde, unter ihnen Tatjana Festerling, damals führender Kopf der sächsischen Pegida-Bewegung. Sie schürte Hass gegen Muslime:»Die Unterwerfung der Deutschen unter den Islam ist in vollem Gange. Deutschland ist verrückt geworden. Deutschland ist eine Freiluft-Psychiatrie. (...) Merkels Moslems sind dabei, den Kontinent zu erobern. Diesmal stehen sie nicht vor den Toren Wiens, diesmal greifen sie uns von innen an. (...) Liebe Freunde, lasst uns gemeinsam die Schlacht gegen die Islamisierung führen.« Die Kriegsrhetorik der Islamhasser erweckt den Eindruck, Gewalt sei als Mittel zur Selbstverteidigung gerechtfertigt. Deshalb, so sehen es Rechtsexperten wie Monika Frommel, könnten vergleichbare Aussagen strafbar sein: »Im Kontext mit konkreten Blockadeaktionen und im Kontext mit anderen Hetzparolen, in denen zum Widerstand aufgerufen wird, sind das bereits Volksverhetzungen.«

Die ungeahndeten Aufrufe zum Rechtsbruch werden in der Propaganda der islamfeindlichen Bewegung im Internet noch verstärkt. »Die Islamisierung von Europa. Wie unsere Vorfahren lange zuvor, müssen wir jetzt auch kämpfen ...«, mit diesem Text beginnt das Hetzvideo, das mit Bildern der Pegida-Proteste und mit Kampfszenen aus dem Kinofilm 300 unterlegt ist. Die Anlehnung an die historische Verteidigungsschlacht der Spartaner gegen das Perserheer am Engpass der Thermopylen im Jahr 480 v. Chr. macht den Propagandaclip zu einem Pamphlet der Fremdenfeindlichkeit und des Hasses, das Gewalt als Mittel rechtfertigt: »Wir rufen alle Patrioten aus ganz Europa auf, aufzustehen und sich zu widersetzen.« Das Video stammt aus den Kreisen der GDL und des Blogs PI, die zum Kern der islamfeindlichen Bewegung in Deutschland zählen und sich derselben Motive bedienen wie der norwegische Massenmörder Anders Breivik in seiner Kampfschrift und seinem Propagandavideo. In dem Video verglich auch er seinen angeblich gerechten Kreuzzug mit der Schlacht an den Thermopylen, bei der »100 spartanische Krieger gegen 1 Million Soldaten des persischen Heeres« ausgehalten hätten: »Diese Schlacht wurde zum besten Beispiel für die Macht, die eine kleine Gruppe von patriotischen Märtyrern entwickelt, wenn sie ihre Heimaterde verteidigt.« Einmal mehr machte der selbst ernannte Kreuzritter klar, dass in einem Krieg zur Verteidigung des christlichen Abendlands der Zweck alle Mittel heilige: »Wenn die multikulturalistischen Eliten Europas sich weiterhin weigern, die politische und militärische Macht freiwillig an die Kräfte der konservativen Revolution zu übergeben, dann wird der Zweite Weltkrieg voraussichtlich wie ein Picknick erscheinen gegenüber dem

Blutbad, das dann folgt.« Genau wie islamistische Terroristen hält Breivik es für eine große Ehre, in diesem Kampf sein Leben zu opfern und dafür im Jenseits belohnt zu werden: »Feiert uns, die Märtyrer der konservativen Revolution, denn wir werden bald tafeln im Königreich des Himmels.«

Natürlich waren die Anschläge von Oslo und Utøya ein Riesenthema in der islamfeindlichen Szene, zumal Breivik ja eifrig aus den Blogs der Counterdschihad-Bewegung zitiert hatte. Auf der Plattform Politically Incorrect waren die Macher bemüht, sich von der Bluttat zu distanzieren, ohne Abstriche an ihren ideologischen Parolen gegen den Islam zu machen. In einem der Kommentare unter den Artikeln schrieb ein Nutzer über Breivik: »Von seiner Warte aus hat er wahrscheinlich rational gehandelt. Islamisierung ist mit friedlichen Mitteln nicht mehr aufzuhalten, also wende ich Gewalt an, und zwar nicht gegen die Symptome (Moslems), sondern gegen die Ursache (linksgrüner multikulti sozi Wahn).« Solche und ähnliche Posts blieben unwidersprochen, vermutlich, weil sie sich im Denkkorridor der Macher von PI bewegen.

Das Blog wurde im November 2004 gegründet, kurz nachdem der Islamist Mohammed Bouyeri den niederländischen Filmemacher Theo von Gogh ermordet hatte. Der Initiator war der aus Köln stammende Sportlehrer Stefan Herre, der nach dem 11. September 2001 George Bushs Kampf gegen das Böse in der Welt gut fand, weil damit ganz offenbar der Islam gemeint war. Als Unterstützer der christlich-fundamentalistischen Bewegung in den USA hatte der Präsident seinen Krieg gegen den Terror ja selbst als »Kreuzzug« bezeichnet. Als Herre 2006 die Mohammed-Karikaturen auf sein Blog stellte, kletterten die User-Zahlen rasant nach oben. Angeblich sollen mehr als fünfzig Millionen Menschen das Portal besucht haben. Wichtigstes Thema ist die Verachtung und Ablehnung des Islam, aber auch die EU, der Euro oder die Linke sind Feindbilder der Plattform, auf der sich all jene austoben dürfen, die bei anderen Publikationen angeblich deshalb nicht veröffentlichen könnten, weil ihre Ansichten gegen die Political Correctness verstießen. Mit dieser Formulierung beschönigen sie, dass viele der Äußerungen in Wirklichkeit rassistisch, fremdenfeindlich, volksverhetzend und in Teilen verfassungswidrig sind. Früher nannte man so etwas »Stammtischparolen«, weil in der

Bierseligkeit des Stammtisches auch mal quietschende Parolen erlaubt sind. Heute geht es um maximale Öffentlichkeit, beziehungsweise Gegenöffentlichkeit, weil sich die sogenannten Mainstream-Medien verschworen hätten, die Wahrheit unter den Teppich zu kehren und die Bevölkerung im Lande anzulügen. Die Blogger, Leser und Kommentierer von PI bewegen sich fast ausschließlich in dieser Blase der übereinstimmenden Ansichten, in der man sich gegenseitig bestätigt, anfeuert und weiter aufschaukelt.

Zu den wichtigsten Autoren von PI zählen Michael Mannheimer (alias Karl-Michael Merkle) und Michael Stürzenberger. Mannheimer ist, wie Breivik, ein glühender Anhänger der »Eurabien«-Verschwörungstheorie, über die er bei Veranstaltungen rechtspopulistischer Parteien wie der Freiheitlichen Partei Österreichs (FPÖ) in Österreich und der Partei für die Freiheit von Geert Wilders in den Niederlanden gern referiert. Auch für die christlich-fundamentalistisch geprägte Bürgerbewegung Pax Europa (BPE), deren Vorläuferorganisation Pax Europa 2007 von dem ehemaligen Journalisten und Verschwörungstheoretiker Udo Ulfkotte gegründet worden war, trat er mit seinen Thesen auf.

Das Spendenkonto von PI gehört der BPE. In deren Umfeld bewegt sich auch Michael Stürzenberger, ehemaliger Sportjournalist in München. Bis 2004 war er Pressesprecher der dortigen CSU unter der damaligen bayerischen Kultusministerin und Strauß-Tochter Monika Hohlmeier. Zum Schlüsselerlebnis wurde für ihn der Tod eines Parteifreundes bei den Terroranschlägen von Mumbai im November 2008. Als ihm wegen seiner offen islamfeindlichen Haltung der Parteiausschluss drohte, trat Stürzenberger 2011 aus der CSU aus und gründete die rechtsextreme Kleinstpartei Die Freiheit. Seitdem agitiert er bei Veranstaltungen der Counterdschihad-Bewegung in ganz Europa gegen den Islam. Sein Hauptthema: der Koran, den er gern mit Hitlers *Mein Kampf* vergleicht. Am Rande einer Demonstration in Stockholm im August 2012, bei der auch EDL-Chef Stephen Yaxley-Lennon und die amerikanischen Aktivisten Pamela Geller und Robert Spencer teilnahmen, sagte er uns in einem Interview, jeder Muslim, der dem Koran nicht abschwöre, müsse gezwungen werden, Deutschland zu verlassen. Das angeblich »heilige Buch« des Islam sei nichts anderes als ein Leitfaden zum Mord: »Jeder Muslim kann von einem Tag auf den anderen, wenn er dieses Buch liest und wenn er darin all die Legitimation findet, am nächsten Tag losgehen und kann töten.«

Zwischen Propaganda und Fakten

Im November 2012 sendete das ZDF diese Äußerung im Rahmen eines Beitrags über die zunehmende Vernetzung der Islamkritiker in einer Ausgabe des *heute journals*. Teil des Berichts waren ebenfalls islamfeindliche Redeauszüge von Anführern der German Defense League sowie ein Interview mit dem baden-württembergischen Innenminister Reinhold Gall (SPD), der die Islamkritik als »Unfug« und »Hirngespinste« bezeichnete. Doch auch Spinner hätten schon »viel Übles in der Welt angerichtet«. Deshalb müsse man das genau beobachten. Stürzenberger war darüber so empört, dass er den Beitrag auf der Internetseite seiner Partei als »Paradebeispiel des Inquisitionsjournalismus« bezeichnete und als »bizarren« Versuch, »die islamkritische Szene in die rechtsradikale Tonne« zu treten. Im Nachgang entspann sich zwischen Stürzenberger und mir ein E-Mail-Verkehr, auf dessen Basis ich ihm ein kurzes Interview für die Veröffentlichung auf PI gab. Es erstreckte sich über sechs E-Mails, weil erst nach meiner jeweiligen Antwort die nächste Frage gestellt wurde. Ich will das Ergebnis hier komplett dokumentieren.

Frage 1: Sehr geehrter Herr Theveßen, wie Sie mir per email geschrieben haben, kennen Sie den Koran. Können Sie es nicht nachvollziehen, dass wir Islamkritiker wegen der vielen Gewalt- und Tötungsbefehle dieses zeitlos gültigen Buches eine ernste Gefahr für die westliche nicht muslimische Welt sehen? Zumal in der islamischen Weltanschauung die Welt in das Haus des Islams (Dar al-Islam, wo Muslime herrschen) und das Haus des Krieges (Dar al-Harb, wo Muslime noch nicht herrschen) eingeteilt ist?

Antwort Elmar Theveßen: Der Koran enthält – wie Bibel (Leviticus und Deuteronomium), Torah und Talmud – eine Reihe von Zitaten, die die Tötung als Strafe z.B. für Gotteslästerung, für den Religionswechsel, für Ehebruch, sogar für die Missachtung der elterlichen Autorität vorsehen. Auch die Anwendung kriegerischer Gewalt wird in Christentum, Judentum und Islam, leider, nicht kategorisch abgelehnt oder verboten – nicht einmal im Neuen Testament. Insofern können einzelne Stellen all dieser Schriften, obwohl es in allen auch Nichttötungsgebote gibt, zur Rechtfertigung von Gewalt missbraucht werden. Die Suren des Koran sind deshalb wie die Vorschriften der anderen Bücher jeweils aus der Zeit ihrer Entstehung zu sehen.

Der Dschihad im Sinne physischer Gewalt wird in der zweiten Sure etabliert, und zwar im Wortlaut als Selbstverteidigung. Erst durch die Auslegungen von Ibn Taimīyah im 12./13. Jahrhundert wurden sie in eine Rechtfertigung für den dauerhaften Dschihad überall dort verwandelt, wo Muslime »ihre Ehre, ihr Land oder ihre Macht verlieren«. Ein weites Feld, sodass Osama bin Laden und andere Terroristen gern mit Taimīyah-Sprüchen ihre menschenverachtende Gewalt rechtfertigen. Aber entscheidend ist, dass sich Religion nicht im Dogma manifestiert, sondern im Verhalten des Einzelnen. Wenn es falsch ist, wg. christlicher Täter wie Timothy McVeigh oder Anders Breivik alle Christen für potenzielle Terroristen zu halten, dann gilt Gleiches auch für die Muslime. Die gesamte Terrorismusforschung der letzten zehn Jahre belegt, dass die meisten Terroristen nicht von ihrer religiösen, sondern ihrer politischen Überzeugung angetrieben sind. Über 90 Prozent der Muslime in Westeuropa lehnt Angriffe gegen Zivilisten ab und will auch nicht unter der Scharia mit ihren drakonischen Strafen leben.

Anhand harter Zahlen lässt sich auch belegen, dass es keine Islamisierung Europas gibt, wie Sie behaupten, und dass es auch keine »demografische Eroberung« geben wird. Deshalb bin ich auf Ihre zweite Frage gespannt. Sie wird zeigen, ob Sie wirklich an Fakten interessiert sind. Oder eben nicht, weil die Zahlen eine ernste Bedrohung für Ihre Theorien darstellen.

Frage 2: Sie meinen, dass die Gewaltaufrufe des Korans als »Selbstverteidigung« gedacht sind und erst durch »Auslegungen« im 12. und 13. Jahrhundert als Rechtfertigung für den dauerhaften Dschihad gesehen wurden. Aber war nicht der Prophet Mohammed selbst ein offensiver Krieger, der selbst als Feldherr das Gebiet des heutigen Saudi-Arabiens eroberte? Forderte er nicht in Befehlsform das Rauben, Beute machen, Erobern, Unterwerfen und Töten? Ließ er nicht 800 gefangene Juden im Jahr 627 in Medina köpfen? Gilt er im Islam nicht von Anfang an als der »perfekte Mensch«, das »vollkommene Vorbild« für alle Moslems? Und ist die Unterwerfung der nicht moslemischen Welt nicht ein festgeschriebenes Dogma im Islam, in zahlreichen Koranversen festgehalten, das eben die theoretisch-religiöse Grundlage für die Islamisierung Europas ist?

Antwort Elmar Theveßen: Sie haben recht, dass der Prophet Mohammed ein Kriegsherr war. Aus dieser Zeit unter dem Eindruck des Krieges stammen genau jene Suren des Koran, die Sie kritisieren, allen voran die 9. Sure. Mohammeds Anhänger und er sahen sich Feinden gegenüber, die ihnen zahlenmäßig weit überlegen waren. Ähnliche Situationen haben auch eine kriegerische Rhetorik in Teilen der Bibel geprägt. Im Krieg war Mohammed genauso offensiv und brutal wie die sogenannten allerchristlichsten Herrscher, die im Namen Gottes Hunderttausende, wenn nicht Millionen, foltern und töten ließen. Ja, im Koran gibt es Kampfbefehle, aber auch Tötungsverbote. Die früher entstandenen Suren im hinteren Teil des Koran enthalten zahlreiche Formulierungen, die Friedensbereitschaft und Toleranz vorschreiben – am besten historisch und religionswissenschaftlich eingeordnet in der Übersetzung von Muhammad Asad (Patmos-Verlag). Ein Anspruch auf die Unterwerfung der nicht muslimischen Welt findet sich nicht im Koran – aber der Anspruch des Islam als letzte und absolute Wahrheit. Gleiches propagieren Juden- und Christentum in ihren heiligen Schriften.

Noch einmal: Es kommt auf die Menschen an, wie sie das verstehen und anwenden. Es gibt islamische Extremisten, die Formulierungen aus dem Koran als Rechtfertigung für Mord und Terror nutzen. Aber sie sind eine winzige Minderheit unter den 1,5 Milliarden Muslimen in dieser Welt. Die überwältigende Mehrheit lehnt jede offensive Gewalt und auch eine Unterwerfung aller Nichtmuslime ab. Bin gespannt, ob Sie in der dritten Frage doch noch wissen wollen, warum Ihre These von der Islamisierung Europas empirisch und gesellschaftlich eindeutig falsch ist.

Frage 3: Mir ist kein Vers im Koran bekannt, der ein generelles Tötungsverbot formuliert, ganz im Gegenteil, er ist voll von Tötungsbefehlen. Der einzige Vers, der in diesem Zusammenhang von moslemischen Funktionären gerne zitiert wird, ist 5:32, aber sie lassen hierbei die entscheidende Einschränkung dieses Verses »ohne dass jener ein Unheil im Land angerichtet hat« weg, die jederzeit das Töten mit einem subjektiven Motiv erlaubt. Zudem gilt im Islam das Prinzip der Abrogation, sodass die vermeintlich »friedlicheren« Suren Mohammeds aus seiner Anfangszeit in Mekka, als er noch machtlos war, durch die späteren Gewaltverse aus der medinensischen Zeit ersetzt werden. Wie kommen Sie aber nun darauf, dass Europa entgegen der dogmatischen Ziele dieser Ideologie nicht islamisiert werden soll, was erstens durch eine Vielzahl von Äußerungen moslemischer Führer dokumentiert ist, zweitens auf demografische Weise durch den Geburten-Dschihad erfolgen soll und drittens mit massiven Finanzströmen arabischer Staaten wie Saudi-Arabien und Katar nach Europa unterstützt wird?

Antwort Elmar Theveßen: Neben dem Tötungsverbot in der 5. Sure wird auch in der 6., 17., 18. und 25. Sure das Tötungsverbot aus den zehn Geboten des alten Testaments bekräftigt. Die sogenannte Abrogation ist unter Islamgelehrten heftig umstritten. An sieben Stellen im Koran wird seine Unveränderlichkeit proklamiert. Nur an einer Stelle, der 2. Sure, ist davon die Rede, dass ein neuer Ausspruch einen alten ersetzt, wenn dieser alte in Vergessenheit gerät oder zurückgenommen wird. Da sich solch eine Rücknahme nirgendwo findet und da der Koran komplett vorliegt, ist nach Ansicht vieler Gelehrter die Abrogation nicht möglich.

Von der »Islamisierung« Europas reden nur ein paar islamistische Prediger, eine winzige, extremistische Minderheit im Islam. Den angeblichen »Geburten-Dschihad« gibt es nicht, wie die Fakten belegen:

In Europa (EU-Staaten + Norwegen und Schweiz) gab es 2010 rund 18,2 Millionen Muslime = 4,5 % der Bevölkerung. Legt man derzeitige Geburtenraten zugrunde, werden es in 2030 29,8 Millionen Muslime sein; das sind 7,1 %. In Frankreich steigt der Anteil von 4,7 Millionen auf 6,9 Millionen = 10,3 %. In Deutschland von 4,1 auf 5,5 Millionen = 7,1 %. Aber: Verglichen mit den zwanzig Jahren vor 2010 verlangsamt sich das Wachstum sogar noch. Warum? Weil sich die Geburtenraten bei muslimischen und nicht muslimischen Bevölkerungsteilen annähern. In Deutschland lag die Geburtenrate bei türkischen Zuwanderern in 1970 bei 4,4 Kindern, heute bei 2,2, Tendenz weiter fallend. Geburtenrate kleiner oder

gleich 2 bedeutet ein Schrumpfen! In der zweiten Generation tür-
kischer Familien in Deutschland liegt die Rate nur noch bei
1,3 Kindern.

Ähnliche Zahlen gibt es für fast alle Länder Europas. In seinem
Buch »Mythos Überfremdung« nennt Doug Sounders die Zahlen
vom Pew Research Center aus 2011 und zahlreiche weitere Studien,
die ich mir angeschaut habe. Demnach wird die Geburtenrate in
Europa 2030 bei 2,0 Kindern aus muslimischen Familien liegen,
aus nicht muslimischen 1,6 Kinder. In 2050 werden wir Gleich-
stand erreicht haben. Die sinkenden Geburtsraten sind Folge der
Integration in die moderne, urbane, aufgeklärte, marktwirtschaft-
lich orientierte Gesellschaft. Dies gilt universal. Auch in fortschrittlicheren, muslimischen Ländern ist die Geburtsrate dramatisch
gesunken: In der Türkei von 6 auf 2,15 Kinder, in der ISLA-
MISCHEN REPUBLIK Iran sogar von 7 auf 1,7 Kinder.

Alles in allem: Bei einem (vermutlich sogar zu hoch gerech-
neten) Anteil der Muslime in Europa und Deutschland in 2030 von
7,1 Prozent sind und bleiben Muslime wohl immer eine Minderheit. Je besser wir die – definitiv vorhandenen – sozialen Friktionen gemeinsam lösen und gemeinsam gegen Islamisten vorgehen,
desto besser wird die weitere Integration gelingen. Schade, dass die
Islamgegner entgegen all dieser Fakten Ängste und Hass schüren,
statt sich gemeinsam mit Muslimen gegen die winzige, extremis-
tisch-islamistische Minderheit zu stellen. Gemeinsam könnte man
vielleicht auch die tatsächlich vorhandene finanzielle Förderung
des Wahhabismus/Salafismus durch Gelder aus Saudi-Arabien und
anderen Golfstaaten anprangern. Sie sollte dringend unterbunden
werden, da durch sie fruchtbarer Boden für Extremismus bereitet
wird.

Trotz der erläuterten Daten blieben Stürzenberger und seine Ge-
sinnungsgenossen bei ihrer Überzeugung, dass es aufgrund des
»Geburtendschihads« in wenigen Jahrzehnten eine muslimische
Mehrheit in Europa geben wird. Das »Interview« fand um die
Jahreswende 2012/13 statt, also bevor die große Flüchtlingswelle
Europa und Deutschland erreichte. Dennoch war, ist und bleibt
das Gerede der Islamfeinde eine reine Propagandalüge. Im April
2015 veröffentlichte das Pew Research Center seine neuesten Daten,

nach denen der Anteil der Muslime auf unserem Kontinent für das Jahr 2030 bei knapp über sieben Prozent liegen wird, für das Jahr 2050, einschließlich der originär muslimischen Länder Bosnien-Herzegowina und Kosovo bei rund 9,5 Prozent. In Deutschland läge der Wert 2050 bei rund zehn Prozent. In die neue Erhebung war bereits die wachsende Zahl der Erstantragssteller im Asylverfahren in Deutschland mit knapp 200 000 Menschen in 2014 eingerechnet. Nach Auskunft des Bundesamtes für Migration und Flüchtlinge (BAMF) betrug der Anteil der Muslime dabei rund 65 Prozent, das waren also 120 000 Muslime. Die meisten von ihnen stammten aus den derzeitigen Kriegs- und Krisengebieten Syrien, Irak und Afghanistan. Zum Zeitpunkt der Drucklegung dieses Buchs gab es keinen aktualisierten Bericht des Pew Research Centers. Doch für das Jahr 2015 ist, so das BAMF, der Anteil der Muslime unter den Asylbewerbern auf 73,1 Prozent gestiegen, von den 476 000 Antragstellern sind das also rund 350 000 Menschen. Legt man die Kriterien der wissenschaftlichen Untersuchungen an und unterstellt gleichzeitig eine jährliche Zuwanderungsrate von einer halben Million Muslime über die nächsten vier Jahre, würde es in Deutschland im Jahr 2050 einen muslimischen Anteil an der Gesamtbevölkerung von weniger als dreizehn Prozent geben.

Dabei ist ein Faktor gar nicht berücksichtigt, der nach mehreren wissenschaftlichen Studien aus dem Jahr 2011 ebenfalls einen deutlichen Einfluss auf künftige Geburtenraten haben wird. Bei den Flüchtlingen handelt es sich vor allem um Männer, sodass es für die Gründung von Familien an Frauen fehlt. Für die Zuwanderer der letzten zwei Jahre trifft das in besonderem Maße zu. Rund 66 Prozent der Asylbewerber in 2015, ca. 116 000 Menschen, sind männlichen Geschlechts, zwei Drittel davon zwischen sechzehn und vierzig Jahre alt. Sie konnten die beschwerliche Flucht aus Bürgerkriegsgebieten eher auf sich nehmen als Frauen. Und Letztere fehlen nun. Nach Angaben der Bevölkerungsforscher wirkt sich also ausgerechnet der Faktor, der von vielen als Bedrohung gesehen wird, bremsend auf die Vermehrung muslimischer Familien aus. All die genannten Trends führen jedenfalls dazu, dass sich die Fruchtbarkeitsraten zwischen muslimischen und nicht muslimischen Familien in Europa in den kommenden Jahrzehnten weiter angleichen werden.

Trotzdem fühlen sich Bürger in Deutschland bedroht. Sicher auch, weil der Zuwandereranteil – vor allem der Muslime – in einigen Großstädten Deutschlands deutlich über zwanzig oder gar dreißig Prozent liegt. Experten sprechen von sogenannten Multi-Minoritäten-Gesellschaften, in der alle Bevölkerungsgruppen – ethnische oder religiöse – nur Minderheiten darstellen. An diesem Punkt gibt es tatsächlich ein dramatisches Versagen von Gesellschaft und Politik, die es über Jahrzehnte versäumt haben, entsprechende Regeln für dieses Zusammenleben zu entwickeln und umzusetzen. Die Sorge, dass gerade die vielen Männer unter den Flüchtlingen anfällig für den Islamismus sind, ist deshalb nachvollziehbar, wird sich aber als unbegründet herausstellen, wenn ihre Integration gelingt. Dazu später mehr. Es ändert nichts daran, dass viele »besorgte Bürger« in Deutschland einer Propagandalüge der Islamhasser aufsitzen. Es bedürfte wohl der höchsten Zuwanderungs- und Fruchtbarkeitsraten der Menschheitsgeschichte, um auch nur ansatzweise einen muslimischen Anteil an der Gesamtbevölkerung von über fünfzehn oder zwanzig Prozent zu erreichen. Die Islamisierung Deutschlands und Europas, wie sie von Drahtziehern der Pegida und der Islamhass-Bewegung behauptet wird, ist eine Mär – und das Gerede davon brandgefährlich, denn die Argumentation der Islamfeinde, die sich quer durch Europa vernetzt haben, ist der fruchtbare Boden für die Rechtfertigung von Gewalt.

Gewalt und Terror von rechts

Sie richtet sich in erster Linie gegen die Flüchtlinge, aber auch gegen ihre Helfer und politischen Fürsprecher und umfasst erstmals seit der Mordserie des sogenannten Nationalsozialistischen Untergrunds (NSU) auch rechts-terroristische Aktivitäten gegen Muslime in Deutschland. Für das Jahr 2015 verzeichnete die Statistik des Bundeskriminalamts 1031 Straftaten gegen Flüchtlingsunterkünfte, fünfmal so viele wie im Jahr davor. In den meisten Fällen handelte es sich um Sachbeschädigungen, gefolgt von Propagandadelikten und Volksverhetzung. Unter den Gewalttaten waren acht Sprengstoffanschläge und neunzig Brandstiftungen (2014: sechs), bei einigen von ihnen nahmen die Täter den Tod von

Flüchtlingen bewusst in Kauf. Das BKA nannte außerdem sechzig Körperverletzungen, drei versuchte Morde und einen versuchten Totschlag. Im Jahr 2016 schwoll die Welle der Gewalt trotz sinkender Flüchtlingszahlen weiter an. Allein im ersten Quartal registrierte ein vertraulicher Bericht des BKA bereits 347 Straftaten gegen Flüchtlingsunterkünfte, darunter drei versuchte Tötungsdelikte, 37 Brandstiftungen und 23 Körperverletzungen. Erstmals listeten die Ermittler auch die direkten Angriffe auf Flüchtlinge, Helfer und sogenannte Mandatsträger auf. Von Januar bis März 2016 wurden demnach zusätzlich zu den Übergriffen gegen Flüchtlingsheime Flüchtlinge in 368 Fällen zum Ziel von Propagandadelikten, Sachbeschädigungen und Volksverhetzung. 88 solcher Straftaten richteten sich gegen Politiker oder politisch Verantwortliche, 33 gegen ehrenamtliche Helfer. In 73 Fällen wurden Flüchtlinge Opfer von Gewaltdelikten, zweimal wurden auch Helfer verletzt. Das BKA warnte in seinem Bericht, dass die direkte Gewalt weiter zunehmen werde. Dabei müsse neben Körperverletzungen »vereinzelt auch mit Tötungsdelikten gerechnet werden«. Die größte Bedrohung gehe dabei von »entschlossenen, irrational handelnden, fanatisierten Einzeltätern« aus. Die Sicherheitsbehörden machen dafür eine »xenophobe Grundstimmung« (Fremdenfeindlichkeit) verantwortlich, die gezielt an »bürgerliche Kreise« herangetragen werde. Tatsächlich waren von 551 Tatverdächtigen im Jahr 2015 nur 25 Prozent wegen rechtsmotivierter Straftaten vorbestraft, drei Tatverdächtige wurden von Landesverfassungsschutzämtern als »relevante Personen« eingestuft. 75 Prozent der Täter tauchen also aus dem Nichts auf. Und was bedeutet eigentlich »rechtsmotiviert«? Sind es »besorgte Bürger« mit klassisch rechtsextremistischem Gedankengut? Oder spielt der von AfD, Pegida und der Counterdschihad-Bewegung kultivierte Islamhass doch eine Rolle?

Werfen wir einen Blick auf die rechtsterroristischen Gruppen, die im Jahr 2015 ebenfalls wie aus dem Nichts auf dem Radarschirm der Öffentlichkeit auftauchten, genauer gesagt am 6. Mai. Da schickte der Generalbundesanwalt die Spezialeinheit GSG9 und SEKs der Länderpolizeien in die Wohnungen von Andreas H., 56 Jahre, Deutscher, Olaf O., 47 Jahre, Deutscher, Markus W., 39 Jahre, Deutscher, und Denise Vanessa G., 22 Jahre, Deutsche.

Das Quartett war nicht nur generationsübergreifend, sondern lebte offenbar auch über die Republik verstreut. Insgesamt durchsuchten 250 Polizisten Objekte in Bayern, Sachsen, Nordrhein-Westfalen, Rheinland-Pfalz und Mecklenburg-Vorpommern und fanden Schlagringe, Gas- und Schreckschusswaffen, Sprengkörper und Nägel. Zwei Dinge hielten die vier und ihre rund ein Dutzend Unterstützer offenbar zusammen: der Austausch ihrer wachsenden Wut über WhatsApp und Facebook und ein Gedankengut, das sich beschönigend als »alte Schule« beschreiben lässt, national-konservative Werte eben. Folgerichtig nannten sie sich auf ihrer Facebook-Seite Oldschool-Society (OSS), denn die wollten sie wiedererrichten – ohne Ausländer, ohne Muslime und ohne Politiker, die den Untergang der deutschen Kultur betrieben. Gegen sie alle wendeten sich die Einträge des Hetzclubs, der vom »politischen Umbruch in unserem Vaterland« und der »Aufrechterhaltung Unserer Kultur und Unserer Traditionen« träumte. Die Bluttaten des Norwegers Anders Breivik wurden gelobt.

In deutscher Gründlichkeit übernahmen die vier Rädelsführer die Funktionen von Präsident, Vizepräsident, Kassenwartin und Pressesprecher – der »Geheimrat«, so nannte sich das Quartett fortan. »Entfache das Feuer der Wahrheit! Sag, was Du denkst« – so stand in fetten Lettern auf dem Titelbild der OSS-Facebook-Seite, ein Spruch, der ähnlich auch die Counterdschihad-Bewegung antreibt. Nach dem Profilbild aber – ein Totenkopf mit zwei blutbeschmierten Fleischerbeilen – sollten den Worten durchaus Taten folgen. Dass die Gruppe gefährlich war und den Tod von Menschen plante, hält die Bundesanwaltschaft für erwiesen, und dabei ging es nicht nur, wie die meisten Medien verbreiteten, um Angriffe auf Asylunterkünfte. In der Pressemitteilung des Generalbundesanwalts vom 6. Mai 2015 heißt es: »Nach den bisherigen Ermittlungen war es das Ziel der Vereinigung, innerhalb Deutschlands in kleineren Gruppierungen Anschläge auf namhafte Salafisten, Moscheen und Asylbewerberunterkünfte zu begehen. Zu diesem Zweck beschafften den bisherigen Erkenntnissen zufolge die vier Festgenommenen Sprengmittel für etwaige terroristische Anschläge der Gruppe.« Tatsächlich hatte die OSS am 1. Mai 2015 in Tschechien gefährliche Böller mit Namen wie »La Bomba«, »Cobra 6« und »Cobra 11« eingekauft, deren explosive Wirkung schon ausreichen würde, um eine Spülmaschine in ihre Einzelteile zu sprengen. Am gleichen Abend diskutierten die Terroristen per Telefon, wie man mit Nägeln die Wirkung der Böller noch vergrößern könnte. Zum Glück wurden sie dabei von den Sicherheitsbehörden abgehört. Markus W. sagte demnach: »… so ein Cobra 11, hier, weißt du, hier Dachpappenstifte draufmachen mit Sekundenkleber ringsrum, draufkleben und dann so ein Ding im Asyl… so ein Ding im Asylcenter, im Asylheim so, weißt du, Fenster eingeschmissen und dann das Ding hinterhergejagt.« Andreas H.: »Tät mir schon gefallen, wär schon so nach meinem Geschmack.« Dann aber, so warf Denise G. ein, müsse man die Zündschnur unbedingt verlängern, wegen der Sprengkraft.

Kurz nach diesem Gespräch wurde der »Geheimrat« der OSS verhaftet, sonst hätte es in einer bewohnten Asylbewerberunterkunft bei Borna in Sachsen möglicherweise Tote und Verletzte gegeben. Das Flüchtlingsheim sollte nur der Anfang sein. Schon bei ihrem ersten Treffen im November 2014 im sächsischen Frohberg hatten die WhatsApp-Freunde, die damals schon durch einen Geheimdiensthinweis im Visier der Ermittler waren, über den »bewaffneten Kampf gegen Salafisten« schwadroniert und darüber diskutiert, »wer bereit wäre, auch in den Knast zu gehen für irgendwelche Taten«. Insgesamt vierzehn Gleichgesinnte waren beteiligt, der Jüngste unter ihnen achtzehn Jahre alt. Dass es gegen Islamisten gehen sollte, kam nicht von ungefähr. Der 47-jährige Olaf O. war in seiner Heimat, dem nordrhein-westfälischen Gelsenkirchen, Teil der Bewegung Hooligans gegen Salafisten (HoGeSa) und hatte an dem gewalttätigen HoGeSa-Aufmarsch am 26. Oktober 2014 in Köln teilgenommen. Bei der Straßenschlacht zwischen knapp 5000 Hooligans und nur 1300 Sicherheitskräften wurden 57 Polizeibeamte verletzt. Hinterher schwärmten die Gewalttäter in ihren geschlossenen Internetforen von ihrem Erlebnis und bedauerten nur, keine Axt mitgebracht zu haben, um damit den »ganzen Islam auszurotten«. Mitorganisator des Krawalls war ein Führungsmitglied der islamfeindlichen ProNRW. Auf dem Blog Politically Incorrect wurden die Krawalle als »Wunder von Köln« gefeiert, das seien »ganze Kerle«, »kompakte Typen« und »echte Männer, die ihr Gesicht für unser deutsches Vaterland gezeigt haben«. Zur Erinnerung: Auch die islamfeindliche EDL in England ist tief in der Hooligan-Szene verwurzelt.

Zwei der vier »Geheimratsmitglieder« der Oldschool Society haben eine rechtsextreme Vergangenheit, Andreas H. als zeitweises NPD-Mitglied und Markus W., der außer bei der NPD auch bei der 2012 verbotenen neonazistischen Kameradschaft Aachener Land aktiv war. Insofern reflektiert die OSS eine Entwicklung, bei der einige klassische Merkmale des Rechtsextremismus – antisemitische und antiisraelische Einstellungen – durch einen überschäumenden Hass auf den Islam, Muslime und ihre Fürsprecher in der Politik ersetzt werden. Das gilt auch für die mutmaßliche Terrorzelle, die der Generalbundesanwalt am 19. April 2016 ebenfalls von der Spezialeinheit GSG9 in dem Ort einsammeln ließ, aus dem OSS-Führungsmitglied Denise Vanessa G. ursprünglich stammt. Im sächsischen Freital hatte sich nach Überzeugung der Bundesanwaltschaft eine Terrorgruppe um den 27-jährigen Timo S. und den 24-jährigen Patrick F. gebildet. Neben ihnen kamen nun sechs weitere Personen, darunter eine Frau, in Haft, weil sie im Herbst 2015 Sprengstoffanschläge auf Asylbewerberunterkünfte und Wohnprojekte von politisch Andersdenkenden verübt haben sollen. Die sogenannte Freitaler Gruppe ging aus der selbst ernannten Bürgerwehr FTL/360 hervor, die schon im Sommer wegen mehrerer Gewalttaten gegen Flüchtlingshelfer und linke Politiker ins Visier der Sicherheitsbehörden geraten war. NPD, AfD und Pegida hatten bei massiven Bürgerprotesten gegen Flüchtlingsheime die Stimmung mit fremden- und islamfeindlichen Parolen aufgeheizt. Ob es eine organisatorische Verbindung zwischen OSS und der mutmaßlichen Terrorzelle in Freital gab, ist noch offen, die ideologische Verbindung dagegen ist offensichtlich.

Das gilt auch für weitere Gruppen und Einzeltäter. Im Oktober 2015 nahm die Bamberger Polizei elf Männer und zwei Frauen im Alter von 21 bis 36 Jahren wegen des Verdachts der Mitgliedschaft in einer kriminellen Vereinigung fest. Sie sollen Sprengstoffanschläge mit gefährlichen Feuerwerkskörpern auf eine Abschiebeunterkunft für Flüchtlinge vom Balkan geplant haben. Die Verdächtigen gehören der Kleinpartei Die Rechte an, die ein Sammelbecken für Hooligans und Neonazis aus verbotenen Kameradschaften darstellt. Ebenfalls im Oktober wurde die Kölner Oberbürgermeisterkandidatin Henriette Reker bei einem Messerattentat durch den Rassisten Frank S. schwer verletzt. Vor Gericht sagte der 44-Jährige: »Ich habe das als letzte Möglichkeit gesehen, etwas zu bewegen.« Er beklagte eine »Selbstzerstörung Deutschlands« und bezeichnete Reker, die als parteilose Kandidatin für die CDU antrat, als eine »völlig weltfremde linksradikale Schickeria-Ideologin«. Im März 2016 wurden im brandenburgischen Nauen ein NPD-Kreistagsabgeordneter und ein weiterer Rechtsextremist festgenommen, weil sie gemeinsam mit anderen Neonazis Brandanschläge verübt haben sollen. Es sind nur Beispiele für einen Trend, der sich beschleunigt, so warnten Experten aus deutschen Sicherheitsbehörden Anfang des Jahres im *Berliner Tagesspiegel*.[28] 2015 kletterte die Zahl der »gewaltorientierten Rechtsextremisten« in Deutschland um rund tausend Personen auf mehr als 11 500. Der »Aggressionspegel« steige und werde durch die Zusammenarbeit mit gewaltbereiten, islamfeindlichen Hooligans noch befeuert. Eine wichtige Rolle spielten dabei auch die sozialen Netzwerke, über die sich der Hass gegen Fremde und Muslime weiter aufschaukele. Die Chatrooms, Blogs und Messenger-Dienste seien ein »Nährboden für neue, schlagkräftige Organisationen, die schwerer zu greifen sind«.

Die Rolle der AfD

Dass die gewaltbereiten Ränder der Gesellschaft schwer zu greifen sind, ist besorgniserregend genug. Aber diese Gefahr wächst vor allem deshalb, weil sich mehr und mehr verfassungsfeindliche und rassistische Überzeugungen in die Mitte der Gesellschaft hineinfräsen und den Respekt vor den Institutionen von Rechtsstaat und Demokratie erodieren. Die zweistelligen Wahlerfolge der »Alternative für Deutschland« belegen diese Entwicklung. Erstaunlicherweise sind es vor allem besser verdienende und gebildetere Bürger, die ihren diffusen Ängsten vor der Zuwanderung folgen, ohne sich intensiver mit gegenteiligen Fakten auseinanderzusetzen. Nach einer Studie des Instituts der deutschen Wirtschaft (IW) gehören 33,9 Prozent aller AfD-Sympathisanten zum reichsten Fünftel der Bevölkerung. Allein die FDP hat mehr Anhänger unter den Top-Verdienern. Nur fünfzehn Prozent der AfD-Unterstützer stammen aus der unteren Einkommensschicht, weniger als zehn Prozent machen sich große Sorgen um die eigene wirtschaftliche Situation. Die AfD gibt sich als volksnah, in Wirklichkeit ist sie nationalistisch, antikulturmarxistisch im Sinne von Anders Breivik sowie islam- und fremdenfeindlich. Auf ihrem Parteitag Anfang Mai 2016 bejubelten rund 2400 Teilnehmer den ehemaligen tschechischen Präsidenten Vaclav Klaus, der zum »kompromisslosen und unnachgiebigen« Widerstand gegen die »vernichtenden Angriffe auf unsere Traditionen, Bräuche, Sitten und Werte« aufrief. Tags darauf hat sich die AfD mit der Verabschiedung ihres ersten Parteiprogramms folgerichtig als grundgesetzwidrig positioniert, da eine Reihe ihrer Forderungen gegen grundgesetzlich verbriefte Rechte wie Menschenwürde, Religions- und Meinungsfreiheit und das Recht auf politisches Asyl verstoßen. Eine Religion wie den Islam zu einer politischen Ideologie zu degradieren, ist verfassungsfeindlich. Immerhin gibt es nun eine schriftliche Grundlage, auf der die Verfassungsschutzbehörden über eine Beobachtung der Partei nachdenken können.

Anlass dafür hätten auch die Äußerungen führender AfD-Funktionäre in den Landtagswahlkämpfen bieten können. In Sachsen-Anhalt tönte der Spitzenkandidat André Poggenburg bei einer Veranstaltung im Januar 2016: »Wir wollen endlich diese verordnete Selbstgeißelung beenden, die kollektive Psychose des deutschen Volkes überwinden und ein gesundes Nationalbewusstsein leben dürfen.« Der thüringische AfD-Chef Björn Höcke bezeichnete die Vorfälle in der Kölner Silvesternacht als »dringend benötigten Weckruf« für die Verteidigung der deutschen Kultur: »Jetzt werden diese Angstträume für immer mehr Menschen in diesem Land Wirklichkeit. So ist es, wenn man sich fremd im eigenen Land fühlt, und das ist eine katastrophale Entwicklung, die gestoppt werden muss, liebe Freunde. (...) Im Namen der Flüchtlingshelfer, deren Blauäugigkeit man schamlos ausgenutzt hat, im Namen des deutschen Schülers, der jeden Tag in seiner Multikulti-Klasse gemobbt wird, im Namen der Polizistinnen, die täglich beleidigt und verhöhnt werden, im Namen der Zahllosen, die nur mit gesenktem Blick durch ihre Stadt gehen, erkläre ich hier und heute in Magdeburg: Wir wollen nach unseren Werten und Sitten und Normen leben, wir wollen unsere Kultur erhalten, wir wollen unsere Kultur behalten, wir wollen nicht zurück ins Mittelalter, wir wollen unser Land behalten.« Ursprung solcher Forderungen sind Höckes Nähe zum völkischen Nationalismus rechtsextremistischer Gruppen und seine persönliche Überzeugung, dass es zwischen Afrikanern und Europäern genetisch bedingt unterschiedliche Fortpflanzungsstrategien gibt, nach denen die Afrikaner möglichst viele Kinder, die Europäer aber wenige Kinder zeugen. Diese These, die er im November 2015 bei einem Vortrag für das rechtskonservative Institut für Staatspolitik aufstellte, ist zutiefst rassistisch und menschenverachtend. Die Biologie unterscheidet zwischen einem »Platzhaltertyp« und einem »Ausbreitungstyp«. Ersteres sind Arten, die wenig Nachwuchs zur Welt bringen, um sich intensiv um diesen zu kümmern – in diese Gruppe fallen Menschen. Bei dem zweiten Typus, den Arten, die sehr viele Nachkommen zeugen, damit zumindest einige überleben, handelt es sich fast ausschließlich um Insekten, Pflanzen und Mikroorganismen. Mit diesen setzte Höcke demzufolge Menschen aus Afrika gleich. Die Bundesspitze der AfD distanzierte sich zwar von Höckes Äußerungen, mehr aber nicht. Höcke selbst will es so nicht gemeint haben, das entspreche nicht seinem christlichen Menschenbild.

Auch andere Äußerungen scheinen zu einem bekennenden Christentum eigentlich nicht zu passen. So sagte die AfD-Vorsitzende Frauke Petry im Januar 2016 auf die Frage des *Mannheimer Morgen,* wie man mit Flüchtlingen umgehen solle, die mögliche Grenzzäune durchbrechen oder übersteigen wollten, der Bundespolizist »muss den illegalen Grenzübertritt verhindern, notfalls auch von der Schusswaffe Gebrauch machen. So steht es im Gesetz.« Als sich darauf ein Sturm der Entrüstung erhob, legte die AfD-Europaabgeordnete Beatrix von Storch auf Facebook nach: »Wer das ›Halt‹ an unserer Grenze nicht akzeptiert«, sei ein »Angreifer«, gegen den man »die Schusswaffe einsetzen« dürfe. Auf die Frage: »Wollt Ihr etwa Frauen mit Kindern an der grünen Wiese den Zutritt mit Waffengewalt verhindern?«, antwortete sie: »Ja.« Nach einem Urteil des Bundesgerichtshofs von 1988 gilt die Formulierung aus dem entsprechenden Gesetz nur »für besonders gefährliche Täter«, zu denen unerlaubt einreisende Asylbewerber definitiv nicht gehören. Und was Kinder anlangt, ist das Gesetz eindeutig: »Gegen Personen, die sich dem äußeren Eindruck nach im Kindesalter befinden, dürfen Schusswaffen nicht gebraucht werden.« Rechtlich ist die Sache also glasklar, moralisch eigentlich auch – jedenfalls in einem christlich-jüdischen Wertesystem, dessen Untergang die AfD angeblich doch verhindern will.

Dabei ist dieses Wertesystem bereits dabei unterzugehen. Denn nicht nur in Deutschland, ebenso in seinen Nachbarländern finden besonders jene Politiker und Parteien immer mehr Anhänger, die angeblich christliche Werte verteidigen, diese dabei in Wirklichkeit mit Füßen treten. Am 14. März 2016 trafen sich in Wien führende Köpfe der rechtspopulistischen FPÖ mit Spitzenfunktionären der Morgendämmerung (Úsvit), ihrem tschechischen Gegenstück. Nach ihren Beratungen über eine noch engere, grenzübergreifende Zusammenarbeit gegen Flüchtlinge und gegen den Islam beteiligten sich die Gäste an einer Großdemonstration gegen ein Asylbewerberheim in der österreichischen Hauptstadt, in der die FPÖ bei den letzten Wahlen dreißig Prozent der Stimmen erreicht hatte. Ihr Parteichef Hans-Christian Strache setzte den Ton für die Kundgebung: »Was brauchen wir islamische Kindergärten, die haben hier nix verloren. Kinder sollen hier nach unserer Art und Kultur erzogen werden.« Der Vizebürgermeister von Wien, Johann Gudenus, legte nach: »Es geht hier nicht um sogenannte Flüchtlinge, es ist eine Masseninvasion, eine Völkerwanderung und eine illegale Zuwanderung. Wir nennen dies beim Namen. (…) Wir Freiheitliche werden nicht dulden, dass unsere wunderschöne Heimatstadt Wien weiter islamisiert wird, dagegen kämpfen wir.« Es sind Positionen, die offenbar auch ihr Parteifreund Norbert Hofer teilt. In einem Interview mit der Austria-Presse-Agentur bezeichnete der stellvertretende FPÖ-Chef die Pegida-Bewegung als »Abwehrreaktion« der Bürger: »Ich glaube, dass diese Bewegung zeigt, dass die Bürger sich einfach wehren, wenn sie ungefragt eine völlige Veränderung der Struktur erleben müssen. Wenn man sich die Entwicklung in den nächsten Jahrzehnten ansieht, dann ist es so, dass der Islam eine immer größere und wesentlichere Rolle spielt. Und dass viele Bürger damit überfordert sind.« Hofer ist Mitglied der Burschenschaft Marko-Germania zu Pinkafeld, die eine völkisch-nationalistische Ausrichtung hat und sich auf »das deutsche Vaterland, unabhängig von bestehenden staatlichen Grenzen«, also ein Gesamtdeutschland, beruft. Am 22. Mai unterlag Hofer bei der Wahl des österreichischen Bundespräsidenten denkbar knapp dem ehemaligen Chef der Grünen in Österreich, kündigte aber schon an, dass die FPÖ bei der nächsten Parlamentswahl die Regierungsübernahme anstrebt. Doch inzwischen haben österreichische Verfassungsrichter die Bundespräsidentenwahl für ungültig erklärt, die Stichwahl muss wiederholt werden. Das Ergebnis ist bei Drucklegung dieses Buches noch nicht bekannt.

Ortswechsel. In Warschau regiert seit 2015 die nationalkonservative Bewegung Recht und Gerechtigkeit, kurz PiS. Die Partei brachte es auf knapp vierzig Prozent der Wählerstimmen im Land und verfügt nun im Parlament über eine absolute Mehrheit. Damit wird die polnische Demokratie bis zur Unkenntlichkeit umgebaut. Das Verfassungsgericht hat seine Unabhängigkeit verloren, der öffentlich-rechtliche Rundfunk wurde zum Staatsfunk umgewandelt, die Macht des Präsidenten soll ausgebaut werden. Für Robert Winnicki kann es gar nicht schnell genug gehen mit dem Abbau des liberalen Verfassungsstaates, zumal sich in der Bevölkerung Widerstand regt. Seine rechtsextremistische Nationale Bewegung (RN) stellt fünf Abgeordnete im polnischen Parlament und fordert weniger Demokratie, mehr Führung: »Polen braucht einen starken Führer, generell, Europa braucht starke Führer. In Europa haben wir nicht viele starke Führer. (...) Und ich denke, starke Führer wachsen in der jungen Generation heran.« Der dreißigjährige Winnicki sieht sich als ein solcher Führer. Er entstammt der Allpolnischen Jugend, die von einem einheitlichen, nationalen und rein katholischen Staat träumt. In ihrem Programm ruft sie zum Kampf gegen die »Doktrinen der Willkür, des Liberalismus, der Toleranz und des Relativismus« auf, notfalls mit Gewalt. Die Feindbilder pflegt Winnicki auch in seiner neuen Funktion als Chef der RN. Im Frühjahr 2016 sagte er in einem Interview mit dem ZDF: »Der Islam ist eine große Bedrohung und Gefahr. Aber warum ist er eine so große Gefahr? Weil die Westeuropäer keine Schutzbarrieren in den Köpfen haben. Die Political Correctness hat die politische Verantwortung in Westeuropa zerstört. Also ist unser Hauptfeind die Political Correctness, Muslime sind unsere zweiten Feinde.«

Solch eine Geisteshaltung hat auch in Ungarn und Tschechien höchste Staatsämter erreicht. Im Januar 2015 behauptete der tschechische Staatspräsident Miloš Zeman in einem Interview mit der Zeitung *Deník,* die Integration bestimmter Flüchtlingsgruppen sei wegen einer »genetischen Abhängigkeit« einfach unmöglich: »Menschen aus Algerien, Libyen oder beispielsweise Mali haben keine Fähigkeit, sich zu adaptieren.« In seiner Weihnachtsansprache bezeichnete Zeman die Flüchtlingswelle als »organisierte Invasion« und setzte hinzu: »Dieses Land ist unser Land, es ist nicht für alle da und kann auch nicht für alle da sein.« Der ungarische Ministerpräsident Viktor Orbán begründete in einem Interview mit der *Welt* im September 2015, warum sein Land die Aufnahme von Flüchtlingen, insbesondere von Muslimen grundsätzlich ablehnt: »Die Christen werden verlieren«, so Orbán, »Muslime legen mehr Gewicht auf Familie, Kinder, Zusammenhalt in der Gemeinschaft. Und deswegen werden sie am Ende mehr sein als wir. Das ist simple Mathematik.« Die Sorge um die europäische Kultur und nationale Identitäten ist absolut in Ordnung in einer christlichen und einer europäischen Wertegemeinschaft, doch diese löst sich in Luft auf, wenn die Sorge, basierend auf perfiden Lügen und rassistischen Vorurteilen, mit menschenverachtender Rhetorik gerechtfertigt wird.

Mit all dem wollen die Islamfeinde der Counterdschihad-Bewegung nichts zu tun haben? Im Frühjahr 2009 schlug der SPD-Abgeordnete Sebastian Edathy vor, dass an Schulen die Vereinbarkeit von Islam und Menschenrechten gelehrt werden solle. Michael Stürzenberger antwortete in einer Polemik auf Politically Incorrect, Edathy halte offenbar die Morde der Islamisten für vereinbar mit den Menschenrechten. Ein Nutzer namens »germantempler« schlussfolgerte: »Okay, recht hat er, fangen wir gleich mit ihm an: Nur ein toter Edathy ist ein guter Edathy.« Durch ihre Wortwahl schürt die islamfeindliche Bewegung seit vielen Jahren den Hass auf andere, ohne dass sie dafür nennenswerte Sanktionen fürchten muss. 2010 lehnte der damalige Bundesinnenminister Thomas de Maizière die Beobachtung von PI durch den Verfassungsschutz ab, da sich die Mehrzahl der »eingestellten Beiträge weiterhin im Bereich der Islamkritik und nicht im Bereich extremistischer Islamfeindlichkeit« bewegten. Was aber ist es, wenn

Michael Stürzenberger den Islam als »Krebsgeschwür« und »jeden Muslim« als »potenziellen Terroristen« bezeichnet? Immerhin wurde er für solche Äußerungen in den Jahren 2014 und 2015 von zwei Gerichten zu Geldstrafen verurteilt. Bei der Verhandlung im österreichischen Graz wurde Stürzenberger wiederholt gefragt, ob für ihn auch die muslimischen Opfer des islamistischen Terrors »potenzielle Terroristen« gewesen seien. Er beharrte darauf, dass er »nichts gegen Muslime als Menschen« habe, doch nur »Tatsachen« vermittle und dabei durchaus »differenziere«. Die Richterin, die ihn dann wegen Hetze verurteilte, wird von den *Salzburger Nachrichten* mit den Worten zitiert: »›Jeder‹ ist keine Differenzierung, ›jeder‹ ist jeder.«

Genau hier liegt das Problem mit den Anhängern der islamfeindlichen Bewegung und all jenen, die ihre Thesen ungeprüft übernehmen. Sie differenzieren nicht, machen keinen Unterschied zwischen Terroristen, die ihre Religion für die Rechtfertigung von Gewalt missbrauchen, und Muslimen, die diesem Terror genauso zum Opfer fallen wie Nichtmuslime. Ein Beispiel. Als die beiden Kouachi-Brüder das Gebäude von *Charlie Hebdo* verließen, in dem sie gerade zwölf Menschen ermordet hatten, da stellte sich ihnen ein Mensch in den Weg, ein Muslim, genau wie sie. Ahmed Merabet war der Sohn algerischer Einwanderer, das vierte von sechs Kindern einer Familie, die im berüchtigten Pariser Vorort Seine-Saint-Denis lebte. Angesichts der Lebensumstände, seiner ethnischen Herkunft und seiner Religion, die er wirklich praktizierte, hätte er nach Ansicht der Islamfeinde eigentlich mit hoher Wahrscheinlichkeit Terrorist werden müssen. Denn Merabet hatte den Koran gelesen und verinnerlicht. Trotzdem stand er an jenem Morgen als Polizist der Französischen Republik vor den Kouachi-Brüdern, die im Übrigen nach Lebensumständen, ethnischem Hintergrund und Religionszugehörigkeit offenbar die Erwartungen der Counterdschihad-Bewegung voll erfüllten – mit einem kleinen Unterschied: Nach Angaben von Bekannten und Verwandten hatten sie beide vom Koran wenig Ahnung, kannten bestenfalls die Auslegungen, mit denen Originalzitate verbogen werden, damit sie sogar zur Rechtfertigung der Ermordung anderer Muslime dienen können. So geschah es. Ahmed Merabet wurde angeschossen. Als er am Boden lag, lief einer der Terroristen auf ihn zu. »Du willst uns töten?«, rief er. »Nein, alles prima, Boss«, stöhnte der 42-jährige schwer verletzte Polizist und hob einen Arm. Dann schoss der eine Muslim dem anderen Muslim aus nächster Nähe in den Kopf. Den gläubigen Muslim, der ermordet wurde, als er das Recht auf Meinungsfreiheit auch derjenigen verteidigte, die für seine Religion nur Hohn und Hetze übrighaben, kann man nicht als Einzelfall wegerklären.

Verrat am Christentum

An dieser Stelle muss ich – ich bitte um Nachsicht – persönlich werden und auch ein wenig mit Religion argumentieren, in diesem Fall meiner eigenen. Ich bin katholischer Christ, einer, der nicht jeden Sonntag in die Kirche rennt, einer, der die Skandale der Kirche, von der Beteiligung und dem Wegschauen bei Völkermord und Folter bis zu der Duldung und Vertuschung sexuellen Missbrauchs, für Verrat am christlichen Glauben hält, und doch einer, der glaubt. Der Begriff Religion kommt von dem lateinischen Wort religare – zurückbinden; gemeint ist die unmittelbare Bindung zwischen einem Menschen und Gott. In diesem Sinne bin ich ein Christ. Kein kultureller, sondern einer, der wirklich glaubt und versucht, danach zu handeln. Deshalb meine Frage: Was, bitte schön, ist an der Hetze gegen eine andere Religion und gegen Menschen anderen Glaubens, Ethnie oder Nationalität christlich? Kulturchristen von der Art des Anders Breivik haben mit dem Christentum genauso viel oder genauso wenig zu tun wie Islamisten mit dem Islam. Mannheimer, Stürzenberger, Herre, Frauke Petry, Bernd Höcke, Beatrix von Storch, Tatjana Festerling und Lutz Bachmann mögen sich vielleicht sogar in bewusster Abgrenzung zum norwegischen »Kreuzritter« für religiöse Christen halten, doch degradieren sie gleichzeitig das Christentum zu genau dem, was in ihren Augen der Islam schon immer war: eine politische Ideologie.

In den Konflikten und Kriegen dieser Welt geben nicht wenige vor, im Namen Gottes zu handeln – egal, ob dieser Gott nun Gott, Jahwe oder Allah genannt wird. Die so etwas tun, wähnen sich im Besitz der absoluten Wahrheit, wie die islamischen Fundamentalisten des IS, der al-Qaida und der Boko Haram. Oder wie der christliche Fundamentalist und Massenmörder Anders Breivik in

Norwegen. Oder die christlichen Milizen, die in der zentralafrikanischen Republik Muslime jagen und töten. Auch auf politischer Ebene gibt es die, die davon überzeugt sind, alles besser zu wissen, die die Konflikte schüren, wie Wladimir Putin, die die Meinungsfreiheit unterdrücken, wie Recep Erdoğan, der auch Sondergefängnisse für Homosexuelle bauen will, oder die die Menschenwürde mit Füßen treten, wie wir alle in der EU, wenn wir tatenlos zusehen, wie Hunderte Flüchtlinge vor Lampedusa ertrinken.

Wie kann das sein? Wie kann es sein, dass 2000 Jahre nach Jesu Geburt so viele Christen – ob nun kulturelle oder religiöse – offenbar denken, er hätte uns aus den Sünden erlöst, damit wir eifrig und ungestraft neue begehen können, die uns dann schon wieder vergeben werden, weil Gottes Liebe zu seinem Geschöpf – zu uns – unendlich ist. Wer das glaubt, der hat die verschlüsselte Botschaft in Geburt, Leben und Tod Jesu nicht entdeckt. Dabei ist der richtige Schlüssel in der Bibel versteckt: Markus 15,37. Der Theologe Rainer Bucher bezeichnet sie als seine Lieblingsstelle: »Jesus aber stieß einen lauten Schrei aus und verschied. Da zerriss der Vorhang des Tempels in zwei Teile, von oben bis unten. Als aber der Hauptmann, der ihm gegenüber dabeistand, ihn so verscheiden sah, sprach er: ›Dieser Mensch war in Wahrheit Gottes Sohn.‹« Ausgerechnet den Mörder Jesu durchfährt die richtige und schreckliche Erkenntnis: Er hat Gott selbst getötet. Gott stirbt mit den Opfern von Willkür und Gewalt. Menschen töten Gott, wo sie sich anmaßen zu entscheiden, wer in Freiheit leben darf, wer diskriminiert und unterdrückt wird, wer leidet und wer stirbt. Wo Menschen die Menschenwürde mit Füßen treten, sich über das Recht erheben, Folter für rechtens erklären und sich selbst für das Maß der Dinge halten. Klingt alles so theologisch, so gar nicht nach Journalist, der das Weltliche beschreibt und bestenfalls auf seine politische und gesellschaftliche Bedeutung hin analysiert. Aber, glauben Sie mir, wer täglich so viel Leid und Schrecken, Lug und Betrug, Zynismus und Verzweiflung im Blick hat, der fragt sich auch mal nach dem Sinn des Ganzen.

Im März 2013 zog sich das Oberhaupt der katholischen Christen, Papst Franziskus, den Zorn der Islamfeinde in Europa und den USA zu. Bei seiner ersten Begegnung mit den Vertretern kirchlicher Gemeinschaften und anderer Religionen behauptete

Franziskus doch tatsächlich, dass Muslime, Christen, Juden und andere ein und denselben Gott haben: »Herzlich begrüße ich Sie alle und danke Ihnen, liebe Freunde, die Sie anderen religiösen Traditionen angehören; vor allem die Muslime, die den einen, lebendigen und barmherzigen Gott anbeten und im Gebet anrufen, und Sie alle. Ich schätze Ihre Anwesenheit sehr: In ihr sehe ich ein greifbares Zeichen des Willens, in der gegenseitigen Achtung und in der Zusammenarbeit für das Gemeinwohl der Menschheit zu wachsen.« O Gott, o Gott – darf der das? Wie kann er es wagen? Ein Shitstorm erhob sich im Internet. Dabei befand sich der Papst mit seiner Äußerung in bester Gesellschaft, nämlich mit Jesus höchstpersönlich, der – so bezeugt es das Matthäusevangelium, Kapitel 25 – einst erklärte, worum es Gott eigentlich geht: Für die Frage, ob wir am Ende aller Tage zu den Gerechten gehören, den Geretteten, ist nicht so wichtig, was wir glauben, sondern was wir getan haben – für die Menschen in dieser Welt. Zitat – ich verkürze das mal: »Wahrlich, ich sage euch, was immer ihr einem dieser meiner geringsten Brüder getan habt, das habt ihr mir getan. Und was immer ihr einem dieser Geringsten nicht getan habt, das habt ihr auch mir nicht getan. Und sie werden hingehen, diese in ewige Pein, die Gerechten aber in das ewige Leben.« Wenn dem so ist, dann beinhaltet das eine Verpflichtung, mindestens für alle Christen. Von diesen tummeln sich viele bei Pegida und AfD.

Ich will an dieser Stelle nicht falsch verstanden werden: Extremismus und Terrorismus müssen wir mit allen Mitteln des Rechtsstaats und – meiner Meinung nach – auch mit militärischen Mitteln bekämpfen. Aber die Angst vor weniger als 0,0075 Prozent der Bevölkerung – den Salafisten – rechtfertigt doch keine Stimmungsmache gegen fünf Prozent der Menschen in unserem Land, also rund vier Millionen Muslime. Die Hetze der islamfeindlichen Bewegung bereitet fruchtbaren Boden für Gewalt, weil viele der Demonstranten offenbar kein Problem damit haben, wenn Aktivisten wie Michael Mannheimer, Tatjana Festerling und andere von der Bühne herab Gewalt rechtfertigen. Es gibt sicher eine ganze Reihe unter ihren Zuhörern, die andere Anliegen haben als den Kampf gegen den Islam, und auch hier will ich nicht falsch verstanden werden: Viele haben sehr verständliche und gerechtfertigte

Anliegen; aber warum machen sie sich gemein mit Menschenverachtung und geistiger Brandstiftung?

Aus den Parolen sprechen Angst, Hass und Gewaltbereitschaft. Die auf der anderen Seite, die Terroristen, hören sich genauso an. Sie nennen sich Kämpfer, in Wirklichkeit sind sie Waschlappen, die kleine Mädchen ermorden und entführen, weil sie Angst vor gebildeten Frauen haben. Sie sind keine Krieger, sondern Menschenverächter, Mörder und erbärmliche Feiglinge. Sie nennen sich wahre Muslime, dabei sind sie in Wirklichkeit gar keine Muslime, weil sie Menschen – vor allem Muslime, aber auch Christen, Jesiden und Juden abschlachten. Männer, Frauen und Kinder. Die, die entkommen, klopfen an unsere Tür – so wie einst übrigens die politischen Flüchtlinge Maria und Josef. Sollen wir wirklich nur jenen helfen und nur jenen Zuflucht gewähren, die keine Muslime sind? Wenn sie Christen sind oder Jesiden, nehmen wir sie. Wenn sie Muslime sind, werden sie aussortiert und zurückgeschickt? Dann sind wir in Deutschland wieder an dem Punkt, an dem Menschen nach ihrer Religion selektiert werden, wie einst an den Rampen von Auschwitz. Was unterscheidet uns dann noch von denen, die sich Gotteskrieger nennen und genau dasselbe tun – nach Religion auswählen, wer leben darf und wer sterben muss. Sind wir zu dumm oder zu feige, der Herausforderung mit unseren Werten, christlichen Werten, zu begegnen?

Da taucht Matthäus 25 wieder auf: Die Tat, das Handeln an Menschen, ist wichtiger als der Glaube. Und der Glaube – das hat Papst Franziskus in einer Frühmesse im Oktober 2013 einmal gesagt – ist immer in Gefahr, zum Dogma zu mutieren, das mit Gott nicht mehr viel zu tun hat: »In den Ideologien ist Jesus nicht enthalten. Jesus ist Zärtlichkeit, Liebe, Sanftmut, wogegen die Ideologien jedweder Einfärbung immer doktrinär sind. Und wenn ein Christ zum Jünger der Ideologie wird, ist er nicht länger Jünger Jesu, sondern Jünger dieser Denkart.« Nur so ist erklärlich, dass sich in der Ukraine Christen gegenseitig Unaussprechliches antun. Weil sie an eine Ideologie glauben. Viele – auch viele Pegida-Anhänger – glauben, dass sie eh schon alles wissen und obendrein alles besser. In unserem Privatleben oder im Beruf, in unserem Umfeld, in der Gesellschaft, der Wirtschaft, der Politik oder gar im Weltmachtstreben berufen wir Menschen uns zu oft auf eine absolute Wahrheit oder gar Gott und verursachen damit Streit, Ungerechtigkeit, Konflikte, Krisen und Kriege. Und genau damit töten wir Gott, wie damals der Hauptmann unter dem Kreuz. Der Theologe Rainer Bucher beschrieb es so: »Wo Gott zur Waffe wird in der Hand der Gläubigen, wo er gewusst wird und geheimnislos, wo er Menschenopfer fordert, ist es nicht der Gott des Jesus von Nazareth, sondern ein Macht-Götze des Menschen – und sei es in der Kirche selbst.« Deshalb sollten wir – jeder für sich, an seinem Platz – dem Krieg, dem Hass und der Angst nicht das Gleiche entgegensetzen, sondern das Gegenteil: den Mut, die Liebe und den Frieden.

Ich höre schon das höhnische »Amen« auf den Internetblogs des Counterdschihad, wenn sie zufällig dieses Buch lesen. »Ein Dhimmi«, werden sie sagen, und damit Dummy meinen. Einer, der bereitwillig den Untergang der eigenen Kultur und das Leben in einem künftig islamischen Staat akzeptiert. In der Geschichte waren die Dhimmis die Nichtmuslime in den Hoheitsgebieten des Islam, die brav ihre Abgaben an den muslimischen Herrscher entrichteten und dennoch rechtlich schlechter gestellt waren als die »wahren Gläubigen«. Aus dieser Vorstellung lässt sich wunderbar ein Schreckensszenario entwerfen, so wie es der französische Autor Michel Houellebecq mit seinem provokanten Buch *Unterwerfung* getan hat. Er zeichnet darin eine Zukunftsvision von Frankreich unter der Herrschaft einer »islamischen Bruderschaft«. Auch die Islamhasser in Deutschland malen die Zukunft unseres Landes in düsteren Farben. Ich will dem ein anderes, helles Bild entgegensetzen. Es wird Kraft kosten, Geld und Mut, aber es wird gelingen, wenn wir nicht zulassen, dass die Gleichmacher und Vereinfacher die Zukunft bestimmen. Denn diese Zukunft ist immer dann besser als früher, wenn wir den Mut haben, sie positiv zu gestalten.

6 Die Zukunft positiv gestalten

Der Terror von Paris und Brüssel, die Flüchtlingsströme in Europa, die Kriege in unserer Nachbarschaft, der Zerfall der europäischen Wertegemeinschaft und die Spaltung unserer Gesellschaften – all das ist nur ein Vorspiel. In Wirklichkeit ist nämlich alles noch viel schlimmer, als verbrecherische Terrorgruppen, rechtsextreme Islamfeinde, paranoide Sicherheitsfanatiker und heillos überforderte Spitzenpolitiker uns glauben machen wollen. Willkommen in den Nebenwirkungen der Globalisierung! Natürlich geht es auch um die Frage, wie wir Zuwanderer bei uns integrieren, aber viel größer und wichtiger ist die andere Frage: Wie integrieren wir uns in eine globalisierte Welt? Obwohl wir noch nicht genau wissen, wie sie aussehen wird, ist eines jetzt schon klar: Wir spielen in ihr keine so dominierende Rolle mehr wie in den vergangenen Jahrzehnten. Mit »wir« meine ich uns Europäer, einschließlich Russland, und die Amerikaner. Das hat nichts mit einer Islamisierung der Welt zu tun, da ein kollektives und intolerantes Verständnis von Religion in einer Welt der individuellen Freiheiten und Entwicklungsmöglichkeiten eh zum Auslaufmodell wird. Ausgangspunkt für einen dringend notwendigen Paradigmenwechsel ist die Bevölkerungsentwicklung auf unserem Planeten.

Im Oktober 2015 saß ich in einem Konferenzsaal in Berlin und lauschte einem Mann, der im Stil eines Fußballkommentators eine animierte Grafik mit lauter Zahlen und Symbolen erklärte: »Indien treibt alle vor sich her. Doch jetzt kommt Brasilien aus der Deckung, setzt zum Überholen an, aber da schiebt sich China gerade noch vorbei, übernimmt die Führung.« Hans Rosling beschreibt die Entwicklung der Lebenserwartung in den Ländern der Erde von 1964 bis heute. In seiner Statistik ist unter anderem die

Zahl der Kinder je Frau eingetragen. Vor Jahrzehnten hatten vor allem Europa und die USA eine hohe Lebenserwartung bei niedriger Geburtenrate. Jetzt trifft das für die überwältigende Mehrheit der Länder zu – inklusive bevölkerungsreicher Staaten wie Bangladesch und Nigeria. Rosling ist Professor für internationales Gesundheitswesen am weltbekannten Karolinska-Institut von Stockholm, das auch die Nobelpreise vergibt. Wie kein Zweiter versteht es der Statistik- und Datenfan, auf internationalen Tagungen demografische und andere Kennzahlen in spannender und mitreißender Form zu analysieren und zu erklären. Seine Kernbotschaft: Die Welt befindet sich grundsätzlich auf einem guten Weg, mit der Chance, alle Menschen innerhalb der nächsten fünfzehn Jahre über die Armutsgrenze von 1,25 Dollar pro Tag zu heben. Und noch eine gute Nachricht verkündet Rosling bei jeder Gelegenheit: Das Wachstum der Weltbevölkerung werde bis zum Jahr 2100 zum Stillstand kommen und sich bei rund zwölf Milliarden Menschen langfristig einpendeln.

Zwölf Milliarden? Sie haben richtig gelesen. Derzeit leben rund sieben Milliarden Menschen auf dieser Erde, davon vier Milliarden in Asien und jeweils eine Milliarde in Europa, Afrika und ganz Amerika (Nord-, Mittel- und Süd-). Bis zum Jahr 2050, so die Berechnungen der Demografieforscher, werden in Afrika und Asien jeweils eine Milliarde Menschen dazukommen, ohne nennenswerte Veränderungen im Rest der Welt. Die Gesamtzahl erhöht sich demnach auf neun Milliarden. Bis zum Jahr 2100 wird die Bevölkerung in Asien noch einmal um eine Milliarde Menschen, in Afrika sogar um bis zu zwei Milliarden zunehmen. Dies geschieht allerdings nicht durch massiv wachsende Geburtenraten. In Asien und Afrika liegt der Anteil der jungen Menschen derzeit noch deutlich über dem der alten. Durch ihr Älterwerden schließen sich, selbst bei stabilen Geburtenraten von 2,2 Kindern pro Familie, die Lücken in den älteren Bevölkerungsschichten. Weil in Afrika die Geburtenraten künftig noch leicht ansteigen, in Asien hingegen deutlich weiter sinken werden, ist der Gesamtzuwachs in Afrika größer, wird aber in 2100 zum Halt kommen, eben weil auch in vielen Ländern Afrikas nicht viel mehr als zwei Kinder pro Familie geboren werden.

Machen wir es noch etwas plastischer: Aus der einen Milliarde

Menschen in Afrika werden in den nächsten 84 Jahren rund vier Milliarden werden, ohne dass dies etwas mit deutlich steigenden Geburtenraten zu tun hätte. Für diese Menschen müssen bis 2100 ausreichend Perspektiven entstehen. Wie soll das gehen? Wer sorgt dafür? Was geschieht, wenn die Welt das nicht schafft? Darüber haben sich führende Experten für Politik, Wirtschaft und Sicherheit den Kopf zerbrochen und eine gemeinsame Prognose unter dem Titel *Global Trends 2030 – Alternative Worlds* erstellt. Sie stützt sich auf Erkenntnisse von Regierungen, Geheimdiensten und unabhängigen Forschungsinstituten. Demnach wird die demografische Entwicklung unsere Zukunft wesentlich mit beeinflussen. Das Älterwerden der Gesellschaften beschreiben die Autoren der Studie als »tektonische Verschiebung für den Westen und die meisten aufstrebenden Länder. Sie werden Mühe haben, ihren Lebensstandard zu halten«. Das gelte besonders für die europäischen Staaten, in denen überalternde Gesellschaften mit schrumpfender Bevölkerungszahl die Sozial- und Wirtschaftssysteme zusammenbrechen lassen. Eine »zunehmende Urbanisierung« werde zwar »wirtschaftliches Wachstum« befeuern, aber »Engpässe bei der Wasser- und Nahrungsmittelversorgung« verursachen. Klimaveränderungen und Wirtschaftskrisen würden eine »globale Migration« über alle Grenzen hinweg verstärken, getrieben aber auch durch die Nachfrage nach Hilfs- und Fachkräften in wirtschaftlich stärkeren Ländern, die wegen der sinkenden Zahl ihrer Einwohner Arbeitskräfte brauchen.

Das Ausbleiben von Perspektiven für die Menschen, davon sind die Experten überzeugt, werde dafür sorgen, dass der Terrorismus uns über viele Jahre weiter begleitet, eben weil er in den Ungleichheiten in der Welt und der persönlichen Wahrnehmung von Benachteiligung seinen fruchtbaren Boden findet: »Die derzeitige islamistische Phase des Terrorismus könnte zwar bis 2030 enden, aber es ist unwahrscheinlich, dass der Terrorismus verschwindet. Viele Staaten könnten aufgrund ihres Gefühls von Unsicherheit weiter Terrorgruppen benutzen, auch wenn der Preis für die Unterstützung des Terrorismus steigt, angesichts einer wachsenden internationalen Zusammenarbeit. Durch den noch weiter verbreiteten Zugang zu tödlichen und zerstörerischen Technologien könnten Einzelpersonen, die beispielsweise Experten für Cyber-

Systeme sind, ihre Dienste an den Meistbietenden verkaufen, einschließlich Terroristen, die weniger auf Massenopfer aus sind als auf möglichst breite wirtschaftliche und finanzielle Zerstörung.«

Wenn die Welt so weitermacht wie bisher, so sehen es die Autoren von *Global Trends 2030*, wird der Geist im Jahr 2030 endgültig aus der Flasche sein. *Gini-out of the Bottle*-Szenario, so nennen sie die »Welt voll von Extremen. In vielen Ländern dominieren die Ungleichheiten und führen zu politischen und sozialen Spannungen. Es gibt klare Gewinner und Verlierer: Ländern im Kern der Eurozone, die global wettbewerbsfähig sind, geht es gut, während Länder am Rand gezwungen sind, die EU zu verlassen. Der EU-Binnenmarkt funktioniert kaum noch. Die USA bleiben die vorherrschende Macht und gewinnen ihre Energieunabhängigkeit. Ohne sich komplett zurückzuziehen, versuchen die Vereinigten Staaten aber nicht mehr, bei jeder Sicherheitsbedrohung den ›Weltpolizisten‹ zu spielen. (...) Viele Energieproduzenten leiden unter den verfallenden Energiepreisen, versagen dabei, ihre Wirtschaft rechzeitig zu diversifizieren, und sind von internen Konflikten bedroht. (...) Das Fehlen des gesellschaftlichen Zusammenhalts daheim spiegelt sich auch auf internationaler Ebene. Die großen Mächte liegen im Streit, das Konfliktrisiko steigt. Mehr Länder scheitern, zum Teil befeuert durch den Mangel an einer internationalen Zusammenarbeit bei der Entwicklungshilfe. Unterm Strich ist die Welt einigermaßen reich, aber viel unsicherer, weil die dunkle Seite der Globalisierung eine wachsende Herausforderung für die nationale und internationale Politik ist.«

Die selbst gemachte Katastrophe

Hm, es scheint, wir stecken schon mittendrin im Szenario für 2030. Und wir tragen zu dieser Entwicklung auch auf eine Art bei, wie wir sie meist gar nicht wahrnehmen, weil die Folgen unseres Handelns nicht transparent sind. Hier ein Beispiel: Wir Europäer essen gern exotischen Fisch. Deshalb fährt die EU-Fischfangflotte vor die Küste Afrikas und fängt dort die Bestände weg. Die örtlichen Fischer haben dann kein Auskommen mehr und können ihre Familien nicht ernähren. Sie sind gezwungen, sich entweder auf den Weg nach Europa zu machen oder sich in die Machenschaften krimineller oder terroristischer Gruppen verwickeln zu lassen. Wenn sie, wie in Ostafrika, Piraten werden, schicken wir schließlich unsere Marine, um die Fischfangflotte zu beschützen. Was für ein Wahnsinn. Was wegen unseres Appetits auf Fisch geschehen kann, ist beim Export billigen Hähnchenfleischs aus der EU nach Afrika längst passiert. Die Geflügelwirtschaft und damit die Lebensgrundlage vieler Menschen wurden in einer ganzen Reihe von Ländern zerstört. Wir verursachen Terrorismus und Flucht durch unser unmittelbares Handeln und bestimmen dadurch auch mit, welche Zukunft für uns alle Wirklichkeit wird. Die Autoren der *Global Trends 2030*-Studie haben insgesamt vier verschiedene Szenarien aufgeschrieben: neben *Gini-out of the Bottle* sind das die Szenarien *Stalled Engines, Nonstate World* und *Fusion*. Am schlimmsten wäre der Totalstillstand der Globalisierung unter der Überschrift *Stalled Engines*. Die USA würden sich isolieren, die EU zerfallen, nationalistische, ja, sogar nativistische Regierungen übernähmen die Führung, also Regime, die jede Einwanderung ablehnen oder Zuwanderer massiv ausgrenzen und benachteiligen; Kriege, vielleicht sogar Weltkriege scheinen wieder möglich. Das andere Extrem, im positiven Bereich, bezeichnen die Experten als *Fusion*-Szenario: Das enge Zusammenwirken zwischen Großmächten wie den USA und China treibt einen kooperativen Weltgeist voran; die Vernetzung durch Technologien trägt zu gemeinsamen Anstrengungen in den Bereichen Politik, Wirtschaft, Sicherheit und Wissenschaft bei, von denen die ganze globalisierte Welt profitiert; die Europäer finden zurück zu Einheit und Gemeinschaft durch eine noch stärkere Integration – politisch, wirtschaftlich und militärisch. Im vierten Szenario, *Nonstate World*, versuchen globale Wirtschaftsunternehmen, Technologie- und Kommunikationskonzerne, Organisationen, Interessengruppen, Wissenschaftler und Verbände, die großen Aufgaben der Zeit zu lösen. Sie verbünden sich mit Regierungen oder geraten mit ihnen in Konflikt. Es ist eine Flickenteppichwelt ohne eine dominierende Macht, aber mit Verlierern und Profiteuren, unter ihnen auch kriminelle und terroristische Netzwerke.

Man kann sich vor den schlimmen Szenarien fürchten und nichts tun – dann haben sie beste Chancen, wahr zu werden. Man kann auf die besten hoffen und nichts tun, dann kommt es genauso dicke. Wer sein Handeln in diesen kommenden Jahren von Angst treiben lässt statt von Mut und Entschlossenheit, führt genau das herbei, was er doch verhindern will. Wie gesagt, die Zukunft wird nur dann besser als früher, wenn wir den Mut haben, sie positiv zu gestalten. Dafür brauchen wir einen Plan – und den gibt es bisher nicht. Natürlich gibt es unterschiedliche Möglichkeiten, solch einen Plan zu entwerfen, um den anstehenden Herausforderungen erfolgreich zu begegnen, und niemand kann für seine Vorschläge oder Konzepte den Anspruch auf Richtigkeit erheben. Entscheidend für die Erfolgsaussichten ist die Herangehensweise. Deshalb schlage ich an dieser Stelle einen kompletten Perspektivwechsel vor, eigentlich sogar einen fundamentalen Paradigmenwechsel.

»Wir müssen uns von der sicherheitsgetriebenen Politik befreien und zurückkehren zu einer menschengetriebenen Politik.« Es ist ein Satz, den ich in der ein oder anderen Form von vielen Gesprächspartnern in den letzten Jahren gehört habe – vom Leiter der jüdischen Gemeinde in Casablanca, vom deutschen Kriminalbeamten in Berlin, vom muslimischen Bürgermeister in Amsterdam, vom Whistleblower aus der amerikanischen NSA, vom Dorfältesten im nordafghanischen Kundus, vom Terrorfahnder in der italienischen Justiz, vom pakistanisch-stämmigen Rapper im englischen Bradford, vom ehemaligen Terrorpropagandisten in Deutschland, vom Sohn eines 9/11-Opfers in New York oder vom Geheimdienstmann in Israel. Es waren nie die höchsten Entscheidungsträger, die so etwas sagten, weil sie zu sehr damit beschäftigt waren, Risiken zu bekämpfen, statt Chancen zu suchen, kurzfristig zu handeln, statt langfristig zu denken. Meine Gesprächspartner standen alle unmittelbar an der Konfrontationslinie in diesem vermeintlichen Kampf der Kulturen, der in Wirklichkeit gar keiner ist und auch keiner werden muss.

So sieht es auch der Mann, von dem der erwähnte Satz stammt, ein Mann, der im wahrsten Sinn des Wortes an der Front gestanden hat und genau deshalb ein radikales Umdenken will. General Asif Yasin Malik kommandierte 150 000 Soldaten im Kampf gegen al-Qaida und Taliban, als ich ihn im Februar 2011 im nordpakistanischen Peschawar traf. Fast täglich starben Männer seines 11. Korps bei Terroranschlägen und Überfällen in der Grenzregion zwischen

Afghanistan und Pakistan. Mitten in der aufgeheizten Kriegsstimmung klang Malik in unserem Gespräch wie ein Philosoph, ein strategischer Denker: »Die globalen Beziehungen sollten auf die Menschen ausgerichtet sein. Und das, was da in Tunesien oder Libyen geschieht, ist ein Anzeichen für diesen Wechsel.« Malik sah in der Entwicklung vor allem eine Chance. In einer Welt, die nicht mehr von militärischer Macht dominiert werde, sondern »von der Fähigkeit, wirtschaftliche Chancen zu schaffen«, könne man auch den eigenen Staat voranbringen, indem man »andere Staaten bei ihrer Entwicklung« unterstütze. Der Blick über den Tellerrand hat das Leben des Generals geprägt. Ein Jahr seiner Ausbildung war er in Deutschland, studiert hat er unter anderem in Washington, gedient auch zwei Jahre in Saudi-Arabien. Ein Jahr nach unserem Gespräch wurde er Pakistans Verteidigungsminister und damit zuständig für die Sicherheit seines ganzen Landes und das Bekämpfen von Risiken. Trotzdem blieb er bei seinem Plädoyer für eine Politik, die sich auf die Menschen konzentriert, weil am Ende genau das dabei herauskommt, was uns allen gemeinsam wichtig ist: Freiheit, Frieden, Wohlstand und – ja – auch Sicherheit.

Wenn wir uns auf die Menschen konzentrieren, entsteht dann wirklich ein konsequentes und kompromissloses Gesamtkonzept im Kampf gegen Extremismus und Terrorismus, mit dem wir die negativen Folgen der Globalisierung abfedern, Chancen für die wachsende Weltbevölkerung schaffen, Konflikte eher verhindern, Kriege mit gemeinsamer Smart Power beenden, Terroristen mit vernetzten Sicherheitsbehörden stoppen, ihre politischen und religiösen Ideologien bloßstellen und zerstören, die notwendige Zuwanderung steuern, Integration in den Bereichen Wohnen, Arbeit, Bildung und Kultur schaffen, die freiheitlich-demokratische Gesellschaft stärken und den fruchtbaren Boden für extremistisches Gedankengut vom Salafismus bis zum Antiislamismus abgraben? Das wäre großartig, aber natürlich sind die folgenden Seiten nicht viel mehr als ein paar Gedanken, basierend auf eigenen Ideen und auf Ideen anderer, die teilweise schon in der Praxis bewiesen haben, dass sie funktionieren können. Abhängig ist das ausschließlich von einem: der Entschlossenheit zum Handeln. Und deren Fehlen beklagen jene am meisten, die uns alle beschützen sollen.

Zeit zum Umdenken

Wer in den letzten Jahren mit Terrorfahndern sprach, der traf auf eine Mischung aus hohem Verantwortungsgefühl und tiefem Frust. Mit aller Kraft gehen die Sicherheitsbehörden jedem Hinweis nach. Keine Warnung wird nicht ernst genommen, mag sie noch so schwer nachprüfbar sein. Gleichzeitig ärgern sich die Ermittler darüber, dass sie eine Bedrohung stoppen sollen, deren Entstehung und Verschärfung andere verschuldet haben, durch Nichtstun. Von den Anschlägen in Paris und Brüssel über die wachsende Gewaltbereitschaft junger Islamisten in Belgien, Deutschland und anderswo bis zu den Terroralarmen in unserem Land: Was Westeuropa gerade erlebe, so formuliert es einer, seien »Buschbrände, die von Politik und Gesellschaft erzeugt werden«. Gemeint ist eine Politik, die der Radikalisierung junger Menschen quer durch Europa fast tatenlos zugesehen hat, indem sie im Anti-Terror-Kampf vor allem auf polizeiliche, nachrichtendienstliche und militärische Mittel setzte, die Prävention aber sträflich vernachlässigte. Nun, so heißt es in Sicherheitskreisen, sei die Zahl der möglichen Mitläufer und Täter zu groß, um sie ständig unter Kontrolle zu haben. Es gebe eine »radikalisierte Jungmännercommunity«, meint ein Sicherheitsbeamter. »Zu erwarten, dass wir all das im Griff haben, ist naiv.«

Immer und immer wieder überprüfen Polizei und Staatsschützer mehr als 1100 Personen in Deutschland, die dem islamistisch-terroristischen Spektrum zugerechnet werden, unter ihnen rund 420 sogenannte Gefährder, die ihre Gewaltbereitschaft bereits bewiesen haben. Die Fahnder stellen die Aufenthaltsorte der Extremisten fest. Ein Teil von ihnen wird rund um die Uhr überwacht, andere werden angesprochen, um ihnen zu signalisieren, dass sie im Visier der Behörden sind, und sie so von der Beteiligung an terroristischen Aktivitäten abzuschrecken. Darüber hinaus werden alle gesammelten Informationen der vergangenen Jahre noch einmal dahingehend überprüft, ob sie vor dem Hintergrund neuer terroristischer Aktivitäten neu bewertet werden müssen. Die Behörden gehen den Spuren mit allen verfügbaren Kräften nach und stehen der Herausforderung aufgrund ihrer Größe dennoch zunehmend »erschöpft und machtlos« gegenüber. Ein Ermittler formuliert drastisch, was viele seiner Kollegen denken: Gewaltbereite Islamisten »schießen wie Pilze aus dem Boden. Dass die Gesellschaft nichts macht, das ist das Problem.« Ähnlich sehen es rund ein Dutzend aktive und ehemalige Mitarbeiter von Sicherheitsbehörden, mit denen ich in den vergangenen Monaten sprechen konnte. Sie freuen sich zwar über die bald bessere finanzielle und personelle Ausstattung ihrer Behörden – vielleicht 1500 mehr BKA-Beamte, 2500 mehr Bundespolizisten und 1000 mehr Verfassungsschützer – beklagen jedoch große Defizite bei der Ursachenbekämpfung: »Das Feuer beginnt ganz woanders. Das beginnt an den Wurzeln der Gesellschaft. Bei den Familien, den Schulen, den Freunden, den Vereinen. Wer soll sich um die Jugendlichen kümmern?«

Es ist keine Kritik an den schon ergriffenen Maßnahmen im Kampf gegen Terroristen, sondern an fehlenden Initiativen im Bereich der Prävention. Notwendig sei ein strategischer Gesamtplan, mit dem unter anderem die Integration von jungen Menschen gelingen könne, die sich von der Gesellschaft entfremdet hätten. Auch im Hinblick auf die große Zahl von Flüchtlingen sei solch ein Konzept unabdingbar, das Integrationswilligen die Chance auf einen bescheidenen Wohlstand eröffne und vor allem jungen Menschen ein Stück Wertschätzung vermittle, wenn sie zu dieser Gesellschaft beitragen wollen. Trotz ihres Frusts über das bisherige Versagen der Politik im Bereich der Prävention sehen viele der Gesprächspartner aus den Sicherheitsbehörden eine realistische Chance, dem Terrorismus mit entschlossenen Vorbeugemaßnahmen das Wasser abzugraben. Einer der Fahnder meint: »Ich bin überzeugt, dass man das schaffen kann.« Aber wie?

»Was ist dein Problem?«, fragt der Mann, der mit dem Gesicht zur Kamera sitzt. Sein Gegenüber wendet uns den Rücken zu, er antwortet nur leise und zögernd: »Ich bin wütend über die Lage in Syrien.« Die Stimme des Fragestellers klingt offen, ohne Vorwurf, wie im Small Talk, als er weiterfragt: »Okay, sagen wir mal, ein paar Soldaten von Assad kämen jetzt in diesen Raum, was würdest du tun?« Einige Sekunden ist es still, dann die Antwort: »Sie vernichten, ihnen die Herzen rausreißen.« Hanif Qadir hat nicht gefragt, warum der junge Mann wütend ist. Schon gar nicht würde er die Schandtaten des Assad-Regimes bestreiten. Man kann und darf wütend sein über die menschenverachtenden Gräuel, die der Diktator durch seine Armee verüben lässt. Qadir kennt diese Wut, diesen Hass und die Überzeugung, nicht länger stillhalten zu dürfen, handeln zu müssen. Denn er ist 2002 selbst von London nach Afghanistan gereist, um dort gemeinsam mit den Taliban Zivilisten vor den Amerikanern zu beschützen – so dachte er damals. Aber er sah, wie die Gotteskrieger im Namen Allahs selbst Zivilisten ermordeten.

Jetzt sitzt Hanif Qadir in einer Turnhalle in London dem jungen Usman gegenüber, der mit dem Gedanken spielt, sich dem IS anzuschließen. Fast väterlich und doch deutlich erklärt er dem 22-Jährigen: »Der Prophet hat uns gelehrt, dass Wut verboten ist. Sie ist nicht Teil des Islam. Sagen wir mal, du fliegst dahin, reißt jemandem das Herz raus und in dem Moment kriegst du einen Kopfschuss und stirbst. Wohin, denkst du, kommst du dann?« Wieder sekundenlang Stille. Qadir setzt nach: »Ins Paradies?« Der junge Mann sitzt zusammengesunken auf seinem Stuhl, schweigt. »Nein«, sagt Qadir, »du gehst direkt in die Hölle.« In den Minuten danach wird er Usman erklären, warum das so ist. Auch warum die Gewalt des IS nicht weniger menschenverachtend und sinnlos ist als die von Assad und seinen Schergen. Menschen verbrennen? Wehrlose von Türmen stürzen? Gefesselte in einem Säurebad töten? Es ist ein beinhartes Gespräch, aber die Chance ist da, zu Usman und anderen durchzudringen, ihnen Wege zu zeigen, wie sie sich politisch engagieren und für die Opfer der Gewalt unmittelbar etwas tun können.

Qadir ist glaubwürdig, auch weil er nicht für die Regierung oder die Sicherheitsbehörden arbeitet, sondern für die Active Change Foundation, die er gegründet hat. Die Stiftung betreibt ein Freizeitcenter für junge Leute. Einige sind aus dem kriminellen Milieu. Hier fällt auf, wenn ihre Ansichten radikaler werden, und hier gibt es Ansprechpartner wie Qadir, mit denen man in einer vertraulichen Atmosphäre reden und streiten kann, weil der Rest der Gesellschaft – Eltern, Lehrer, Schulkameraden – den Konflikten lieber aus dem Weg gehen. Prävention braucht eine Vertrauensbasis, sie ist mühsam, sie konzentriert sich auf den Einzelnen, aber sie lohnt sich, wie das Beispiel Großbritannien zeigt. Es ist kein Zufall, dass hier ständig neue Ideen zur Prävention entstehen, manche besser, manche schlechter. Seit den Anschlägen im Jahr 2005 bekämpft das Land den »hausgemachten Terrorismus«, in dem Hassprediger junge Leute radikalisieren, die sich in der westlichen Gesellschaft als Verlierer und Opfer fühlen und die im Kampf des IS einen gerechten Krieg sehen. In diesen Radikalisierungsprozess greift auch die britische Regierung ein, mithilfe eines gesamtgesellschaftlichen Konzepts zur Deradikalisierung, das den Namen »Channel« trägt.

»Seit 2011 wurden 4000 Menschen für das Programm vorgeschlagen. 400 haben es durchlaufen. Siebzig Prozent von ihnen stellen keinerlei Bedrohung mehr da – für sich oder andere. Wir hören nichts mehr von ihnen. Wir sehen das Programm als wichtigen Erfolg, um Terroranschläge zu verhindern.« Der Stolz schwingt mit in der Stimme von Charles Farr, der zum Zeitpunkt unseres Gesprächs im Sommer 2015 Anti-Terror-Direktor des britischen Innenministeriums war, jetzt ist er der Koordinator aller britischen Geheimdienste. Das Präventionsprogramm Channel involviert die unterschiedlichsten Gruppen in der Gesellschaft. Aus dem Staatshaushalt werden Einrichtungen wie die Active Change Foundation mit ihren Freizeitprogrammen unterstützt. 2015 führte die Regierung allerdings mit einer Novelle des Anti-Terror-Gesetzes zusätzliche, verpflichtende Maßnahmen ein. Seitdem müssen die Stadträte intensiv die Nutzung von städtischen Gebäuden, Computerservern, Freizeiteinrichtungen und anderen Angeboten überprüfen, um den Missbrauch für propagandistische oder radikale Zwecke zu verhindern. In Gefängnissen sollen Neuzugänge nach Möglichkeit getrennt von Insassen aus dem extremistischen Spektrum untergebracht sein, um eine Radikalisierung unmöglich zu machen. An den Schulen sind alle Lehrer aufgefordert, die Schüler vor extremistischem Gedankengut zu bewahren und auf auffälliges Verhalten zu achten. In besonders eklatanten Fällen können sie ihre Schüler an das Channel-Programm melden, bei dem dann individuelle Deradikalisierungspläne entworfen werden, so Charles Farr: »Für jeden Teilnehmer entscheidet ein Gremium, welche Maßnahmen angewendet werden. Zum Beispiel mithilfe unserer Bildungseinrichtungen. Manchmal geht es eher um Unterbringung. Oft geht es aber bei den Eingriffen um theologische Fragen. Dann redet jemand mit ihnen über die theologischen Aspekte ihrer extremistischen Ansichten, fordert sie und ihre Ideologie heraus. Die Berater sind allesamt aus der lokalen Umgebung, nicht aus irgendwelchen Regierungsbehörden.«

Das Programm hat Vor- und Nachteile, die meine Kollegin Homa Khaleeli in einem großartigen Artikel für den *Guardian* im Herbst 2015 beschrieben hat.[29] Nicht staatliche Stellen, sondern gesellschaftliche Gruppen – Schulen, Vereine, Verbände, Unternehmen, Sozialeinrichtungen, Behörden –, aber auch Familie und Freunde werden in das Konzept einbezogen, also all jene, die einem jungen Menschen an den Weggabelungen seines Lebens Rat und Unterstützung geben könnten. Das Programm für die Schulen trägt den Namen »Prevent«, also »Vorbeugen«; dabei geht es um alle Formen des nicht oder noch nicht gewalttätigen Extremismus, auch wenn knapp sechzig Prozent der Fälle den islamistischen Bereich betreffen. Durch die Einbindung lokaler Organisationen sind auch muslimische Verbände und Vereine beteiligt, wie zum Beispiel Inspire, eine Initiative gegen Terrorismus und gegen die Benachteiligung muslimischer Frauen in Großbritannien. Kalsoom Bashir, eine Direktorin des Vereins, erklärt Lehrern in Schnellkursen, an welchen Anzeichen sie eine mögliche Radikalisierung von Schülern bemerken können. Wenn Kinder sich stark zurückziehen, isolieren, aggressiv oder depressiv werden, sich anhören, als würden sie die Überzeugungen anderer nachplappern, ihr Aussehen dramatisch verändern, dann sollen die Erzieher solche Hinweise mit ihren Kollegen, aber ebenso mit den Eltern und dem Schüler selbst besprechen. Wenn sich die Situation nicht lösen lässt, können sie den Jugendlichen an Channel melden. Niemand darf allerdings zu einer Teilnahme an dem Programm gezwungen werden.

Natürlich gibt es auch heftige Kritik an Prevent. Die Lehrergewerkschaft protestierte, man wolle die Erzieher in »Frontlinien-Sturmtruppen« verwandeln, die »lauschen, spionieren und die Behörden informieren«. Im Sommer 2015 kritisierten fast 300 Akademiker, Anwälte und Prominente in einem öffentlichen Brief, die Maßnahmen würden die Gesellschaft spalten und die freie Meinungsäußerung einschränken. Kalsoom Bashir sieht das anders. Jahrelang habe es ausschließlich repressive Maßnahmen gegen Muslime gegeben. Die Polizei habe sie besonders im Visier, in den

Medien würden sie meist runtergemacht, und wenn sich dann junge Menschen radikalisierten, würden die Eltern meist mit dem Problem allein gelassen. Das sei jetzt anders. »Wenn die falschen Vorstellungen erst mal erledigt sind«, so Bashir, »und wenn wir die Lügen und die Hysterie erst mal widerlegt haben, werden sich Eltern sogar von sich aus an Channel wenden.« Die ehemalige Lehrerin verweist gern auf den Fall einer sechzehnjährigen Schülerin in ihrer Klasse, die sich radikalisierte und die Schule abbrechen wollte, um sich dem IS anzuschließen. Erst das Channel-Programm und die langen Gespräche mit einer Islamwissenschaftlerin, die die islamistische Propaganda aus dem Internet widerlegte, brachten das Mädchen zurück aus ihrem Fanatismus. Tatsächlich gibt es viele vergleichbare Fälle, wie den des Islamisten, der von seiner Moscheegemeinde wegen extremistischer Äußerungen an die Behörden gemeldet wurde und an einem Anschlag auf ein Einkaufszentrum in Bristol gehindert werden konnte. Dieser Nutzen des Prevent-Programms lässt sich nicht bestreiten, wie auch die Notwendigkeit der Intervention, angesichts der wachsenden Zahl von Syrienreisenden, unter ihnen sogar Kinder unter vierzehn Jahren.

Aber es gibt auch Fälle von Jugendlichen, die sich nur im Unterricht kritisch zum Syrienkonflikt äußerten, wie den Zwölfjährigen, der sagte, dass die britische Regierung Muslime hasse, oder den Fall des Schülers, der im Physikunterricht beim Thema Atombombe fragte, wie man eine konventionelle Bombe baue. Sie alle wurden ebenfalls an das Channel-Programm gemeldet. Der Ansatz, nicht mehr eine ganze gesellschaftliche Gruppe, sondern einzelne Menschen in den Blick zu nehmen, ist aus meiner Sicht absolut richtig, nicht einverstanden bin ich allerdings mit der Definition von »nicht gewalttätigem Extremismus«. Demnach reicht für eine solche Einstufung eine »Opposition zu fundamentalen britischen Werten, wie Demokratie, Rechtsstaat, individuelle Freiheit, gegenseitiger Respekt und Toleranz gegenüber verschiedenen Glaubensrichtungen und Überzeugungen«. Ich würde das Wort »Opposition« durch den Begriff »Ablehnung« ersetzen. Erst in solchen Fällen halte ich es für gerechtfertigt, dass eine staatliche Institution – das Channel-Programm – aktiviert wird. Denn die Meldung erfolgt in der Regel über die örtliche Polizei, die Daten landen bei unterschiedlichen Sicherheitsbehörden, sodass das Verfahren zu einer Stigmatisierung Einzelner führen kann.

Die weitgefasste Definition ermöglicht Fehler, Missbrauch und Überreaktionen. Letztere sind oft auch eine Folge von Ignoranz und Unwissenheit gegenüber dem Islam. Mohammed Khaliel, der die Polizei in diesen Fragen berät, erzählt von dem Mädchen, das von seiner Schule gemeldet wurde, weil es im Fastenmonat Ramadan ein Kopftuch trug: »Wir mussten denen erklären, dass die Menschen im Ramadan ihre Religion noch strenger praktizieren. Wir leben in einem schönen Land, das sicher bleiben soll, aber dafür müssen die Leute auch zuhören. Ächtet und dämonisiert nicht eine ganze Gemeinschaft.« Kritiker von Prevent fürchten auch um einen anderen Grundwert der britischen Gesellschaft: die Meinungsfreiheit. Manche Schüler trauten sich schon nicht mehr, offen ihre Meinung zu sagen. Lehrer seien zurückhaltend, Verdächtige zu melden, weil dies das Vertrauen und die Glaubwürdigkeit der Erzieher untergrabe. Arun Kundnani, Professor an der New York University, hält das Anti-Extremismus-Programm deshalb sogar für gefährlich: »Das große Risiko ist, dass eine Atmosphäre der Selbstzensur entsteht, in der junge Leute sich in der Schule, im Jugendclub oder in der Moschee nicht mehr trauen, offen zu reden. Wenn sie wütend sind, ein Gefühl von Ungerechtigkeit empfinden, sich aber nirgendwo am demokratischen Prozess und auf friedliche Art engagieren können, dann entsteht das schlimmste Klima und bereitet dies das Feld für die Terrorrekrutierung.«

Lehrer ohne Konzepte

Vor einigen Monaten war ich zu Besuch an einem Gymnasium meiner Heimatstadt Viersen und diskutierte mit Schülern über das Thema Terrorismus. Einer der Jugendlichen fragte mich, warum Deutschland und andere westliche Staaten zwar den Kampf gegen den IS unterstützen, aber nichts gegen das brutale Assad-Regime unternehmen. In der Tat führt ja eine Schwächung des IS gleichzeitig zu einer Stärkung des Despoten. Solche Fragen müssen gestellt, solche Diskussionen offen und auch heftig geführt werden, ohne dass gleich eine Meldung an die Behörden erfolgt. Selbst wenn sich das Handeln des Westens – oder sein Nichthandeln – nicht für jeden überzeugend erklären lässt, kann zumindest vermittelt werden, dass dieser und andere Konflikte sicher nicht durch terroristische Gewalt gelöst werden können. Nur, wie sollen Lehrer damit umgehen, wenn sich das brisante und emotionale Thema durch Ereignisse wie die Terroranschläge von Paris und Brüssel mitten in die Gespräche im Unterricht und auf dem Schulhof drängt? Wie intensiv sollte die Diskussion geführt werden, und auf welcher inhaltlichen Basis? In keinem der Bundesländer ist das Thema »Terrorismus und seine Ursachen« Teil der staatlich vorgegebenen Lehrpläne, trotz der Anschläge, Kriege und gesellschaftlichen Konflikte der vergangenen fünfzehn Jahre. Selbst wenn Lehrer im Rahmen des geringen Prozentanteils für selbst gesetzte Themen im Curriculum das heiße Eisen anpacken wollen, finden sie nirgendwo passende Unterrichtsmaterialien. Ein unverantwortlicher Zustand. Angesichts der Tatsache, dass uns der Terrorismus als dramatische Nebenwirkung der Globalisierung noch über viele Jahre begleiten wird und dass die Zuwanderer in Deutschland an den Geschehnissen in ihren Heimatregionen intensiv Anteil nehmen, ist eine kontinuierliche und fachlich fundierte Auseinandersetzung mit diesen Themen unverzichtbar, gerade und vor allem im Schulunterricht, weil dort die Fragen offen und in einem geschützten Umfeld diskutiert werden können – wenn wir den Mut dazu haben. Haben wir ihn nicht, werden sich Unwissenheit und aufgestaute Wut an anderer Stelle weiter Bahn brechen.

Deshalb hat der Professor für Geografie an der Universität Mainz, Dr. Volker Wilhelmi, ein Experiment gestartet. Er beauftragte seine Lehramtsstudenten, Unterrichtskonzepte und entsprechendes Lehrmaterial zum Thema »Terrorismus und Globalisierung« zu entwerfen. Herausgekommen sind rund ein Dutzend überzeugende Ansätze und handfeste Unterlagen, die im Mai 2016 im Rahmen einer Fortbildung für rund 120 Lehrer aus Rheinland-Pfalz von Wilhelmi und seinem Team vorgestellt wurden. An der Veranstaltung nahmen auch der renommierte Syrienexperte und Leiter des Geografischen Instituts der Uni Mainz, Prof. Dr. Anton Escher, und ich teil, um einige Grundlagen zur Thematik zu vermitteln. Wie wertvoll das für mögliche Diskussionen im Unterricht sein kann, zeigte schon Eschers Vortrag, in dem er die Vorgeschichte des Syrienkriegs beschrieb. Demnach tragen wir Europäer eine Mitschuld an der Destabilisierung des Landes und an dem daraus folgenden Bürgerkrieg. 2004 stimmte Syrien einem Assoziierungsabkommen mit der EU zu, demzufolge das Land als Vorbedingung für eine engere wirtschaftliche und politische Zusammenarbeit mit Europa neoliberale Reformen durchführen sollte. Die Öffnung des syrischen Marktes ging zulasten syrischer Produzenten und Handwerker, das Wettbewerbs- und Anti-Monopol-Gesetz trieb Inflation und Mieten in die Höhe, das Miet- und Immobiliengesetz benachteiligte syrische Mieter, und die Kommerzialisierung des syrischen Gesundheitswesens machte für viele Syrer die medizinische Versorgung, die vorher kostenlos gewesen war, unbezahlbar. Die Folgen waren eine weitere Verarmung der Landbevölkerung und ein Verlust zahlreicher Privilegien für Eliten des Landes. Das Bündnis auf Gegenseitigkeit zwischen den Bürgern in diesem sozialistisch und autokratisch ausgeprägten System und ihrem Despoten platzte. Mit anderen Worten, wir haben den Krieg, den IS-Terror und die Flüchtlingsströme mit erschaffen.

Die vorgelegten Unterrichtskonzepte ermöglichen eine Beschäftigung mit zahlreichen Facetten des Oberthemas. Unter der Frage »Wer schließt sich dem IS an und warum?« können sich Schüler mit den Lebensläufen von vier IS-Anhängern aus Solingen, Freiburg, Bad Homburg und Mönchengladbach auseinandersetzen, unter ihnen Valentina S., die als Achtzehnjährige 2014 nach Syrien ging, um dort für den Islamischen Staat zu kämpfen. In einem weiteren Entwurf werden anhand des Brüsseler Vororts Molenbeek die wirtschaftlichen und sozialen Rahmenbedingungen für die Entstehung terroristischer Strukturen in einer westeuropäischen Großstadt untersucht. Die Schüler sollen sich in unterschiedliche Rollen, zum Beispiel muslimischer Einwohner, Bürgermeister oder Polizist, hineinversetzen und Lösungsvorschläge für die gesellschaftlichen Probleme entwickeln. Überzeugend ist auch der Ansatz für eine englischsprachige Lern-Homepage zur Prävention gegen Terrorismus, die eine interaktive Auseinandersetzung mit dem Thema über Sprach- und Ländergrenzen hinweg ermöglicht und multimediale Kommunikationsformen – Video, Audio, Soziale Medien – einschließt. Auch die Rolle der neuen Medien für die Rekrutierung junger Islamisten wird anhand einer Unterrichtsvorlage intensiv untersucht. Die Schüler sollen die Propagandabotschaften des IS dekonstruieren und eigene Ideen entwickeln, um die Argumentation von einem vermeintlich »gerechten Kampf« ebenfalls multimedial zu widerlegen. Noch nicht ausformuliert, aber dringend notwendig wäre zudem eine Lerneinheit, die sich mit der Frage »Ruft der Koran zum Krieg auf?« und der Umdeutung der Originalsuren durch die wahhabitische Ideologie beschäftigt. Dafür müsste die notwendige Expertise von Islamwissenschaftlern mit eingebracht werden. Durch die Fortbildungsveranstaltung haben nun erstmals Lehrer in Deutschland das notwendige Material, um auf Themen einzugehen, die in der Lebenswirklichkeit und der Gedankenwelt ihrer Schüler aufgrund der Ereignisse der letzten Jahre eine wachsende Rolle spielen. Während Schule und Gesellschaft den Fragen der jungen Menschen meist ausweichen, erreichen islamistische Organisationen über massive Propaganda in Internet und Sozialen Medien unmittelbar die Gedankenwelt potenzieller Rekruten. Das muss sich dringend ändern.

Es ist ein düsteres Video. Ein desillusionierter Kämpfer verzweifelt am Blutrausch des IS. Verletzt sitzt er in einem halb zerstörten Keller, das Blut tropft aus einer Wunde an seinem Arm. Mit zitternder Hand entfaltet er ein zerknittertes blutbespritztes Papier, einen Brief seines Bruders aus Großbritannien, der ihm den ganzen Irrsinn seiner Taten bewusst macht. Beigelegt ist ein Foto der Brüder aus Jugendtagen. »Du warst mal mein Held«, schreibt der daheim. Aber was sei heldenhaft an dem, was der IS-Kämpfer da mache? Dieser Filmclip war bis Ende 2015 wohl das einzige professionell gemachte Video, das sich gegen die Terrorpropaganda richtete. Der IS flutet weitgehend unwidersprochen das Internet und die Sozialen Medien mit seinen Botschaften. Allein durch die Masse – rund 200 000 Einträge pro Tag – sieht alles nach einem siegreichen Vormarsch aus, als wäre da eine riesige Armee, die alles überrollt. Dabei sind viele dieser Erfolgsmeldungen des IS frei erfunden, Teil einer perfiden Strategie, durch Stärke zu faszinieren. Die Bilder suggerieren, dass es ständig neue Kämpfer gibt, neue Helden für den angeblich gerechten Krieg gegen das syrische Assad-Regime, die irakische Regierung und ihre westlichen Verbündeten. In deren Ländern kann jeder über die Sozialen Medien in direkten Kontakt treten mit Kämpfern auf dem Schlachtfeld. Für die Anhänger werden sie zu persönlichen Helden, denen sie folgen wollen, vor allem auf der Suche nach Anerkennung, wie mir Peter Neumann, einer der renommiertesten Terrorismusforscher der Welt, erklärte: »Der Grund, weshalb diese Bilder so stark und so erfolgreich sind, ist, dass sich junge, frustrierte Leute in westlichen Ländern mit den Personen, die sie auf diesen Bildern sehen, identifizieren können. Dass sie sich selbst in diesen Bildern sehen. Dass sie sagen, der ist ja genauso wie ich. Ich sitze hier im Vorort von Paris, werde in Frankreich niemals eine Karriere haben. Aber der Typ, der genauso ist wie ich, der ist da drüben und der ist der Held.«

Neumann ist Direktor des International Centre for the Study of Radicalisation and Political Violence am Londoner King's College. Zusammen mit seinem Team hat er die Lebensläufe von Anhängern der al-Qaida und des IS analysiert, unter ihnen zahlreiche Heimkehrer. Sie haben in Syrien oder Irak gekämpft und sind nach Westeuropa zurückgekehrt, nicht wenige sind – entgegen der Botschaft der Propagandaclips – desillusioniert und traumatisiert von dem, was sie in den Kriegsgebieten erlebt haben, so Neumann: »Viele der Leute, die auf den Bildern unglaublich stark aussehen, und das erfahren wir jetzt mehr und mehr von Aussteigern, haben gar keine so guten Erfahrungen im Islamischen Staat, beschweren sich über vieles. Die Erwartungen werden nicht eingelöst, die Realität ist viel schlimmer, als man sich das je vorgestellt hat. Und das sind die Botschaften, die kommuniziert werden müssen. Es gibt kein direktes Gegenbild, aber man kann die Botschaft, die aus diesen Bildern kommt, schon auseinandernehmen.« Tatsächlich gaukeln die Videos der Terroristen ein angebliches Abenteuer vor. In Wahrheit ist das eine Propagandalüge. Die Kämpfer fühlen sich wichtig, dabei sind sie nur Werkzeuge in einem Machtspiel des IS und werden durch Gewalt enthemmt und entmenschlicht.

Das beschriebene Video mit dem einsamen Kämpfer setzt genau hier an. Finanziert wurde es von der Quilliam-Foundation, einer Stiftung, die Präventions- und Deradikalisierungsprogramme anbietet und von ehemaligen Islamisten gegründet wurde. Es gibt bisher nur wenige solcher Initiativen, da die Arbeit aufwendig und teuer ist. Bisher hatten sich in Europa und den USA staatliche Stellen mehr schlecht als recht um die Gegenpropaganda gekümmert, zumal sie bei jungen Leuten sofort auf Ablehnung stößt, wenn sie als reine Weiterverbreitung von Regierungsmeinung wahrgenommen wird. Deshalb, so meint Peter Neumann, müsse man vor allem private Projekte fördern: »Aufgabe der Regierung müsste es sein, nicht eine eigene Medienkampagne zu entwickeln, sondern sich zu überlegen: Wie können wir dafür sorgen, dass die Leute, die achtzehn, neunzehn sind und die Lust darauf haben, was zu machen im Internet, dass die so was auch machen können. Zum Beispiel durch kleine Zuschüsse, zum Beispiel durch Training, zum Beispiel durch einen Fond, an den man sich wenden kann, wo man Hilfe bekommt, wenn man ein Projekt hat.«

Syrien-Heimkehrer gegen den Terror

Dann könnte es Hunderte oder Tausende eindringlicher Filme geben, um den Mythos vom angeblich gerechten, weltweiten, islamischen Widerstand zu zerstören. Am besten nicht mithilfe von Schauspielern, sondern echten Kriegsheimkehrern, die ihre Geschichte erzählen, als Teil einer Social-Media-Kampagne, gemacht von jungen Leuten, die den IS als feige Mörderbande im menschenverachtenden Blutrausch entlarven wollen. Menschen können andere Menschen leichter deradikalisieren als Behörden, da sie authentischer und glaubwürdiger sind als jede staatliche Bürokratie. So sieht es auch der Beauftragte des US-Präsidenten für den Kampf gegen den IS. Für den ehemaligen General John Allen, mit dem ich Mitte 2015 sprach, sind jene Menschen besonders glaubwürdig, die die Gräuel des IS selbst miterlebt haben: »Wenn ein Kämpfer desillusioniert heimkehrt, kann er von den Schrecken erzählen. Dass es kein islamisches Traumreich ist, sondern ein Albtraum. Die Stimme eines geläuterten Kämpfers ist sehr wirkungsvoll in den Sozialen Medien, zusammen mit Imamen, den Familien und dem Umfeld von denen, die hineingezogen werden. Wenn wir diese Heimkehrer deradikalisieren, rehabilitieren und integrieren, dann können sie am Beginn des Radikalisierungsprozesses von anderen eine wichtige Rolle spielen.«

In den USA ist das seit März 2016 Chefsache. Präsident Obama hat eigens einen Exekutivbefehl erlassen, mit dem er das Global Engagement Center (GEC) einrichten ließ. Dieses soll nicht nur alle öffentlichen Äußerungen der US-Regierung gegen Extremismus und Terrorismus auf allen Plattformen koordinieren, sondern auch alle vorstellbaren Akteure – von öffentlichen Einrichtungen über private Initiativen bis zu einzelnen Aktivisten – logistisch, inhaltlich und finanziell unterstützen, die mit eigenen Argumentationen und medialen Projekten einer Radikalisierung entgegenwirken und die Propaganda der Extremisten entkräften, untergraben und sabotieren. Die staatliche Hilfe soll aber so unsichtbar wie möglich sein, also fast eine geheimdienstliche Kommandoaktion. Wohl deshalb ist ein ehemaliger Soldat der Eliteeinheit Navy SEALs und Koordinator für amerikanische Drohnenangriffe der Direktor des GEC. »Ich will das tun, was wir auch bei Spezialeinsätzen getan haben«, so Michael Lumpkin. »Du brauchst ein Netzwerk, um ein Netzwerk zu besiegen. Deshalb werden wir unsere Nachrichten in Netzwerk-Manier verbreiten.«[30] Lumpkin will keinerlei Spuren hinterlassen bei seiner indirekten Gegenpropaganda, bei der er dieselben Methoden anwendet, nach denen Amazon und Google uns jeweils die Werbebanner anzeigen, die gemäß unserem Browserverlauf unseren Geschmack und unsere Interessen treffen. Er zielt dabei nicht auf eingefleischte IS-Terroristen, sondern auf junge Menschen, die sich offenbar von der IS-Propaganda angesprochen fühlen. Um sie zu erreichen, ahmen die Projekte der GEC die Taktiken der Islamisten nach: »Für gewöhnlich beginnt [die Indoktrinierung] mit Twitter, geht dann zu Facebook, dann zu Instagram, bis sie schließlich bei Telegram oder anderen verschlüsselten 1:1-Gesprächen landet. Die machen es genau wie Amazon. Sie zielen mit ausgewählten Informationen auf Einzelne, je nachdem, wofür die empfänglich sind. Wir müssen dasselbe tun.« Zwanzig Millionen Dollar wird Lumpkin im kommenden Jahr für die Tarnkampagne ausgeben.

Natürlich bringen solche Programme keinen hundertprozentigen Schutz vor Anschlägen. Aber die Anstrengungen für Prävention und Deradikalisierung, die auf einzelne, anfällige Personen und Gruppen in unserer Gesellschaft ausgerichtet sind, senken das Risiko, dass die Terrorszenarien Wirklichkeit werden. Auch in

Deutschland wird das langsam erkannt. Der Vorsitzende des Parlamentarischen Kontrollgremiums, Clemens Binninger, hält solche Initiativen zur Gegenpropaganda unter Beteiligung ehemaliger Islamisten für dringend erforderlich: »Der desillusionierte Rückkehrer kann eine große Wirkung an Prävention entfachen, wenn er eben schildert, dass das alles schlimm war und dass da Verbrechen begangen wurden und dass er sich eigentlich getäuscht fühlt und dass er so etwas nicht mehr machen würde. Er ist authentisch. Ihm würde man es glauben, und deshalb solche Personen zu finden, sie vielleicht auch in ein Aussteigerprogramm zu bringen, überhaupt dazu zu bringen, sich zu äußern, wäre von enormem Gewinn, und da sind wir sicher noch ganz am Anfang.«

Tatsächlich gibt es in Deutschland zwar ein paar Aussteigerprogramme und Projekte zur Deradikalisierung, aber bislang keine Plattform, die den menschenverachtenden Tweets, Posts, Audio- und Videoclips der deutschsprachigen Islamisten intensiv über Internet und Soziale Medien Paroli bietet. Irfan Peci, der ehemalige Islamist und spätere V-Mann des Verfassungsschutzes, bemüht sich seit Monaten um finanzielle und logistische Unterstützung für ein solches Projekt, in dem junge Leute mit modernsten Technologien einen perfekten Gegensturm von Argumenten und Meinungen entfachen könnten. Als Peci noch als Propagandist für al-Qaida arbeitete, da hatte ja der deutsche Bundesnachrichtendienst über einen Mittelsmann in den USA die notwendigen Computerserver zur Verfügung gestellt. Für Präventionsprogramme wäre dieses Geld sicher besser angelegt. Peci war einst genauso naiv und verblendet wie die Sympathisanten des IS heute. Er könne sie etwas lehren, meint er: »Die bilden sich ein, sie retten die muslimische Welt. Aber 99 Prozent der muslimischen Welt stellt sich gegen diese Organisation. Das gibt denen überhaupt nicht zu denken. Wem dienen sie eigentlich, außer sich selbst. Da sieht man den Fanatismus und die Verblendung, dass man da keine klaren Gedanken mehr hat und nur sich und seiner Organisation dient. Eben nicht, wie ursprünglich gewollt, den Muslimen oder allgemein der Menschheit.«

Auch der Vorsitzende des Auswärtigen Ausschusses im Deutschen Bundestag sieht beim Thema Gegenpropaganda größten Nachholbedarf, um die Versäumnisse der vergangenen Jahre auszugleichen. »Wenn man die Politik an ihren Taten misst, dann müsste man sagen, wir haben den Ernst der Lage noch nicht verstanden«, so sagte mir Norbert Röttgen am Rande der Sicherheitskonferenz in München. »Auch bei uns sind marginalisierte, an den Rand gedrängte Menschen, Sunniten, aber auch Konvertiten – das können Nichtgläubige oder Christen gewesen sein – anfällig für diese starke Erlösungsbotschaft. Wir müssen auch im eigenen Land dieses Phänomen ernst nehmen, die wirtschaftlich-soziale Lage, das Gefühl, an den Rand gedrängt zu sein, perspektivlos zu sein, keine Arbeit zu haben. Aber wir müssen auch dem ideologisch-intellektuellen Anspruch mit viel mehr Einsatz begegnen. Es ist wieder ein Beispiel, wo die äußeren und die inneren Herausforderungen gar nicht mehr richtig voneinander zu trennen sind.«

Gemeinsam gegen den Extremismus

Kann man den Sumpf, auf dem der politische Extremismus gedeiht, erfolgreich trockenlegen? Man kann. Im belgischen Mechelen gibt es seit Jahren eine Vorbeugestrategie. Städtische Behörden, Schulen, Verbände, Unternehmen und muslimische Vereine kümmern sich um junge Menschen, die Anzeichen einer Radikalisierung zeigen. Sie bieten ihnen Freizeitmöglichkeiten, vermitteln Ausbildungs- und Arbeitsplätze und streiten mit ihnen um die richtige Auslegung des Koran. Hinzu kommen Nachbarschaftspolizisten, die gefährdete Jugendliche wöchentlich besuchen oder aufs Revier zitieren, nicht um sie zu schikanieren, sondern um mit ihnen ins Gespräch zu kommen über Probleme und mögliche Lösungen. Die zwei wichtigsten Faktoren für den Erfolg: Zum einen geht es nicht um Religionen, sondern um Ideologien, die das friedliche Zusammenleben gefährden. Im Visier sind Neonazis, Linksextremisten und Islamisten gleichermaßen. Deshalb beteiligen sich alle gesellschaftlichen Gruppen – neben muslimischen auch christliche und jüdische – gemeinsam an den Aktivitäten. Zum anderen sendet die Gemeinschaft ein klares Signal, dass ihr die jungen Leute nicht gleichgültig sind. Je früher sie diese Aufmerksamkeit spüren, so meint Mechelens Bürgermeister Bart Somers, desto besser: »Man muss in einer sehr frühen Phase die Menschen finden, die radikalen, extremen Ideen zuneigen. Dann muss man

Personen aus dem Umfeld finden, denen diese Menschen vertrauen und mit denen sie reden. Eine Isolation der Menschen muss verhindert werden. Das funktioniert so ähnlich wie bei einer Sekte, die ja auch versucht, die Opfer zu isolieren, von ihrer Familie abzuschotten. Wir wollen helfen, wieder eine Verbindung zur Gesellschaft herzustellen.«[31] Das Ergebnis: Aus Mechelen ging kein einziger junger Mann, keine einzige junge Frau nach Syrien. Anders als im benachbarten Vilvoorde. Von dort waren bis 2014 allein 28 junge Männer als Kämpfer in den Syrienkrieg gereist. Dann übernahm die Stadt das Konzept von Mechelen. Seitdem ging keiner mehr.

Ähnlich war es in der zweitgrößten Stadt Dänemarks. Nachdem zahlreiche Islamisten aus Aarhus in die Kriegsgebiete verschwunden waren, führte die Stadt ein Programm wie in Mechelen ein. Die Zahlen sanken dramatisch. Die Strategie des »Kümmerns« gilt auch für die Heimkehrer aus Syrien, von denen viele desillusioniert und traumatisiert sind. Sie bekommen eine psychologische Betreuung und die Chance auf eine Re-Integration in Gemeinde und Arbeitsmarkt, sofern sie strikte Auflagen erfüllen. Von städtischen Einrichtungen über Wirtschaftsverbände und Sicherheitsbehörden bis zu den muslimischen Gemeinden sind alle gesellschaftlichen Gruppen an der Anstrengung beteiligt – bisher erfolgreich. In Deutschland gibt es weitgehend bestenfalls Ansätze für solche Projekte, wie zum Beispiel die Ausbildungsplatzgarantie für alle Hauptschulabsolventen in Meckenheim, einer gemeinsamen Initiative von Stadt, Schule und Wirtschaftsunternehmen. Oder die Jugend-Kontakt-Beamten in Bonn, Polizeistreifen, die sich als Ansprechpartner für junge Menschen verstehen. Auch das Präventions- und Deradikalisierungsprogramm »Wegweiser« in Nordrhein-Westfalen zähle ich dazu, obwohl es durch den Bombenanschlag auf eine Hochzeitsgesellschaft in einem Essener Sikh-Tempel am 16. April 2016 in Misskredit geraten ist. Im Fall des Haupttäters Yusuf T. hatten sich polizeilicher Staatsschutz, Lehrer, Sozialarbeiter, Richter, Psychologen und seine Eltern im Rahmen von »Wegweiser« bemüht, ihn von Gewalttakten abzuhalten – vergeblich. Bei seinem Terrorangriff wurden drei Menschen verletzt, einer davon lebensgefährlich. Alle Anstrengungen können die Anschlagsgefahr niemals komplett ausschalten, aber – das zeigen alle Erfahrung – massiv senken. Deshalb lohnen sie sich.

Ich will an dieser Stelle nicht falsch verstanden werden: Es geht nicht darum, die dreisten Herausforderungen durch junge Islamisten oder Kriminelle verständnisvoll hinzunehmen. Es geht auch nicht darum, ihnen auf dem Silbertablett eine sorglose Zukunft und den passenden Job anzubieten. Es geht darum, sie herauszufordern. Wir müssen ihnen mehr Gelegenheiten zum Erfolg verschaffen. Wenn sie die ausschlagen, können sie sich nicht als Opfer inszenieren. Sie sind dann Versager. Gleichzeitig mit den Angeboten müssen wir ihr Engagement mit Auflagen und Druck erzwingen. Wer sich verweigert, kann ebenfalls nicht das Opfer geben. Und wir müssen jeden hart sanktionieren, wenn er es an Respekt gegenüber dem Rechtsstaat fehlen lässt. Darauf komme ich später noch einmal zurück. Keine Unterstützung, keine Verpflichtung und keine Bestrafung – das ist der größte Fehler, den wir zu lange gemacht haben. Ein Signal der Gleichgültigkeit gegenüber jungen Menschen, mit dem wir den Rekrutierern des Extremismus das Geschäft erleichtern.

Überhaupt müssen wir es den Extremisten viel schwerer machen, damit sie sich nicht mehr verschanzen können hinter dem Islam in Deutschland, dessen Anhänger in überwältigender Mehrheit mit der islamistischen Ideologie nichts zu tun haben wollen. Wie machen wir das? Nicht indem wir den Bau von Moscheen, Minaretten oder den Muezzinruf verbieten oder die Religion kurzerhand zur Ideologie erklären. Dies wäre eine schwere Verletzung unserer Verfassung. Der Islam ist eine Religion, und diese ist auf Dauer angelegt. Also sollten wir mithilfe einer Ergänzung des Grundgesetzartikels 140 aus der Kannbestimmung über einen Antrag zur Anerkennung von Religionsgemeinschaften als Körperschaft des öffentlichen Rechts (KdöR) eine Verpflichtung machen. Muslimische Verbände und Gruppierungen würden durch den Statuswechsel auf eine unbedingte Rechtstreue verpflichtet, ohne – und das gilt ebenso für alle anderen Religionsgemeinschaften – dem Staat die Treue schwören zu müssen. Staatstragend, neutral oder staatskritisch, all das ist möglich, nur nicht staatsfeindlich. Denn das wäre – wie jetzt auch schon – ein klarer Rechtsbruch. Nur jene Teile der Scharia, die sich wie einst der Katechismus auf religiöse Abläufe beziehen, nicht aber auf Rechtsfragen aller Art, dürften weiter angewendet werden. Noch mal: Wir hätten mehr Klarheit durch die Verpflichtung auf die unbedingte Rechtstreue, auch wenn das deutsche Recht jetzt schon für alle Menschen in Deutschland gilt, ohne Ansehen der Person, ihrer Religion, ihrer ethnischen Herkunft oder auch anderer Hintergründe. Dies bedeutet, dass bereits jetzt jeder Gesetzesverstoß gegen jeden – Muslim oder Nichtmuslim – geahndet werden muss.

Mit den Pflichten bekommen muslimische Gemeinden in Deutschland dann die gleichen Rechte wie alle Religionsgemeinschaften. Das schließt ausdrücklich die Möglichkeit ein, unter ihren Anhängern eine Steuer zu erheben. Die 4,2 Millionen Muslime in Deutschland könnten sich entscheiden, ob sie die Form ihrer Religion in unserem gemeinsamen Land mitbestimmen wollen oder nicht. Je mehr der Körperschaft beitreten, desto mehr werden die extremistischen Gruppen innerhalb der bisherigen muslimischen Verbände marginalisiert. Zur Erinnerung: Die Verbände vertreten derzeit nur zehn Prozent der Muslime in Deutschland. Eine deutsche islamische KdöR könnte ja die guten Vorschläge des Vorsitzenden des Zentralrats der Muslime, Aiman Mazyek, aufgreifen: Sektenbeauftragte in den muslimischen Gemeinden, die gegen extremistisches Gedankengut vorgehen; eine bessere Verzahnung der Jugendarbeit mit der Jugendarbeit anderer Religionen, dem Christen- und Judentum; eine Ausbildung der Vorstände und Imame der Moscheevereine mithilfe der staatlichen Institute für politische Bildung inklusive Vergabe eines Staatskundenachweises. Am wichtigsten wäre es aber, einen breiten Konsens unter den Muslimen in Deutschland über einen Punkt herzustellen: Salafismus und Wahhabismus sind eine Verfälschung des Islam, die mit dem deutschen Recht nicht vereinbar ist. Mir ist bewusst, dass dies alles erst einmal eine Wunschliste ist, deren Umsetzung von den 4,15 Millionen nicht islamististischen Muslimen in Deutschland abhängt. Auf die Unterstützung der restlichen 50 000, also nur ein Prozent der Gesamtzahl, kann man nicht hoffen, sie sind Islamisten, unter ihnen 8700 Salafisten, darunter 500 Personen, die auch zu terroristischer Gewalt bereit sind.

Mit aller Härte des Gesetzes

Auf die Islamisten jedoch muss aus meiner Sicht der Druck erhöht werden, indem schlicht und ergreifend der § 130 Strafgesetzbuch konsequent angewendet wird. Dort steht in Absatz 1: »Wer in einer Weise, die geeignet ist, den öffentlichen Frieden zu stören, 1. gegen eine nationale, rassische, religiöse oder durch ihre ethnische Herkunft bestimmte Gruppe, gegen Teile der Bevölkerung oder gegen einen Einzelnen wegen seiner Zugehörigkeit zu einer vorbezeichneten Gruppe oder zu einem Teil der Bevölkerung zum Hass aufstachelt, zu Gewalt- oder Willkürmaßnahmen auffordert oder 2. die Menschenwürde anderer dadurch angreift, dass er eine vorbezeichnete Gruppe, Teile der Bevölkerung oder einen Einzelnen wegen seiner Zugehörigkeit zu einer vorbezeichneten Gruppe oder zu einem Teil der Bevölkerung beschimpft, böswillig verächtlich macht oder verleumdet, wird mit Freiheitsstrafe von drei Monaten bis zu fünf Jahren bestraft.« Klarer geht es kaum. Hassprediger, Internethetzer, Verbreiter von gewaltverherrlichenden, herabsetzenden und menschenverachtenden Materialien – da haben wir überhaupt keine Lücke – könnten bestraft werden. Es fehlt am Umsetzungswillen: Wer Zeuge solcher Straftaten ist, soll und muss sie anzeigen. Das gilt für jeden Einwohner in diesem Land, nicht nur, aber auch für Glaubensbrüder in den muslimischen Gemeinden. Da, wo die Salafisten sich harmlos geben und in Wirklichkeit Kontakte knüpfen, um die Indoktrinierung bei einem späteren Treffen oder durch Kommunikation per Twitter, WhatsApp oder Telegram fortzusetzen, bedarf es couragierter Bürger und kenntnisreicher Aktivisten, die gleich neben den Koranverteilungsständen der »Lies!«-Aktion in deutschen Innenstädten gegenhalten. Warum sollten nicht Muslime und Nichtmuslime gemeinsam gegen die Extremisten und die Radikalisierung junger Menschen vorgehen? In Mechelen, Aarhus, London und anderen Städten geht das doch auch. Es ist beschämend, sich zurückzulehnen und die Polizei, die Sicherheitsbehörden oder nur die Muslime in der Pflicht zur Verteidigung unseres Rechtsstaats zu sehen.

Parallel dazu müsste die Bundesregierung gegen die Finanzierung von radikalen und extremistischen Gruppen sowie Moscheen in Deutschland mit Geldern aus dem Ausland vorgehen.

Dabei könnte die Regierung Saudi-Arabiens sogar hilfreich sein. In einer Reihe von Fällen haben sich salafistische Muslime von hier an reiche Gönner im Golfstaat und an dessen Herrscherfamilie gewandt, um Spenden für den Bau von Gebetshäusern zu erhalten. Die saudische Botschaft in Berlin hat sich daraufhin nach den Erkenntnissen deutscher Sicherheitsbehörden über die Bittsteller erkundigt. Bei Hinweisen auf extremistische Umtriebe könnte die Zahlung verhindert werden. In der Vergangenheit verweigerten die deutschen Ermittler jedoch solche Informationen aus Misstrauen gegenüber den saudischen Gesprächspartnern. Aber wenn Saudi-Arabien es tatsächlich mal ernst damit meint, im Kampf gegen die Ausbreitung extremistischen Gedankenguts mitzuwirken, findet sich dann nicht doch ein Weg, die Geldflüsse zu stoppen?

Ein hartes und gesamtgesellschaftliches Vorgehen ist gegenüber allen Formen des Extremismus notwendig. Islamgegner werden ebenfalls zu Extremisten, wenn sie verfassungswidrige Forderungen aufstellen und unter Berufung auf das Widerstandsrecht nach Artikel 20 Grundgesetz zum bewaffneten Kampf und zum Umsturz der Regierung aufrufen. Auch gegen sie ist der § 130 Strafgesetzbuch kompromisslos anzuwenden. Es ist grob verharmlosend, ihre Worte und ihr Verhalten in der öffentlichen Debatte als »kontrovers«, »umstritten« oder »systemkritisch« zu bezeichnen, wenn sie in Wirklichkeit »volksverhetzend«, »rassistisch« und »verfassungsfeindlich« sind. Derselbe Maßstab muss für beide Lager gelten, die uns einen Kampf der Kulturen einreden und aufzwingen wollen. Unbedingt gehört dazu die Auseinandersetzung in der Sache, die Entlarvung ihrer Propagandalügen. Eine Islamisierung, wie von Pegida und AfD behauptet, gibt es nicht und wird es nicht geben. Wenn AfD-Chefin Petry sagt, dass »mehr als die Hälfte der Muslime im Zweifel der Scharia den Vorrang vor dem jeweiligen Landesrecht geben«, dann bezieht sie sich vermutlich auf eine internationale Studie, nach der mehr als fünfzig Prozent der Muslime weltweit die Scharia vorziehen würde. Dieser Anteil basiert aber vor allem auf Ländern wie Pakistan, Palästina oder Senegal. In Deutschland liegt der Anteil zwischen ein und zwei Prozent. Selbst in einem so islamischen Land wie der Türkei sind nur dreizehn Prozent der Bevölkerung für eine strikte Anwendung der islamischen Vorschriften. Im Vergleich zu 2012 ist der Anteil derer, die gar keine Rolle für die Scharia im türkischen Recht wollen, sogar deutlich gestiegen, von 27 auf 36 Prozent. Die AfD-Chefin macht Stimmung mit Zahlen, die für Deutschland und für das Ursprungsland seiner größten muslimischen Minderheit, eben die Türken, keinerlei Relevanz haben. Es ist wohl kein Zufall, dass Frauke Petry bei ihren Auftritten in Fernsehtalkshows deutlich mehr falsche Behauptungen aufstellt als andere Politiker. Das fanden Volontäre der Kölner Journalistenschule (KJS) heraus, die den Wahrheitsgehalt in insgesamt 351 Aussagen von sieben Spitzenpolitikern in den TV-Sendungen von Dezember 2015 bis März 2016 überprüften.[32] Demnach waren von Petrys untersuchten Behauptungen 28,9 Prozent falsch oder überwiegend falsch. Deutlich hinter ihr lagen der CSU-Mann Markus Söder mit 21,9 Prozent sowie Katrin Göring-Eckardt (Grüne) und Katja Kipping (Linke) mit je 15,9 Prozent.

Auch im Umgang mit der islamfeindlichen Bewegung bedarf es der couragierten Zivilgesellschaft, die die Werte der freiheitlichen Demokratie verteidigt, zum Beispiel durch die offene Konfrontation der Büchsenspanner mit Fakten oder durch Strafanzeigen gegen alle Äußerungen, die den § 130 StGB verletzen. Islamhass sollte ein Preisschild bekommen, für einen Satz wie »Scheißmuslims, geht zurück in euer Land« zum Beispiel 130 Tagessätze à zwanzig Euro, also 2600 Euro – so hat es ein deutsches Gericht entschieden.

Bundespräsident Joachim Gauck hat sich in dieser Frage bei seiner Rede zum Verfassungstag am 23. Mai 2016 sehr eindeutig positioniert: »Die Toleranz des demokratischen Verfassungsstaates endet dort, wo zu Hass und Gewalt aufgestachelt wird. Mit Verfassungsfeinden, also Menschen, die den Verfassungsstaat in seinen Kernbestandteilen ändern oder abschaffen wollen, gibt es keine gemeinsame Gesprächsgrundlage.« Gauck nannte bei seinem Auftritt vor 750 Kommunalpolitikern in Berlin zwar keine konkreten Adressaten. Aber die Anhänger der islamfeindlichen Counterdschihad-Bewegung bei Pegida, Politically Incorrect und in Teilen der AfD dürfen sich sicher angespochen fühlen, wenn der Präsident »diese Menschen« sagt, die verfassungsfeindlich handeln und niemals zur Mehrheit würden: »Es ist wirklichkeitsfern, ja lächerlich«, so Gauck, »wenn sich ihre Sprecher anmaßen, den Willen des Volkes zu repräsentieren.« Für die überwältigende Mehrheit der Muslime in Deutschland ist dies ihr Land, ihre Heimat geworden, zu deren Wohlergehen sie wirtschaftlich, politisch und kulturell erheblich beitragen. Sie gehören zu Deutschland, und nach unserem Grundgesetz gehört deshalb auch ihre Religion, der Islam, zu Deutschland. Nicht bei allen hat es geklappt mit der Integration, aber doch bei den allermeisten. Gleiches gilt im Übrigen für andere Minderheiten in dieser Republik. In den kommenden Jahren ist die Herausforderung angesichts der Flüchtlingszahlen noch um einiges größer; umso dringlicher ist ein Gesamtkonzept für die Integration. Denn obwohl die Flüchtlinge selbst zunächst einmal nichts mit Terrorismus zu tun haben, könnten manche von ihnen mittelfristig für extremistisches Gedankengut anfällig werden, wenn sie und ihre Kinder nicht Teil unserer Gesellschaft werden und unsere Heimat nicht gleichzeitig auch ihre Heimat wird. Wir müssen mindestens die notwendigen Rahmenbedingungen schaffen, die eine gelungene Integration überhaupt erst ermöglichen. Ich komme gleich noch auf die Frage zurück, wie wir Zuwanderung steuern und regulieren können, will aber zunächst anhand des Managements der Flüchtlingsströme von 2015/16 zeigen, wie viel erreicht werden kann, wenn man sich einer scheinbar überwältigenden Herausforderung mit neuen, kreativen Ideen und großer Entschlossenheit stellt, statt all seine Energie in eine destruktive Antihaltung zu stecken.

Nicht reden, machen!

»Wir sind hier in Deutschland nicht korrupt, wir sind hervorragend ausgebildet, wir sind sehr gut organisiert, aber dass wir solch ein Chaos hatten, fand ich richtig peinlich für die Bundesrepublik.« So formulierte es Roland Schäfer, der Präsident des Deutschen Städte- und Gemeindebundes, bei der Sitzung des Hauptausschusses Ende Mai 2016 in Norderstedt bei Hamburg. Es sei ausschließlich der unermüdlichen Arbeit der hauptamtlichen Mitarbeiter in den Verwaltungen und den unzähligen freiwilligen Helfern im Land zu verdanken, dass Deutschland die Aufnahme von mehr als einer Million Menschen geschafft habe. Tatsächlich ist der Kraftakt des Jahres 2015 ein Paradebeispiel dafür, dass eine Aufgabe bisher ungekannter Größe neuer Regeln, Strukturen und Workflows bedarf, um mit ihr fertigzuwerden. Fast fünfzehn Monate werden wir seit der politisch gewagten Grenzöffnung im September 2015 gebraucht haben, um die Defizite in Bezug auf eine klare Ordnung, rechtsstaatliche Abläufe und transparente, zügige Verfahren weitgehend auszugleichen. Dann ist die deutsche Bürokratie in der Lage, gegebenenfalls rund 500 000 neue Fälle pro Jahr zu bearbeiten. Die alten Kapazitäten reichten nur für 170 000 Fälle jährlich.

Während Flüchtlings- und Asylgegner in Deutschland protestierten und agitierten, suchten die Politik und staatliche Behörden Lösungen für die drängendsten Probleme und setzten zahlreiche kreative Ideen in die Tat um. Wer jetzt neu als Flüchtling oder Zuwanderer nach Deutschland kommt, der wird nicht mehr viermal, sondern nur noch einmal registriert und erkennungsdienstlich behandelt. Er durchläuft in den Ankunftszentren mithilfe von Bundespolizei, Ärzten und Anhörungspersonal ein Schnellverfahren, das in knapp der Hälfte der Fälle innerhalb einer Woche abgeschlossen ist. Bei diesem Personenkreis handelt es sich um Zuwanderer aus sicheren Herkunftsländern, die zügig zurückgeführt werden könnten, oder um Personen, bei denen das Schutzbedürfnis als Flüchtling offensichtlich ist. Während es in der Vergangenheit allein schon wegen des Mangels an Dolmetschern manchmal Wartezeiten von sechs Monaten gab, stehen nun Übersetzer per Skype zur Verfügung. Sprachproben der Antragsteller werden als Audiodatei an das Bundessprachenamt der Bundeswehr geschickt, um dort zu überprüfen, ob der Flüchtling wirklich aus der Region oder dem Land stammt, das er bei seiner Befragung angegeben hat.

Parallel dazu mussten die Behörden die Ankömmlinge aus dem Jahr 2015 »abarbeiten«. Es handelte sich um insgesamt 1,2 Millionen Menschen, 55 Prozent von ihnen gelten als schutzwürdig, das sind 660 000, der Rest, also 540 000, sind nicht bleibeberechtigt. Sie müssten das Land eigentlich verlassen, doch für die Rückführung oder Abschiebung gibt es in jedem Bundesland eigene Regeln. Diese unterschiedlichen Regeln machten es dem Bundesamt für Migration und Flüchtlinge (BAMF) schwer, einen Gesamtüberblick über die Lage zu bekommen. Die Bundespolizei hatte vielen Flüchtlingen bei ihrer Erstregistrierung den Pass abgenommen. Die Menschen wurden dann zu den Aufnahmestellen der Bundesländer geschickt, viele kamen dort jedoch nie an, weil sie lieber zu Verwandten in anderen Regionen Deutschlands reisten. Einige Bundesländer entließen Asylbewerber sehr schnell in die Obhut von Verwandten, ohne deren Anschriften zu speichern. Trotzdem ist Frank Weise, der neben dem BAMF auch die Bundesagentur für Arbeit leitet, fest davon überzeugt, dass es so gut wie »keine Menschen gibt, die überhaupt nicht erfasst wurden, weil sich wohl alle wegen der staatlichen Unterstützungsleistungen gemeldet« hätten. Bei der Tagung des Städte- und Gemeindebundes erzählte er von kleinen mobilen Teams der Bundeswehr, die bis zum Jahresende 2016 die Fingerabdrücke aller Zuwanderer sammeln würden. Bis dahin sollen alle auch einen einheitlichen Ausweis haben. Normalerweise hätte es für die Auftragsvergabe für mehr als eine Million Ausweise ein europäisches Ausschreibungsverfahren geben müssen, das in der Regel zwei Jahre dauert. »Da haben wir uns daran erinnert«, so Behördenchef Weise, »dass wir ja eine eigene Bundesdruckerei haben. Also haben wir die alten Maschinen rausgeholt und angefangen zu drucken.« Um die Verfahren zu beschleunigen und die anderen Mitarbeiter zu entlasten, wurden Weise mehr als 5000 zusätzliche Stellen bewilligt. Doch ein Teil des Personalrats blockierte die Einstellung neuer Mitarbeiter, weil die Leitung des BAMF die Jobs im Schnellverfahren vergeben wollte. Tatsächlich war es ein Verstoß gegen die Mitbestimmungspflicht, den Personalrat nicht an den Entscheidungen zu beteiligen. Weise forderte daraufhin angesichts der Dringlichkeit und Größe der Aufgabe eine Ausnahmeregelung. »Wir müssen«, so Weise vor dem Städte- und Gemeindebund, »die Verfahren infrage stellen, nicht aber die Qualitätsstandards.« Das ist ein Satz, der auch für die langfristigeren Integrationskonzepte als Motto dienen könnte.

Nicht zuletzt wegen der engen Verbindung zur Bundesagentur für Arbeit werden jetzt schon bei den Asylverfahren Weichen gestellt, um die Zuwanderer möglichst schnell in den deutschen Arbeitsmarkt zu integrieren, denn siebzig Prozent der Neuankömmlinge sind erwerbsfähig, sechzig Prozent haben bereits in Berufen gearbeitet, fünfzig Prozent sind unter dreißig Jahre alt. Sie sind ein wertvolles Potenzial für die deutsche Wirtschaft, die in den kommenden Jahrzehnten wegen der Überalterung unserer Gesellschaft dringend Arbeitskräfte braucht. Oft wird behauptet, dass achtzig Prozent der Zuwanderer ungebildet und nicht qualifiziert seien. Das BAMF hat da andere Erfahrungen gemacht. Insbesondere Flüchtlinge aus Syrien und Irak hätten Berufserfahrung und eine ordentliche Grundbildung, nicht zuletzt, weil in diesen Ländern bis zum Kriegsbeginn 98 Prozent der Kinder und Jugendlichen die Schule besucht haben. Wegen der Verständigungsschwierigkeiten setzt die Asylbehörde ein Computerprogramm ein, das den Flüchtlingen Fotos von Berufswerkzeugen – von Hammer und Nägeln bis zu komplexen Maschinen und Labormikroskopen – vorführt, mit deren Hilfe sie dann Hinweise auf ihre berufliche Qualifikation und handwerkliche Begabungen geben können. In Zusammenarbeit mit der Helmholtz-Gesellschaft werden hoch qualifizierte Fachkräfte identifiziert und an Max-Planck- und Leibniz-Institute zum Beispiel an der Universität Saarbrücken weitervermittelt. »Wenn wir nur zehn Prozent finden können«, so Weise, »die dann nicht als Physiker Taxi fahren müssen, dann haben wir einiges für das Land beigetragen.«

BAMF und Bundesagentur bieten Kombikurse an, in denen Integrationsunterricht mit der Vermittlung der deutschen Sprache und deutscher Werte sowie Erprobungsphasen in Unternehmen miteinander verbunden werden. Die Kurse zielen auf Männer und Frauen gleichermaßen, Letzteren wird mit einer Betreuung für ihre Kinder die Teilnahme erleichtert. Derzeit werden solche Kurse für 40 000 Menschen angeboten, die Zahl kann auf bis zu 150 000 erhöht werden. Behördenchef Weise plädiert für flexible Lösungen in allen Bereichen. Die Erfahrungen zeigen, dass die Zuwanderer in den Sprachkursen das Lesen und das Sprechen deutlich schneller und besser erlernen als das Schreiben. Deshalb solle man bei Prüfungen in der Schul- und Berufsausbildung auf die Schriftform zunächst verzichten, die Absolventen aber dazu verpflichten, den schriftlichen Qualifikationsnachweis später nachzuliefern. Auch bei der Verteilung der Flüchtlinge in Deutschland müsse von den bisherigen Regeln abgewichen werden. Eine dauerhafte Ansiedlung in städtischen Regionen statt in ländlichen beschleunige in der Regel die Integration. Und diese gelinge am besten, das zeigten Umfragen zu Positivbeispielen in anderen Ländern, wenn die Zuwanderer eine Chance auf eine berufliche Selbstständigkeit bekämen.

Klare Regeln sind unverzichtbar

Gemessen an diesen ersten Erkenntnissen schafft das neue Integrationsgesetz in Deutschland zwar einige wichtige Grundlagen, geht jedoch längst nicht weit genug. Ich will das anhand von Beispielen aus anderen Ländern deutlich machen, aber hier zunächst einmal die Kernpunkte des Gesetzes. Grundsätzlich wird allen Asylbewerbern und Geduldeten der Zugang zur Arbeit erleichtert: Da, wo es eine niedrige Arbeitslosigkeit gibt, muss der Arbeitgeber nicht mehr vorrangig einen deutschen Bewerber einstellen. Leiharbeit ist erlaubt. Auch wer älter als 21 Jahre ist, darf, anders als bisher, eine Ausbildung beginnen, und jeder Azubi hat für drei Jahre ein sicheres Aufenthaltsrecht. Abbrecher können allerdings abgeschoben werden. Findet ein Zuwanderer nach der Ausbildung einen Arbeitsplatz, darf er zwei weitere Jahre bleiben. Wer nicht übernommen wird, muss innerhalb von sechs Monaten einen Job finden, sonst erlischt der Aufenthaltsstatus. Eine Kurzzeithilfe ist die Finanzierung von 100 000 »Flüchtlingsintegrationsmaßnahmen«, bei denen Asylbewerber und Geduldete für wenig Geld in Flüchtlingsunterkünften Hilfsdienste wie Essensausgabe oder Reinigungsarbeiten übernehmen können. Zuwanderer, die mit hoher Wahrscheinlichkeit langfristig bleiben dürfen, weil sie aus Kriegsgebieten wie Syrien und Irak stammen, bekommen künftig schon nach drei Monaten zusätzliche Sozialleistungen, Geduldete erst nach zwölf Monaten. Für jeden Flüchtling gleichermaßen gibt es den Asylbewerberleistungssatz in Höhe von 361 Euro. Die Unterbringung ist kostenlos. Wer die Regeln verletzt, zum Beispiel bei den Integrationskursen schwänzt oder sie abbricht, bekommt weniger Geld.

Der Staat schreibt den Flüchtlingen unabhängig von ihrem Status für bis zu drei Jahren vor, wo sie in Deutschland wohnen müssen oder nicht wohnen dürfen. Letzteres »insbesondere, wenn zu erwarten ist, dass der Ausländer Deutsch dort nicht als wesentliche Verkehrssprache nutzen wird«, so heißt es im Gesetz. Auf diese Weise soll verhindert werden, dass vor allem in Großstädten, in denen viele Zuwanderer familiäre Kontakte haben, soziale Brennpunkte entstehen oder die Situation dort noch verschärft wird. Ausnahmen bei der Wohnortpflicht gibt es nur für Flüchtlinge, die an einem bestimmten Ort selbst Arbeit gefunden haben oder wenn ein engstes Familienmitglied mit seinem Arbeitsplatz mindestens 712 Euro pro Monat verdient. Die grundsätzliche Erlaubnis, sich hier dauerhaft niederzulassen, können besonders gut integrierte Flüchtlinge nach drei Jahren beantragen, wenn sie eine »weit überwiegende Lebensunterhaltssicherung« nachweisen und eine Sprachprüfung für Fortgeschrittene bestehen, wie sie auch an deutschen Universitäten verlangt wird. Wer nur einen »überwiegenden« Unterhalt und deutlich geringere Sprachkenntnisse vorweisen kann, darf sich erst nach fünf Jahren um die Niederlassungserlaubnis bemühen. Integrationskurse beinhalten neben dem Sprachteil eine Orientierung zu deutschen Werten und umfassen hundert statt bisher sechzig Stunden. Eine Teilnahme ist Pflicht, die innerhalb von einem Jahr wahrgenommen werden muss.

Die Regeln sind klar, konsequent und kompromisslos und werden ob ihrer Härte von Flüchtlingshilfe- und Wohlfahrtsverbänden in Teilen heftig kritisiert. Tatsächlich ermöglichen sie Förderung, fordern gleichzeitig das Engagement zur Integration und sanktionieren jeden Verstoß. Dennoch sind sie nur ein winziger Anfang für das Mammutprojekt Integration, das eines Gesamtkonzepts bedarf, nicht der kleinstaaterischen Wurstelei im deutschen Föderalismus und im Dickicht der konkurrierenden und oft nicht miteinander koordinierenden Ressorts in den Regierungen. Wie könnte so etwas aussehen? Der kanadische Journalist und Zuwanderungsexperte Doug Saunders hat seit Jahren aus der Analyse von internationalen Studien, aktuellen Modellprojekten, politischen Zuwanderungskonzepten, empirischen Berechnungen und historischen Erfahrungen der vergangenen hundert Jahre ein Grundraster für diesen Masterplan entwickelt.[33]

Angesichts der demografischen Entwicklungen fordert er zunächst einmal die gezielte Steuerung und Regulierung der Zuwanderung, wie sie für eine überalternde Gesellschaft in den nächsten Jahrzehnten gebraucht wird, mithilfe eines Einwanderungsgesetzes. Dieses müsse in eine europäische Einwanderungspolitik eingebettet sein, die den politisch Verfolgten weiterhin ein Grundrecht auf Asyl gewährt, bei den Wirtschaftsflüchtlingen aber gezielt begrenzt und auswählt. Um den Druck aus wirtschaftlich schwachen Regionen abzufedern, bedürfe es außerdem der Möglichkeit der zeitlich befristeten Aufenthalts- und Arbeitserlaubnis für die Europäische Union. So etwas gab es bis Anfang der Neunzigerjahre. Damals konnten Menschen aus Afrika und Asien für ein bis zwei Jahre in der EU arbeiten, Geld an ihre Familien in der Heimat schicken und dann dorthin zurückkehren. Danach könnte ein anderes Familienmitglied kommen. Die Form der legalen Zuwanderung auf Zeit diente als eine Art Ventil für den Migrationsdruck.

Als die EU im Zuge der Osterweiterung den befristeten Arbeitsaufenthalt abschaffte, wurde Zuwanderung zu einer »Alles oder nichts«-Option: Wer in die EU hineinwollte, musste heimlich kommen und im Untergrund leben. Damit haben wir die Schlepperbanden und illegale, kriminelle Subkulturen in Europa regelrecht erschaffen. Ich halte die Wiedereinführung einer Aufenthalts- und Arbeitserlaubnis, die auf ein oder zwei Jahre begrenzt wird, für eine grandiose Idee. Die Anträge dafür und für politisches Asyl in der EU könnten in Antragszentren, den sogenannten Hotspots, in Nordafrika gestellt werden. Wer einreisen darf, muss nicht die gefährliche Fahrt mit Schleusern über das Mittelmeer antreten, sondern kann mit Flugzeug oder Fähre nach Europa reisen und wird dort nach einem noch zu vereinbarenden Schlüssel verteilt. Das wäre eine menschenwürdige und menschenorientierte Zuwanderungspolitik.

Genauso müsste die Integration derer angegangen werden, die als poltische Flüchtlinge kommen und dauerhaft bleiben wollen und dürfen. Die Attentäter von Paris und Brüssel waren klassische Fälle einer gescheiterten Integration. Junge Männer, die in Westeuropa aufgewachsen sind, die Schule abgebrochen haben, tief in Drogenkriminalität und Organisiertem Verbrechen verstrickt waren – die also aus Milieus stammen, die für bestimmte Orte und Gebiete innerhalb unserer Staaten typisch geworden sind, wie Molenbeek in Belgien, Paris-Saint-Denis in Frankreich, Bradford in Großbritannien oder – zumindest ansatzweise – Bonn-Tannenbusch oder Duisburg-Marxloh. Vor diesem Hintergrund schlägt Saunders, der im Auftrag der Bertelsmann-Stiftung, der Weltbank und weiterer Organisationen an einer Studie arbeitet, eine neue Strategie für die Integration vor. Nach dieser sollte Zuwanderung nicht nur als Wanderungsbewegung auf der Suche nach Arbeit gesehen werden. Der Erfolg von Zuwanderern sei auch und vor allem »eine mächtige Form der internationalen Entwicklung und eine Möglichkeit, große internationale Probleme zu entschärfen. Zuwanderung als Chance, weniger als Risiko.« Damit dies gelingt, müssen die notwendigen Voraussetzungen geschaffen werden, die über die ersten Schritte nach dem Eintreffen der Flüchtlinge oder Zuwanderer hinausgehen. Saunders benutzt dafür das Bild einer Leiter, deren erste Sprosse die Neuankömmlinge meist gern und mit großem Engagement erklimmen. »Aber die Gefahr ist«, so der Kollege, »dass bei dieser Leiter die zweite oder dritte Stufe fehlt. Dann fehlen denen, die sich die Grundlage für eine Integration hart erarbeitet haben, die Chancen, ihre Familien zu einem echten Teil der Gesellschaft, des Bildungs- und des Wirtschaftssystems zu machen.« Um dies zu ermöglichen, müssen einige Barrieren eingerissen werden, an denen Integration scheitern kann und in Fällen wie Molenbeek auch gescheitert ist.

Wie Integration gelingen kann

Insgesamt identifizieren die Experten vier Kategorien von Barrieren, die erste davon sind die »physischen Barrieren«. Die Überlegungen gehen davon aus, dass die Isolierung von Zuwanderern eine Eingliederung in die Gesellschaft massiv erschwert. Also müssten die Asylbewerber da untergebracht werden, wo sie einerseits unmittelbar in Kontakt mit der »einheimischen« Bevölkerung kommen können, andererseits mit Menschen ihres ethnischen Hintergrunds, die schon länger im Land leben. Deren Unterstützung aufgrund ihrer Erfahrungen mit dem »Ankommen« beschleunigt den Integrationsprozess und verhindert eine Isolierung. Es ist ein Balanceakt, denn die Lebenssituation muss das Zusammentreffen und den Austausch zwischen Mehrheitsgesellschaft und Minderheitsgruppen möglich machen. Ideal sind dafür Gegenden, die durch das Nahverkehrsnetz und mithilfe städtebaulicher Maßnahmen eng mit anderen Vierteln verbunden sind. Bus- und Bahnlinien, ein Fahrradwegnetz, stadtteilübergreifende Fußgängerzonen – all das trägt dazu bei, dass Arbeitsleben und Freizeitgestaltung von Menschen in einer Stadt das Zusammengehörigkeitsgefühl ermöglichen. Saunders nennt dafür einige Positivbeispiele, wie das Viertel Nou Barris in Barcelona, in dem zwischen den Wohnkomplexen Einkaufszentren, Restaurants und Kulturstätten entstanden sind, die auch Einwohner anderer Bezirke in die einstigen Wohngettos locken, was wiederum durch neu geschaffene Bahnstationen erleichtert wird. Auf ähnliche Weise ist es auch dem Amsterdamer Stadtteil Bijlmermeer gelungen, den Abstieg zum sozialen Brennpunkt zu stoppen und zu einem In-Viertel des abendlichen kulturellen Austauschs zu werden.

Städtische Behörden können solch eine positive Entwicklung noch unterstützen, indem sie Touristenströme nicht fernhalten, sondern geradezu in die multiethnischen Viertel lenken, in denen man eine vielfältige Musik-, Kunst- und Restaurantszene findet. Geld für ein paar Verschönerungsmaßnahmen, Wegweiser und Stadtpläne für die Touristen, eine gute Verkehrsanbindung, kleine und große Straßenfeste, ein eingängiger Name für das Viertel und ein paar Werbemaßnahmen, so schreibt Saunders, »und schon kann sich ein verlorenes Zuwandererviertel in einen Tummelplatz für Menschen verwandeln«. Auch die Förderung von Eigentum spielt dabei eine wichtige Rolle. In Brüssel kaufen örtliche Verbände Grundstücke, bauen Wohnkomplexe und verkaufen die Appartments leicht unter dem Marktwert und mithilfe besonders gestalteter Bankkredite an Zuwanderer, die sich dann viel intensiver um die Weiterentwicklung ihres Stadtteils bemühen, als es vielleicht Mieter tun würden.

Die zweite Kategorie von Integrationshindernissen sind die »institutionellen Barrieren«. Es geht einerseits um den Zugang zu Gesundheits- und Sozialfürsorge unseres Staates, andererseits, und das ist für die Integration noch viel wichtiger, um die Anerkennung von Bildungs- und Berufsausbildungsabschlüssen. Die Maßnahmen der Bundesanstalt für Arbeit zur Förderung vorhandener beruflicher Fähigkeiten, die ich ja bereits beschrieben habe, fallen in diesen Bereich. Wie aber können Kinder so in unser Bildungssystem eingefädelt werden, dass sie langfristig erfolgreich zu dieser Gesellschaft beitragen können? Ein Positivbeispiel ist die Schweiz mit ihrer QUIMS-Initiative (QUIMS steht für »Qualität in multikulturellen Schulen«). Diese werden mitten in sozialen Brennpunkten etabliert und sind mit mehr Lehrpersonal ausgestattet als andere Schulen. Die Klassen sind zwar meist größer als bei uns in Deutschland, aber der Unterricht wird jeweils von mehreren Lehrern gestaltet und bezieht die Perspektiven der unterschiedlichen ethnischen Hintergründe der Schüler mit ein. Vielfalt wird als Bereicherung erlebt. Kinder, die sich schwertun, egal ob aus Zuwandererfamilien oder nicht, bekommen zusätzlichen Förderunterricht. Die Qualität dieser Schulen ist so hoch, dass sie wie ein Magnet auch Schüler aus anderen Stadtvierteln und anderen gesellschaftlichen Schichten anziehen und so den kulturellen Austausch befeuern. Dem steht die junge Generation übrigens sehr offen gegenüber, wie eine Untersuchung an drei Schulen in Rheinland-Pfalz zeigt. Die Studie erkundete das Interesse von Schülern an interkulturellem Lernen. Bewusst hatte man dafür drei Schulen mit sehr unterschiedlichen Anteilen von Schülern mit Migrationshintergrund ausgewählt: eine Schule mit einem sehr hohen Anteil in Ludwigshafen, eine mit einem mittelhohen Anteil in Mainz und schließlich, mit einem sehr niedrigen Anteil, eine Schule in Alzey. Und trotzdem war das Interesse an einem besseren Verständnis des anderen durch emotionale Nähe, Begegnung, Werteverständnis und durch den Vergleich kultureller Gemeinsamkeiten und Unterschiede bei den Schülern aller drei Schulen nahezu gleich hoch.

Um ähnliche Konzepte wie in der Schweiz auch in Deutschland voranzutreiben, müssten natürlich entsprechende Gelder zur Verfügung gestellt werden. Dringender Handlungsbedarf besteht schon bei den Inhalten der Schulbücher, wie eine Studie der Beauftragten für Migration, Flüchtlinge und Integration aus dem Jahr 2015 ergab.[34] Demnach gebe es eine »Notwendigkeit, diversitätssensible Schulbücher und andere Bildungsmedien zu produzieren, die (migrationsbedingte) Vielfalt als Normalität widerspiegeln und deren Chancen für die Gesellschaft in den Mittelpunkt stellen. Da die Schulbuchproduktion die Vorgaben der Curricula umsetzt, sind zum einen die Lehrplankommissionen der Länder und zum anderen die Bildungsmedienverlage aufgefordert, die Themen Migration und Integration in ausgewogener und multiperspektivischer Weise aufzugreifen und darzustellen.« Ein schöner Wunsch, der angesichts der föderalen Strukturen in unserem Bildungswesen und knapper Landeshaushalte wenig Chancen auf schnelle Verwirklichung hat. An dieser Stelle sei mir ein klares Wort erlaubt: Es gibt nichts Wichtigeres für die Zukunft eines Landes als die Bildung der nachwachsenden Generationen. Trotzdem erlauben wir uns ein Bildungssystem, in dem Strategie und Qualität, obwohl sie langfristig und nachhaltig angelegt sein müssten, der kurzfristigen Verwirklichung politisch-ideologischer Interessen und deren manchmal willkürlichen und menschenfernen Kehrtwenden unterworfen sind – und Kinder und Jugendliche zum Spielball schnell wechselnder Mehrheits- und Koalitionsverhältnisse in den Bundesländern werden. Mit Verlaub, Bildung ist eine nationale Aufgabe und sollte nicht das Spielzeug einer Kleinstaaterei sein, die zumindest in dieser Frage nicht in eine globalisierte Welt passt.

Auch bei der dritten Kategorie der Integrationshindernisse, den »wirtschaftlichen Barrieren«, müsste es in Deutschland einen Willen zur Veränderung von Strukturen und Regeln geben, damit wirtschaftliche Perspektiven entstehen. Durch eine Lockerung städteplanerischer Vorschriften beispielsweise könnten – auch in Wohngegenden – kleine Ladengeschäfte, Handwerksbetriebe, Imbissbuden und Straßenstände eröffnet werden. Gerade uns Deutschen fällt das Aufweichen von Regeln und Vorschriften sicher nicht leicht, aber wenn wir darauf bestehen, dass beispielsweise ein Kleingeschäft eine teure Klimaanlage vorweisen muss, behindert das eine Entwicklung, die eigentlich der Gesellschaft langfristig dient. Warum nicht die Auflagen eine Zeit lang aussetzen, damit Perspektiven entstehen und mit ihnen der Wunsch und die Mithilfe von Anwohnern und Geschäftsinhabern, ihr lebendiges, pulsierendes Viertel von Kriminellen frei zu halten? Solche Stadtteile bieten mehr Sicherheit und mehr Chancen und verhindern damit die Entstehung von Kriminalität und extremistischem Gedankengut, das zeigen Beispiele wie die amerikanische Ostküstenmetropole Boston mit ihrem »Back Streets«-Programm. In den Nebenstraßen und Hinterhöfen durften kleine improvisierte

Märkte entstehen, die auch Käufer aus anderen Stadtgebieten anlocken. Zahlreiche Auflagen wurden gelockert. Damit hat auch die kanadische Stadt Toronto gute Erfahrungen gemacht und darüber hinaus weitere Ideen verwirklicht, um Niedrigqualifizierte für den Einstieg in den Arbeitsmarkt zu ertüchtigen. Im Thorncliffe-Park-Viertel gibt es einen »Trainings-Supermarkt«, in dem junge Zuwanderer die unterschiedlichsten Tätigkeiten von der Lagerhaltung bis zum Management erlernen können.

Bei der vierten und letzten Barriere geht es um die Teilhabe an allen Rechten und Pflichten in der neuen Heimat. Dazu gehört auch die Frage der Staatsbürgerschaft, die wir in Deutschland schon längst hätten klären sollen, statt Millionen von »Gastarbeitern« aus der Türkei und anderen Ländern als eine Art Bürger zweiter Klasse zu sehen. Natürlich könnten viele der Flüchtlinge in ihr Ursprungsland zurückgehen, sobald die Konflikte dort beendet wären, aber ein großer Teil wird bleiben, wenn sie und ihre Kinder sich hier Perspektiven erarbeiten können. Neben dem Zugang zum Arbeitsmarkt ist auch die Möglichkeit einer Beteiligung an politischen Entscheidungen auf lokaler, regionaler und nationaler Ebene ein Anreiz für eine tiefe Integration und den Erwerb der deutschen Staatsbürgerschaft. Ganz besonders, um Letztere, aber auch schon um das Bleiberecht in Deutschland zu bekommen, müssen Zuwanderer die Verpflichtung auf die freiheitlich-demokratische Grundordnung, das deutsche Rechtssystem und die Werte in einer aufgeklärten Gesellschaft, in der alle Menschen gleichberechtigt sind, akzeptieren. Dieser Respekt kann aber nur entstehen, wenn wir im Umgang mit Flüchtlingen, mit Asylbewerbern, mit Zuwanderern mit unterschiedlichstem religiösen, ethnischen und kulturellen Hintergrund genau diese Prinzipien auch anwenden. Dazu gehört das Ende des Geredes von »Parallelgesellschaften«, die angeblich in vielen Ecken unseres Landes entstanden sein sollen. Das Schlagwort suggeriert, dass da Menschen leben, die lieber nach rückschrittlichen religiösen und kulturellen Traditionen und isoliert von allen anderen neben uns her leben wollen. Das ist Blödsinn. Fast alle Menschen mit Migrationshintergrund in Deutschland wollen wie der Rest der Gesellschaft ein modernes, vielfältiges, chancenreiches, sorgenfreies, individuell bestimmtes und wirtschaftlich abgesichertes Leben. Wer das aus

eigenem Verschulden und auch aufgrund fehlender Entwicklungsmöglichkeiten nicht hinbekommt, wird nicht Teil einer »Parallelgesellschaft«, sondern in der Regel eher zum Kriminellen. Es ist
kein Zufall, dass die meisten Extremisten vorher geklaut, betrogen,
gedealt, gekokst, gesoffen, geprügelt oder gar gemordet haben. Der
Verlust des Anstands und des Respekts vor anderen führt schnell
zu Verbrechen und Gewalt. Der schlimmste Brandbeschleuniger
ist dabei die persönliche Wahrnehmung des Täters von einer
Gleichgültigkeit der Gesellschaft ihm gegenüber. Wenn weder der
Staat noch seine Mitbürger ihm Grenzen aufzeigen.

7 Was wir noch tun müssen

Prävention muss höchste Priorität haben, aber ohne Härte geht es auch nicht. Denn ohne sie wird es nicht gelingen, die innen- und außenpolitischen Herausforderungen zu bestehen. Die Abwehr von Gefahren sowie der Schutz unseres Landes und seiner Bürger sind Aufgaben von Polizei, Nachrichtendiensten und Militär, nicht aber von Bürgerwehren oder selbst ernannten Verteidigern des Abendlandes. Das Gewaltmonopol muss beim Staat bleiben. Doch die, die es ausüben, brauchen die Hilfe dieses Staates, das gehört ebenfalls zu einer menschenorientierten, besseren Strategie gegen Extremismus und Terrorismus. Auch hier müssen Strukturen, Regeln und Ressourcen entsprechend angepasst werden.

Die Silvesternacht von Köln und ähnliche Vorfälle sind das Ergebnis einer Politik, die den Warnungen von Lehrern, Polizisten und Sozialbeamten nicht zugehört hat. Fehlender Wille und fehlende Ressourcen haben dazu beigetragen, dass sich vor allem Jugendliche aus Nordafrika oder vom Balkan – aus Marokko, Tunesien, Algerien, Rumänien und dem Kosovo – zu Banden zusammengeschlossen haben. Allein in Düsseldorf, so fand ein Analyseteam der Polizei 2014 heraus, gab es 2244 Verdächtige in Diebesbanden, die meisten von ihnen Marokkaner unter dreißig Jahren. Die dreisten Täter verschaffen sich nicht nur Geld, sondern suchen damit auch Anerkennung unter ihresgleichen, weil sie in Deutschland nur geduldet sind und in den bürokratischen Verfahren der Asylpolitik festhängen. Das entschuldigt sie nicht im Geringsten. Aber es zeigt, wie dringend wir es bei allen Zuwanderern besser machen müssen. In Bremen gibt es eine Gruppe von fünfzig minderjährigen, unbegleiteten Flüchtlingen aus Marokko und Algerien, die in einer Asylunterkunft leben und rund um den Hauptbahnhof regelmäßig auf Beutezug gehen. Jeder der Jugendlichen hat innerhalb eines Jahres zwischen elf und 54 Straftaten begangen.

Das sind alarmierende Zahlen, aber sie lassen keine Rückschlüsse auf alle anderen Flüchtlinge zu. Nach der Kriminalstatistik des Bundeskriminalamts gibt es unter Flüchtlingen keinen höheren Anteil an Kriminellen als im Rest der Bevölkerung. Aber die Beispiele Köln, Düsseldorf und Bremen reflektieren indes die Zurückhaltung einer Justiz, die auch aufgrund politischer Einstellungen nicht die »volle Härte des Rechtsstaats« anwendet, von der Politiker gern reden. Gefängnisstrafen können eine Antwort sein, aber sicher nicht die einzige. Sanktionen müssen besonders für junge Straftäter auch mit der Eröffnung von Perspektiven nach Verbüßung der Strafe verbunden sein. Täter, die gleich wieder freikommen, lachen über diesen Papiertiger-Rechtsstaat und über die Polizisten, an denen trotz viel zu knapper Ressourcen die Aufgabe hängen bleibt, mit den kriminellen Banden fertigzuwerden, aus denen – das lehrt die Erfahrung der vergangenen Jahre – sehr schnell extremistische Strukturen oder gar Terroristen erwachsen können.

Diesen sollen die Beamten dann mit unzulänglicher Ausrüstung und Ausbildung gegenübertreten, um sie an der Ausführung ihrer Mordtaten zu hindern. Auch das hat übrigens sehr viel mit deutscher Kleinstaaterei zu tun. Polizei ist in Deutschland Ländersache, sodass es von den politischen Prioritäten und den verfügbaren Haushaltsmitteln abhängt, wie schlecht oder wie gut das Leben der Polizisten geschützt ist, wenn sie sich für den Staat in Gefahr begeben. In einigen Bundesländern gibt es Schutzwesten und Helme, die Kalaschnikowkugeln widerstehen, in anderen nicht – aus Spargründen. Man mag viel Verständnis für die verschiedenen länderpolizeilichen Strukturen haben, für unterschiedliche Standards beim Schutz des Lebens der Mitarbeiter fehlt mir hingegen jedes Verständnis.

Das gilt ebenso für einen Grundsatz im deutschen Rechtssystem, das sogenannte Trennungsgebot. Demnach sollen die Aufgaben der Polizei strikt getrennt sein von der Aufklärung extremistischer Aktivitäten durch die deutschen Nachrichtendienste. Dieses Gebot basiert auf den Erfahrungen des Naziregimes, dessen Unterdrückungs- und Mordapparat 1939 durch die Zusammenlegung von Polizeien und Geheimdiensten im Reichssicherheitshauptamt wesentlich mit befördert wurde. In einer seit Jahrzehnten stabilen Demokratie wie der Bundesrepublik, in der eine strenge parlamentarische und öffentliche Kontrolle möglich ist und derzeit sogar noch weiter verbessert wird, ist eine engere Vernetzung der Sicherheitsbehörden sicherlich keine Gefahr für unser Staatsgefüge, angesichts der Bedrohung durch den Terrorismus aber dringend erforderlich. Es geht nicht um eine Verschmelzung von Polizei und Nachrichtendiensten, sondern um einen kompletten Informationsaustausch zu Erkenntnissen in Kriminalitätsfeldern wie zum Beispiel Terrorismus und Organisiertes Verbrechen, die die Sicherheit Deutschlands massiv gefährden. Andere Staaten – Frankreich, Österreich, die Schweiz, die USA, Dänemark und Schweden – kennen kein Trennungsgebot. Nach den Anschlägen vom Juli 2005 hat Großbritannien die Trennwände zwischen Polizeibehörden und den In- und Auslandsgeheimdiensten eingerissen und gemeinsame Ermittlungseinheiten geschaffen. Dies hat erheblich dazu beigetragen, dass es seit damals keine großen Terroranschläge auf der britischen Insel gab.

Rechtlich gesehen müsste man das Trennungsgebot in Deutschland nicht einmal aufheben. Es steht nämlich nirgendwo festgeschrieben. Im Grundgesetz werden die jeweiligen Behörden mit ihren Aufgaben zwar genannt, ohne aber ihre Zusammenarbeit einzuschränken. Und das Bundesverfassungsgericht erwähnt zwar in einzelnen Urteilen das Trennungsgebot, das sich aus dem Rechtsstaats- und dem Bundesstaatprinzip sowie dem Schutz der Grundrechte herleiten lasse, macht jedoch darauf aufmerksam, dass das Rechtsstaatsprinzip auch dem Wandel der Zeiten und Erfordernisse unterliegt. Tatsächlich gibt es in Deutschland bereits eine Einrichtung, in der das Trennungsgebot längst aufgeweicht ist: das Gemeinsame Terror-Abwehr-Zentrum (GTAZ) in Berlin. Dort arbeiten über 200 Beamte aus vierzig Behörden: Bundeskriminalamt, Verfassungsschutz, Zollkriminalamt, Militärischer Abschirmdienst, Landeskriminalämter und Landesämter für Verfassungsschutz, Bundespolizei, Bundesamt für Migration und Flüchtlinge und Bundesanwaltschaft; der Bundesnachrichtendienst ist nur mittelbar dabei. Die Ermittler tauschen Erkenntnisse aus und haben Zugriff auf die »Antiterrordatei«, aus der mithilfe von Suchanfragen Datensätze über Terrorverdächtige abgerufen werden können, die bei den Einzelbehörden vorliegen. Doch was auf Bundesebene zum Teil vorhanden ist, muss es auch auf regionaler Ebene geben: einen intensiven Austausch zwischen Polizei und Nachrichtendiensten und deren – allerdings eng begrenzte – Zusammenarbeit mit Sozialbehörden, Schulen und städtischen Einrichtungen in den – streng geregelten – Einzelfällen, wo radikalisierte junge Menschen in den Mittelpunkt von Präventions- und Deradikalisierungsprogrammen rücken. Nur solch eine menschenzentrierte Vorgehensweise hat die entsprechenden Erfolge in Staaten wie Großbritannien und Dänemark ermöglicht.

Auch auf internationaler Ebene darf es eigentlich nicht anders sein. Doch der Informationsaustausch läuft trotz der Terroranschläge von Paris und Brüssel und trotz all der vollmundigen Ankündigungen der Politik weiterhin schleppend. Interpol im französischen Lyon gibt wichtige Informationen über die Vernetzung von Organisiertem Verbrechen und Terrorismus an alle Staaten weiter, erhält jedoch auf viele Anfragen keine Antworten. Europol soll die Anstrengungen der polizeilichen Terrorismusbekämpfung in Straßburg bündeln, bekommt aber von einer Reihe von Mitgliedsstaaten entweder gar keine oder zumindest keine nachrichtendienstlichen Informationen. Diese sollen in der neuen Counter Terrorism Group (CTG), der Koordinierungsstelle für die Nachrichtendienste der EU-Staaten in Den Haag, zusammenlaufen. Aber westeuropäische Länder trauen osteuropäischen Ländern nicht und tauschen nur im Bedarfsfall bilateral Daten aus. Das sogenannte Intelligence Center in Brüssel (IntCen) führt Terrorismuserkenntnisse aus den Mitgliedsstaaten in strategischen Analysen zusammen, kennt aber längst nicht alle Details. Ein hochrangiger Beamter einer dieser Behörden sagte mir, dass es eine »institutionelle Trägheit« gebe. Die nationalstaatlichen Behörden setzen den politisch erklärten Willen nicht um, solange es keine konkreten Befehle dafür gebe. Es überwiege »das Misstrauen untereinander und der Drang der nationalen Behörden, nur bilateral Informationen auszutauschen«. Man teile nur mit Partnerländern, die vielleicht ebenfalls von der Gewalt »betroffen sein« könnten. An einige Staaten gebe man auch deshalb keine Informationen weiter, weil in ihnen »Korruption zwischen Sicherheitsbehörden, Politik und organisiertem Verbrechen« vermutet werde. Ein Beispiel für die Zurückhaltung seien die »Hinweise, dass es weitere Anschläge in diesem Jahr geben könnte, sowohl mit konventionellen Mitteln als auch möglicherweise mit chemischen Kampfstoffen«. Es lägen zwar »keine konkreten Hinweise auf den Transport von chemischen Kampfstoffen nach Westeuropa« vor, aber es seien andere »Spuren« vorhanden, die allerdings nicht offen und detailliert zwischen allen EU-Staaten ausgetauscht würden. Besorgniserregend? In der Tat. Frankreich hat im Vorfeld der Fußball-Europameisterschaft längst nicht alle Erkenntnisse mit seinen »Partnern« geteilt. Es scheint fast, als würde die Zusammenarbeit national und international erst dann besser laufen, wenn Europa noch mehr und schlimmere Terrorangriffe erlebt. Auch in Deutschland, so sagte mir ein europäischer Ermittler, würden die »Grenzen zwischen Innenbehörden, Ausländerbehörden und den Nachrichtendiensten erst dann eingerissen« werden, wenn es »einen großen Anschlag in Deutschland« gebe.

Alle Daten in einem Topf

Immerhin existiert eine Art Fahrplan für die Zusammenführung aller sicherheitsrelevanten Datenbanken innerhalb der Europäischen Union. Im Entwurf der EU-Ratspräsidentschaft vom 20. Mai 2016 heißt es: »Im Zusammenhang mit einer operativen Zusammenarbeit – ein komplexes Thema – ist eine einheitliche Such-Schnittstelle [für die Datenbanken] von größter Wichtigkeit. Dies sollte vorrangig durch eine ›One-Stop-Shop‹-Lösung auf nationaler und europäischer Ebene umgesetzt werden, die den Mitgliedsstaaten eine Suchmaske für das Einfüttern und Durchsuchen von nationalen und internationalen Informationssystemen ermöglicht. Diese einheitliche Schnittstelle wäre ein wichtiger Fortschritt für operationale Ermittlungen sowie für Grenzbeamte und Polizisten bei ihren Kontrollen, unter Berücksichtigung der Notwendigkeit von Informationen für die jeweiligen Organisationen.«

Es soll eine Art »Kernsystem« entstehen mit der größten europäischen Polizeidatenbank in ihrem Zentrum, dem Schengen-Informations-System. Das SIS könnte dann auch Anhänge wie

Passkopien und biometrisch auslesbare Gesichtsbilder sowie Fingerabdrücke speichern. Eine direkte Vernetzung würde den Zugriff auf ein neues Automatisiertes Fingerabdruckidentifizierungssystem (AFIS), das Europäische Strafregisterinformationssystem ECRIS, die Visadatenbank VIS mit ergänzter Gesichtserkennung und das EURODAC-System ermöglichen, das Fingerabdrücke von Asylsuchenden inklusive ihrer Fotos speichert, um Mehrfachanträge innerhalb der EU zu verhindern. Es ist ein weitgehender und kühner Plan, der tatsächlich die frühzeitigere Entdeckung von Terrorverdächtigen und ihren Reisebewegungen ermöglichen könnte. Allerdings nur unter zwei Bedingungen: Die beteiligten Länder müssten ihre Sicherheitsbehörden verpflichten, die Systeme auch wirklich mit allen notwendigen Daten zu füttern. Und sie müssten die entsprechenden gesetzlichen Rahmenbedingungen in ihren Staaten schaffen. Erste Ansätze dafür finden sich im neuen Anti-Terror-Paket der Bundesregierung von Anfang Juni 2016.

Vor diesem Hintergrund ist allerdings das Urteil des Bundesverfassungsgerichts zum BKA-Gesetz vom 20. April 2016 Segen und Fluch zugleich. Zwar erlauben die Verfassungsrichter viele der Maßnahmen zur heimlichen Überwachung durch das Bundeskriminalamt wie das Verwanzen von Wohnungen, das Ausspähen unbeteiligter Kontaktpersonen, das Abhören von Telefonen, die heimliche Durchsuchung von Computern und die Aufzeichnung von Online-Kommunikation, aber die Auflagen zum Schutz der Persönlichkeitsrechte sind extrem strikt. Insbesondere seien sehr viel mehr Transparenz, eine strengere richterliche Kontrolle und die unabdingbare Verpflichtung, Parlament und Öffentlichkeit über die Maßnahmen zu informieren, notwendig. Das finde ich absolut richtig. Auch, dass bei der Wohnraumüberwachung gewonnene Daten von einer unabhängigen Stelle auf »höchstprivate Informationen« geprüft werden, bevor sie das BKA verwerten darf. Die Überwachung von Verdächtigen außerhalb ihrer Wohnung, mit V-Leuten, Richtmikrofonen oder Peilsendern ist erlaubt, wenn eine »konkrete Wahrscheinlichkeit« besteht, dass diese Person »in überschaubarer Zukunft terroristische Straftaten begeht«. Natürlich sind Ausnahmen von den Prüfpflichten bei »Gefahr im Verzug« möglich. Das ist notwendig und kann ja im Nachhinein noch einmal kontrolliert und bewertet werden.

Weitere Auflagen des Gerichts hingegen kann ich beim besten Willen nicht nachvollziehen, denn sie machen eine effiziente Terrorismusbekämpfung nahezu unmöglich. So soll die Weitergabe von Daten ohne einen konkreten Verdacht an andere inländische Behörden verfassungswidrig sein. Wenn die Ermittler Hinweise auf verdächtige Reisebewegungen, Kommunikation und Taten aus unterschiedlichen Deliktfeldern, die auf den ersten Blick nichts mit Terrorismus zu tun haben, nicht miteinander abgleichen dürfen, ist eine frühzeitige Erkennung gefährlicher Strukturen und Pläne kaum möglich. Die Richter machen auch für den Austausch von personenbezogenen Daten auf internationaler Ebene eine fast unerfüllbare Auflage: Das BKA soll dafür sorgen, dass eine ausländische Behörde die Daten »nicht zu menschenrechtswidrigen Zielen missbraucht«. Wie sollen denn die deutschen Ermittler eine solche Garantie von Staaten wie den USA, Russland, der Türkei oder gar Syrien erzwingen, denen Völkerrechtler den Verstoß gegen die Menschenrechte vorwerfen, ob die einen nun Drohnen zur gezielten Tötung von Terrorverdächtigen einsetzen oder die anderen sie foltern und in Schauprozessen aburteilen lassen. Wichtige Informationen über Dschihadreisende aus Deutschland bekommen die deutschen Behörden jedoch nur durch die Zusammenarbeit mit den genannten Staaten. Und was, wenn EU-Partnerländer wie Frankreich die Informationen für gezielte Luftangriffe in Syrien einsetzen? Meine ehrliche Meinung? Das Bundesverfassungsgericht macht eine effizientere Terrorismusbekämpfung durch eine engere internationale Zusammenarbeit fast unmöglich. Natürlich darf der Zweck nicht alle Mittel heiligen, deshalb bedarf es einer viel besseren und strikteren parlamentarischen und öffentlichen Kontrolle. Aber das Recht jedes Bürgers, von seinem Staat beschützt zu werden, steht vor dem Recht des Terroristen, der die freiheitlich-demokratische Grundordnung und die Grundrechte auf Menschenwürde und Unversehrtheit des Lebens mit Bomben, Kalaschnikows und Messern bekämpft und vernichten will.

Das bringt uns zum heikelsten Punkt einer Gesamtstrategie im Kampf gegen den Terrorismus: dem Krieg. Einerseits zeigen die Lehren der vergangenen Jahre, dass die Kriege des Westens, allen voran in Afghanistan und Irak, neue Terroristen regelrecht erschaffen haben. Andererseits gibt es Beispiele dafür, wie die Kombination aus einem harten militärischen Vorgehen und intensiven diplomatischen Bemühungen zur Beendigung von Kriegen geführt und die Rückkehr zu stabilen Verhältnissen ermöglicht hat. Auf dem Balkan fand das Abschlachten in den Neunzigerjahren erst ein Ende, als die USA gemeinsam mit Verbündeten den Krieg nach Belgrad trugen und gleichzeitig sowohl die serbische Führung unter Slobodan Milošević als auch die Anführer der anderen Kriegsparteien politisch massiv unter Druck setzten. Das Friedensabkommen von Dayton bot die Grundlage für die Rückkehr von Millionen Bürgerkriegsflüchtlingen. Am Beispiel Syrien wiederum sehen wir, dass auch das Nichteingreifen, das Zuschauen, Terrorismus erschaffen kann, weil viele nicht begreifen, wie man dem brutalen Vorgehen des Assad-Regimes gegen Teile seines eigenen Volkes tatenlos zusehen kann. Die Zwickmühle bei einer Entscheidung für oder gegen ein kriegerisches Eingreifen hat viel damit zu tun, dass wir angesichts neuer Herausforderungen in der Welt die Lösung immer noch in alten Strukturen und in altem Denken suchen. Die Ratlosigkeit im Fall Syrien und Irak reicht so weit, dass in den Gesprächen des Nationalen Sicherheitsrats der US-Regierung Präsident Obamas Herangehensweise schon mal als »Tom-Sawyer-Taktik« bezeichnet wurde. Als der Romanheld von Mark Twain den Gartenzaun seiner Großmutter streichen soll, tut er das mit augenscheinlich so großer Begeisterung, dass andere Kinder unbedingt weiterpinseln wollen. Jetzt schaue Obama gern dem russischen Präsidenten Wladimir Putin zu, wie der ein Stück weitermale und dafür einen hohen Preis bezahle.

Natürlich habe auch ich kein Rezept für die Lösung dieses Konfliktes, halte aber ein massiveres militärisches Vorgehen, das zumindest die Führungselite und die Infrastruktur des selbst ernannten Islamischen Staates komplett erledigt, für unvermeidlich. Daran sollte sich auch Deutschland mit Kampfflugzeugen beteiligen, statt selbst hinter Ländern wie Dänemark und den Niederlanden zurückzustehen, die Kampfflugzeuge und Spezialeinheiten für den Kampf gegen den IS gestellt haben. Wenn Deutschland nur – wie Verteidigungsministerin von der Leyen sagt – »aus der Mitte führen« will, gehört zu diesem bescheidenen Führungsanspruch die Bereitschaft, das Risiko mit den anderen im Bündnis fair zu teilen. Die notwendige Bodenoffensive wird von der Allianz aus muslimischen, jesidischen, christlichen und kurdischen Assad- und IS-Gegnern geführt. Parallel dazu müssten alle Beteiligten akzeptieren, dass das syrische Regime die Macht im Land teilt, ohne sie aber aufzugeben. Wenn die unterschiedlichen Bevölkerungsgruppen in Syrien und Irak in fairer Verteilung an der politischen Willensbildung und der Macht im Land beteiligt werden, verschwindet der fruchtbare Boden für die Ideologie des IS. Auch in dieser Frage geht es um eine Politik, die die Interessen der Menschen vornan stellt. Wenn sie Hoffnung bekommen, die politischen und wirtschaftlichen Perspektiven für sich und ihr Land mit gestalten zu können, werden sie sich scharenweise gegen den IS wenden oder ihm davonlaufen. Der Islamismus kann nur deshalb existieren, weil er Menschen eine Gerechtigkeit verspricht, die ihnen von anderen verweigert wird.

Eine neue Weltstrategie

Was also muss sich ändern? Welcher Paradigmenwechsel ist auf der Bühne der Weltpolitik notwendig? Ich erinnere mich der Worte eines Gesprächspartners, dessen Land von George W. Bush kurz nach Nine Eleven als Schurkenstaat in die »Achse des Bösen« einsortiert wurde. Tatsächlich hat der Iran in der Vergangenheit manches dazu beigetragen, dieses Etikett zu verdienen. Auch heute ist er noch in die Unterstützung des Terrorismus verwickelt. Und doch oder gerade deshalb lohnt es sich, genau hinzuhören, wenn der iranische Außenminister Mohammed Sarif sagt: »Wir glauben, dass wir an die Lenkung der Welt anders herangehen müssen. Wir brauchen ein neues Paradigma für eine verantwortungsvolle Weltenführung. Das alte Paradigma funktioniert nicht mehr. Es geht um die Art, wie man mit der neuen Weltordnung umgehen muss, aufgrund der Globalisierung und der Tatsache, dass sich auch die Sicherheit globalisiert hat. Du kannst keine Sicherheit für einen Teil der Welt schaffen, für eine Gruppe von Ländern, auf Kosten der Sicherheit anderer. Deshalb sollten Deutschland und alle anderen Staaten an einem gemeinsamen Sicherheitsnetzwerk arbeiten, von dem jeder profitiert. Deutschland muss da eine wichtige Rolle spielen.«

Zunächst einmal sind das nur Worte, aber da sie sich an Taten messen lassen müssen, wäre es den Versuch wert, dieses neue Netzwerk für Sicherheit und – ich ergänze mal – Wirtschaft gemeinsam mit anderen Staaten zu erschaffen. Dazu gehört allem voran die Erkenntnis, dass wir eine erhebliche Mitverantwortung für die Konflikte tragen, da beispielsweise die Annäherung des Assad-Regimes an die EU, die Öffnung des syrischen Marktes und die Privatisierungsgesetze die Lage im Land massiv destabilisiert und den Bürgerkrieg erst möglich gemacht haben. Es reicht nicht, wenn eine Institution wie die EU vor allem ihre eigenen Handelsvorteile im Sinn hat und nicht bedenkt, welche Wirkung ihre Politik im Partnerland und bei dessen unmittelbaren Nachbarstaaten Iran, Türkei und Irak auslöst. Eine »Die haben ja auch was davon«-Mentalität reicht nicht. Hier liegt vielleicht der Schlüssel, um die brutalsten Nebenwirkungen der Globalisierung, die Bürgerkriege und den Terrorismus, zu vermeiden: Es braucht einen Mechanismus, mit dem aufstrebende Staaten Anschluss finden können an die globalisierte Welt und der die Auswirkungen auf ihre Bevölkerung und ihre Nachbarn berücksichtigt. »Wir haben kein Ministerium, das den Ländern hilft beim Übergang von Feind zu Freund, von Instabilität zu Stabilität, von Krieg zu Frieden, von Isolation zu Vernetzung«, so sagte mir vor ein paar Jahren der amerikanische Strategieforscher Thomas Barnett. Er schlug vor, dass die Staaten, die bereits in das wirtschaftliche, finanzielle, technische und kommunikative Netzwerk der Globalisierung eingebunden sind, ein Gesamtkonzept mit Institutionen und Regeln entwickeln, um den noch nicht integrierten Ländern in Teilen Mittelamerikas, in Afrika, Zentral- und Südostasien zu helfen, in denen es instabile, von der wirtschaftlichen Entwicklung abgekoppelte, wenig vernetzte, oft autoritär regierte, manchmal auch anarchische Gesellschaften gibt. »Die wahre Großmacht oder Supermacht im 21. Jahrhundert«, so Barnett, »ist ein Land, das in der Lage ist, diesen Übergang zu befördern.«

Ein Bündnis wie die EU könnte so eine Supermacht sein, wenn sie denn ihre wirtschaftlichen, finanziellen, technologischen, sozialen, gesetzlichen, politischen und militärischen Stärken dazu nutzen würde, die Bildung regionaler Netzwerke für die wirtschaftliche Entwicklung und Sicherheit in unseren Nachbarregionen zu befördern. Die Mittelmeerunion war dafür eigentlich gar kein schlechter Ansatz. Aber der Erfolg hängt auch davon ab, ob wir bereit sind, überkommene Freund-Feind-Schemata zu durchbrechen. Nur weil Russland, der Iran oder andere Staaten als Gegner gesehen wurden, muss das nicht so bleiben, denn uns verbindet mit ihnen ein gemeinsames Interesse: die Entwicklung einer globalisierten Welt mit wirtschaftlichem Fortschritt und gemeinsamer Sicherheit für alle. Dies ist kein Plädoyer, alle Vorsicht fahren zu lassen, aber wenn wir davon überzeugt sind, dass mit wirtschaftlichem Fortschritt auch das Verlangen nach individueller Freiheit und die Ablehnung kollektivistischer und fundamentalistischer Überzeugungen wachsen, wäre es dann nicht den Versuch wert, unsere Feindbilder zu überdenken?

US-Präsident Obama ist ganz offenbar davon überzeugt. Deshalb stellt er mit seinem Strategiewechsel gegenüber dem Iran bewusst alte Allianzen infrage, damit sich auch Staaten wie Saudi-Arabien entscheiden, ob sie an einem System der kollektiven Sicherheit mitwirken wollen oder nicht. Es ist eine ehrlichere Politik, zu der auch die Bundesregierung beitragen könnte. Wenn Staaten wie Saudi-Arabien und Deutschland miteinander Geschäfte machen wollen, dann müssen sie gegenseitige Kritik aushalten können. Deshalb ist es gut, wenn die Berliner Politik öffentlich Menschenrechtsverletzungen, die Einschränkung der Meinungsfreiheit und die Benachteiligung von Frauen in der saudischen Gesellschaft anprangert. Aber das reicht nicht. Die saudische Regierung duldet und unterstützt die Verbreitung einer menschenfeindlichen Verfälschung des Islam rund um den Globus. Dieser Wahhabismus dient als ideologische Grundlage und Rechtfertigung für den Terrorismus von IS und al-Qaida. Die Bundesregierung sollte dagegen protestieren, keinen einzigen Gedanken mehr an Waffenlieferungen nach Saudi-Arabien verschwenden und mit dem Abbruch der wirtschaftlichen und diplomatischen Beziehungen zu dem sogenannten Verbündeten am Persischen Golf drohen, wenn dieser die Unterstützung des Islamismus nicht einstellt. Klingt naiv, aber wenigstens konsequent. Immerhin unterstützt die Bundesrepublik Deutschland ja schon – auch gegen saudische Proteste – das Atomabkommen mit dem Iran.

Dass ausgerechnet das Mullah-Regime – und das hat letztlich immer noch die Macht im Iran – bei der Lösung von Konflikten in der Region entgegenkommender und vielleicht verlässlicher ist als die eigentlichen Verbündeten des Westens, mögen manche für eine gefährliche Selbsttäuschung halten. Es ist »terra inkognita«, unbekanntes Terrain, auf dem wir uns da bewegen, deshalb brauchen wir dringend Karte und Kompass, um den richtigen Weg zu finden. Beides hat Deutschland nicht. Es fehlt an einer strategischen Vision und an der Struktur, um sie konsequent weiterzuentwickeln und umzusetzen. Die Macher des neuen Weißbuchs des Bundesverteidigungsministeriums versuchen sich nun erstmals daran und haben, anders als früher, Expertise aus allen möglichen Politikbereichen, anderen Ministerien und wissenschaftlichen Instituten eingeholt. Das Konzept sieht Deutschland »aufgrund seiner wirtschaftlichen, politischen und militärischen Bedeutung« in der Verantwortung, die »globale Ordnung aktiv mit zu gestalten«. Die Einsicht ist offenbar gewachsen, dass das Wohlergehen unseres Landes und der Wohlstand seiner Bevölkerung auch von stabilen Märkten, gesicherten Versorgungs- und Handelswegen und einer globalen Kommunikations- und Informationsvernetzung abhängig sind. Das neue Weißbuch ist ein großer Schritt in die richtige Richtung, denn es ist nicht ausschließlich sicherheitszentriert mit dem Blick auf Risiken und Gefahren sowie mögliche Abwehrmechanismen. Deutschland sei bereit, so heißt es in dem Papier, sich »früh, entschieden und substanziell als Impulsgeber in die internationale Debatte einzubringen, Verantwortung zu leben und Führung zu übernehmen«. Dazu gehöre die »Bereitschaft, zur Bewältigung heutiger und zukünftiger sicherheitspolitischer sowie humanitärer Herausforderungen beizutragen«. Die Umsetzung der Vorschläge, mit denen Chancen für die Menschen in der internationalen Entwicklung entdeckt und befördert werden sollen, würde allerdings eine aktive, gestaltende Politik erfordern statt einer, die mehr auf die Ereignisse in der Welt reagiert. Es ist zu hoffen, dass es darüber dieses Mal einen politischen Konsens gibt und dann den Worten Taten folgen.

Im Jahr 2008 gab es nämlich schon einmal den Versuch, es besser zu machen. Die CDU/CSU-Bundestagsfraktion legte einen sechzehnseitigen »Entwurf für eine Sicherheitsstrategie für Deutschland« vor. Darin definierte sie die deutschen Interessen im Hinblick auf ein breite weltpolitische Themenpalette. Dazu zählten unter anderem der freie und ungehinderte Welthandel »einschließlich einer gesicherten Energie- und Rohstoffversorgung als Grundlage unseres Wohlstandes«, die politische, wirtschaftliche und militärische Handlungsfähigkeit von Europäischer Union und NATO sowie die Stärkung der Zusammenarbeit mit »den Staaten, die unsere Ziele und Werte teilen«. Die Union ging aber noch einen Schritt weiter. Sie forderte die Etablierung eines Nationalen Sicherheitsrats, wie es ihn in den USA und anderen Ländern längst gibt. »Um ein kohärentes Zusammenwirken aller Kräfte der inneren und äußeren Sicherheit zu gewährleisten, ist ein Nationaler Sicherheitsrat als politisches Analyse-, Koordinierungs- und Entscheidungszentrum einzurichten«, heißt es in dem Papier. Wenn es damals schon »Shitstorms« gegeben hätte, wäre dies der Name für das gewesen, was folgte. Politiker der anderen Parteien fielen über das Konzept her. Einige witterten den Versuch, das Parlament, das Außen- und das Verteidigungsministerium bei sicherheitspolitischen Fragen durch den Nationalen Sicherheitsrat zu entmachten, andere erinnerten an die dunkelsten Zeiten der deutschen Geschichte. Das Papier verschwand in der Schublade.

Es ist höchste Zeit, es da wieder herauszuholen, damit das Ringen um eine dringend notwendige Sicherheitsarchitektur für die Bundesrepublik Deutschland beginnt, die nicht nur eine vorausschauende und umfassende strategische Vision braucht, sondern auch einen Nationalen Sicherheitsrat. Im Weißbuch ist von einem »Arbeitsstab« die Rede, der dem Bundessicherheitsrat zuarbeiten soll. In diesem sind bisher neben Kanzleramt, Außen-, Verteidigungs- und Innenministerium auch die Ressorts Wirtschaft, Finanzen und Entwicklungshilfe vertreten, entscheiden aber eigentlich nur zu möglichen Rüstungsexporten. Künftig soll der Bundessicherheitsrat »kontinuierlich« arbeiten und als »strategischer Impulsgeber« fungieren. Das wäre dann wohl so eine Art »Ministerium für den Rundumblick«, wie es Thomas Barnett einmal formuliert hat. Er hält solche Einrichtungen für unverzichtbar, da die Nebenwirkungen der Globalisierung in den kommenden Jahren eher stärker als schwächer werden: »Je schneller die Globalisierung voranschreitet, desto mehr Terrorismus werden wir sehen. Denn die Globalisierung verändert traditionelle Gesellschaften, sie stärkt die Frauen, fordert hierarchische Strukturen

heraus, ebenso wie strenge Religionen und sicher auch die Vettern-
wirtschaft. Das alles durch die Stärkung des Einzelnen. Die Folge
sind Revolutionen – immer häufiger.«

Diese Revolutionen werden auch künftig weitere Flüchtlingsbewegungen erzeugen, die gewaltig sein könnten, wenn wir angesichts der zu Beginn des vorherigen Kapitels beschriebenen Bevölkerungsentwicklung vor allem in Afrika nicht zur Entstehung von
Perspektiven für die Menschen dort beitragen. Was nützen uns –
wie jetzt angekündigt – die schrittweise Steigerung des Wehretats
von jetzt rund 34 Milliarden Euro auf 39 Milliarden im Jahr 2020
und die Erhöhung der Truppenstärke um rund 14 000 Soldaten,
wenn wir nicht gleichzeitig viel mehr in Maßnahmen investieren,
die einen militärischen Einsatz hoffentlich überflüssig machen.
Neue Leopard-2-Panzer, Luftabwehrsysteme, Hubschrauber und –
ja – bewaffnete Drohnen sind wichtig, aber noch wichtiger sind
Wirtschafts- und Sozialprojekte, die Konflikte verhindern. Hier
gilt es, das eine zu tun, ohne das andere zu lassen. Wie gesagt, Terrorismus ist die extremste Form der Globalisierungskritik, so sieht
es auch US-Präsident Obama: »Derzeit sehen wir rund um den
Erdball Orte unter massivem Globalisierungsstress durch das Aufeinandertreffen von Kulturen, befördert im Internet und in den
sozialen Medien, durch zunehmenden Ressourcenmangel, für den
vor allem der Klimawandel verantwortlich ist, und durch das
Wachstum der Bevölkerung. An diesen Orten ist der natürliche
Reflex der Menschen – wie wir am Nahen Osten sehen können –,
sich in Stämmen zusammenzuschließen und die zu verdrängen
oder anzugreifen, die anders sind.« Der IS und ähnliche Organisationen sind eigentlich nichts anderes als der Beleg für den Zusam-
menbruch von sozialer Ordnung und den Rückfall in fast stein-
zeitliche Stammeskonflikte. Getrieben werde diese Entwicklung,
so Barack Obama, von »entfesselten Ängsten«, die wir längst
für »gezähmt« hielten: »Das ist eine Sippenmentalität, die sich vor
allem dadurch definiert, wie viele Menschen wir töten können, die
anders sind, und die ein striktes Regelwerk aufstellt, das nichts er-
schafft, nichts feiert und jedem Millimeter menschlichen Fort-
schritts entgegensteht. Das zeigt, wie tief solch eine Mentalität
Wurzeln schlagen und Anhänger versammeln kann im 21. Jahrhundert.«

Terror ist Globalisierungsstress

Eigentlich ist es bei uns in Westeuropa nicht anders. Auch wir hadern und kämpfen mit dem »Globalisierungsstress«: Die Flüchtlingsströme, die Wirtschafts- und Finanzkrisen, Kriege und Revolutionen vor unserer Haustür und der Terror in unseren Städten – all das erzeugt die gleichen Ängste wie bei den Menschen in anderen Gegenden dieser Welt. Und unsere Reaktion gleicht der ihren. Der britische Diplomat Robert Cooper entwarf 2002 in einem Essay das Konzept eines neuen liberalen Imperialismus, der die Souveränität anderer Staaten aus humanitären Gründen missachtet. Es war ein Plädoyer für eine offene Doppelmoral in der Außenpolitik, nach der, wie Cooper schreibt, auch in der Vergangenheit schon staatliches Handeln mit zweierlei Maß gemessen wurde – allerdings, ohne es öffentlich zuzugeben. Der damals enge Berater des britischen Premierministers Tony Blair teilte die Welt in zwei Hälften, die entwickelten postmodernen und die unterentwickelten prämodernen Staaten, und forderte: »Untereinander operieren wir auf der Grundlage von Gesetzen und einer offenen kooperativen Sicherheit. Aber wenn das postmoderne Europa es mit Staaten der altmodischeren Art zu tun hat, dann müssen wir auf die raueren Methoden der Vergangenheit zurückgreifen – militärischer Druck, vorbeugende Angriffe, Täuschungsmanöver und was immer notwendig ist im Umgang mit denen, die immer noch in der Welt des 19. Jahrhunderts leben, in der jeder Staat für sich selbst stand. Untereinander sollten wir uns an die Gesetze halten, aber wenn wir im Dschungel operieren, müssen wir die Gesetze des Dschungels anwenden.« Was Cooper damals auf Staaten bezogen hatte, übertragen die rechtsextremen und rechtspopulistischen Bewegungen auf Menschen. Und einige Spitzenpolitiker Europas machen ihre Parolen salonfähig.

Der Muslim als solcher, tönt Ungarns Ministerpräsident Viktor Orbán, sei gefährlich für die westliche Gesellschaft. Der Zuwanderer, erklärt der frühere polnische Ministerpräsident Jarosław Kaczyński, schleppe nur Krankheiten ein. Und der Nordafrikaner, so der tschechische Präsident Miloš Zeman, habe eine genetische Abhängigkeit, die ihn unintegrierbar mache. Rassistische und nationalistische Politiker treten Europas Werte und Gesetze mit Füßen.

Ein Kontinent mit mehr als 500 Millionen Menschen, der wegen seiner Absage an den Nationalismus zu den reichsten und sichersten Regionen des Globus zählt, kapituliert vor der Herausforderung. Ob Brexit oder Flüchtlingskrise, bei den Gipfeltreffen der EU kommen die Politiker kaum voran. Sie gehen dem eigentlichen Problem aus dem Weg – nämlich der Frage, was von der europäischen Wertegemeinschaft noch übrig ist. Mitten im Verhandlungssaal, mitten zwischen den Staats- und Regierungschefs, steht ein Elefant. Und doch tun sie so, als gäbe es ihn nicht. Ein »Elephant in the Room« ist im Englischen ein gigantisches Problem, das alle ignorieren. Die Politiker der EU sind – mit Verlaub – zu feige, die Wahrheit auszusprechen: Es gibt keine europäische Wertegemeinschaft mehr, deshalb ist der Streit unlösbar. Es sei denn, man macht genau das zuerst zum Thema: Welche Werte gelten noch? Verlässliche Kontingente, genaue Kontrollen, wer da kommt, legale Zuwanderungsmöglichkeiten mit Hotspots in Afrika und der Türkei statt in Italien und Griechenland – alles machbar, wenn es die Gemeinschaft der Werte noch gibt.

Menschenwürde, Religions- und Meinungsfreiheit, Solidarität und Rechtsstaatlichkeit – die Gemeinsamkeit dieser Werte war die Lehre aus der Katastrophe des Zweiten Weltkriegs. Das ist kein romantischer Firlefanz, das sind existenzielle und rechtsverbindliche Verpflichtungen. Doch nun grassiert eine Haltung, die im November 2015 ein polnischer Abgeordneter unter tosendem Beifall der regierenden Rechtspopulisten zur Parole machte: »Das Wohl der Nation steht über dem Gesetz. Und wenn das Gesetz das Wohl verletzt, dann sollte uns niemand daran hindern, es zu brechen.« Diese Haltung ist der Sprengsatz in der Europäischen Union. Das müssen Europas Anführer zuallererst klären, sonst werden sie vom Elefanten platt gedrückt, werden Katastrophen wie ein Weltkrieg wieder möglich. Das sollte eigentlich Ansporn genug sein, sich nicht ständig in Angst vor Risiken und Gefahren zu flüchten, sondern den notwendigen Mut und die Zuversicht aufzubringen, dass wir das schaffen.

Epilog Wer wir wirklich sind

Sie kommen aus heiterem Himmel, im wahrsten Sinne des Wortes. An diesem sonnigen Junitag brausen drei Hubschrauber auf das Schulgebäude zu, in dem sich Terroristen mit zahlreichen Geiseln verschanzt haben. Die Chance, alle Kinder und Lehrer zu retten, ist klein, aber was sonst sollen sie tun gegen Täter, deren Mission erst erfüllt ist, wenn sie sich selbst in die Luft sprengen und dabei möglichst viele Menschen mit in den Tod reißen? Der erste Hubschrauber sichert, während sich vom zweiten die Spezialkräfte der GSG9 abseilen. Auf einer Wiese nebenan setzt die dritte Maschine ein weiteres Angriffsteam ab. Sie haben alles, was man braucht in diesem Krieg – Waffen mit großer Durchschlagskraft, Schutzausrüstung, die Kalaschnikow-Kugeln standhält, und psychische Stärke – in unzähligen Übungen und Einsätzen erprobt, um sich auf das eine zu konzentrieren: die Täter ausschalten, ohne sich um anderes zu kümmern, nicht einmal um Verletzte. Keine Vorwarnungen, »shoot to kill«, in der Hoffnung, doch möglichst viele Menschenleben zu retten.

Wir stehen auf dem Dach eines Nachbargebäudes, der Lärm ist ohrenbetäubend, der Wind der Rotoren zerrt an uns und den Kameras. Es ist ein Testlauf der Eliteeinheit der Bundespolizei für das, was kommt. Szenarien gibt es viele. So etwas wie in Orlando am Wochenende vorher, sagen uns die Beamten, haben sie schon durchgeprobt. Bei dem Anschlag eines Psychopathen und selbst ernannten IS-Kämpfers in einem Homosexuellenclub waren 49 Menschen getötet worden. Kurz danach, bei einer Geiselnahme in Magnanville, fünfzig Kilometer westlich von Paris, starben zwei französische Polizisten. Auch für so einen Einsatz hat die GSG9 trainiert und für einen Straßenkampf wie am 13. November 2015 in der Hauptstadt unseres Nachbarlandes. Auch dieses Mal muss es blitzschnell gehen. Granaten, Gewehrschüsse, Schreie – nach ein paar Minuten ist es vorbei. Alles hat geklappt, aber in der Wirklichkeit kann es ganz anders ausgehen. »Wir kämpfen«, so sagt mir der Kommandeur der GSG9, Jerome Fuchs, gegen »zu allem entschlossene Täter, die alles nutzen, was ihnen als Waffen und Sprengmittel zur Verfügung steht, die bis zum Äußersten gehen und nicht das Interesse haben, aus einer Situation lebend herauszukommen. Das erfordert natürlich auch auf unserer Seite absolut entschlossenes Vorgehen gegen solche Täter.«

Entschlossenheit. Was wir von den Bundespolizisten und ihren Kollegen und Kolleginnen in den Landesbehörden – Spezialkräfte und Streifenbeamte – erwarten, erfüllen wir selbst nicht. Die letzte Verteidigungslinie gegen den Terror soll funktionieren, am besten zu hundert Prozent, unter Einsatz des Lebens der Beamten. Die Verteidigungslinien davor, von der ersten bis zu welcher auch immer, sind weitgehend leer, weil wir – Staat und Gesellschaft – uns vor der Verantwortung drücken, und das hat einen Grund. Was ist der Unterschied zwischen uns und den Terroristen des IS? Der IS will die Welt retten, wir nur uns selbst. Klingt abwegig? Provokativ? Beleidigend? Keins von allem. Es ist eine realistische Einschätzung, jedenfalls so lange, wie wir dies weiter zulassen. Die Geschichte hält eine Reihe vergleichbarer Zeiten parat, aus denen wir eigentlich hätten lernen müssen. Nehmen wir an, wir wären das Ancien Régime, eine Herrschaftsform, deren oberstes Ziel der Erhalt der eigenen Macht war, nicht das Wohl der Menschen. Dann wären die Islamisten nichts anderer als die Jakobiner der Französischen Revolution, die ebenjene alte Ordnung beseitigen wollen und sich dabei mit ihrer Schreckensherrschaft auch gegen alle jene richten, die sich ihnen nicht anschließen wollen. Der Anführer der Jakobiner, Maximilien Robespierre, sagte am 5. Februar 1794 vor dem Nationalkonvent in Paris: »Ohne Terror ist die Tugend machtlos. Ohne Tugend ist der Terror verderblich. Der Terror ist nichts anderes als unmittelbare, strenge, unbeugsame Gerechtigkeit; er ist also Ausfluss der Tugend.«

Der Islamismus glaubt genau dasselbe. Die alte, ungerechte Welt muss untergehen, damit eine neue, gerechte Weltordnung entstehen kann. Der hehre Anspruch brauche den Terror, um

Wirklichkeit zu werden, meint der Kalif des Islamischen Staates, und der Terror sei nur der Ausdruck einer heiligen Aufgabe. In seiner Audiobotschaft vom Herbst 2014 klang Abu Bakr al-Baghdadi fast genauso wie Osama bin Laden, der in seinen Reden ja gern von den »Helden« und »Rittern« des Dschihad sprach: »Ihr Soldaten des Islamischen Staats, lasst überall Vulkane des Dschihad ausbrechen. Erleuchtet die Erde mit dem Feuer gegen alle Diktatoren.« Der Terrorführer forderte seine Anhänger auf, die westlichen Bündnisse, aber auch jeden einzelnen Gegner – einschließlich aller Muslime, die ihm nicht folgen – in ihre Einzelteile zu zerlegen. Es scheint, als sollten die Enthauptungen und die anderen bestialischen Mordmethoden des IS Ausdruck dieses – in Wirklichkeit unheiligen – Zorns sein.

Hier liegt der Schlüssel zum Verständnis des islamistischen Terrors, so meint Scott Atran, Anthropologieprofessor am CNRS, dem Nationalen Zentrum für wissenschaftliche Forschung in Frankreich. *Der IS ist eine Revolution* steht als Titel über dem Essay, mit dem Atran die Ergebnisse einer breit angelegten Untersuchung mithilfe von Interviews und Experimenten mit jungen Männer in den sozialen Brennpunkten von Paris, London, Barcelona und einigen nordafrikanischen Großstädten sowie mit gefangenen und ehemaligen Kämpfern von IS und Dschabhat al-Nusra darlegt.[35] Demnach sehen sich viele der Befragten ebenfalls auf einer großen Mission, die Welt zu retten: »Die meisten jungen Leute, die sich freiwillig melden, bis zum Tod zu kämpfen, empfinden eine Freude darüber, sich mit Kameraden für eine ruhmvolle Sache einzusetzen, und eine andere Freude darüber, dass ihre Wut gestillt wird und ihnen ihre Rache Befriedigung verschafft. Doch es gibt auch bei denjenigen in der Region eine unterschwellige Freude, die die mörderische Gewalt des Islamischen Staats ablehnen, sich aber dennoch nach der Wiederkehr eines muslimischen Kalifats und nach dem Ende der nationalstaatlichen Ordnung sehnen, die einst von den Großmächten erfunden und aufgezwungen wurde.« Von dieser Erkenntnis ausgehend müssen wir die Revolution des IS bekämpfen, statt sie – wie mit unserem bisherigen Handeln – weiter anzufachen und ihr möglicherweise sogar zum Sieg zu verhelfen.

Könnte der IS – oder wenn nicht dieser, dann der Islamismus – tatsächlich siegen? Es wäre brandgefährlich, die Gefahr zu unterschätzen, meint Atran. Über die Jahrhunderte wurden die revolutionären Bewegungen – sei es die amerikanische, die französische, die russische – von einer Hingabe für höhere Werte getrieben, wie sie Charles Darwin einst beschrieb: »Eine Moralität, ein Geist von Patriotismus, Treue, Gehorsam, Mut und Sympathie, mit dem die siegreichen Gruppen besser ausgestattet sind im schwindelerregenden Wettbewerb der Geschichte um Überleben und Dominanz. Es sind die heiligen Werte, immun gegen jedes materielle Tauschgeschäft, die uns am meisten binden. In jeder Kultur ist der Widerwille, einen Angehörigen, religiöse oder politische Brüderschaften und Mutterländer zu verraten, die Linie, die wir normalerweise nicht überschreiten. Eine Hingabe an diese Werte kann Erfolge zeitigen, die alle Erwartungen übertreffen.« So kann es sein, dass 18 000 irakische Soldaten vor ein paar Hundert IS-Kämpfern die Flucht ergreifen und ihnen kampflos Mossul, die zweitgrößte Stadt ihres Landes, überlassen. So kann es sein, dass Tausende junger Muslime aus Westeuropa davon überzeugt sind, dass sie in Syrien und Irak gegen die Streitkräfte von Supermächten siegen könnten. Das französische Forscherteam um Atran verweist auf ähnliche Beispiele in der Geschichte: George Washington, der seine hoffnungslos unterlegene Revolutionsarmee bei Valley Forge gegen 30 000 Soldaten des britischen Kolonialreichs in die Schlacht führte und siegte. Die Sikarier, dolchschwingende Juden, die im 1. Jahrhundert mit ihren Angriffen die römische Besatzungsarmee unter Druck setzten. Arminius, der Cherusker, der im Jahr 9 mit seinen Germanen drei Legionen Roms mit mehr als 20 000 Soldaten in der Varusschlacht vernichtete.

So wie damals der Terror Ergebnis und Ausdruck einer sich ändernden Welt war, so ist er heute, wie im letzten Kapitel beschrieben, die dunkle Seite der Globalisierung, in der Menschen, Völker, Bündnisse sowie alte Strukturen und Institutionen den Halt verlieren und sich nach Orientierung sehnen. In dieser total vernetzten Welt mit immer weniger erkennbaren Referenzpunkten suchen Individuen in einem kollektiven Radikalismus den Knotenpunkt einer neuen Identität, für die sie die alte zerschlagen müssen. Extremisten aller Couleur knüpfen ihr eigenes Netz, um im globalen Netz dauerhaft neue Stabilität gewinnen zu können. Treiber dabei sind die Jungen, die in ihrer Selbstfindungsphase am ehesten den Druck und die Opferbereitschaft verspüren, und die Alten, die sich in einem verzweifelten Abwehrkampf gegen den Untergang wähnen. Es ist kein Kampf der Kulturen, sondern ein Kampf des Neuen gegen das Alte, das einen entscheidenden Nachteil hat, wie Atran meint: »Menschen sind bereit zu höchstem Einsatz und Anstrengungen – im Guten wie im Schlechten – für jene Ideen, die ihnen ein Gefühl von Bedeutung vermitteln. In einem notwendigerweise chaotischen Universum, in dem Menschen erkennen, dass der Tod unvermeidlich ist, gibt es den einen überwältigenden psychologischen Antrieb, um die Tragödie dieser Erkenntnis zu überwinden: zu erkennen, ›warum es mich gibt‹ und ›wer ich bin‹.« Der IS und der Islamismus erwecken den Anschein, sie hätten auf beide Fragen die passenden Antworten parat. Wer diese als Lügen entlarven will – und das sind sie –, darf das nicht nur behaupten, sondern muss es beweisen, mit besseren Antworten, denen dann auch die Taten folgen, wie ich sie in den letzten zwei Kapiteln beschrieben habe.

Gemessen an diesem Maßstab geben wir ein unfassbar jämmerliches Bild ab. Wo sind die Demokraten, die sich von verfassungsfeindlichen Islamisten und Rechtsradikalen ihren Staat nicht kaputt machen lassen? Die auf die Straße gehen, in die sozialen Brennpunkte, in die Wahlkabinen und zu den Menschen anderer Herkunft und anderen Glaubens, um sich gemeinsam zu engagieren für ein vielfältiges, stärkeres und freies Deutschland? Die keine Angst zeigen, sondern Widerstandsfähigkeit und Entschlossenheit, wenn der Terror auch hier einmal zuschlägt? Stattdessen lassen wir uns erfassen von der Furcht vor der Gewalt – der verbalen und der physischen – der Extremisten beider Lager, die uns den Kampf der Kulturen einreden wollen. Wo ist die große gemeinsame Demo mit Hunderttausenden gegen den Hass von Salafisten, Pegida und Teilen der AfD? Wo sind die mutigen Muslime in Deutschland, die den Islamisten und ihrer Ideologie gemeinsam mit den Nichtmuslimen entgegentreten? Den letzten großen Protest – mit 25 000 Demonstranten unterschiedlichen Glaubens – gab es im November 2004 in Köln kurz nach der Ermordung des niederländischen Filmemachers Theo van Gogh.

Wo sind die Politiker, die eine Vision entwickeln für das Deutschland und das Europa der Zukunft, die sich in eine globalisierte Welt integrieren? Wo sind die Vordenker, die den Fahrplan aufstellen, die notwendigen Maßnahmen erklären und die Menschen für die Veränderung begeistern? Stattdessen haben wir Anführer ohne Visionen, die reagieren, statt zu agieren. Die, damit sie nicht abgewählt werden, den radikalen Kräften nach dem Mund reden, statt sie mit einem besseren Plan, mit überzeugenderen Argumenten, unermüdlichem Einsatz in der Bevölkerung und kraftvollen Entscheidungen »kleinzugestalten«. Einige Politiker sind dumm genug, Überwachungskameras für wirksame Terrorabwehr, Dampfkochtöpfe für Massenvernichtungsmittel und alle Flüchtlinge für potenzielle Terroristen zu halten.

Wo sind die überzeugten Europäer, die Frieden, Freiheit und Stabilität eines ganzen Kontinents durch die Bereitschaft zum Kompromiss über Jahrzehnte garantiert haben? Wo sind die osteuropäischen Freunde, die ihre Aufnahme in die EU nicht als gegenseitige Kosten-Nutzen-Kalkulation, sondern als Bekenntnis zu den Prinzipien eines europäischen Bündnisses von liberalen Demokratien verstanden haben? Wo sind unsere gemeinsamen Werte? Statt alledem haben wir ein Europa, dessen Zivilisationsdecke offenbar so dünn ist, dass der Rückfall in Autokratie, Nationalismus, Menschenfeindlichkeit und vielleicht sogar blutige Konflikte kaum zu bremsen ist. Ein Europa, das selbst nicht mehr weiß, was es ist, wofür es steht und wohin es will. Die Brexit-Entscheidung und das politische Chaos danach sind Symptome und Folgen dieser existenziellen Sinnkrise. Darf man an dieser Stelle daran erinnern, dass die Unterlegenen in den großen Revolutionen der Geschichte immer an denselben Symptomen von Orientierungsverlust, Kraftlosigkeit und Werteverfall litten? »Wir sehen Amerika und seine Verbündeten herumstolpern zwischen Angst, Schwäche, Unfähigkeit und Versagen«, konstatierte Kalif al-Baghdadi in seiner Audiobotschaft, »Amerika, Europa, Australien, Kanada und ihre abtrünnigen Anhängsel und Sklaven unter den Herrschern der muslimischen Länder hat der Islamische Staat in Panik versetzt.«

Soll dieser menschenverachtende, selbst ernannte Revolutionsführer und Terrorist wirklich das letzte Wort haben? Wenn nicht, müssen wir die »ruhmvolle Sache« wiederentdecken, eine »Identität«, für die man mit »Freude« kämpfen will. Dazu gehört die

Bereitschaft, in einem gewissen Umfang Opfer zu bringen. Mit »kämpfen« und »Opfer« meine ich zwar auch die Beteiligung an offensiven militärischen Maßnahmen, wo sie notwendig sind, aber in erster Linie geht es um die Partizipation, die Teilhabe anderer an unseren Errungenschaften, bei der Entwicklung neuer Konzepte und Projekte und an den wirtschaftlichen Chancen in einer globalisierten Welt. Wenn wir den Willen glaubhaft formulieren, dass diese Welt gerechter wird, und die entsprechenden Handlungskonzepte entwerfen, die begeistern und mitreißen können, und zeigen, dass wir es auch tun, dann bedienen wir genau jene psychologischen Bedürfnisse, die der IS derzeit mit seiner Propaganda so erfolgreich anspricht. Wir müssen besser sein als die Menschenverächter, indem wir die Menschen in den Mittelpunkt unseres Handelns stellen.

US-Präsident Barack Obama hat das am 25. April 2016 auf der Hannover-Messe bei seiner Rede an die Europäer unmissverständlich formuliert: »Was auf diesem Kontinent geschieht, hat Konsequenzen für die Menschen rund um den Globus. Wenn ein vereintes, friedvolles, liberales, pluralistisches Europa der freien Märkte beginnt, an sich selbst zu zweifeln, wenn es anfängt, seine eigenen Fortschritte der letzten Jahrzehnte zu hinterfragen, dann können wir nicht erwarten, dass sich der Fortschritt, der gerade an vielen anderen Stellen der Welt Fuß fasst, weiter fortsetzt. Stattdessen ermächtigen wir jene, die argumentieren, dass Demokratie nicht funktionieren kann, dass es Intoleranz, Stammesdenken, die Aufteilung nach ethnischen Grenzen, Autoritarismus und Einschränkung der Pressefreiheit braucht, um den Herausforderungen von heute zu begegnen.« Obama spricht von einer »trügerischen Sicherheit«, erschaffen von jenen, die vor der Globalisierung in die Gruppen von Gleichgesinnten fliehen und damit »Menschen gegeneinander in Stellung bringen, je nachdem, wie sie aussehen, wie sie beten oder wen sie lieben«. Solch ein »perverses Denken« könne wieder zum Unvorstellbaren führen: »zu Unterdrückung, Rassentrennung, Internierungslagern – und zu Holocaust und Srebrenica«.

Deshalb erinnert der Präsident des Landes, das einst als die Neue Welt galt, die Alte Welt, Europa und uns Europäer, an das, was wir eigentlich selbst am besten wissen müssten: »Ich sage

Ihnen, dem Volk von Europa: Vergessen Sie nicht, wer Sie sind! Sie sind die Erben des Ringens um Freiheit. Sie sind die Deutschen, Franzosen, Niederländer, Belgier, Luxemburger, Italiener und, ja, auch die Briten, die sich über alte Trennlinien erhoben und Europa auf den Weg der Einheit gebracht haben. Sie sind die Polen der Solidarność, die Tschechen und Slowaken, die eine Samtene Revolution wagten. Sie sind die Letten, Litauer und Esten, die ihre Hände für die große Menschenkette der Freiheit gereicht haben. Sie sind die Ungarn und Österreicher, die einst den Grenzzaun aus Stacheldraht durchschnitten. Und Sie sind die Berliner, die in jener Novembernacht endlich die Mauer niedergerissen haben. Sie sind die Menschen von Madrid und London, die sich angesichts der Bombenanschläge weigerten, sich der Angst zu ergeben. Und Sie sind die Pariser, die das Bataclan wiedereröffnen. Ihr seid die Menschen von Brüssel mit ihrem Platz voller Blumen und Flaggen, zwischen denen ein Belgier eine Botschaft hinterließ: ›Wir brauchen mehr, mehr Verständigung, mehr Dialog, mehr Menschlichkeit.‹ Genau das sind Sie. Vereint, zusammen. Sie sind Europa – geeint in der Vielfalt, geleitet von den Idealen, die die Welt erleuchten, und stärker, wenn Sie geeint zusammenstehen.«

Wir brauchen keine neue Vision, denn wir haben sie längst. Sie ist besser, gerechter und erfolgreicher als alles, was sich der Islamismus und seine Möchtegern-Kalifen ausdenken können, vorausgesetzt, wir geben sie nicht auf. Aber wir müssen sie weiterentwickeln und stärker anwenden, auch mit neuen Strukturen und neuen Regeln. Wenn diese verändert und angepasst sind, können und müssen wir Europa öffnen für Menschen aus anderen Teilen der Welt. Wenn wir uns nur selbst retten wollen in dieser globalisierten Welt, machen wir genau das, was nach dem Drehbuch des Terrors von uns erwartet wird: Wir handeln wie bisher – kurzsichtig, reflexhaft, berechenbar. Das ist das Bild, das der Islamismus von uns zeichnet. Wir müssen es als Lüge entlarven, indem wir endlich anfangen, diese Erwartungen zu enttäuschen. Es braucht eine Politik, die weitsichtig ist, gelassen, aber auch ein Stück weit unberechenbar, weil sie all jene Ideen bevorzugt, die nicht einer überkommenen Struktur gerecht werden wollen, sondern den Menschen in ihrem Streben nach Gerechtigkeit, Frieden und individueller Freiheit. Wer dazu beiträgt, nimmt dem Terror die Zukunft.

Anmerkungen

1 Hill, Patrick: »World's Most Wanted Terrorist Salah Abdeslam Strolled Around His Neighbourhood for Weeks«, in: Trinity Mirror vom 19. 3. 2016.

2 Tatsächlich sind gut ausgerüstete Nachrichtendienste in der Lage, Mobiltelefone unbemerkt zu Abhörgeräten umzufunktionieren.

3 Hier die Originalzitate aus der islamischen Überlieferung, dem Hadith, in dem die Aussprüche des Propheten Mohammed gesammelt sind. Dort heißt es:
»Und sie werden sich gegen euch unter 80 Flaggen vereinen, und unter jeder Flagge sind 12 000 Mann.« (Al-Bukhari Bd. 4, Buch 53, Hadith 401)
»Die letzte Stunde wird nicht eintreffen, bis die Römer in al-A'maq oder Dabiq eintreffen, und ein Heer bestehend aus den besten Leuten der Erde in jenen Tagen wird ihnen von Medina aus entgegeneilen. (…) Sie werden dann kämpfen und ein Drittel (der muslimischen Armee) wird fliehen, dessen Buße von Allah nie akzeptiert werden wird. Ein (weiteres) Drittel wird getötet, und sie werden die Besten der Märtyrer vor Allah sein; und ein (verbliebenes) Drittel wird siegen, und sie werden nie der Versuchung der Fitna erliegen, und sie werden Konstantinopel erobern.« (Muslim Bd. 7, Buch 41, Hadith 6924)

4 Callimachi, Rukmini: »U.S. Strategy Seeks to Avoid ISIS Prophecy«, in: New York Times vom 8. 12. 2015.

5 Ing, Nancy u. Smith, Alexander: »Brussels Attacks: Bombers Filmed Nuclear Researcher, Expert Says«, NBCNews.com vom 24. 3. 2016.

6 Vgl. Dutter, Barbie u. Fenton, Ben: »Uranium and Cyanide Found in Drums at Bin Laden Base«, in: The Telegraph vom 24. 12. 2001.

7 Das bestätigten auch amerikanische Geheimdienstkreise gegenüber dem Newsweek Magazine.

8 Harnden, Toby: »Bin Laden Fooled by ›Nuclear Swindle‹«, in: The Telegraph vom 27. 2. 2002.

9 Ebd.

10 Vgl. Miller, Judith u. Risen, James: »Al Qaeda Sites Point to Tests of Chemicals«, in: The New York Times vom 11. 11. 2001.

11 Zyanid ist ein wasserlösliches Gift, das auf Herz und Gehirn lähmend wirkt und zum Tod führen kann. In Verbindung mit anderen Stoffen ist es auch als Gas einsetzbar. Typisch ist der bittersüße Mandelgeruch oder -geschmack.

12 Vgl. Rizzo, Alessandra: »Italy Arrests 4 in Anti-Terror Probe«. AP-Meldung vom 20. 2. 2002.

13 Gordon, Michael: »U.S. Says It Found Qaeda Lab Being Built to Produce Anthrax«, in: The New York Times vom 23. 3. 2002.

14 Ebd.

15 Das Dokument mit dem Titel »Nuclear terrorism: How Real Is the Threat?« liegt dem Autor vor. Es wurde am 7. 5. 2001 von Alex Schmid, dem Leiter der Anti-Terror-Abteilung der UN bei einer geschlossenen Konferenz in Stockholm vorgestellt.

16 Vgl. Edwards, Rob: »Plutonium for Sale«, in: New Scientist vom 26. 5. 2001.

17 Vgl. Pianin, Eric u. Pincus, Walter: »U.S. Warns Nuclear Plants of Terrorist Threat«, in: The Washington Post vom 1. 2. 2002.

18 Vgl. Pincus, Walter: »Al Qaeda Aide: Radiation Bomb in Works«, in: The Washington Post vom 23. 4. 2002.

19 Wright, Lawrence: »The Master Plan For the New Theorists of Jihad, Al Qaeda is Just the Beginning«, in: The New Yorker vom 11. 9. 2006.

20 Ebd.

21 Dies und die folgenden Zitate Obamas stammen alle aus folgendem Artikel: Goldberg, Jeffrey: »The Obama Doctrine«, in: The Atlantic von April 2016.

22 Scahill, Jeremy: »The Assassination Complex«, theintercept.com vom 15. 10. 2015.

23 Saunders, Doug: Mythos Überfremdung. Eine Abrechnung. München 2012.

24 Förster, Andreas: »Die Blutspur des Terrors«, spiegel-online vom 7. 1. 2016.

25 Jouan, Anne: »Attentats de Paris: la colère des parents de la victime française de l'attaque du Caire«, in: Le Figaro vom 18. 2. 2016.

26 Zitiert nach: »Thilo Sarrazin – Ich bin kein Rassist«, in: Berliner Morgenpost vom 28. 8. 2010.

27 Doward, Jamie u. Burger, Vicus: »EDL Leader Demanded Debate on Killing David Cameron and Archbishop«, in: The Guardian vom 30. 7. 2011.

28 Jansen, Frank: »Die Gewaltbereitschaft der Rechten steigt«, in: Tagesspiegel vom 25. 1. 2016.

29 Khaleeli, Homa: »›You Worry They Could Take your Kids‹: Is the Prevent Strategy Demonising Muslim Schoolchildren?«, in: The Guardian vom 23. 9. 2015.

30 Dozier, Kimberley: »Anti-ISIS-Propaganda Czar's Ninja War Plan«, in: The Daily Beast vom 15. 3. 2016.

31 Riegert, Bernd: »Belgien – Radikalisierung verhindern«, dw.com vom 28. 2. 2016.

32 Steinau, Marc: »Fast jede dritte Aussage falsch«. in: The Huffington Post vom 14. 6. 2016.

33 Saunders, Doug: »Integration – A New Strategie«, in: The Globe and Mail vom 21. 11. 2015.

34 Die Beauftragte für Migration, Flüchtlinge und Integration (Hg.): Schulbuchstudie. Migration und Integration. Berlin 2015.

35 Atran, Scott: »ISIS Is a Revolution«, aeon.com vom 15. 12. 2016.